北京理工大学"双一流"建设精品出版工程

Automotive MCU and In-Vehicle Network Technologies
(3rd Edition)

汽车单片机及车载总线技术
（第3版）

南金瑞　曹万科　刘波澜 ◎ 编著

北京理工大学出版社
BEIJING INSTITUTE OF TECHNOLOGY PRESS

版权专有　侵权必究

图书在版编目（CIP）数据

汽车单片机及车载总线技术／南金瑞，曹万科，刘波澜编著．—3 版．—北京：北京理工大学出版社，2020.6

ISBN 978-7-5682-8618-3

Ⅰ.①汽⋯　Ⅱ.①南⋯ ②曹⋯ ③刘⋯　Ⅲ.①汽车－微控制器②汽车－计算机控制系统－总线－技术　Ⅳ.①U463.6

中国版本图书馆 CIP 数据核字（2020）第 112408 号

出版发行／	北京理工大学出版社有限责任公司
社　　址／	北京市海淀区中关村南大街 5 号
邮　　编／	100081
电　　话／	（010）68914775（总编室）
	（010）82562903（教材售后服务热线）
	（010）68948351（其他图书服务热线）
网　　址／	http://www.bitpress.com.cn
经　　销／	全国各地新华书店
印　　刷／	三河市华骏印务包装有限公司
开　　本／	787 毫米×1092 毫米　1/16
印　　张／	27.5
字　　数／	648 千字
彩　　插／	1
版　　次／	2020 年 6 月第 3 版　2020 年 6 月第 1 次印刷
定　　价／	56.00 元

责任编辑／张海丽
文案编辑／国　珊
责任校对／周瑞红
责任印制／李志强

图书出现印装质量问题，请拨打售后服务热线，本社负责调换

前言

汽车电子技术已从单个部件电子化,经历了总成电子化与模块化,到目前智能化、网络化,以及到车辆互联,整车模块综合化形成的控制器网络系统是汽车电控技术发展的一个全新阶段。目前在国际上汽车电子控制技术正处于全面而快速发展阶段,其主要特征体现在:

(1) 功能多样化:各电控系统的功能越来越多样化。

(2) 技术一体化:机电部件从最初的单一松散组合到如今的机电一体化。

(3) 系统集成化:对各控制系统功能进行综合集成的成果不断涌现。

(4) 网络总线技术:汽车上的电控系统和传感器、执行器的不断增加使点对点的联结方式走到了尽头,为简化日益增加的汽车电控装置的线路连接,提高系统可靠性和故障诊断水平,利于各电控装置之间数据资源共享,并便于建成开放式的标准化、模块化结构,汽车网络总线技术得到了很大的发展,在汽车上CAN总线应用以及无线通信为基础的远程高频网络通信系统是一种主流模式。尤其要说明的是,总线技术的应用带来了整车电气系统设计的革新和优化。

(5) 线控技术:汽车内的各种操纵传动系统向电子电动化方向发展,用线控代替了原来的机械传动机构。

(6) 48 V系统:面对汽车电子控制装置和电气部件的急剧增加,所需要的电能也大幅增加。电流的增加使线径增大,从而使电器件体积、质量增加,显然现有12 V(或24 V)电源系统难以满足电气系统的需要。为此将采用48 V供电系统(可能用锂电池替代铅酸电池,增加发动机起停系统等)。

(7) 智能化和车辆互联:智能化的车辆控制系统,如自适应巡航控制系统等将得到应用发展,车联网得到普遍应用。

总之,汽车电子技术在飞速发展,目前在汽车技术的创新中,70%来源于电子技术的革新。虽然汽车电子技术不断革新,但是目前针对汽车总线技术的书籍比较少,而且由于技术的更新进步,许多书中的内容已经过时。本书适应这种需要和要求,编写过程中收集的都是最新的资料,系统地介绍车用总线的知识。

本书主要针对高校汽车专业本专科学生,通过对本书的阅读,可以了解汽车微控制器的工作原理,掌握汽车总线系统的最新构成以及应用技术等。对于工程技术人员也可以从本书中得到帮助,因为本书的内容是比较丰富和系统的。

本书从实际应用的角度出发,介绍了汽车微控制器的工作原理、内部构造和功能,汽车总线的常见分类,各类车载总线技术的特点、CAN总线开发流程、CAN系统的构成以及如何设计一个网络节点等。全书共分16章。为方便读者阅读,在书中的每一章结尾都有对本章所讲内容的小结和思考习题。第1章"汽车电子技术与微控制器技术展望",简明扼要地介绍了汽车电子技术的发展历程,在当代汽车系统中所处的重要地位以及发展趋势。另外还着重叙述了微控制器的基本知识,包括数制和码制的规定及其在计算机中的应用。第2章"微控制器的结构和原理",介绍了78K0微控制器的硬件结构和基本工作原理。第3章"中断、定时/计数器和串行通信",详细介绍了78K0微控制器的中断和定时/计数器以及串行通信的使用方法。第4章"车用总线综述",介绍了计算机网络体系的基本知识,针对车用总线的一些具体情况进行了全面的叙述。第5章"CAN技术规范",结合CAN总线在汽车上的使用,主要介绍了CAN2.0规范的主要内容。第6章"CAN总线技术在汽车领域中的应用",针对CAN在汽车内部网络使用的物理层若干关键技术问题的仿真和实验进行详细介绍,以SAEJ1939和国标充电桩通信协议为例,进行了应用层协议的解析。第7章"CAN诊断技术",介绍了CAN诊断技术的功能及体系结构,主要详细介绍了网络层、UDS诊断服务、应用层定时参数以及Flash BootLoader。第8章"CAN总线控制器设计",详细介绍了CAN控制器的结构和使用方法、CAN总线的驱动器及其使用要点。第9章"CANFD总线技术规范",介绍了CANFD总线技术规范和收发器的使用要点。第10章"FlexRay总线技术规范",介绍FlexRay总线的通信原理和开发流程。第11章"车载以太网",介绍了以太网的通信原理和车载以太网应用技术要点。第12章"LIN总线技术规范及其应用",详细讲述了LIN的协议规范,同时介绍了LIN总线收发器TJA1020设计使用中的技术要点。第13章"MOST与LVDS协议",介绍了MOST和LVDS两种通信协议的发展历程、技术特点、通信原理、拓扑结构及应用。第14章"汽车电子控制系统实例",介绍了几种汽车电子控制系统的典型实例,以及新型智能功率器件的工作原理和广阔应用前景。第15章"车用总线开发工具",简要介绍了具有代表性总线开发工具和CANoe的使用方法。第16章"相关内容实验",通过实际动手实验进行学习,也是对前面几章内容的复习。

第1、2、3、4、5、6、7、8、9、12章由南金瑞负责编写;第10、11、13、15、16章由曹万科负责编写;第14章由刘波澜负责编写。全书由南金瑞负责策划、修改和定稿。本书是在原版书内容的基础上进行扩充和修订的。在全书的策划和编写过程中得到了多位教授和研究生的帮助,并且参考了业界许多公开发表的资料,在此一并表示衷心的感谢。

汽车电子技术的最新发展给汽车电子产业界提供了机会和方向,也给每个热心于汽车及汽车电子的学者提供了一个宽阔的新舞台,能够很好地学以致用,定会大有作为。本书介绍的内容,目的是帮助初学者掌握基本的技能,尽快进入实践阶段,也希望能起到抛砖引玉的作用,希望能有更多更优的相关作品推出。尽管我们如履薄冰,力求完善,但由于学识和能力上的限制,加上繁重的科研和教学任务,在编写过程中难免有失当之处,望广大读者不吝赐教,对书中的失误处给予指正。

编著者
于北京理工大学
2019年10月

目 录
CONTENTS

第1章　汽车电子技术与微控制器技术展望 ……………………………… 001
 第一节　汽车电子技术的发展 ……………………………………………… 001
  一、当今汽车技术发展的几个重要方向 ………………………………… 001
  二、汽车电子技术的发展史 ……………………………………………… 007
  三、汽车电子系统在整车中的地位 ……………………………………… 009
 第二节　微控制器在汽车中的应用和总线系统 …………………………… 012
  一、微控制器的发展史及其在汽车中的引入 …………………………… 012
  二、当代汽车各系统使用微控制器的状况 ……………………………… 014
  三、汽车总线系统的产生及其在整车中的应用 ………………………… 014
 第三节　微控制器的基本知识 ……………………………………………… 015
  一、概述 …………………………………………………………………… 015
  二、微控制器的软件和硬件系统 ………………………………………… 015
  三、瑞萨电子公司78K0系列产品概述 ………………………………… 016
  四、微控制器的最新发展技术 …………………………………………… 018
 第四节　数制与码制 ………………………………………………………… 019
  一、数制 …………………………………………………………………… 019
  二、码制 …………………………………………………………………… 021
 小结 …………………………………………………………………………… 022
 思考题 ………………………………………………………………………… 022

第2章　微控制器的结构和原理 ……………………………………………… 023
 第一节　78K0微控制器的内部组成及信号引脚 ………………………… 023
  一、78K0微控制器的基本组成 ………………………………………… 023

二、78K0 的信号引脚 ·· 025
第二节　78K0 微控制器的中央处理器 CPU ··· 026
一、运算器 ·· 026
二、控制器 ·· 028
第三节　78K0 的内部存储器分类 ··· 028
一、内部程序存储器的结构 ··· 029
二、堆栈及堆栈指示器 ·· 031
三、数据存储器 ·· 031
第四节　I/O 端口及时钟电路与时序 ·· 032
一、78K0 的 I/O 端口 ·· 032
二、时钟电路 ·· 033
第五节　78K0 微控制器工作方式 ··· 035
一、复位方式 ·· 035
二、程序执行方式 ··· 035
三、低功耗模式 ·· 040
四、掉电保护方式 ··· 041
第六节　78K0 微控制器的 Flash 存储器使用 ·· 041
一、存储器的分类 ··· 041
二、内部存储器容量转换寄存器 ··· 042
三、烧写程序 ·· 042
小结 ·· 044
思考题 ··· 044

第 3 章　中断、定时/计数器和串行通信 ··· 045

第一节　中断系统 ·· 045
一、中断功能的概述 ·· 045
二、78K0 微控制器的中断系统 ·· 046
三、78K0 中断系统应用举例 ··· 053
第二节　定时器/计数器及应用 ·· 053
一、定时器功能概述 ·· 053
二、定时/计数器的控制寄存器 ··· 055
三、工作方式 ·· 057
第三节　串行通信的基本原理 ··· 062
第四节　78K0 的串行口结构与控制寄存器 ··· 063
一、串行接口的功能 ·· 063

二、串行接口的控制寄存器 066
　　三、串行接口的操作 074
小结 075
思考题 075

第4章　车用总线综述 076
第一节　计算机网络体系结构 076
　　一、物理层 077
　　二、数据链路层 080
　　三、介质访问控制子层（MAC）和逻辑链路控制子层（LLC） 082
　　四、网络层 083
　　五、传输层 084
　　六、会话层 086
　　七、表示层 086
　　八、应用层 086
第二节　车用总线技术的产生及应用现状 087
　　一、SAE分类总线 088
　　二、新型专用总线 093
第三节　车用总线的市场前景 096
第四节　CAN总线介绍 097
　　一、CAN的发展历程 097
　　二、CAN的高层协议 099
　　三、CAN总线的特点 100
　　四、CAN总线的位数值表示与通信距离 101
　　五、CAN总线的前景和展望 102
小结 102
思考题 102

第5章　CAN技术规范 103
第一节　CAN简介 103
第二节　CAN基本概念 104
第三节　CAN报文传输 111
　　一、帧格式 111
　　二、帧类型 111
　　三、关于帧格式的一致性 119

四、发送器和接收器的定义 120
  第四节 CAN 报文滤波与校验 120
   一、报文滤波 120
   二、报文校验 120
  第五节 CAN 报文编码 121
  第六节 CAN 错误处理与故障界定 123
   一、错误检测 123
   二、错误标定 125
   三、故障界定 125
   四、振荡器容差 129
  第七节 CAN 报文的位构建 129
   一、标称位速率（Nominal Bit Rate） 129
   二、标称位时间（Nominal Bit Time） 129
   三、信息处理时间（Information Processing Time） 133
   四、时间量程（Time Quantum） 133
   五、时间段的长度（Length of Time Segments） 133
  小结 136
  思考题 136

第6章 CAN 总线技术在汽车领域中的应用 138
  第一节 概述 138
   一、在汽车中的应用状况 138
   二、CAN 使用存在的问题 139
  第二节 车用 CAN 物理层标准 140
   一、CAN 总线电平及网络信号评价指标 141
   二、传输介质的要求 145
   三、网络拓扑 152
   四、物理层仿真优化方法 156
  第三节 车用 CAN 总线应用层协议开发 165
  第四节 商用车 CAN 应用层协议 SAE J1939 解析 172
   一、SAE J1939 消息帧 172
   二、SAE J1939 传输协议解析 183
   三、SAE J1939 信号定义解析 190
   四、SAE J1939 故障代码 DTC 定义规则 192
  第五节 电动汽车国标充电通信协议解析 200

  一、握手阶段 ··· 200

  二、参数配置阶段 ··· 201

  三、充电阶段 ··· 201

  四、充电结束阶段 ··· 202

 小结 ·· 202

 思考题 ·· 202

第7章 CAN诊断技术 ·· 204

 第一节 概述 ··· 204

  一、CAN诊断技术概述 ··· 204

  二、诊断规范 ··· 204

  三、主要诊断协议 ··· 205

  四、ISO 15765体系结构 ·· 206

 第二节 网络层（ISO 15765-2） ··· 207

  一、网络层数据传输 ··· 208

  二、网络层服务 ··· 209

  三、网络层协议数据单元 ··· 209

  四、网络层错误处理 ··· 210

  五、N_PDU域的映射 ··· 212

 第三节 UDS诊断服务（ISO 14229-1） ·· 214

  一、应用层协议 ··· 215

  二、服务描述协议 ··· 216

  三、诊断及通信管理功能单元 ··· 218

  四、数据传输功能单元 ··· 219

  五、存储数据传输功能单元 ··· 220

  六、输入/输出控制功能单元 ··· 221

  七、程序功能单元远程激活 ··· 221

  八、上传/下载功能单元 ··· 221

 第四节 应用层定时参数（ISO 15765-3） ······································ 222

 第五节 Flash BootLoader（ISO 15765-3） ································· 227

  一、概述 ··· 227

  二、刷写过程 ··· 228

 第六节 诊断设备举例 ··· 229

 小结 ·· 230

 思考题 ·· 230

第8章 CAN总线控制器设计 ……………………………………………………………… 231

第一节 CAN控制器 …………………………………………………………………… 231
一、CAN控制器的内部寄存器 ………………………………………………………… 232
二、功能介绍 …………………………………………………………………………… 233
三、波特率设置 ………………………………………………………………………… 241
四、CAN控制器的操作 ………………………………………………………………… 242

第二节 CAN节点主要芯片的选择 …………………………………………………… 249

第三节 CAN驱动器82C250 …………………………………………………………… 250
一、总述 ………………………………………………………………………………… 250
二、82C250功能框图 …………………………………………………………………… 251
三、功能描述 …………………………………………………………………………… 252

第四节 CAN驱动器TJA1050 …………………………………………………………… 253
一、总述 ………………………………………………………………………………… 253
二、TJA1050功能框图 ………………………………………………………………… 253
三、功能描述 …………………………………………………………………………… 254

第五节 PCA82C250/251与TJA1040、TJA1050的比较和升级 …………………… 255
一、简介 ………………………………………………………………………………… 255
二、C250/251、TJA1050和TJA1040之间的区别 …………………………………… 256
三、引脚 ………………………………………………………………………………… 256
四、工作模式 …………………………………………………………………………… 257
五、互操作性 …………………………………………………………………………… 258
六、硬件问题 …………………………………………………………………………… 260

小结 ……………………………………………………………………………………… 261
思考题 …………………………………………………………………………………… 262

第9章 CAN FD总线技术规范 ………………………………………………………… 263

第一节 CAN FD简介 …………………………………………………………………… 263

第二节 CAN FD的通信机理 …………………………………………………………… 264
一、CAN FD总线协议概述 …………………………………………………………… 264
二、CAN FD与传统CAN协议的主要区别 …………………………………………… 265
三、CAN FD的优势 …………………………………………………………………… 269

第三节 CAN FD的收发器 ……………………………………………………………… 270
一、简介 ………………………………………………………………………………… 270
二、总体描述 …………………………………………………………………………… 270

第四节 CAN FD的应用 ………………………………………………………………… 274

一、CAN FD 在汽车上的应用 274
二、CAN FD 在汽车上的应用规范 275
小结 275
思考题 275

第 10 章 FlexRay 总线技术规范 276
第一节 FlexRay 简介 276
第二节 FlexRay 技术特点 277
第三节 FlexRay 通信原理 278
一、FlexRay 物理层 278
二、协议运行控制 282
三、媒体访问控制 282
四、帧格式 285
五、编码与解码 286
六、时钟同步 289
第四节 FlexRay 的应用 291
一、总体规划、网络设计 291
二、网络仿真验证 292
三、ECU 开发、实现 292
四、ECU 节点测试 292
五、集成测试 293
小结 293
思考题 293

第 11 章 车载以太网 294
第一节 车载以太网简介 294
第二节 车载以太网技术特点 295
第三节 车载以太网通信原理 297
一、以太网物理层 PHY 297
二、TCP/IP 协议族 300
三、音视频传输（Audio Video Bridging，AVB） 301
四、时间敏感网络（Time–Sensitive Networking，TSN） 304
第四节 车载以太网应用 307
小结 311
思考题 311

第 12 章　LIN 技术规范及其应用 ……… 312

第一节　简介 ……… 312
第二节　基本概念 ……… 314
第三节　报文传输 ……… 317
　一、报文帧 ……… 317
　二、保留的标识符 ……… 321
　三、报文帧的长度和总线睡眠检测 ……… 322
　四、唤醒信号 ……… 322
第四节　报文滤波 ……… 323
第五节　报文确认 ……… 323
第六节　错误和异常处理 ……… 324
　一、错误检测 ……… 324
　二、错误标定 ……… 324
第七节　故障界定 ……… 324
第八节　振荡器容差 ……… 325
第九节　位定时要求和同步过程 ……… 325
　一、位定时要求 ……… 325
　二、同步过程 ……… 326
第十节　总线驱动器/接收器 ……… 326
　一、总体配置 ……… 326
　二、信号规范 ……… 326
　三、线的特性 ……… 329
　四、ESD/EMI 的符合条件 ……… 329
第十一节　LIN 收发器 TJA1020 ……… 329
　一、总体描述 ……… 330
　二、从机应用 ……… 339
　三、主机应用 ……… 347
第十二节　LIN 总线应用 ……… 348
小结 ……… 349
思考题 ……… 349

第 13 章　MOST 与 LVDS 协议 ……… 350

第一节　MOST 总线的起源与发展 ……… 350
第二节　MOST 系统结构概述 ……… 351
　一、MOST 分层模型 ……… 351

二、MOST 物理层 ……………………………………………………………………… 351

　　三、MOST 数据链路层 …………………………………………………………………… 352

　　四、网络服务 ……………………………………………………………………………… 353

　　五、应用层架构 …………………………………………………………………………… 353

　　六、MOST 特性总结 ……………………………………………………………………… 354

第三节　MOST 的应用 …………………………………………………………………………… 354

第四节　LVDS 简介 ……………………………………………………………………………… 355

第五节　LVDS 通信原理 ………………………………………………………………………… 356

　　一、电气特性 ……………………………………………………………………………… 356

　　二、LVDS 的数据传输速率 ……………………………………………………………… 357

　　三、网络拓扑 ……………………………………………………………………………… 358

小结 ………………………………………………………………………………………………… 359

思考题 ……………………………………………………………………………………………… 359

第14章　汽车电子控制系统实例 ………………………………………………………… 360

第一节　概述 ……………………………………………………………………………………… 360

第二节　汽车发动机的电子控制 ………………………………………………………………… 360

　　一、汽油机的电子控制 …………………………………………………………………… 362

　　二、柴油机的电子控制 …………………………………………………………………… 364

第三节　电子控制自动变速器 …………………………………………………………………… 366

　　一、概述 …………………………………………………………………………………… 366

　　二、自动变速器的电子控制单元 ………………………………………………………… 367

第四节　汽车制动系统防抱死电子控制系统 …………………………………………………… 369

　　一、汽车制动系统的概述和防抱死装置 ………………………………………………… 369

　　二、ABS 装置的发展史和分类 …………………………………………………………… 369

　　三、ABS 装置的工作原理和电子控制单元 ……………………………………………… 370

第五节　汽车电子安全气囊 ……………………………………………………………………… 371

第六节　车载定位和汽车的信息化 ……………………………………………………………… 372

　　一、车载全球定位系统（GPS） ………………………………………………………… 372

　　二、汽车的网络化与多媒体系统 ………………………………………………………… 373

第七节　智能化的雨刷控制模块 ………………………………………………………………… 374

第八节　车载 T‐BOX ……………………………………………………………………………… 376

第九节　新型智能芯片在汽车上的应用 ………………………………………………………… 377

　　一、车用新型智能芯片的出现 …………………………………………………………… 377

　　二、采用智能芯片的 HID 大灯控制技术 ………………………………………………… 379

小结 ··· 380
思考题 ··· 380

第15章 车用总线开发工具 ··· 381

第一节 VBA 总线工具 ··· 381
一、产品概述 ··· 381
二、产品特点 ··· 381
三、功能概览 ··· 381

第二节 诊断工具产品 OBT（ODX Based Tester） ··· 384
一、产品概述 ··· 384
二、产品特点 ··· 385
三、产品的组成及功能 ··· 385

第三节 CANoe ··· 386
一、CANoe 简介 ··· 386
二、CANoe 各个窗口介绍 ··· 386
三、CANoe 仿真 ··· 391

第四节 广州致远 CANFD ··· 396
一、产品概述（USBCANFD 系列 CANFD 接口卡） ··· 396
二、产品特点 ··· 397
三、产品硬件接口说明 ··· 397

第五节 Kvaser Leaf Light ··· 398
一、产品概述 ··· 398
二、产品特点 ··· 399
三、技术参数 ··· 399

第六节 Kvaser Memorator 2xHS v2 ··· 400
一、产品概述 ··· 400
二、产品特点 ··· 400

第七节 Kvaser Hybrid 2xCAN/LIN ··· 401
一、产品概述 ··· 401
二、产品特点 ··· 401

小结 ··· 401
思考题 ··· 401

第16章 相关内容实验 ··· 402

第一节 实验系统的组成 ··· 402

  一、整体结构 ……………………………………………………………………… 402
  二、编译器 PM + ………………………………………………………………… 402
  三、调试器 ………………………………………………………………………… 404
  四、仿真板 ………………………………………………………………………… 404
 第二节　实验板详细介绍 …………………………………………………………… 405
  一、端口分配（表 16-1） ………………………………………………………… 405
  二、按键输入 ……………………………………………………………………… 407
  三、滑动变阻器输入 ……………………………………………………………… 407
  四、蜂鸣器输出 …………………………………………………………………… 408
  五、数码管输出 …………………………………………………………………… 408
  六、大灯控制 ……………………………………………………………………… 408
  七、EEPROM 读写 ………………………………………………………………… 408
  八、LED 显示 ……………………………………………………………………… 409
  九、液晶显示 ……………………………………………………………………… 409
  十、CAN 通信 ……………………………………………………………………… 409
  十一、LIN 通信 …………………………………………………………………… 409
  十二、RS-232 通信 ………………………………………………………………… 410
  十三、K 总线通信 ………………………………………………………………… 410
  十四、直流电动机驱动 …………………………………………………………… 411
  十五、步进电动机驱动 …………………………………………………………… 412
 第三节　练习问题 …………………………………………………………………… 412
  练习一　熟悉编程环境 …………………………………………………………… 412
  练习二　输出控制 ………………………………………………………………… 412
  练习三　时钟设置 ………………………………………………………………… 413
  练习四　中断输入控制 …………………………………………………………… 413
  练习五　间隔定时器 ……………………………………………………………… 413
  练习六　蜂鸣器 …………………………………………………………………… 413
  练习七　液晶显示 ………………………………………………………………… 413
  练习八　A/D 转换 ………………………………………………………………… 413
  练习九　步进电动机控制 ………………………………………………………… 413
  练习十　直流电动机控制 ………………………………………………………… 414
  练习十一　CAN 通信控制步进电动机 ………………………………………… 414
  练习十二　LIN 通信控制步进电动机 …………………………………………… 414
 小结 …………………………………………………………………………………… 414
 思考题 ………………………………………………………………………………… 414

附录 ·· 415

A.1 报文序列的举例 ·· 415
一、周期性的报文传输 ·· 415
二、总线唤醒过程 ··· 415
A.2 ID 场有效值表 ·· 416
A.3 校验和计算举例 ·· 418
A.4 报文错误的原因 ·· 419
A.5 故障界定的建议 ·· 419
一、主机控制单元 ··· 419
二、从机控制单元 ··· 420
A.6 物理接口的电源电压定义 ··· 421

参考文献 ··· 422

第1章
汽车电子技术与微控制器技术展望

第一节 汽车电子技术的发展

汽车电子是指汽车电子控制系统和各类车载电子信息网络装置以及汽车电力电子与电气驱动控制等。

一、当今汽车技术发展的几个重要方向

科学技术的不断进步体现在各个方面，在计算机和微电子、生物工程、材料科学、工艺制造技术等很多领域都出现一大批具有划时代意义的成果。在制造业中，汽车技术的发展具有很强的代表性，成为许多新技术的载体。电控发动机、自动变速器、防抱死系统（ABS）、安全气囊、智能导航等大量推陈出新的技术使得汽车在动力性、经济性、排放水平以及驾乘舒适性和安全性方面已经达到相当令人满意的程度。新技术同时也为行业的发展带来了生机，为行业的进步指明了方向。

作为汽车"心脏"的发动机，在汽车技术进步的过程中始终走在前列：汽油机电控喷射技术结合三元催化器、柴油机燃油喷射系统、可变截面涡轮增压器（VGT）、可变气门正时和升程技术（VTEC）、混合动力技术（HPS）等许多机、电、液紧密结合的技术使发动机的性能指标日益提高。动力技术一直是汽车研究开发中的核心问题，以汽油机、柴油机为代表的内燃机自发明以来伴随着汽车工业的发展成为汽车和其他地面车辆的主要动力装置，地位无可替代。近年来，随着环境保护和能源问题的突出，这种局面有所改变，以代用燃料、混合动力甚至是燃料电池等为代表的许多新兴动力被应用在汽车上，有些还取得了很好的效果。但是，由于技术上或是商业上的原因，目前世界上投入运营的汽车绝大多数仍然以传统动力作为发动机，短期内这种局面不会有根本改变。

汽车采用自动变速器，在驾驶时可以不踩离合器，实现自动换挡，而且发动机不会熄火，从而可以有效地提高驾驶方便性。20世纪80年代以来，随着电子技术的发展，变速器自动控制技术更加完善，在各种使用工况下均能实现发动机与传动系统的最佳匹配。目前得到广泛采用的自动变速器主要有三种类型。

（1）液力机械式自动变速器（AT）：由变矩器、自动变速器和液压电子控制系统三部分组成，目前技术成熟，应用最广。其电子液压控制系统由传感器、电控单元、换挡电磁阀、油压调节电磁阀、油泵和换挡阀等组成。

（2）电控机械式自动变速器（AMT）：由传统的离合器与手动齿轮变速器采用电控进行

自动变速，目前在重型货车上选用较多。

（3）无级变速器（CVT）：由 V 形钢带与可调半径的带轮得到无级变速，在 2 L 以下的轿车上被广泛采用。CVT 的主要优点：传动比变化是无级的，在各种行驶工况下都能选择最佳的传动比，其动力性、经济性和排放性与 AT 相比，可以改善 5% 左右。

不少现代车型已装有自诊断装置。例如 ABS + EBD、安全气囊等是否功能正常，在每次起动后都会给予显示。此外，如车门是否关好，行李舱盖、发动机罩是否锁好，是否系好安全带，制动系统有无故障，手制动是否松开皆会给予警示。近年来，对排放要求日益严格，因此，对发动机燃烧过程的控制要求日趋精确化。因而现代发动机控制器都能利用传感器进行系统检测，内装的自诊断信号输入，兼具有执行自身功能诊断的自诊断功能。另外，还有保障电路控制噪声异常等功能装置，直接的控制程序使发动机恢复正常，亦即具备故障保护功能。此外，以往的维护例如更换润滑油，是按规定的期限或里程数进行，现在则可以用传感器，根据油质的变化，提醒驾驶员去做维护，以达到更为经济和合理的目的。

有些高级汽车内还装备了汽车导航系统，通过汽车内的显示装置显示地图、汽车位置、运动轨迹、目的方向和距离等，从而为引导汽车提供大量信息。该系统还能将以汽车行驶方向为主的交通流信息等反映到显示屏的移动地图上，为车辆行驶指示最佳路线。汽车导航系统可分为卫星导航系统和地面无线电固定导航系统两类。

关于增加电力供应水平以满足内部需要的最新细节表明，先前的 24 V（12 V）车载电源供应已不能满足发展的需要。在车辆上成功引入 48 V 车载/起停电源系统仅仅是一个时间问题，在 20 世纪前十年的末尾已经出现。尚未解决的问题范围扩展到从辅助起动装置到避免昂贵的开发和替换成本等方面。

作为汽车技术中一个重要发展方向的汽车电子技术近来也得到非常深刻的发展。汽车电子的关键技术主要有汽车传感器技术、车用微处理器技术、软件新技术、高性能信息安全系统和汽车网络技术。汽车传感器技术的发展趋势是微型化、多功能化和智能化，具有自动进行时漂、温漂和非线性的自校正，较强的抵抗外部电磁干扰的能力。车用微处理器技术的发展能提高汽车电子的性能，改善复杂的汽车电子电路，减小汽车内部电路的体积。软件新技术要求使用多种控制软件，以满足多种硬件的要求，汽车多通道传输网络将大大地依赖于软件、软件总数的增加及其功能的提高，高性能操作系统的应用也离不开软件新技术。

当今汽车电子的发展态势主要有：

（1）功能多样化，从最初的发动机电子点火与喷油，发展到如今的各种控制功能，如自动巡航、自动起停、自动避撞等。

（2）技术一体化，从最初的机电部件松散组合到如今的机液电磁一体化，如直喷式发动机电控共轨燃料喷射系统。

（3）系统集成化，从最初单一控制发展到如今的多变量多目标综合协调控制，如动力总成综合控制、集成安全控制系统等。

（4）通信网络化，从初期的多子系统分别工作到如今的分布式模块化控制器局部网络，如以 CAN 总线为基础的整车信息共享的分布式控制系统，以及无线通信为基础的远程高频网络通信系统。图 1-1 所示为大众 PQ35 平台电气拓扑结构。

除此之外，还有诊断标准化的发展态势，能够实现功能监控、错误检测、记录及存储故障信息、读取数据等常用功能,以及 EOL、再编程及节点验证(VIN)等功能。目前,诊断标准化普遍执行 ISO 15765 标准。诊断标准化也带动了一键启动等后装改装产品,但也造成了信息泄露及网络安全等问题。

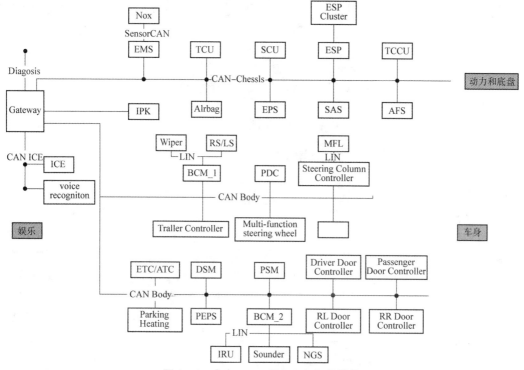

图 1-1　大众 PQ35 平台电气拓扑结构

法兰克福车展(图 1-2)是全球汽车市场的风向标,很直白地指出了传统汽车和数字科技融合的技术走向。随着数字化的快速发展,目前全球 1/4 的新车接入了互联网,几年后这个比例将达到 3/4。汽车工业与数字世界的融合有利于改善人类的生活、经济和环境,也是业界公认的未来发展趋势。因此未来汽车技术的发展中,智能化汽车以及汽车与互联网的结合将扮演非常重要的角色,汽车与互联网的一体化将使汽车成为"移动的电脑",如图 1-3 所示。

图 1-2　法兰克福车展

汽车智能化带来了许多新的技术,如自动泊车技术通过遍布车辆周围的雷达探头测量自身与周围物体之间的距离和角度,然后通过车载电脑计算出操作流程配合车速调整方向盘的转动从而实现自动泊车。在非接触式自动泊车系统中,驾驶员只需通过智能手机或手表操控即可实现自动泊车,如图 1-4 所示。图 1-5 展示了智能悬架系统,它能够根据车身高度、

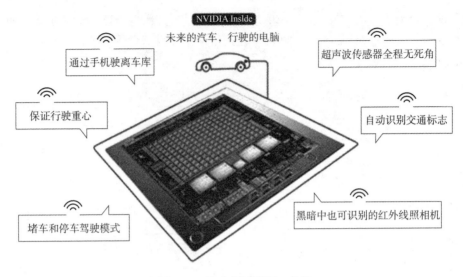

图1-3 汽车与互联网一体化

车速、转向角度及速率、制动等信号,由电子控制单元(ECU)控制悬架执行机构,使悬架系统的刚度、减振器的阻尼力及车身高度等参数得以改变,从而使车辆具有良好的乘坐舒适性和操纵稳定性。360°防碰撞系统及预碰撞报警系统等有助于汽车由被动安全系统发展到主动安全系统,如图1-6所示。智能手表将作为一个重要的媒介关联人车对话以及多套全新的多媒体信息系统,并可作为虚拟钥匙使用,如图1-7所示。无人驾驶技术利用车载传感器感知车辆周围环境,并根据感知所获得的道路、车辆位置和障碍物信息,控制车辆的转向和速度,从而使车辆能够安全、可靠地在道路上行驶。图1-8所示为奔驰 F 015 Luxury in Motion 的全新概念车自动驾驶。

图1-4 非接触式自动泊车系统

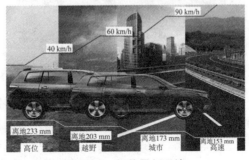

图1-5 智能悬架系统

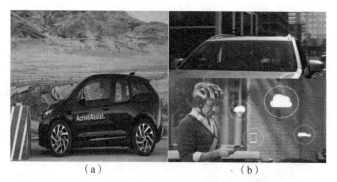

图 1-6 主动安全系统

(a) 360°防碰撞系统；(b) 汽车与自行车的预碰撞报警系统

图 1-7 智能手表与人车对话

图 1-8 奔驰 F 015 Luxury in Motion 的全新概念车自动驾驶

车联网的概念源于物联网，即车辆物联网，是以行驶中的车辆为信息感知对象，借助新一代信息通信技术，实现车与X（即车与车、人、路、服务平台）之间的网络连接，提升车辆整体的智能驾驶水平，为用户提供安全、舒适、智能、高效的驾驶感受与交通服务，同时提高交通运行效率，提升社会交通服务的智能化水平。车联网通过新一代信息通信技术，实现车与云平台、车与车、车与路、车与人、车内等全方位网络连接，主要实现了"三网融合"，即将车内网、车际网和车载移动互联网进行融合，如图 1-9 所示。车联网利用传感技术感知车辆的状态信息，并借助无线通信网络与现代智能信息处理技术实现交通的智能化管理，以及交通信息服务的智能决策和车辆的智能化控制。

车联网系统框架分为三大部分：车载终端、车联网运营平台和第三方平台，如图 1-10 所示。车载终端采集车辆实时运行数据，实现对车辆所有工作信息和静、动态信息的采集、存储并发送。车载终端包括车载采集终端、前装行车电脑和后装移动终端，车辆实时运行工况包括驾驶员的操作行为、动力系统工作参数数据等；由车联网运营平台处理海量车辆信

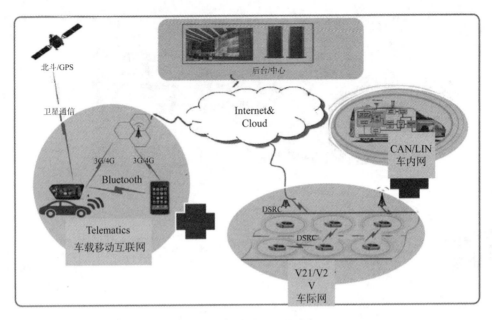

图 1-9 车联网"三网融合"

息,对数据进行过滤清洗,对数据进行报表式处理,通过互联网反馈给车载终端或第三方平台;第三方平台中有商业合作伙伴、互联网服务及第三方开发应用。

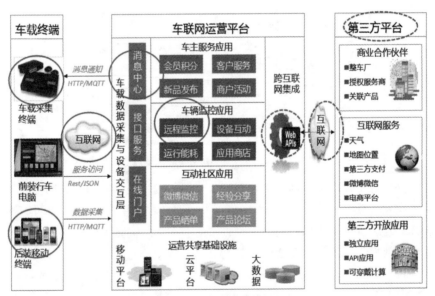

图 1-10 车联网系统框架

车联网是实现自动驾驶乃至无人驾驶的重要组成部分,也是未来智能交通系统的核心组成部分。以车联网为通信管理平台可以实现智能交通,例如交通信号灯智能控制、智慧停车、智能停车场管理、交通事故处理、公交车智能调度等方面都可以通过车联网实现,图 1-11 所示。将车端和交通信息及时发送到云端,进行智能交通管理,从而实时播报交通及事故情况,缓解交通堵塞,提高道路使用率。随着交通的信息化和智能化,必然有助于智慧城市的构建。车联网为企业和个人提供了方便快捷的信息服务，例如提供高精度电子地图和准确的道路导航。车企也可以通过收集和分析车辆行驶信息，了解车辆的使用状况和问题，确保用户行车安全。其他企业还可通过相关特定信息服务了解用户需求和兴趣，挖掘盈利点。车联网还促进了电子车牌、车辆租赁及出租车以及物流管理等的发展。

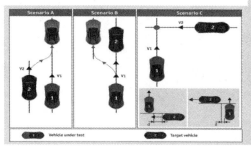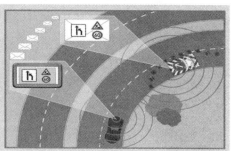

图 1-11　智能交通

二、汽车电子技术的发展史

从 20 世纪 60 年代中期开始，微电子技术的迅猛发展使其在汽车上被广泛应用，给汽车工业的进一步发展带来了新的生机。电子控制系统具有控制精度高、响应速度快、集成度高、体积小、质量轻、应用更加灵活等特点，用于汽车后，可使汽车有关系统在各种工况下都处在最佳的工作状况，各项受控指标均能获得较大的改善，是任何机械控制系统都难以达到的。电子技术在汽车上的应用将使汽车很容易满足日益严格的各项法规和人们对驾驶舒适性与方便的要求。汽车的电子化不仅开拓了电子技术新的应用领域，更重要的是将成为现代汽车技术进步的重要手段，在某些系统甚至是唯一途径。20 世纪 50—70 年代末，主要用电子装置改善部分机械部件的性能。20 世纪 50 年代，汽车上开始安装电子管收音机，这是汽车电子装置的雏形。1953 年，美国汽车公司着手开发汽油电喷装置，这是电子控制汽油喷射发展的起点；1955 年，晶体管收音机开始在汽车上安装；1960 年，结构紧凑、故障少、成本低的二极管整流式交流发电机投入使用，取代了直流发电机；1963 年，美国公司采用 IC 调节器，并在汽车上安装晶体管电压调节器和晶体管点火装置，接着又逐步实现其集成化；1969 年，开始研制汽车变速器的电子控制装置，并于 1970 年装车使用。20 世纪 70 年代末到 90 年代中期，汽车电子控制技术开始形成，大规模集成电路得到广泛应用，减小了汽车电子产品的体积，特别是 8 位、16 位微处理器的广泛应用，提高了电子装置的可靠性和稳定性。另外，汽车电子装置还解决了机械装置无法解决的复杂的自动控制问题。1973 年，美国通用公司采用 IC 点火装置并逐渐普及；1976 年，美国克莱斯勒公司研制出由模拟计算机对发动机点火时刻进行控制的电子控制点火系统；1977 年，美国通用公司开始采用数字式点火时刻控制系统，这就是电喷点火系统的雏形；20 世纪 80 年代，电喷技术在日本、美国和欧洲一些国家得到飞速发展，并开始规模使用。20 世纪 80 年代中期到 90 年代末被认为是电子技术在汽车上应用的第三阶段，在这一阶段中，以微处理器为核心的微机控制系统在汽车上大规模的应用趋于成熟和可靠，并向智能化发展，汽车全面进入电子化时代。2000 年以后，汽车电子化被认为已进入第四阶段——智能化和网络化时代，在这一阶段中，汽车产品将大量采用人工智能技术,并利用网络进行信息的传递和交换,图 1-12 展现了这四个阶段的发展过程。汽车电子技术的重点由解决汽车部件或总成问题开始向广泛应用计算机网络与信息技术发展,使汽车更加自动化、智能化,并向解决汽车与社会融为一体等问题转移。汽车电气系统发展历程如图 1-13 所示。

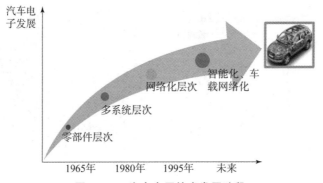

图 1-12 汽车电子技术发展阶段

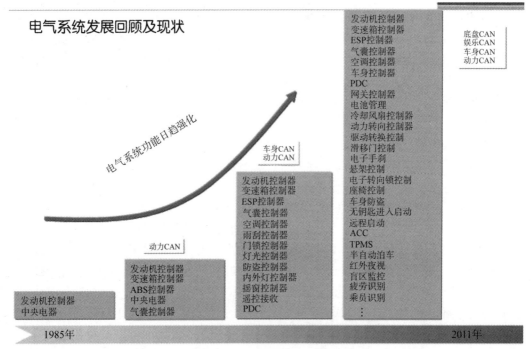

图 1-13 汽车电气系统发展

我国由于汽车工业起步较晚,本土汽车电子厂商与本土整车厂商具有较为类似的发展情况,汽车电子厂商呈现断代式发展历程。在高附加值及高端汽车电子领域,我国本土汽车电子厂商在技术实力、产品性能及市场份额方面均与外资零部件厂商存在较大差距。我国汽车电子厂商多集中在附加值较低的基础元器件及部件供应和通信娱乐系统领域,而较为专业化的牵引力控制、车身控制、自适应巡航、无人驾驶领域鲜有建树,此类专业化汽车电子领域主要由欧美零部件巨头厂商把控,占据绝大多数市场份额。

三、汽车电子系统在整车中的地位

汽车电子化被认为是汽车技术发展进程中的一次革命。汽车电子化的程度被看作衡量现代汽车水平的重要标志，是用来开发新车型、改进汽车性能最重要的技术措施。汽车制造商认为增加汽车电子设备的数量、促进汽车电子化是夺取未来汽车市场重要的有效的手段。汽车电子系统应用的优点有：

（1）汽车动力性能提高，比如 AT 或 AMT 技术的应用。
（2）汽车驾驶性能提高，比如 EPS 技术的应用。
（3）汽车节能性能提高，比如通过提升发动机电控技术实现了更高的排放法规要求。
（4）汽车安全性能提高，比如应用 ABS 或安全气囊等技术提升了驾驶的安全性。
（5）舒适性提高，比如应用高性能汽车空调技术提升司乘人员的舒适性。
（6）智能性提高，比如通过采用多种网联技术，最终实现无人驾驶。

汽车电子主要分为以下四类：

1. 动力总成

动力总成对于传统燃油车来说主要是改善发动机运行性能，包括燃料喷射控制、怠速转速控制、点火时间控制等；混合动力车辆则是优化发动机和电机共同驱动，兼顾节能和动力性能；纯电动车辆是改善驱动电机的运行性能，同时实现高压配电功能（PDU），主要包括发动机控制单元（ECM）、混合动力控制单元（HCU）、变速箱控制单元（TCU）、分动箱控制单元（TCCU）和电子换挡控制单元（SCU）等。动力总成电子化的主要原因有节能环保、方便操作以及提高可靠性等。同时，动力总成电子化会促使排放法规更加严格，提高驾驶的舒适性，并且进一步为无人驾驶和辅助泊车等提供了技术可能。当前动力总成电子化的核心技术主要掌握在德国博世及美国的德尔福等企业手中。目前已经引申出电控发动机燃油喷射系统（EFI）、发动机点火系统（MCIS）、发动机空燃比反馈控制系统（AFC）、发动机怠速控制系统（ISCS）、发动机爆震控制系统（EDCS）、发动机进气控制系统（IACS）、可变气门定时控制系统（VVT）、废气再循环控制系统（EGR）、燃油蒸气回收系统（FECS）、汽车巡航控制系统（CCS）、缸内直喷式汽油发动机（GDI）、柴油机共轨（Common Rail）燃油喷射系统、三元催化净化装置（TWCC）和可变截面的涡轮增压器（VNT）等技术。图 1-14 展示了电子点火系统的结构原理。

2. 底盘电子系统

底盘电子系统的主要作用是提高车辆传动系统、行驶系统、转向系统和制动系统的性能。比如 ABS、驱动防滑控制和悬架控制系统等都属于底盘电子系统，主要包括转向控制单元（EPS）、车辆防抱死系统（ABS）、车身稳定控制单元（SCS/ESP）、驻车控制单元（EPB）、电制动系统、车道辅助控制单元（LDW，包括全景摄像头等）、电控空气悬架系统（ECAS）、行车记录仪等。底盘系统电子化的主要原因有方便操作和提高安全性及舒适性。底盘电子系统能有效提高驾驶舒适性及安全性，使驾驶更加方便，为进一步实现无人驾驶、车联网技术提供技术支撑。当前底盘电子系统的应用主要有四轮转向系统（4WS）、电子调节悬架系统（EMS）、轮胎压力检测系统（TPMS）和轮胎中央充气放气系统（CCIDC）等。

3. 车身电子系统

车身电子系统可以为乘客提供方便、舒适的环境，提高汽车安全性能。安全气囊控制、

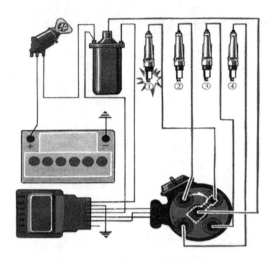

图1-14 电子点火系统结构原理

电动座椅控制、车灯控制、车门防盗控制和空调控制等属于车身电子系统,主要包括车身中央控制单元(BCM,包括灯光、座椅、车窗和门锁等)、仪表控制单元(IPK)、娱乐控制单元(ICE)、倒车辅助单元(PDC)、安全气囊控制单元(SRS)、自适应大灯控制单元(AFS)、胎压监测报警系统(TPMS)和无钥匙进入控制单元(PEPS)等。车身系统的电子化主要为了方便操作以及提高汽车的安全性。因此,车身电子系统能有效提高驾驶的舒适性和安全性,使驾驶更加方便,进一步为车联网提供技术支撑。目前车身电子系统的核心技术在国内外企业中均有掌握,主要应用有安全气囊系统(SRS)、安全带紧急收缩触发系统(SRTS)、座椅位置调节系统(SAMS)、雷达车距报警系统(RPW)以及倒车报警系统(RVAS)等。图1-15展示了安全气囊系统的工作模拟图。

4. 娱乐电子系统

娱乐电子系统为司乘人员提供方便快捷的服务,比如GPS、车载音响系统、电子仪表盘、车载电视等,主要包括与交通信息融合的车载导航(GPS)、车载电视、车载电话、数字仪表及车载信息中心和车辆音响系统等。娱乐系统电子化能有效提高驾驶的舒适性,并进一步为车联网提供技术支撑。同样,娱乐电子系统的核心技术在国内外企业中也均有掌握。图1-16所示为车载导航技术。

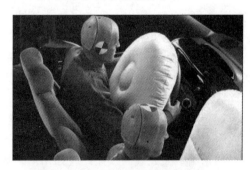

图1-15 安全气囊系统工作模拟图

图1-16 车载导航

从世界范围看,汽车工业向电子化发展的趋势在20世纪90年代初已十分明显,由于汽车工业是国民经济发展的支柱产业,因而是国际经济竞争的重要领域。而电子技术在汽车上的应用促进了汽车各项性能的发展,世界各大汽车公司纷纷投入巨资开发自己的汽车电子产品以赢得更大的市场空间,因此,汽车电子化将是夺取汽车市场的重要手段。据统计,1991年一辆车上电子装置的平均费用是825美元,1995年上升到1 125美元,2000年达到2 000美元,占汽车成本的30%以上,且还在以5%的速度逐年递增,甚至增长速度还会加快,尽管电子产品的成本还以每年10%~30%的比例下降。2000年以后,全世界汽车电子产品的市场规模将突破600亿美元,美、日、欧等发达国家汽车电子产品的价格占整车价格的10%以上,高级轿车甚至达到30%以上。

德国汽车工业成功的一个决定性因素是电子技术的创造性应用。随车辆级别和内部配置的不同,目前电气和电子元件占整个成本的10%~30%,并且该比例将在今后5年内再增加10%。因此,我们能确定汽车工业极大地影响了半导体制造商。如果忽略不计市场份额曲线中的汽车电气部分,如蓄电池、起动机、发电机、灯光系统等,仅考虑半导体的话,将看到一相反的结果。与汽车技术相比,电子消费品如PC和移动电话,在1999—2000年间有非常明显的增加。半导体市场中用于车辆的份额从7%降至6%。

现代汽车电子控制技术的应用不仅提高了汽车的动力性、经济性和安全性,改善了行驶的稳定性和舒适性,推动了汽车工业的发展,还为电子产品开拓了广阔的市场,从而推动了电子工业的发展。因此,发展汽车电子控制新技术,加快汽车电子化速度,是振兴和发展汽车工业的重要手段。

汽车电子化是建立在电子学的发展基础上发展起来的,如今的汽车电子化发展迅猛,有的汽车中电子装置占整车造价的1/3,有的高级轿车加装了十几个微控制器、上百个传感器,可以说汽车电子化的程度是衡量汽车高档与否的主要标志。1989年至今,平均每辆车上安装的电子装置在整个汽车制造成本中所占的比例由16%增至30%以上。在一些豪华轿车上,使用单片微型计算机的数量已达到48个,电子产品则占到整车成本的50%~60%,如图1-17、图1-18所示。如图1-19所示,被动式无钥匙进入、起动系统的装车率逐年提升,表明了汽车电子在汽车中的应用逐年增加。

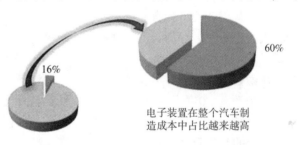

图1-17 汽车电子整车成本占比

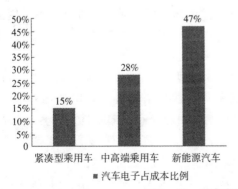

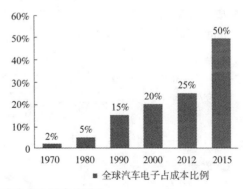

图1-18 汽车电子成本占比国内外对比

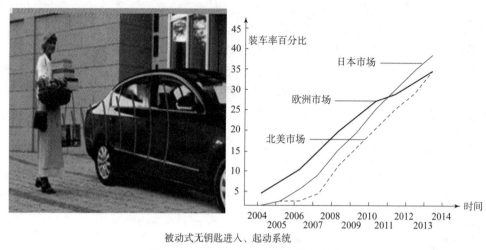

被动式无钥匙进入、起动系统

图1-19 汽车电子占比逐年增加趋势

第二节 微控制器在汽车中的应用和总线系统

一、微控制器的发展史及其在汽车中的引入

微控制器从20个世纪70年代出现至今已经有近50年的历史,从最初的简单功能的单片机发展到现在32位、64位的高性能微处理器,它的身影几乎已经融入人们生产生活的各个领域,从工业设备的自动化,到人们日常使用的各种通信产品,再到武器军工行业、卫星和载人航天等方方面面,微控制器都在发挥着难以替代的作用,并且成为产品附加值的重要来源。

从微控制器性能的衍变和发展看,可以将微控制器的发展历史划分为三个阶段:第一阶段——20世纪70年代,单片机产生,低性能微处理器开始在工业生产中得到应用。1971年,Intel公司首次推出了4004的4位单片微处理器,以此事件为标志单片机开始出现,并且在最初的几年只处于一个初级阶段。其典型特征是:受工艺限制,单片机采用双片的形式而且功能比较简单。例如仙童公司生产的F8单片机,实际上只包括了8位CPU、64个字节RAM和2个并行口。因此,还需加装一块3851(由1K ROM、定时器/计数器和2个并行I/O口构成)才能组成一台完整的计算机。在此之后的两年为低性能单片机出现和应用的阶段:以Intel公司制造的MCS-48单片机为代表,这种单片机片内集成有8位CPU、并行I/O口、8位定时器/计数器RAM和ROM等,但是不足之处是无串行口、中断处理比较简单,片内RAM和ROM容量较小且寻址范围不大于4K。其他公司如GI(General Instrument Crop)在1977年10月宣布了PIC1650单片机系列。1978年,Rockwell公司也推出了R6500/1系列(与6502兼容),并且有些芯片在性能方面已经有了向高性能芯片发展的趋势。第二阶段——20世纪80年代到20世纪末,微处理器的性能已经有了很大提高,以Motorola公司和Zilog公司为代表,虽然其单片机问世较迟,但是产品性能较高,单片机内有串行I/O口,多级中断处理能力,片内的RAM和ROM容量较大,有些还带有A/D转换接口。Motorola公司在1978年下半年宣布了与6800微处理机兼容的6801单片机,Zilog公司在同年 10 月也推出了 z80 单片机系列。Intel 公司在原 MC5-48 基础上，于 1980 年推出了高性能的 MCS-51 系列（包括 8031/8051/8751）。1982 年，Mostek 公司和 Intel 公司先后推出了 16 位单片机 MK 68200（与 68000 微处理器兼容）和 MCS-96（8096、8098）系列。16 位单片机的典型产品如 Intel 公司生产的 MCS-96 系列单片机，其集成度已达 120 000 管子/片，主振为 12 MHz，片内 RAM 为 232 字节，ROM 为 8K 字节，中断处理为 8 级，而且片内带有多通道 10 位 A/D 转换器和高速输入/输出部件（HSI/HSO），实时处理的能力很强。1987 年 Intel 公司推出了性能是 8096 系列 2.5 倍的新型单片机 802960。第三阶段——20 世纪末至今：这一阶段是 8 位单片机巩固发展及 16 位单片机、32 位单片机推出阶段。此阶段的主要特征是：一方面发展 16 位单片机、32 位单片机及专用型单片机；另一方面不断完善高档 8 位单片机，改善其结构，以满足不同的用户需要。而 32 位单片机除了具有更高的集成度外，其晶振已达 20 MHz，这使 32 位单片机的数据处理速度比 16 位单片机提高许多，性能比 8 位、16 位单片机更加优越。如 Motorola 公司专门为汽车控制系统开发设计的 PowerPC 系统微处理器，其运算处理速度已经完全超过最初桌面 PC 产品的速度，具有丰富的口线资源和强大的定时处理模块，并且具有独立的定时处理器 TPU；为便于其与其他芯片通信，这种芯片上还集成有 CAN 总线通信模块，可见这已经是一款功能非常强大的处理器了。从 20 世纪 90 年代，单片机的发展非常迅速。就通用单片机而言，世界上一些著名的计算机厂家已投放市场的产品就有 50 多个系列，400 多个品种。单片机的产品已占整个微机（包括一般的微处理器）产品的 80% 以上，其中 8 位单片机的产量又占整个单片机产量的 60% 以上。这说明 8 位单片机在最近若干年仍将是工业检测、控制应用的主角。目前，据 IHS iSuppli 公司的库存调查报告，日本瑞萨电子第一季度是全球最大的汽车半导体供应商，同时市场总体库存水平仍然处于高位。

瑞萨电子的汽车半导体年营业收入为 7.27 亿美元，遥遥领先于其他竞争对手。排在其后的厂商是德国英飞凌、法国-意大利企业 ST 半导体、美国飞思卡尔半导体和荷兰恩智浦半导体，如表 1-1 所示。

表 1-1 主要半导体公司业绩

排名	公司	2012 第一季度财报/百万美元	2011 第四季度财报/百万美元
1	瑞萨电子	727	752
2	英飞凌	594	562
3	ST 半导体	455	451
4	飞思卡尔	392	441
5	恩智浦	342	326

微控制器在汽车中的引入，最早应用于汽车发动机控制的首推 1976 年通用汽车公司研发的利用微控制器对发动机的点火时间进行控制（MASIR），它能更好地根据发动机运转工况，对点火调速器提前角与负压提前角作出精确的点火时间控制。汽车电子控制电脑也从模拟时代进入到数字时代。1984 年丰田推出速度密度型的 T-LCS（Toyota Lean Combustion System）。丰田稀薄燃烧系统的汽油喷射装置能在各种运转工况下，对喷射时间、点火时间进行有效、出色的控制。由于微机的运用，以及微机计算、存储、分析、学习等功能的发

展,可进行复杂的逻辑、智能控制计算,对发动机运转速度和进气流量及其他工况的变化能作出敏捷的反应,使微机控制型汽油喷射渐渐成为主要的喷射方式,同时在柴油喷射方式中也得到充足的发展。纵观现在的汽油喷射汽车,已经集高科技、高精密度于一身,其所控制的废气排放,如 CO、HC 在用废气仪测量时达到了 0.00 数量级的水平,几近"零排放"。另外,在汽车的其他系统中,也开始采用基于微控制器的控制技术,使得汽车的性能得到极大的提高,同时也成为汽车向节能化、信息化、智能化等方向发展的有力推动力量。

二、当代汽车各系统使用微控制器的状况

汽车由许多子系统组成,如动力传动系统、底盘车身系统、制动系统、转向机构以及车载通信系统和娱乐系统等,在控制功能较为简单或者仅仅在局部几个系统采用了电子控制,往往采用一个微控制器就可以了,这种微控制器要求功能较为强大,像目前市场上比较流行的 PowerPC、68K 以及 SIEMENS 和 Infineon 公司的一些高端芯片。但是对于比较复杂的子系统,如发动机控制系统,其本身就需要较为强大的芯片来满足其复杂的控制功能,如在 20 世纪 90 年代 Intel 公司的 8098 和 196 系列芯片就有很广泛的应用。

随着时代的发展,特别是计算机总线技术的日益成熟,在车上使用的芯片也越来越多,比如 ABS、EBD、ASR、悬挂、电子防盗和卫星导航等系统上的应用,而在这些系统中有的使用的芯片的功能较为简单,甚至一片 8 位的芯片就完全能满足使用要求。因而许多汽车上开始采用基于总线的多芯片系统,通过布置在车上的总线系统共享信息使汽车能非常自如地工作。

另外,随着世界汽车工业的发展,特别是汽车电子技术的日新月异,车上使用的微处理器用量激增:1985 年为 200 万只,1989 年为 6 000 万只,1993 年则达到了 6 亿只。微处理器已广泛地应用于安全、环保、发动机、传动系统、速度控制和故障诊断中。目前,美国汽车用微处理器 8 位的占多数,约占总量的 65%。16 位和 32 位微处理器正在迅速地扩大市场。近年来 32 位的用量增加约 50%,而 8 位的只增加 11%。

三、汽车总线系统的产生及其在整车中的应用

随着电子技术的迅速发展及其在汽车上的广泛应用,汽车电子化程度越来越高。电子设备的大量应用必然导致车身布线庞大而且复杂,安装空间紧缺,运行可靠性降低,故障维修难度增大。为了提高信号的利用率,要求大批的数据信息能在不同的电子单元中共享,汽车综合控制系统中大量的控制信号也需要实时交换。传统的电气系统大多采用点对点的通信方式,已远不能满足这种需求。对上述问题,在借鉴计算机网络和现代控制技术的基础上,汽车网络技术应运而生。汽车网络具有多种优点,如大幅减少线束,实现数据共享,显著提高整车的智能控制水平,提升故障诊断和维修能力,使对组合开关和其他开关输入的要求降低,使器件简化,成本降低。汽车燃油电喷、电动门窗、电动座椅等电控系统的增加,如果仍采用常规的布线方式,将导致汽车上布线的数量急剧增加。在一些高级乘用车上,电线的质量占到整车质量的 4% 左右。

电控系统的增加虽然提高了汽车的动力性、经济性和舒适性,但随之增加的复杂电路也降低了汽车的可靠性,增加了维修的难度。实现汽车电控单元之间的通信,早在 20 世纪 70 年代就已提出。随着集成电路的迅速发展,使得以串行总线将车用电器组成网络,无论是在

可靠性还是经济性上都成为可能。CAN（Controller Area Network）总线即控制器局域网络，是德国博世（BOSCH）公司在20世纪80年代初研制成功的，最初主要是为汽车监测、控制系统而设计的。现在，由于CAN总线的优良特性，除了在汽车电子控制系统中应用外，在其他一些实时控制系统中也得到广泛应用。CAN总线被设计为具有最大数据传输速率1 Mbit/s的多主结构。CAN不像传统的网络，它不会点到点地传送报文。在CAN报文中标识符是给予数据而不是节点。报文在网络中广播，任何对报文有兴趣的节点都能够接收这个数据。例如，车上的一个节点可能传送了车轮的速度，这个数据可能会同时被防抱死制动系统以及发动机管理系统所接收，而这些部件会知道这个信息是从哪里获取的。

目前，汽车新技术的发展应用与汽车线束数量及线束急剧增加的矛盾相当突出。为解决这些问题，数据总线已被广泛地应用于汽车电控系统。现代汽车典型的控制单元有电控燃油喷射系统、电控传动系统、防抱死制动系统（ABS）、防滑控制系统（ASR）、废气再循环控制、巡航系统和空调系统。在一个完善的汽车电子控制系统中，许多动态信息必须与车速同步。为了满足各子系统的实时性要求，有必要对汽车公共数据实行共享，如发动机转速、车轮转速和油门踏板位置等。

第三节 微控制器的基本知识

一、概述

微控制器又习惯上被人们称为单片机，它是微型计算机的一个很重要的分支。自20世纪70年代问世以来，以其极高的性能价格比，受到人们的重视和关注，应用很广，发展也很快。微控制器体积小，质量轻，抗干扰能力强，对环境要求不高，价格低廉，可靠性高，灵活性好，开发较为容易。通过学习有关微控制器的知识，能依靠自己的力量来开发所希望的微控制器系统，并可获得较高的经济效益。正因如此，在我国，微控制器已广泛应用在智能仪器仪表、机电设备过程控制、自动检测、家用电器和数据处理等各个方面。

二、微控制器的软件和硬件系统

单片微型计算机就是把组成微型计算机的各部件，如中央处理器、存储器、输入/输出接口电路、定时器/计数器等制作在一块集成电路芯片中，构成一个完整的微型计算机，用一句我们中国的古语形容就是"麻雀虽小，五脏俱全"。

下面把组成计算机的5个基本组成部分（图1-20）作简单说明：运算器是计算机的运算部件，用于实现算术和逻辑运算，计算机的数据运算和处理都在这里进行。控制器是计算机的指挥控制部件，使计算机各部分能自动协调地工作。运算器和控制器是计算机的核心部分，常把它们合在一起统称为中央处理器（Central Processing Unit），简称CPU。存储器是计算机的记忆部件，用于存放程序和数据，存储器又分为内存储器和外存储器。输入设备用于将程序和数据输入到计算机中；输出设备用于把计算机数据计算或加工的结果以用户需要的形式显示或保存。通常把外存储器、输入设备和输出设备合在一起称为计算机的外部设备。以上这些组成计算机实际的部分称为计算机的硬件，也叫计算机硬件系统。尽管单片机结构简单，但组成单片机系统的也是上述这五个基本组成部分。但要在一个尺寸有限的芯片上集成运算器电路、控制器电路、一定容量的存储器以及输入/输出的接口电路，而且既要求高性能、结构简单灵活，还得工作稳定可靠，这可不是件容易的事。因此单片机必须采用精巧的设计，以克服因芯片尺寸有限所带来的许多制约。

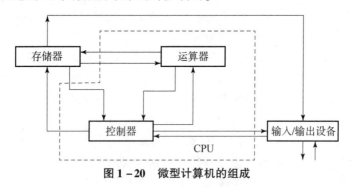

图 1-20　微型计算机的组成

硬件系统作为实体，为计算机工作提供了基础和条件，但要想使计算机有效地工作，还必须有软件的配合。概括地说，计算机的软件系统包括系统软件和应用软件两个部分。但单片机由于硬件支持和需要所限，其软件系统比较简单。传统观念认为单片机的系统管理不需要像微型机那样复杂的操作系统，而只使用简单的操作系统程序，通常称之为监控程序。因此，监控程序就成为单片机中最重要的系统软件。这种观念还认为大多数单片机不使用高级语言，单片机中通常使用的是汇编语言，但单片机并没有自己专用的汇编程序。近年来，随着控制系统的控制功能日趋复杂，特别是"嵌入式系统"这一概念的提出，已经使单片机的软件系统发生了巨大的变化，面对日益复杂的控制系统，许多功能齐备的嵌入式操作系统开始被开发人员采用，如 VxWorks、μClinux、OsCan 等操作系统在工业自动化、通信、航天和汽车等领域被广泛采用，以 C 语言为代表的高级语言也因其优化的开发环境而越来越多地得到开发人员的青睐。用户的应用程序是在其他微型计算机上通过交叉汇编方法得到二进制的目标码。因此在单片机系统中只有监控程序和目标码的应用程序。

三、瑞萨电子公司 78K0 系列产品概述

NEC 8 位单片机包括 78K0S 和 78K0 两个系列，下面简单介绍这两个系列的功能特点。

1. 78K0S（8 位）微控制器

操作频率达 10 MHz，这些微控制器是瑞萨电子低端产品阵容的代表产品，包括 78K0S/Kx1 + 设备，其封装和 CPU 核都高度紧凑，并且提供 RC 振荡器。它们不但价格具有很高的竞争力，而且还可以得到所有用于嵌入式控制的主要功能：

◇ 位处理；
◇ LED 端口；
◇ 可控制的 CPU 速度；
◇ 子时钟选项；
◇ Stop 和 Halt 模式，200 ns 最小指令周期。

78K0S/KU1 + 微控制器

★ 特点：

78K0S/KU1 + 微控制器是一个 10 引脚的（低引脚数）微控制器。

★ 芯片特点：
◇ 宽范围的操作电压：2.0~5.5 V；
◇ 两个内部振荡器：8 MHz 和 240 kHz；
◇ 内置可编程的低电压指示器；
◇ 上电清零电路；
◇ 单电压，自编程闪存；
◇ 闪存安全保护。
★ 应用：
◇ 家用电器；
◇ 传感器；
◇ 电池充电器；
◇ 通用辅助微控制器。

2. 78K0（8 位）微控制器

78K0（8 位）微控制器是瑞萨电子目前最流行的 8 位微控制器，包括新型 78K0/Kx2 微控制器。这个系列微控制器内部集成了不同的外围设备，如图 1-21 所示。

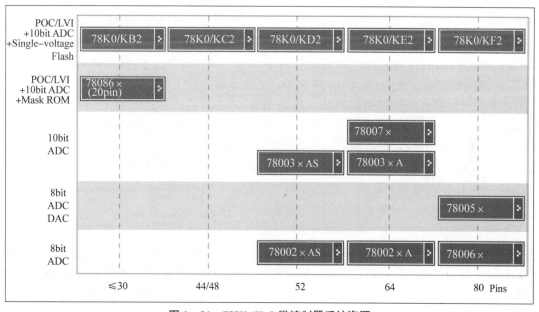

图 1-21　78K0/Kx2 微控制器系统资源

78K0/KB2 微控制器
★ 特点：
78K0/KB2 微控制器是一个新型 30 引脚通用设备，具有广阔的应用范围。
★ 芯片特点：
◇ 引导交换功能（闪存安全保护）；
◇ 内置 POC（可编程上电清零电路）/LVI（可编程低电压指示器）；
◇ 内置内部振荡器：8 MHz；
◇ 单电压，自编程闪存；

◇ 闪存安全保护。
★应用：
◇ 汽车电子系统；
- 电动门窗；
- 车门开关；

◇ 家用电器；
- 空调；
- 微波炉；
- 电饭煲；

◇ 工业应用：
- 抽水机；
- 自动售货机；
- 工控家庭音响，车载音响。

四、微控制器的最新发展技术

单片机在近10年取得了飞速的发展。在世界范围内从事单片机开发的主要有4个区域：一是欧美，开发厂家及其最新单片机系列产品有美国国家半导体公司的COP8系列单片机，PHILIPS公司的51系列单片机，AMD公司的186系列16位嵌入式微控制器，ST公司的ST62系列单片机；MICROCHIP的PIC系列单片机；MOTOROLA的各个系列单片机以及Infineon Technologies的C500和C166系列等。二是日本，TOSHIBA公司开发了从4位到64位的多系列单片机；日立公司也有从4位到32位的单片机；另外还有FUJITSU Microelectronics的F2MC-8L微控制器系列产品；OKI Electronics的MSM80、MSM66、MSM63系列单片机；NEC的75X、78X系列微机。三是我国台湾地区，主要有WINBOND公司的W741/W536、W78/W77等微控制器系列产品；HOLTEK的HT46/47/48/49CXX系列微控制器；EMC公司的E78系列单片机等。四是韩国，主要有HYUNDAI microelectronics的GMS800、GMS30系列微控制器；另外还有LG等公司也生产单片机。

在过去一段时间内，单片机的指令运行速度一直在10MIPS以下，这对于应用在工业控制领域内的单片机来说是足够的，但当单片机应用在通信及DSP领域作为高速运算、编码或解码时，就会出现因指令运行速度不够而限制单片机应用的情形，因此提高单片机指令运行速度已经成为迫切需要解决的问题。提高单片机指令运行速度的前提是在单片机的设计中必须采用先进的结构。目前比较多的单片机采用改进的哈佛（Harvard）结构，这种结构基于具有分离地址总线的两个存储器，其中一个存放程序，另一个存放数据，允许数据从程序存储器传递到SRAM，该功能也允许从程序存储器中读取数据表。这种结构的优点是取指令和存储器数据交换可在多步流水线中同时进行，这意味着当前指令执行时就可从程序存储器中取出下条指令。这是一种一个时钟周期运行完一条指令的并行流水线操作方式，因此可大大提高指令运行速度。另外，目前许多单片机均采用了精简指令集结构（RISC），使得单片机所有的指令均为单字节指令，因此其程序空间的效率比较高，代码也比较紧凑。

美国Microchip公司推出的PIC8位单片机系列采用了先进结构后，在运行速度、代码空间占用两方面与其他单片机比较有了显著的提高。PHILIPS公司的51LPC系列单片机的指令执行速度比现有的 80C51 器件高 1 倍，因为它在结构上有所改善：采用双数据指针，依据条件读取扩展或外接存储器；采用四级中断优先，用来处理越来越频繁的中断；芯片上具有多个存储器，有最大到 64 kB 的 ROM 或 EPROM，有 512 B 或 1 kB 的 RAM 等；改善的 UART，用来进行 FRAMING 错误检测及自动地址检测。基于 80C51 的 PHILIPS 低功率、低系统成本 51LPC 系列微控制器是业界推动单片机向低功耗方向发展的主导单片机系列之一，用具体数据来说明：在 3.3 V 电压下，当工作频率为 4~20 MHz 时，电流为 1.7~10 mA；当工作频率为 100 kHz~4 MHz 时，电流为 0.044~1.7 mA；当工作频率为 20~100 kHz 时，电流为 0.009~0.044 mA。51LPC 系列单片机采用以下三种方法降低功耗：

（1）使系统进入空闲模式：在空闲模式下，只有外围器件在工作。任意的复位及中断均可结束空闲模式。

（2）使系统进入低功耗模式：在低功耗模式下，振荡器停止工作，使功耗降到最小。低功耗模式的唤醒方式：外部中断 0 以及 1 + 键盘中断；比较器；看门狗定时器；掉电检测；复位输入。

（3）使系统进入低电压 EPROM 操作：EPROM 包含了模拟电路，当 V_{DD} 高于 4 V 时，可通过软件使这些模拟电路掉电以降低功耗。在上电情况下可使系统退出该模式。

采用 Flash Memory，随着半导体工艺技术的不断进步，MCU 的 Flash 版本逐渐替代了原有的 OTP 版本。Flash MCU 具有以下优点：与多次可编程的窗口式 EPROM 相比，Flash MCU 的成本要低得多；在系统编程能力以及产品生产方面提供了灵活性，因为 Flash MCU 可在编程后再次以新代码重新编程，可减少已编程器件的报废和库存；有助于生产厂商缩短设计周期，使终端用户产品更具竞争力。例如 MOTOROLA 的带 Flash Memory 的 8 位单片机 M68HC908 就采用了这种新技术，它采用最新的 1.5 T Flash 单元结构。目前微控制器的另一个发展趋势是在芯片上集成更多的功能，如模拟功能，包括模拟比较器、A/D 和 D/A 转换等。PHILIPS 的 P87LPC76X 系列单片机中就有两个模拟比较器，输入和输出选择允许比较器配置成不同模式；还有外围功能，如 USB（Universal Serial BUS）、LCD（液晶显示）、CAN、硬件加速器等。USB 是解决 PC 环境工业标准连接的有效途径，允许把很多外围器件连接到一个公共界面上。CAN 总线由许多相等的节点以线状的拓扑结构相连接而成，用来在高噪声环境中进行实时数据交换工作。Infineon Technologies 在解释 CAN 基本原理时提出了一种"完整型"CAN 控制器的结构。目前单片机正朝兼容性较好的方向努力，具体表现在：兼容性作为设计的第一考虑；在线仿真开发系统的引入优化了单片机的透明性；使用同一种 EPROM 编程器；OTP 使器件性能快速提升及标准化成为可能。

第四节　数制与码制

一、数制

数制也称计数制，是指用一组固定的符号和统一的规则来表示数值的方法。按进位的方法进行计数，称为进位计数制。在进位计数制中有数位、基数和位权三个要素。数位是指数码在一个数中所处的位置；基数是指在某种进位计数制中，每个数位上所能使用的数码的个数；位权是指在某种进位计数制中，每个数位上的数码所代表的数值的大小，等于在这个数位上的数码乘上一个固定的数值,这个固定的数值就是这种进位计数制中该数位上的位权。数码所处的位置不同,代表数的大小也不同。例如在十进位计数制中,小数点左边第一位为个位数,其位权为 10^0;第二位为十位数,其位权为 10^1;第三位是百位数,其位权为 10^2;……;小数点右边第一位是十分位数,其位权为 10^{-1};第二位是百分位数,其位权为 10^{-2};第三位是千分位数,其位权为 10^{-3};依此类推。每一种计数制都有一个固定的基数 R(R 为大于 1 的整数),它的每一数位可取 R 个不同的效值;每一种计数制都有自己的位权,并且遵循"逢 R 进一"的原则。几种常用的进位计数制如下:

(一) 十进制

十进位计数制简称十进制。十进制数具有以下特点:

(1) 有 10 个不同的数码符号,即 0、1、2、3、4、5、6、7、8、9。

(2) 每一个数码符号根据它在这个数中所处的位置(数位),按"逢十进一"来决定其实际数值,即各数位的位权是以 10 为底的幂次方。

例如 $(123.456)_{10}$,以小数点为界,从小数点往左依次为个位、十位、百位,从小数点往右依次为十分位、百分位、千分位。因此,小数点左边第一位 3 代表数值 3,即 3×10^0;第二位 2 代表数值 20,即 2×10^1;第三位 1 代表效值 100,即 1×10^2;小数点右边第一位 4 代表数值 0.4,即 4×10^{-1};第二位 5 代表数值 0.05,即 5×10^{-2};第三位 6 代表数值 0.006,即 6×10^{-3}。因而该数可表示为如下形式:

$$(123.456)_{10} = 1 \times 10^2 + 2 \times 10^1 + 3 \times 10^0 + 4 \times 10^{-1} + 5 \times 10^{-2} + 6 \times 10^{-3} \quad (1-1)$$

在计算机中,一般用十进制数作为数据的输入和输出。

(二) 二进制

二进位计数制简称二进制。一个二进制数位简称为位(bit)。计算机中最直接、最基本的操作就是对二进制位的操作。二进制数具有以下特点:

(1) 有两个不同的数码符号 0、1。

(2) 每个数码符号根据它在这个数中的数位,按"逢二进一"来决定其实际数值。例如:

$$(11011.101)_2 = 1 \times 2^4 + 1 \times 2^3 + 0 \times 2^2 + 1 \times 2^1 + 1 \times 2^0 + 1 \times 2^{-1} + 0 \times 2^{-2} + 1 \times 2^{-3}$$
$$= (27.625)_{10} \quad (1-2)$$

任意一个二进制数 B,可以表示成如下形式:

$$(B)_2 = B_{n-1} \times 2^{n-1} + B_{n-2} \times 2^{n-2} + \cdots + B_1 \times 2^1 + B_0 \times 2^0 + B_{-1} \times 2^{-1} +$$
$$\cdots + B_{-m+1} \times 2^{-m+1} + B_{-m} \times 2^{-m} \quad (1-3)$$

式中,B 为数位上的数码,其取值为 0 或 1;n 为整数位个数,m 为小数位个数;2 为基数,2^{n-1},2^{n-2},…,2^1,2^0,2^{-1},…,2^{-m} 是二进制数的位权。计算机中数的存储和运算都使用二进制数。二进制特点:

(1) 简单可行,容易实现,稳定可靠。

(2) 算术运算规则简单。

(3) 适合逻辑运算。

一个二进制位可表示两种状态(0 或 1)。两个二进制位可表示四种状态(00,01,10,11)。位数越多,所表示的状态就越多。在计算机中,广泛采用的是只有"0"和"1"两个基本符号组成的二进制数,而不使用人们习惯的十进制数,原因如下:

(1) 二进制数在物理上最容易实现。例如，可以只用高、低两个电平表示"1"和"0"，也可以用脉冲的有无或者脉冲的正负极性表示它们。

(2) 二进制数的编码、计数、加减运算规则简单。

(3) 二进制数的两个符号"1"和"0"正好与逻辑命题的两个值"是"和"否"或称"真"和"假"相对应，为计算机实现逻辑运算和程序中的逻辑判断提供了便利的条件。

（三）十六进制

二进制数书写冗长、易错、难记，而十进制数与二进制数之间的转换过程复杂，所以一般用十六进制数或八进制数作为二进制数的缩写。十六进位计数制简称为十六进制。十六进制数具有下列两个特点：

(1) 它有16个不同的数码符号为0、1、2、3、4、5，6、7、8、9、A、B、C、D、E、F。

(2) 每个数码符号根据其在这个数中的数位，按"逢十六进一"来决定其实际的数值。例如：

$$(3AB.48)_{16} = 3 \times 16^2 + A \times 16^1 + B \times 16^0 + 4 \times 16^{-1} + 8 \times 16^{-2}$$
$$= (939.28125)_{10} \tag{1-4}$$

任意一个十六进制数 H，可表示成如下形式：

$$(H)_{16} = H_{n-1} \times 16^{n-1} + H_{n-2} \times 16^{n-2} + \cdots + H_1 \times 16^1 + H_0 \times 16^0 + H_{-1} \times 16^{-1} + \cdots + H_{-m} \times 16^{-m} \tag{1-5}$$

式中，H 为数位上的数码，其取值范围为 0~F 的整数；n 为整数位个数，m 为小数位个数；16 为基数，16^{n-1}、16^{n-2}、…、16^1、16^0、16^{-1}、…、16^{-m} 为十六进制数的位权。

十六进制数是计算机中常用的一种计数方法，它可以弥补二进制数书写位数过长的不足。

二、码制

数值在计算机中表示形式为机器数，计算机只能识别0和1，使用的是二进制，而在日常生活中人们使用的是十进制，"正如亚里士多德早就指出的那样，今天十进制的广泛采用，只不过是因为绝大多数人生来具有10个手指头这个解剖学事实的结果。尽管在历史上手指计数（5，10进制）的实践要比二或三进制计数出现得晚"（摘自《数学发展史》）。为了能方便地与二进制转换，就使用了十六进制和八进制。数值有正负之分，计算机就用一个数的最高位存放符号（0为正，1为负）。这就是机器数的原码。假设机器能处理的位数为8，即字长为 1 Byte，原码能表示数值的范围为（-127~-0 +0 ~127），共256个。有了数值的表示方法就可以对数进行算术运算。但是用带符号位的原码进行乘除运算时结果正确，而在加减运算时就出现了问题。例如，假设字长为 8 bits：

$$(1)_{10} - (1)_{10} = (1)_{10} + (-1)_{10} = (0)_{10} \tag{1-6}$$
$$(00000001)_{原} + (10000001)_{原} = (10000010)_{原} = (-2)_{10} \tag{1-7}$$

上式显然不正确。因为在两个整数的加法运算中是没有问题的，于是就发现问题出在带符号位的负数身上，对除符号位外的其余各位逐位取反就产生了反码。反码的取值空间和原码相同且一一对应。下面是反码的减法运算：

$$(1)_{10} - (1)_{10} = (1)_{10} + (-1)_{10} = (0)_{10} \tag{1-8}$$

$$(00000001)_{反} + (11111110)_{反} = (11111111)_{反} = (-0)_{10} \qquad (1-9)$$

上式也不正确，再如：

$$(1)_{10} - (2)_{10} = (1)_{10} + (-2)_{10} = (-1)_{10} \qquad (1-10)$$

$$(00000001)_{反} + (11111101)_{反} = (11111110)_{反} = (-1)_{10} \qquad (1-11)$$

上面这种计算方法是正确的。问题出在（+0）和（-0）上，在人们的计算概念中，零是没有正负之分的（印度人首先将零作为标记并放入运算之中，包含有零号的印度数学和十进制计数对人类文明的贡献极大）。于是就引入了补码概念：负数的补码就是对反码加一，而正数不变，正数的原码、反码、补码是一样的。在补码中用（-128）代替了（-0），所以以补码的表示范围为（-128～0～127）共256个。（-128）没有相对应的原码和反码，（-128）=（10000000）补码的加减运算如下：

$$(1)_{10} - (1)_{10} = (1)_{10} + (-1)_{10} = (0)_{10} \qquad (1-12)$$

$$(00000001)_{补} + (11111111)_{补} = (00000000)_{补} = (0)_{10} \qquad (1-13)$$

$$(1)_{10} - (2)_{10} = (1)_{10} + (-2)_{10} = (-1)_{10} \qquad (1-14)$$

$$(00000001)_{补} + (11111110)_{补} = (11111111)_{补} = (-1)_{10} \qquad (1-15)$$

以上这几种计算方法都是正确的，所以补码的设计目的是：

（1）使符号位能与有效值部分一起参加运算，从而简化运算规则。

（2）使减法运算转换为加法运算，进一步简化计算机中运算器的线路设计。

所有这些转换都是在计算机的最底层进行的，而在我们使用的汇编、C等其他高级语言中使用的都是原码。

ASCII码是美国信息交换用标准代码（American Standard Code for Information Interchange）。ASCII码虽然是美国国家标准，但它已被国际标准化组织（ISO）认定为国际标准，并在世界范围内通用。ASCII码用一个8位二进制数（字节）表示，每个字节只占用了7位，最高位恒为0。7位ASCII码可以表示128（$2^7=128$）种字符，其中通用控制字符34个，阿拉伯数字10个，大、小写英文字母52个，各种标点符号和运算符号共有32个。

小　结

本章介绍了汽车电子技术的发展历程及其在当代汽车系统中所处的重要地位。介绍了微控制器在汽车电子控制系统中的引入和这一技术的最新发展趋势。本章还将微控制器的基本知识包括数制和码制的规定及其在计算机中的应用提供给读者。

思考题

1. 简述微控制器的发展史和最新发展动向。
2. 浅析汽车电子技术的发展及其在整车中的地位。
3. 什么是数制和码制？分析其在计算机中的应用。

第2章
微控制器的结构和原理

微控制器（Micro Controller Unit，MCU）是计算机的微型化，它的基本结构同样也是由运算器、控制器、存储器及输入/输出设备五部分组成的，只是大规模集成电路工艺的发展，使人们能把过去用电子管、晶体管组成的庞大繁杂的线路压缩到很小的芯片上，从而使制造成本大大下降，运行可靠性大大提高。熟悉并掌握硬件结构对于应用设计者是非常重要的，因为它是微控制器应用系统设计的基础。本章以78K0微控制器为例，详细介绍了微控制器的硬件结构，从程序员和应用系统设计者的角度应该牢记系统向我们提供的硬件资源，从而能在汽车电子控制系统中加以恰当的应用。

第一节 78K0 微控制器的内部组成及信号引脚

78K0系列单片微型计算机包括78K0/Kx2、78K0/Dx2、78K0/Fx2等型号，其代表型号是78K0/Fx2。78K0内部组成框图如图2-1所示，本书也将主要以78K0/Fx2微控制器为代表介绍78K0系列微控制器的工作原理。通常计算机需由三大基本单元，即中央处理器（Central Processing Unit，CPU）、存储器和输入/输出设备组成。微控制器体积很小，其结构特点是在一块芯片上集成了运算器和控制器，构成了CPU；在同一芯片上集成了ROM、RAM、SFR和存储器扩展控制器，构成了微控制器的存储器；还集成了可编程并行I/O控制器、串行口控制器、A/D转换器等构成了微控制器的输入/输出通道。尽管微控制器中没有键盘等输入设备，也没有CRT等输出设备，但微控制器允许利用I/O口与各种输入/输出设备相连，如各种控制输入按钮以及液晶显示屏等设备。

一、78K0 微控制器的基本组成

78K0微控制器的各部分情况介绍如下：

1. 中央处理器

顾名思义，这是微控制器的核心部分，也有人直接将其称作MCU，在有些公司提供的器件使用手册上还有μP的写法，都是同一个意思。78K0微控制器的CPU由算术逻辑部件（ALU）、累加器（ACC）、寄存器B、暂存器TMP1和TMP2、程序状态寄存器（PSW）等组成，统称为运算部件，而指令寄存器（IR）、指令译码器（ID）、数据指针寄存器（DPTR）、程序指针寄存器（PC）、堆栈指针（SP）等称为控制部件。CPU就是运算部件和控制部件的结合。一方面，算术逻辑部件对来自挂在内部总线上的累加器A、寄存器B或暂存器中的

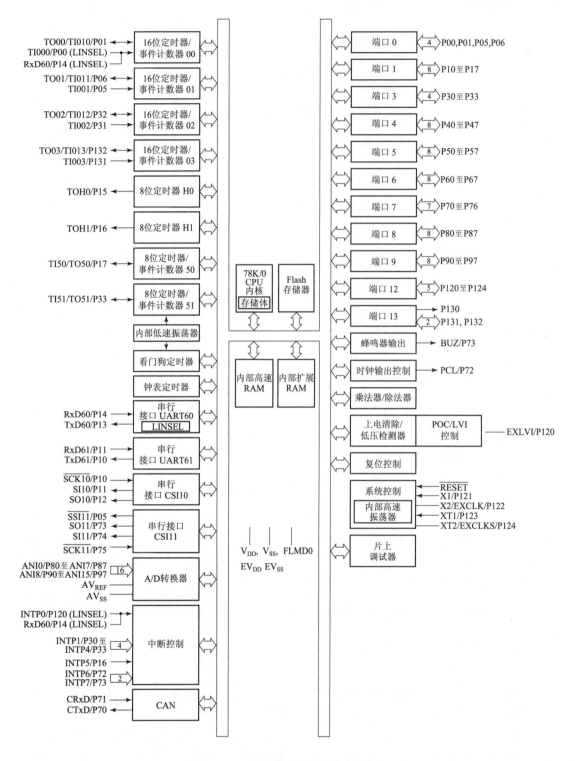

图 2-1　78K0 微控制器的结构组成框图

信息进行运算，把得出的结果通过内部总线送回累加器 A，并作为下一次运算的操作码中的一个；另一方面，控制部件保证每次都把所需单元的内容送入暂存器、累加器 A，供算术逻辑部件运算，并根据每次运算的结果，给出相应的控制信号，从而保证 CPU 正确有序地执行指令。

2. 内部数据存储器（内部 RAM）

78K0 的 CPU 能处理 8 位、16 位数据，78K0 芯片中共有 4 096 个 RAM 单元，但其中后 1 024 个单元被专用寄存器占用，能作为寄存器供用户使用的只是前 3 072 个单元，用于存放可读写的数据。因此通常所说的内部数据存储器就是指前 3 072 单元，简称内部 RAM。

3. 内部程序存储器（内部 ROM）

根据片内 ROM 大小以及管脚数量，78K0 微控制器有 40 多个品种，命名规则以 78K0/FF2 为例，它的编码为 78F0893，其中在命名中 78K0 代表芯片所使用的内核，F 代表内置 CAN 模块的产品，另外也有标准的 K 系列，专门用于汽车仪表的 D 系列等；第二个英文字母代表管脚数量，B 为 30，C 为 44 或 48，D 为 52，E 为 64，F 为 80。对于编码规则，78 代表内核，F 代表内置 Flash，08 代表 F 系列，93 代表 F 系列的产品编号。

4. 定时器/计数器

78K0 有 4 个 16 位定时/计数器（TM00 ~ TM05）以及 4 个 8 位定时/计数器（TH0、TH1、T50、T51），在定时器功能中，每个机器周期定时器加 1，可以认为它是机器周期计数器，它的振荡周期可通过寄存器设置来调整。

5. 并行 I/O 口

78K0 共有 12 个 8 位的 I/O 口（P0 ~ P9，P12，P13），以实现数据的并行输入/输出。

6. 串行口

78K0 微控制器有 4 个全双工的串行口，以实现微控制器和其他设备之间的串行数据传送。其中两个为全双工异步通信收发器使用，另外两个为同步移位器使用。

7. 中断控制系统

78K0 微控制器的中断功能较强，以满足控制应用的需要。78K0 共有 30 个中断源，即外部中断 5 个，定时/计数中断 11 个，串行中断 8 个。全部中断分为高级和低级两个优先级别。

8. 时钟电路

78K0 芯片的内部有 8 MHz 时钟电路。时钟电路为微控制器产生时钟脉冲序列，也可以外接晶振。系统允许的最高晶振频率为 20 MHz。并且还内含一个 240 kHz 的振荡回路用于给看门狗等低速模块提供时钟，并可外接 32.768 kHz 的时钟晶振。

从上述内容可以看出，78K0 虽然是一个微控制器芯片，但作为计算机应该具有的基本部件它都包括，因此实际上它是一个简单的微型计算机系统。

二、78K0 的信号引脚

78K0 微处理器采用 80 引脚的方形扁平式封装技术（QFP）方式，如图 2 - 2 所示。在 80 条引脚中，有 1 条专用于主电源的引脚，2 条外接晶振引脚和 66 条 I/O 引脚。下面分别介绍各引脚的功能。

主电源引脚 Vss 和 Vcc：Vss 接地，Vcc 正常操作时接 + 5 V 电源；

外接晶振引脚 X1 和 X2：当外接晶体振荡器时，X1 和 X2 分别接在外接晶体两端，当采用外部时钟方式时，X1 接地，X2 接外来振荡信号；

BUZ 作为蜂鸣器输出控制引脚，RESET 为复位管脚，REGC 为变压器，由于 78K0 使用的是第三代 Flash 技术，内核电压实际为 1.7 V，所以内部需要一个变压器将 5 V 电压降到 1.7 V，在外部 REGC 管脚需要接一个 47 μF 的电容用来稳压；

PCL 为可编程时钟输出，可为其他器件提供稳定的时钟源。

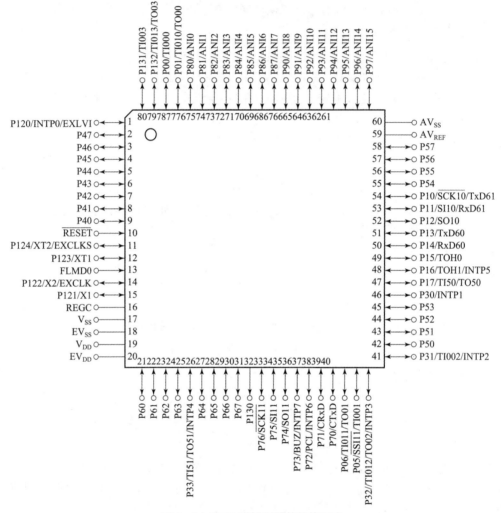

图 2-2　78K0 微控制器的结构组成

第二节　78K0 微控制器的中央处理器 CPU

一、运算器

运算器包括算术逻辑部件 ALU、位处理器、累加器 A、寄存器 B、暂存器以及程序状态字 PSW 寄存器等。该模块的功能是实现数据的算术、逻辑运算、位变量处理和数据传送等操作。ALU 的功能十分强，它不仅可对 8 位变量进行逻辑"与""或""异或"及循环、求补和清零等基本操作，还可以进行加、减、乘、除等基本运算。ALU 还具有一般微机 ALU 所不具备的功能，即位处理操作，它可以位（bit）变量进行位处理，如置位、清零、求补、测试转移及逻辑"与""或"等操作。由此可见，ALU 在算术运算及控制处理方面能力是很强的。累加器 A 是一个 8 位的累加器。从功能上看，它与一般微机的累加器相比没什么特别之处，但需要说明的是 A 的进位标志 Cy 是特殊的，因为它同时又是位处理器的一位累加器。寄存器 B 是为执行乘法和除法操作设置的，在不执行乘、除法操作的一般情况下可把它当作一个普通寄存器使用。

78K0 的程序状态寄存器 PSW 是一个 8 位可读写的寄存器，它的不同位包含了程序状态的不同信息，掌握并牢记 PSW 各位的含义是十分重要的，因为在程序设计中，经常会与 PSW 的各个位打交道。PSW 各位的定义如表 2-1 所示。

表 2-1 PSW 状态字的组成

	7	6	5	4	3	2	1	0
PSW	IE	Z	RBS1	AC	RBS0	0	ISP	CY

1. 中断使能标志（IE）

该标志控制 CPU 的中断请求识别操作。

（1）为 0 时，IE 标志被设为中断禁止（DI）状态，并禁止所有的可屏蔽中断请求。其他中断请求被禁止。

（2）为 1 时，IE 标志被设为中断使能（EI）状态，中断请求应答由服务中优先级标志（ISP）、多个中断源的中断屏蔽标志和优先级指示标志控制。

执行 DI 指令或中断被响应时 IE 标志复位（为 0）；执行 EI 指令时 IE 被置位（为 1）。

2. 零标志（Z）

操作结果为零时，该标志被置位（为 1）。其他所有情况下该标志复位（0）。

3. 寄存器组选择标志（RBS0 和 RBS1）

此标志为 2 位标志，用以选择 4 组寄存器中的一组。

表示寄存器组由 SEL RBn 指令执行选中的 2 位信息存储于这些标志中。

4. 辅助进位标志（AC）

如果运算结果产生自位 3 进位或在位 3 借位，此标志被置位（1）。其他所有情况下该标志复位（0）。

5. 服务中优先级标志（ISP）

该标志管理可响应的可屏蔽向量中断的优先级。当该标志为 0 时，由优先级指定标志寄存器（PR0L、PR0H、PR1L、PR1H）（具体见相关手册）指定的低电平向量中断请求不能得到应答。实际的请求响应由中断使能标志（IE）控制。

6. 进位标志（CY）

该标志在执行加/减指令时存储上溢或下溢。执行循环指令时，该标志存储移出值；执行位操作指令期间用作位累加器。

二、控制器

控制部件是微处理器的神经中枢，以主振频率为基准（每个主振周期称为振荡周期），控制器控制 CPU 的时序，对指令进行译码，然后发出各种控制信号，它将各个硬件环节组织在一起。CPU 的时序为每个机器周期（12 个振荡周期），由 6 个状态周期组成，即 S1、S2、…、S6，而每个状态周期由两个时相 P1、P2 组成（即 2 个主振振荡周期）。一般情况下，算术逻辑操作发生在时相 P1 期间，而内部寄存器之间的传送发生在时相 P2 期间，这些内部时钟信号无法从外部观察，故用 XTAL2 振荡信号作参考，而 ALE 可作为外部工作状态指示信号用。MCS - 51 的指令周期一般只有 1~2 个机器周期，只有乘、除两条指令占 4 个机器周期，当用 12 MHz 晶体作主频率时，执行一条指令的时间，就是一个指令周期为 1 μs（这样的指令约占全部指令的一半）、2 μs 及 4 μs。主振频率越高，指令执行速度越快。

CPU 功能的强弱可以用以下几个指标来衡量：

(1) 内部总线宽度，也称字长、位数。位数越大，运算精度越高，运算速度越快。78K0 系列是 8 位机。

(2) 指令数。指令越多，编程越灵活。78K0 系列有 227 条指令。

(3) 执行每条指令所需时间或每秒钟平均执行指令条数，常用的 MIPS 表示每秒钟执行指令的百万条数。

(4) 寻址方式越多，对某一空间的寻址越灵活。78K0 有 7 种寻址方式。

第三节　78K0 的内部存储器分类

78K0 有 4 个存储器空间：Flash 存储器、片内 AFCAN 数据存储器、片内扩展数据存储器、片内高速数据存储器，图 2 - 3 展示 378K0/FD2 的内部数据区详细结构与信息。从用户使用角度，即逻辑上，78K0 有 3 个存储器地址空间：统一的 64 KB 的程序存储器地址空间、8 KB 内部高速数据存储器地址空间及 256 B 内部AFCAN数据存储器地址空间。78K0 的寻址分为特殊功能寄存器（SFR）寻址、寄存器寻址、短地址寻址、直接寻址、寄存器间接寻址、基址寻址、基址变址寻址表 2 - 2 提供了三种元件的内部存储器容量信息。

表 2 - 2　内部 ROM 容量

元件编号	内部 ROM	
	结构	容量
PD78F0891	Flash 存储器	61440 × 8 位（0000H 至 EFFFH）
PD78F0892	Flash 存储器	98304 × 8 位 （0000H 至 7FFFH（命令区：32 KB）+ 8000H 至 BFFFH（存储器组区：16 KB）× 4）
PD78F0893	Flash 存储器	131072 × 8 位 （0000H 至 7FFFH（命令区：32 KB）+ 8000H 至 BFFFH（存储器组区：16 KB）× 6）

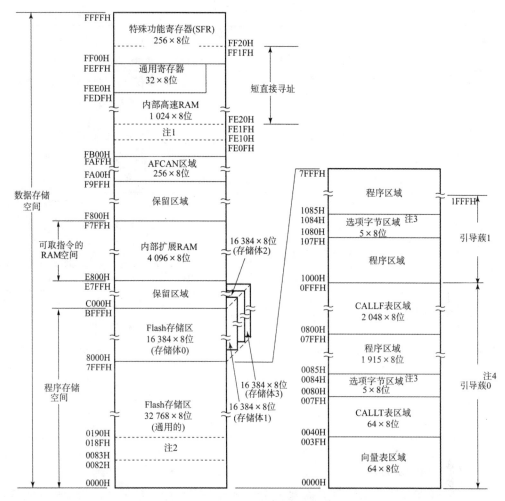

图 2-3　78K0/FD2 的内部数据区

注：1. 片上调试期间，禁止使用该区域，因为该区域作通信的用户数据备份区。

2. 片上调试期间，禁止使用该区域，因为该区域用作通信命令区（269 字节）。

3. 当不使用引导交换时：将选项字节设置至 0080H 至 0084H。

当使用引导交换时：将选项字节设置至 0080H 至 0084H 和 1080H 至 1084H。

4. 根据安全设置可禁止写入引导簇 0。

一、内部程序存储器的结构

内部程序存储器空间存储程序和表数据。通常情况下，由程序计数器（PC）寻址。内部编程存储器空间划分为以下区域。

1. 向量码区域

64 字节区域 0000H 至 003FH 保留为向量码区域。基于复位信号输入或各中断请求产生的分支程序起始地址存储在向量码区域，如表 2-3 所示。

表2-3 向量码

向量码地址	中断源	向量码地址	中断源
0000H	$\overline{\text{RESET}}$输入，POC，LVI，WDT	0020H	INTCSI10/INTSRE61
		0022H	INTP6/INTSR61
0004H	INTLVI	0024H	INTP7/INTST61
0006H	INTP0	0026H	INTTMH1
0008H	INTP1	0028H	INTTMH0
000AH	INTP2/INTTM002	002AH	INTTM50
000CH	INTP3/INTTM012	002CH	INTTM000
000EH	INTP4/INTTM003	002EH	INTTM010
0010H	INTP5/INTTM013	0030H	INTAD
0012H	INTC0ERR	0032H	INTWTI/INTDMU
0014H	INTC0WUP	0034H	INTTM51
0016H	INTC0REC	0036H	INTWT
0018H	INTC0TRX	0038H	INTCSI11
001AH	INTSRE60	003AH	INTTM001
001CH	INTSR60	003CH	INTTM011
001EH	INTST60	003EH	BRK

2. CALLT 指令表区域

64 字节区域 0040H 至 007FH 可存储一个 1 字节调用指令（CALLT）的子程序表地址。CALLT 的含义为 Call Table，即用户可以将一些函数注册在这一特定的区域，每个函数对应一个序号。当用户调用 CALLT 命令时，程序便会运行相应的函数。由于 CALLT 函数很短（仅为 1 个字节），所以运行效率非常高。例如，用户将 void func( ) 作为 CALLT 函数注册，编译器会分配一个函数标号（也可以指定一个函数标号）用来代表这个函数。同时编译器会把 func 的函数地址记录在 CALLT 区域，当用户调用 CALLT 1 的命令时，程序会跳到序号为 1 的地址区域，然后读取函数地址，跳到函数中运行。CALLT 函数不可以带参数和返回值。

3. 选项字节区域

选项字节区域被分配在 0080H 的 1 字节区域，相当于一个寄存器用来存储看门狗及设置低电压保护，由于这些设置保存在 ROM 区，程序跑飞也不会修改这些设置，从而保护了程序的安全性。

4. CALLF 指令表区域

该区域 0800H 至 0FFFH 可用一个 2 字节调用指令（CALLF）直接执行子程序调用。和 CALLT 相似，CALLF 的含义为 Call Function，它将函数以短地址的方式存入这个区域，当用户调用 CALLF 时，程序便会运行相应的函数。由于 CALLF 使用的是短地址，所以运行效率高于普通的 CALL 函数，但低于 CALLT 函数。同样，CALLF 函数不能带参数和返回值。

5. 片上调试安全 ID 设置区域

0085H 至 008EH 和 1085H 至 108EH 的 10 字节区域可用作片上调试安全 ID 设置区域。不使用引导区交换功能时，在 0085H 至 008EH 设置 10 字节的片上调试安全 ID，而使用引导区交换功能时在 0085H 至 008EH 和 1085H 至 108EH 设置 10 字节的片上调试安全 ID。16 位地址中，低 8 位存储在偶地址而高 8 位存储在奇地址。

二、堆栈及堆栈指示器

微处理器在转去执行子程序或中断服务程序以后，很可能要使用微处理器中的某些寄存单元，这样就会破坏这些寄存单元中的原有内容。为了既能在子程序或中断服务程序中使用这些寄存单元，又能保证在返回主程序之后恢复这些寄存单元的原有内容，所以在转中断服务程序之前要把微处理器中各有关寄存单元的内容保存起来，这就是"现场保护"。因而，我们说堆栈是为子程序调用和中断操作而设立的。其具体功能有两个：保护断点和保护现场。为了使微处理器能进行多级中断嵌套及多重子程序嵌套，还要求堆栈具有足够的容量（或者说足够的堆栈深度）。

堆栈实际上是一种数据结构，只允许在其一端进行数据插入和数据删除操作的线性表，如图 2-4 所示。数据写入堆栈称为压入运算（PUSH），也叫入栈。数据从堆栈中读出称为弹出运算（POP），也叫出栈。堆栈的最大特点就是"后进先出"的数据操作规则，常把后进先出写为 LIFO（Last-In, First-Out），即先入栈的数据存放在栈的底部。堆栈有两种类型：向上生长型和向下生长型。向上生长型堆栈，栈底在低地址单元，随着数据进栈，地址递增，堆栈指示器 SP 的内容越来越大，指针上移；反之，随着数据的出栈，地址递减，SP 的内容越来越小，指针下移。78K0 属向下生长型堆栈，这种堆栈的操作规则如下：栈底设在高地址单元，随着数据进栈，地址递减，SP 内容越来越小，指针下移；反之，随着数据的出栈，地址递增，SP 内容越来越大，指针上移，其堆栈操作规则与向上生长型正好相反。

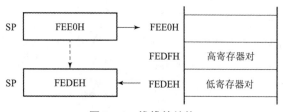

图 2-4 堆栈的结构

不论是数据进栈还是数据出栈，都是对堆栈的栈顶单元进行的，即对栈顶单元的写和读操作。为了指示栈顶地址，要设置堆栈指示器 SP，其内容就是堆栈栈顶的存储单元地址。78K0 系列微处理器的堆栈是以栈顶满的形式工作的。在执行 PUSH 期间，压入数据前，SP 减 1；反之，在执行 POP 期间，弹出数据前，SP 加 1。SP 宽为 8 位。由于堆栈指针可以由指令改变，因此堆栈可以设置在片内 RAM 中任一连续空间内。

三、数据存储器

数据存储器分为内部高速 RAM 和内部扩展 RAM。其中内部高速 RAM 中的 32 字节区域 FEE0H 至 FEFFH 指定为 4 个通用寄存器组，每组包括 8 个 8 位寄存器。该区域不能用作写入并执行指令的程序空间。同时，内部高速 RAM 也可用作堆栈存储器。内部扩展 RAM，也叫低速 RAM 区，因为它的访问速度和 ROM 相同，并且 PC 指针是可以访问这个区域的，这也就意味着可以将程序放入这个区域运行。一般在设计 Bootloader 功能时会用到这个特性。

第四节　I/O 端口及时钟电路与时序

一、78K0 的 I/O 端口

I/O 即输入/输出口，也称为端口。这些端口在结构和特性上是基本相同的，但又各具特点。在微控制器中 I/O 端口是一个集数据输入缓冲、数据输出驱动及锁存等多项功能为一体的电路。产生复位信号后除掉端口 13 的只输出端口外，将其余端口自动设为输入模式。端口配置如表 2-4 所示。

表 2-4　端口配置

条目	配置
控制寄存器	端口模式寄存器（PM0，PM1，PM3～PM9，PM12，PM13） 端口寄存器（P0，P1，P3～P9，P12，P13） 上拉电阻选项寄存器（PU0，PU1，PU3～PU7，PU12，PU13）
端口	总计：71（CMOS I/O：66；CMOS 输出：1；N 沟道漏极开路 I/O：4）
上拉电阻	总计：46

端口 0 是带有输出锁存器的 4 位 I/O 端口。端口 0 可用端口模式寄存器 0（PM0）设置为以 1 位为单元的输入或输出模式。当 P00、P01、P05 和 P06 引脚用作输入端口时，片上上拉电阻可用上拉电阻选项寄存器 0（PU0）按 1 位为单元指定。该端口还可用于定时器 I/O、串行接口芯片选择输入。

端口 1 是带有输出锁存器的 8 位 I/O 端口。端口 1 可用端口模式寄存器 1（PM1）设置为以 1 位为单元的输入或输出模式。当 P10 和 P17 引脚用作输入端口时，片上上拉电阻可用上拉电阻选项寄存器 1（PU1）按 1 位为单元指定。该端口还可以用于外部中断请求输入、串行接口数据 I/O、时钟 I/O 以及定时器 I/O。

端口 3 是带有输出锁存器的 4 位 I/O 端口。端口 3 可用端口模式寄存器 3（PM3）设置为以 1 位为单元的输入或输出模式。当该端口用作输入端口时，片上上拉电阻可用上拉电阻选项寄存器 3（PU3）按 1 位为单元指定。该端口还可以用作外部中断请求输入的引脚和定时器 I/O。

端口 4 是带有输出锁存器的 8 位 I/O 端口。端口 4 可用端口模式寄存器 4 (PM4) 设置为以 1 位为单元的输入或输出模式。片上上拉电阻的使用可通过上拉电阻选项寄存器 4 (PU4) 以 1 位为单元指定。

端口 5 是带有输出锁存器的 8 位 I/O 端口。端口 5 可用端口模式寄存器 5 (PM5) 设置为以 1 位为单元的输入或输出模式。片上上拉电阻的使用可通过上拉电阻选项寄存器 5 (PU5) 以 1 位为单元指定。

端口 6 是带有输出锁存器的 8 位 I/O 端口。端口 6 可用端口模式寄存器 6 (PM6) 设置为以 1 位为单元的输入或输出模式。片上上拉电阻的使用可通过上拉电阻选项寄存器 6 (PU6) 以 1 位为单元指定。P60~P63 不包含上拉电阻选项寄存器。

端口 7 是带有输出锁存器的 7 位 I/O 端口。端口 7 可用端口模式寄存器 7 (PM7) 设置为以 1 位为单元的输入或输出模式。当 P70 和 P76 引脚用作输入端口时,片上上拉电阻可用上拉电阻选项寄存器 7 (PU7) 按 1 位为单元指定。该端口还可用作外部中断请求输入、时钟输出引脚、蜂鸣器输出引脚、CAN I/F I/O、串行接口数据 I/O 和时钟 I/O。

端口 8 是带有输出锁存器的 8 位 I/O 端口。端口 8 可用端口模式寄存器 8 (PM8) 设置为以 1 位为单元的输入或输出模式。该端口还可用于 A/D 转换器模拟输入。

端口 9 是带有输出锁存器的 8 位 I/O 端口。端口 9 可用端口模式寄存器 9 (PM96) 设置为以 1 位为单元的输入或输出模式。该端口还可用于 A/D 转换器模拟输入。

端口 12 是带有输出锁存器的 5 位 I/O 端口。端口 12 可用端口模式寄存器 12 (PM12) 设置为以 1 位为单元的输入或输出模式。当该端口仅用作 P120 的输入端口时,片上上拉电阻可用上拉电阻选项寄存器 12 (PU12) 指定。该端口还可用作外部中断输入、外部低电压检测器的电压输入、主系统时钟的振荡器连接、副系统时钟的振荡器连接、主系统时钟的外部时钟输入和副系统时钟的外部时钟输入。

P130 为 1 位只输出端口。端口 131 和 132 为 2 位 I/O 端口。P131 和 P132 可用端口模式寄存器 13 (PM13) 设置为以 1 位为单元的输入或输出模式。当该端口用作输入端口时,片上上拉电阻可通过上拉电阻选项寄存器 13 (PU13) 按 1 位为单元指定。

二、时钟电路

78K0 微控制器的时钟信号分为主系统时钟、子系统时钟和内部低速振荡时钟三种。主系统时钟通常作为系统时钟,它又分成外部时钟与内部时钟,外部时钟需要通过设计外部时钟电路来获得,最高不能超过 20 MHz,最低不能低于 4 MHz。内部时钟为 8 MHz 的高速振荡器。一般在不要求高精度的项目中,用户通常会使用内部时钟,因为可以省去外部时钟电路而降低产品成本。但是内部时钟由于是类似电阻和电容组成的振荡器,所以会受到温度的影响,一般会有 ±5% 的误差。子系统时钟也叫钟表时钟,顾名思义它的主要功能是提供给钟表定时器一个频率用来获得 1 s 的单位时间计时,它的频率为 32.786 kHz。钟表时钟也可以作为 CPU 时钟,用来在长时间扫描端口工作时,降低系统功耗。内部低速振荡时钟主要作为看门狗的时钟,由于是内部集成的低速振荡器,所以提高了看门狗的安全性(晶振失效会让看门狗失去作用,有些破解芯片手段便是用切断时钟的方法瘫痪看门狗)。时钟发生器的功能框图如图 2-5 所示。

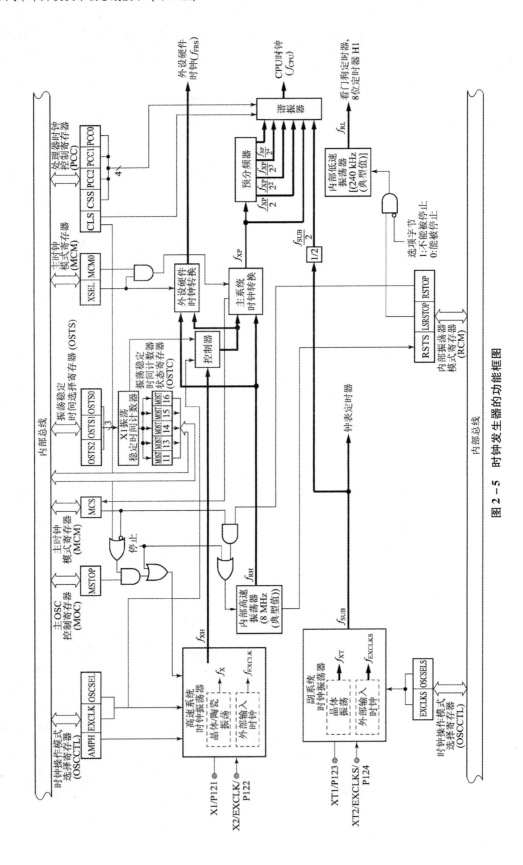

图 2-5 时钟发生器的功能框图

第五节 78K0 微控制器工作方式

一、复位方式

以下四种操作可用来产生复位信号：
（1）通过 RESET 引脚输入外部复位。
（2）通过看门狗定时器程序循环检测进行内部复位。
（3）通过比较供应电压与上电清除（POC）电路的检测电压进行内部复位。
（4）通过比较供应电压与低供电电源检测器（LVI）的检测电压进行内部复位。

外部复位和内部复位没有功能上的区别。在两种情况下，产生复位信号时，在地址 0000H 和 0001H 处开始执行程序。当低电平输入到 RESET 引脚时，或看门狗定时器溢出时，或通过 POC 和 LVI 电路电压检测时，使用复位，而将硬件的各项设置为表 2-5 和表 2-6 所显示的状态。在复位信号产生期间或刚好在复位解除后的振荡稳定时间期间，除低电平输出的 P130 引脚外，其他各引脚均为高阻状态。当低电平输入到 RESET 引脚时，该器件复位。当高电平输入到 RESET 引脚时，器件从复位状态解除，复位完成后，开始使用内部高速振荡时钟执行程序。由看门狗定时器进行的复位可自动解除，复位完成后，开始使用内部高速振荡时钟执行程序。复位后，当 $V_{DD} \geqslant V_{POR}$ 或 $V_{DD} \geqslant V_{LV}$ 时，由 POC 和 LVI 电路供电电源检测进行的复位可自动解除，复位完成后，开始使用内部高速振荡时钟执行程序。复位功能框图如图 2-6 所示。

二、程序执行方式

微控制器上电复位或按键复位后，微控制器便可进入连续执行程序的状态。由于复位时已把 PC 值清零，所以，程序将从 0000H 单元开始执行。如果用户需要从其他起始地址开始执行程序，那么必须先把该起始地址输入微控制器，然后才能从该起始地址开始执行。微控制器从执行程序开始，除非遇到设定断点或软件出现故障，否则中途不会停止，直至程序执行完为止。

表 2-5 复位期间的操作状态

项目			复位期间的状态
系统时钟			停止 CPU 的时钟供应
	主系统时钟	f_{OSC8}	操作停止
		f_X	操作停止（引脚为 I/O 端口模式）
		f_{EXT}	时钟输入无效（引脚为 I/O 端口模式）
	子系统时钟	f_{XT}	操作停止（引脚为 I/O 端口模式）
		f_{EXTS}	时钟输入无效（引脚为 I/O 端口模式）
	f_{OSC}		操作停止
CPU			
Flash 存储器			
RAM			

续表

项目		复位期间的状态
稳压器		可操作
端口（锁存器）		操作停止
16 位定时器/事件计数器 P	00	
	01	
	02	
	03	
	04	
8 位定时器/事件计数器	50	
	51	
钟表定时器		
看门狗定时器		
时钟输出		
蜂鸣器输出		
A/D 转换器		
串行接口	UART60	
	UART61	
	CSI10	
	CSI11	
	IIC0	
CAN 控制器		
乘法器/除法器		
步进电机 C/D（使用 ZPD）		
LCD 控制器/驱动器		
声音发生器		
上电清零功能		可操作
低电压检测功能		操作停止
外部中断		

备注：f_{OSC8}：内部高速振荡时钟；f_X：X1 振荡时钟；f_{EXT}：外部主系统时钟；f_{XT}：XT1 振荡时钟；f_{EXTS}：外部子系统时钟；f_{OSC}：内部低速振荡时钟。

表 2-6 响应复位后的硬件状态（1/3）

硬件	响应复位后的状态[注1]
程序计数器（PC）	设置复位向量表的内容（0000H、0001H）
堆栈指针（SP）	不确定
程序状态字（PSW）	02H

续表

硬件		响应复位后的状态[注1]
RAM	数据存储器	不确定[注2]
	通用寄存器	不确定[注2]
端口寄存器（P0 至 P3、P6 至 P9、P12）（输出锁存器）		00H
端口模式寄存器 PM0 至 PM3，PM6 至 PM9，PM12		FFH
上拉电阻选项寄存器（PU0，PU1，PU3，PU6，PU7，PU12）		00H
内部扩展 RAM 容量切换寄存器（IXS）		0CH[注3]
内存容量切换寄存器（IMS）		CFH[注3]
处理器时钟控制寄存器（PCC）		01H
时钟操作模型选择寄存器（OSCCTL）		00H[注4]
内部振荡器模式寄存器（RCM）		00H
主时钟模式寄存器（MCM）		00H
注 OSC 控制寄存器（MOC）		80H
振荡稳定时间选择寄存器（OSTC）		05H
振荡稳定时间计数器状态寄存器（OSTC）		00H
16 位定时器/时间计数器 P0 – P4	控制寄存器 0，1（TP0CTL0 – TP4CTL0，TP0CTL1 – TP4CTL0）	00H
	I/O 控制寄存器 0 – 2（TP0CTL0 – TP4CTL0，TP0CTL1 – TP4CTL0，TP0CTL2 – TP4CTL2）	00H
	选项寄存器 0（TP0OPTL0 – TP4OPTL0）	00H
	捕获/比较寄存器 0，1（TP0CCR0 – TP4CCR0，TP0CCR1 – TP4CCR1）	0000H
	计数器读缓冲寄存器（TP0CNT – TP4CNT）	0000H

注：

1. 复位信号产生或振荡稳定时间等待期间，硬件状态中只有 PC 内容不确定。复位后其他所有硬件状态保持不变。

2. 在待机模式中进行复位时，即使复位后也保持复位前的状态。

3. 在所有 78K0/Dx2 产品中，无论内存容量如何，复位释放后内存容量切换寄存器（IMS）和内部扩展 RAM 容量切换寄存器（IXS）的初始值均为常量（IMS = CFH、IXS = 0CH）。因此复位释放后必须为每款产品。

分别设置以下值。

Flash 存储器版本		IMS	IXS
78K0/DE2	78K0/DF2		
μPD78F0836	μPD78F0838，78F0840，78F0842	C6H	0AH
μPD78F0844	μPD78F0846，78F0848	C8H	
μPD78F0837	μPD78F0839，78F0841，78F0843	CCH	08H
μPD78F0845	μPD78F0847，78F0849	CFH	

4. 复位释放后该寄存器的值立即变为 00H，但在内部高速振荡已经稳定后会自动变为 80H。

表 2-6 响应复位后的硬件状态 (2/3)

硬件		响应复位后的状态[注1]
8 位定时器/事件计数器 50, 51	定时器计数器 50, 51 (TM50, TM51)	00H
	比较寄存器 50, 51 (CR50, CR51)	00H
	定时器时钟选择寄存器 50, 51 (TCL50, TCL51)	00H
	模式控制寄存器 50, 51 (TMC50, TMC51)	00H
钟表定时器	操作模式寄存器 (WTM)	00H
时钟输出/蜂鸣器输出控制器	时钟输出选择寄存器 (CKS)	00H
看门狗定时器	使能寄存器 (WDTE)	1AH/9AH[注2]
A/D 转换器	10 位 A/D 转换结果寄存器 (ADCR)	0000H
	8 位 AID 转换结果寄存器 (ADCRH)	00H
	模式寄存器 (ADM)	00H
	模拟输入通道选择寄存器 (ADS)	00H
	A/D 端口配置寄存器 (ADPC)	00H
串行接口 UART60, UART61	接收缓冲寄存器 60, 61 (RXB60, RXB61)	FFH
	发送缓冲寄存器 60, 61 (TXB60, TXB61)	FFH
	异步串行操作模式寄存器 60, 61 (ASIM60, ASIM61)	01H
	异步串行接口接收错误状态寄存器 60, 61 (ASIS60, ASIS61)	00H
	异步串行接口发送状态寄存器 60, 61 (ASIF60, ASIF61)	00H
	时钟选择寄存器 60, 61 (CKSR60, CKSR61)	00H
	波特率发生器控制寄存器 60, 61 (BRGC60, BRGC61)	FFH
	异步串行接口控制寄存器 60, 61 (ASICL60, ASICL61)	16H
	输入转换控制寄存器 (ISC)	00H
串行接口 CSI10, CSI11	发送缓冲寄存器 10, 11 (SOTB10, SOTB11)	00H
	串行/0 移位寄存器 10, 11 (SIO10, SIO11)	00H
	串行操作模式寄存器 10, 11 (CSIM10, CSIM11)	00H
	串行时钟选择寄存器 10, 11 (CSIC10, CSIC11)	00H
串行接口 IIC0	IIC 移位寄存器 0 (ICO)	00H
	从地址寄存器 0 (SVA0)	00H
	IIC 控制寄存器 0 (ICC0)	00H
	IIC 标志寄存器 0 (ICF0)	00H
	IIC 状态寄存器 0 (ICS0)	00H
	IIC 时钟选择寄存器 0 (ICCL0)	00H
	IIC 功能扩展寄存器 0 (ICX0)	00H

注:
1. 复位信号产生或振荡稳定时间等待期间,硬件状态中只有 PC 内容不确定。复位后其他所有硬件状态保持不变。
2. WDTE 的复位值取决于选项字节的设置。

第 2 章 微控制器的结构和原理

表 2-6 响应复位后的硬件状态 (3/3)

硬件		响应复位后的状态[注1]
乘法器/除法器	余数寄存器 0 (SDR0)	0000H
	乘/除数寄存器 A0 (MDA0H, MDA0L)	0000H
	乘/除数寄存器 B0 (MDB0)	0000H
	乘法器/除法器控制寄存器 0 (DMUC0)	00H
步进电机 C/D (使用 ZPD)	定时器模式控制寄存器 (MCNTC0)	00H
	比较寄存器 (MCMP10, MCMP11, MCMP20, MCMP21, MCMP30, MCMP31,	00H
	MCMP40, MCMP41)	0000H
	组合比较寄存器 (MCMP1HW, MCMP2HW, MCMP3HW, MCMP4HW)	00H
	比较控制寄存器 (MCMPC1, MCMPC2, MCMPC3, MCMPC4)	00H
	步进电机端口模式控制寄存器 (SMPC)	00H
	ZPD 检测电压设置寄存器 (ZPDS0, ZPDS1)	00H
	ZPD 标志检测时钟设置寄存器 (CMPCTL)	00H
LCD 控制器/驱动器	ZPD 操作控制寄存器 (ZPDEN)	00H
	LCD 模式寄存器 (LCDMD)	00H
	LCD 显示模式寄存器 (LCDM)	00H
	LCD 时钟控制寄存器 (LCDC0)	00H
声音发生器	LCD 端口功能寄存器 0, 3, ALL (LCDPF0, LCDPF3, LCDPFALL)	00H
	SG0 控制寄存器 (SG0CTL)	0000H
	SG0 低频寄存器 (SG0FL)	0000H
	SG0 高频寄存器 (SG0FH)	0000H
复位功能	SG0 音量寄存器 (SG0PWM)	00H[注2]
低电压检测器	复位控制标志寄存器 (RESF)	00H[注2]
	低电压检测寄存器 (LVIM)	00H[注2]
	低电压检测等级选择寄存器 (LVIS)	00H
中断	请求标志寄存器 0L, 0H, 1L, 1H (IF0L, IF0H, IF1L, IF1H)	FFH
	掩膜标志寄存器 0L, 0H, 1L, 1H (MK0L, MK0H, MK1L, MK1H)	FFH
	优先级指定标志寄存器 0L, 0H, 1L, 1H (PR0L, PR0H, PR1L, PR1H)	00H
	外部中断上升沿使能寄存器 (EGP)	00H

注: 1. 复位信号产生或振荡稳定时间等待期间,硬件状态中只有 PC 内容不确定。复位后其他所有硬件状态保持不变。

2. 根据复位源不同,这些值有所不同,如图。

寄存器	复位源	RESET 输入	由 POC 引起的复位	由 WDT 引起的复位	由 LVI 引起的复位
RESF	WDTRF 位	清零 (0)	清零 (0)	置位 (1)	保持
	LVIRF 位	清零 (0)	清零 (0)	保持	置位 (1)
LVIM		清零 (00H)	清零 (00H)	清零 (00H)	保持
LVIS					

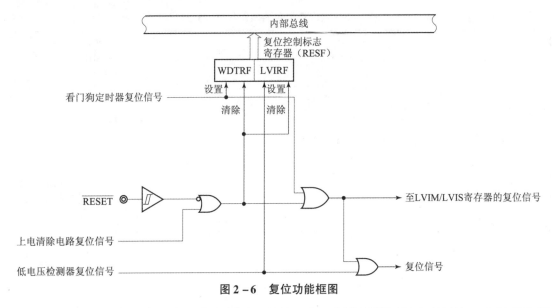

图 2-6 复位功能框图

微控制器是根据指令一步一步地往下运行的，由于微控制器运行速度很快，人们无法判断微控制器现在执行哪一条指令，是在哪条指令中出错。微控制器仅有连续执行功能是不能满足用户要求的，不便于对编制的程序进行调试。微控制器应该能按人的意愿，想让它在执行完哪条指令后停下来就可以停下来，想让它执行一条指令就执行一条指令。这样，就可以随时检查 CPU 的有关状态，找出差错原因，大大方便程序调试。在用户程序中设置断点，就可以满足前一要求，单步功能可以满足后一要求。78K0 微控制器是如何实现单步运行的呢？78K0 微控制器没有专门的单步控制引脚，它是利用 78K0 微控制器中断系统中下列两个特性而实现单步功能的：

CPU 正在处理中断时，不会响应同一优先级的新的中断请求；在执行 RETI 指令返回主程序后，才可以重新进入中断。根据 78K0 微控制器中断系统的上述特性，调试器在相应的软件位置插入 BREAK 语句，这个语句是软件中断，它具有硬件中断的一切功能，插入此软件中断后，CPU 便会跳到 BREAK 相对应的中断处理函数中读取信息并用隐含指令将 CPU 挂起，而这些过程用户不可见，给用户的感觉就像程序停下来一样。

三、低功耗模式

78K0 有两种低功耗模式。

1. HALT 模式

执行 HALT 指令设置 HALT 模式。在 HALT 模式中，CPU 操作时钟停止工作。如果在设置 HALT 模式之前，高速系统时钟振荡器、内部高速振荡器、内部低速振荡器或副系统时钟振荡器处于工作状态，则各个时钟持续振荡。在该模式中，操作电流没有减少到 STOP 模式中的值，而 HALT 模式对中断请求生成时立即重新开始的操作和实现间歇操作有效。

2. STOP 模式

执行 STOP 指令设置 STOP 模式。在 STOP 模式中，高速系统时钟振荡器和内部高速振荡器停止工作，停止了整个系统，从而相当大幅地减少了 CPU 的工作电流。由于该模式可由中断请求清除，因此它允许待执行间歇操作。但是，由于在 STOP 模式解除后确保振荡稳定时间的安全需要等待时间，所以若需在中断请求生成时立即开始处理，则要选择 HALT 模式。

两种模式分别使用 HALT 和 STOP 指令完成。在进入低功耗模式之前需要把所有的模块关闭，降低功耗并避免由于时钟消失导致模块工作异常，并且将所有的端口置为输入模式。

四、掉电保护方式

微控制器系统在运行过程中，如发生掉电故障，将会丢失 RAM 和寄存器中的程序和数据，其后果有时很严重。为此 78K0 微控制器设置有掉电保护措施，进行掉电保护处理。其具体做法是：先把有用信息转存，然后再启用备用电源维持供电。

LVI 电路比较供电电压（V_{DD}）与检测电压（V_{LVI}），或比较来自外部输入引脚（EXLVI）的输入电压与检测电压（$V_{EXLVI}=1.21\text{ V}$），从而产生内部复位信号或内部中断信号。

（1）供电电压（V_{DD}）或来自外部输入引脚（EXLVI）的输入电压可以由软件选择。

（2）可由软件选择复位或中断功能。

（3）可以由软件更改供电电压的检测等级（16 级）。

当 LVI 产生中断时，用户应当及时关闭所有模块降低能源消耗，并将有用的信息保存在 Flash 或者外部可写入的存储器中。待电力恢复，再将信息读入，确保系统功能的安全性与健壮性。

第六节　78K0 微控制器的 Flash 存储器使用

78K0 系列内含 Flash 存储器，程序可被写入、擦除和重写。

一、存储器的分类

程序存储器一般采用只读存储器，因为这种存储器在电源关断后仍能保存程序，在系统上电后，CPU 可取出这些指令予以重新执行。ROM 器件不同，编程方法也不同。掩膜 ROM 是在制造过程中编程。在大批量生产中，一次性掩膜生产成本是很低的。PROM（可编程只读存储器）、EPROM（可擦除、可编程只读存储器）由独立的编程器进行编程，但 PROM 是一次性使用的（现在也通常称为 OTP），要修改程序只能将原来的 PROM 报废。EPROM 可以多次擦除和编程，因而是 ROM 中相对最贵的，它通常用于程序开发和样机的生产中。近年来，随着半导体技术的发展，EPROM 的价格也降低到人们能够接受的水平。

数据存储器一般采用 RAM 芯片，这种存储器在电源关断后，存储的数据将全部丢失。RAM 器件有两类，即静态 RAM（SRAM）和动态 RAM（DRAM）。DRAM 一般用于存储容量较大的系统中。在使用 DRAM 时，需要解决两个特殊问题：一是因 DRAM 芯片容量较大，而芯片引脚有限，地址空间内译码电路往往采用矩阵结构，而且行地址线和列地址线复用一组地址引脚，分别通过行址选通和列址选通信号，按照时序分列选通，故要增加相应的控制逻辑；二是 DRAM 靠电容存储电荷表示信息，而电容都有泄漏电流，所以必须定期按其原来存储的信息不断给充电（称为刷新），因而还必须增加一个刷新控制逻辑。DRAM 芯片具有容量大、功耗低、价格便宜等优点；但它也有一个致命弱点，即 DRAM 极易受干扰，对外界环境、工艺结构、控制逻辑和电源质量等的要求都很高。因此，在工业现场测控系统中应避免使用 DRAM，最好采用 SRAM。

EPROM 虽然可重新改写程序，但通常要把 EPROM 芯片从系统中拆下来，放到紫外线下照射才能擦除，现场是无法改写的。在一些应用系统中，有时现场采集的数据要长期保存，野外作业采集的数据要带回实验室分析处理等，这些系统就要采用非挥发性读写存储器。这类存储器兼有 ROM 和 RAM 的特点，既可像 RAM 一样写入或读出，又可像 ROM 一样在电源关断后仍能保留信息。E^2PROM 是电可擦除、可编程的只读存储器，在工业测控系统中，它主要用来存放允许以较慢速度写入的重要数据。在调试阶段，E^2PROM 作为代码存储器比 EPROM 优越，因为 E^2PROM 可以在线修改，不需要经常插拔，掉电后也不丢失数据。NVRAM 的全称是不挥发随机访问存储器，典型产品形式为背装锂电池保护的 SRAM，它实际上是厚膜集成块，将微型电池、电源检测、切换开关和 SRAM 做成一体。引脚尺寸和定义与 JEDEC 兼容，厚度较普遍存储器大一些。由于采用了 CMOS 工艺，数据保存期可达 10 年。NVRAM 的读、写时序与 SRAM 兼容，所不同的是，NVRAM 上电、掉电时，数据保护要求有特殊的时序。NVRAM 主要用来存放数据，与 E^2PROM 相比，它存入数据速度快，适合于存放重要的高速采集数据，如在现场调试阶段代替 EPROM 或 E^2PROM 尤为方便。然而，由于 NVRAM 可在线实时地被改写，在运行期间被保存数据的可靠性远不及 EPROM，故不宜用来存放长期运行的程序代码。实际应用中，常常将 SRAM 加上后备电池保护，也同样具有 NVRAM 的功能。CMOS 的 SRAM 用电池供电处于保护数据状态，只消耗几微安培的电流。

另外，随着时代的发展还出现了许多新的或特殊的存储器。快擦写型存储器（就是通常所说的 Flash）是一种非易失性、电擦除型存储器。其特点是可快速在线修改其存储器单元中的数据，标准改写次数可达一万次，而成本却比普通 E^2PROM 低得多，因而可大量替代带电池 RAM 和普通 E^2PROM。常见的快擦写型存储器芯片有 28F256（32 KB × 8）、28F512（64 KB × 8）等。另外还有可加密的存储器 KERROM，在芯片中固化的程序无法读出和复制，加密的关键字有 2^{64} 种可能组合，因而很难破密。典型芯片为 27916，存储容量 16 KB × 8，读取时间为 250 ns，单一 5 V 供电。还有铁介质的 E^2PROM（称为 FRAM），其特点是写的速度也很快。

二、内部存储器容量转换寄存器

由于 78K0 系列的 RAM 和 ROM 大小很多，为了使访问效率更高，78K0 系列使用内部存储器容量转换寄存器（IMS）选择内部存储器的容量（表 2-7）。用户可以用 8 位存储器操作指令设置 IMS。产生的复位信号将 IMS 置为 CFH，如表 2-8 所示。

三、烧写程序

通过使用专用的 Flash 存储器编程器，可将数据在线或离线写入 Flash 存储器。

1. 在线编程

将 78K0/FF2 安装到目标系统之后，Flash 存储器的内容可被重写。连接专用 Flash 存储器编程器的连接器必须安装在目标系统上，如表 2-9 所示。

表2-7 内部存储器容量转换寄存器（IMS）的格式

地址： FFF0H　　复位后： CFH　　R/W

符号	7	6	5	4	3	2	1	0
IMS	RAM2	RAM1	RAM0	0	ROM3	ROM2	ROM1	ROM0

RAM2	RAM1	RAM0	内部高速RAM容量选择
1	1	0	1 024字节
其他			禁止设置

ROM3	ROM2	ROM1	ROM0	内部ROM容量选择
1	1	0	0	48 KB
1	1	1	1	60 KB
其他				禁止设置

表2-8 内部存储器容量转换寄存器设置

Flash存储器版本（78K0/FF2）	IMS设置
μPD78F0891	CFH
μPD78F0892	CCH注
μPD78F0893	CCH注

注：μPD78F0892和μPD78F0893分别具有96 KB和128 KB的内部ROM。然而这些设备的IMS的设置值与那些48 KB的产品相同。

表2-9 78K0/FF2和专用Flash存储器编程器之间的接线

专用Flash存储器编程器的引脚配置			使用CSI10		使用UART60	
信号名称	I/O	引脚功能	引脚名称	引脚编号	引脚名称	引脚编号
SI/RxD	输入	接收信号	SO10/P12	52	TxD60/P13	51
SO/TxD	输出	发送信号	SI10/RxD61/P11	53	RxD60/P14	50
SCK	输出	传输时钟	$\overline{SCK10}$/TxD61/P10	54	—	—
CLK	输出	输出至78K0/FF2的时钟	-注1	-	注2	注2
/RESET	输出	复位信号	RESET	10	RESET	10
FLMD0	输出	模式信号	FLMD0	13	FLMD0	13
V_{DD}	I/O	产生V_{DD}电压/监视电源	V_{DD}	19	V_{DD}	19
			EVDD	20	EVDD	20
			AVREF	59	AVREF	59
GND	—	地	V_{SS}	17	V_{SS}	17
			EVSS	18	EVSS	18
			AVSS	60	AVSS	60

2. 离线编程

将 78K0/FF2 安装到目标系统上之前,使用专用的编程适配器可将数据写入 Flash 存储器。

小　　结

本章介绍了 78K0 微控制器的硬件结构和基本工作原理,包括中央处理器、内部存储器和外部存储器的结构,还以 78K0/FF2 为例介绍了芯片的封装形式和引脚定义,对芯片的时序和各 I/O 端口的作用进行了系统介绍,最后介绍了微控制器的几种工作方式和外部硬件的扩展方法。

思 考 题

1. 微控制器的一般结构由哪几部分组成?
2. 浅析 78K0 结构和各引脚的功能。
3. 78K0 的存储器结构是怎样的?片外扩展的方法是什么?

第 3 章
中断、定时/计数器和串行通信

第 2 章介绍了 78K0 的一些基本构成,接下来学习其外围模块的使用方法。

第一节　中断系统

在日常生活中,当你正在做某件事时,突然有别的事打断你,这时你就有可能放下手中的事情去做别的事情,然后再去做原先的事情。比如,在看电视时,突然烧的水开了,则你需要停下看电视这件事情,转而去把开水处理了,再回来看电视。这些情形就是本节要探讨的中断。

一、中断功能的概述

为什么会发生中断现象呢？这是因为在一个特定的时刻,面对着两项或者更多任务时,一个人又不可能同时去完成它们,因此只好采用中断方法,穿插着去做。类似的情况在计算机中也同样存在,日常使用的控制单元中只有一个 CPU,但却要面临运行程序、数据输入/输出以及特殊情况处理等多项任务,为此也只能采用停下一个去处理另一个的中断方法。

因而这里引入了中断的概念。所谓中断,是指中央处理器 CPU 正在处理某件事情时,外部又发生了某一事件(如一个电平的变化、一个脉冲沿的发生,或定时器计数溢出等),请求 CPU 迅速处理,于是,CPU 暂时中断当前的工作,转而处理所发生的事件;中断服务处理完后,再回到原来被中断的地方,继续原来的工作,这样的过程称为中断,如图 3－1 所示。实现这种功能的部件称为中断系统,产生中断的请求源称为中断源。如果在进行中断处理的过程中又有新的中断到来,则称这种情况为中断嵌套。中断嵌套发生时,要完成当前中断服务程序后,再去执行被打断的中断服务程序,直到最后回到主程序。在这种情况下,现场保护和现场恢复的操作是不允许打扰的,否则就会造成原有内容的破坏。为此在进行现场保护和现场恢复之前要先关闭中断系统,以屏蔽其他中断请求。待现场保护和现场恢复完成后,为了使系统具有中断嵌套功能,再开放中断系统。

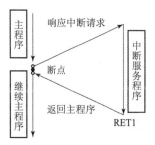

图 3－1　中断工作原理

早期的计算机没有中断功能,主机和外设交换信息(数据)只能采用程序控制传送方式。如前所述,查询传送方式交换信息时,由于是 CPU 主动要求传送数据,而它又不能控制外设的工作速度,因此只能用等待的方式来解决速度的匹配问题,即 CPU 不能再做别的事,而大部分时间处于等待 I/O 接口准备好(就绪)状态。中断方式完全消除了 CPU 在查询方式中的等待现象,大大提高了 CPU 的工作效率。如果没有中断技术,CPU 的大量时间可能浪费在原地踏步的操作上。中断方式的另一个应用领域是实时控制,将从现场采集到的数据通过中断方式及时地传送给 CPU,经过计算后就可立即做出响应,实现现场控制。而采用查询方式就很难做到及时采集,及时控制。

二、78K0 微控制器的中断系统

78K0 微控制器的中断系统,是 8 位微控制器中功能较强的一种,具有两个中断优先级,可实现多级中断服务程序嵌套。用户可以用关中断指令(或复位)来屏蔽所有的中断请求,也可以用开中断指令使 CPU 接受中断申请;每一个中断源可以用软件独立地控制为开中断或关中断状态;每一个中断源的中断级别均可用软件设置。78K0 的中断系统结构示意图如图 3-2 所示。中断系统在计算机系统中起着十分重要的作用,一个功能很强的中断系统能大大提高计算机处理外界事件的能力。

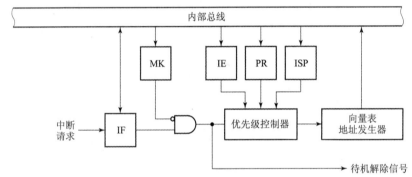

图 3-2 中断控制示意图

对于单片机来讲,所有的中断都是有优先级的。因为无论是单核 CPU 还是手机上常见的多核 CPU,在同一时刻只能做一件事情,这是因为中断资源、总线一般来说都是共享的(多条总线从技术上实现很容易,但是成本相对高,一般不会这样设计)。换句话说,在同一时间只会有一个 CPU 去做一件事情,同一时刻只会发生一个中断。其他中断会在中断队列中等待,而执行的顺序是由中断的优先级决定的。中断通常分为硬件优先级和软件优先级。硬件优先级就是表 3-1 中的默认优先级,其实现方法是每一个模块会有一个内部中断管脚,这个管脚依次连接在中断控制器的寄存器的每个控制位上。当发生中断时,内部中断管脚会被拉高。而中断控制器会将寄存器的值发送给 CPU,当处理完毕时,会将内部中断管脚拉低。软件优先级是指利用每个中断的优先级指定标志寄存器设置优先级。判断优先级的方法是首先判断软件优先级,在软件优先级相同的情况下再判断硬件优先级。

中断类型分为可屏蔽中断和不可屏蔽中断。它们的区别在于可屏蔽中断拥有一个 MK 标志位,可以通过这个标志位进行屏蔽。后面的向量表指的是中断发生时,CPU 会根据中断标号(也就是中断优先级)跳到相应的中断地址。这个地址根据单片机不同可能是绝对地址,也可能是相对地址。对于相对地址的情况,单片机会提供一个基础地址的寄存器供用户设置,对于 78K0 来讲这个地址是绝对地址,在这个地址上通常存储一条跳转指令和相应的

表 3-1 中断源及向量地址 (1/2)

中断类型	默认优先级	中断源 名称	中断源 触发	内部/外部	向量表地址	基本配置类型
可屏蔽	0	INTLVI	低电压检测	内部	0004H	(A)
	1	INTP0	引脚输入边沿检测	外部	0006H	(B)
	2	INTP1			0008H	
	3	INTP2	引脚输入边沿检测		000AH	
		INTTM002	TM02 与 CR002 匹配（指定比较寄存器时），TI012 引脚有效沿检测（指定捕获寄存器时）			
	4	INTP3	引脚输入边沿检测		000CH	
		INTTM012	TM02 与 CR012 匹配（指定比较寄存器时），TI002 引脚有效沿检测（指定捕获寄存器时）			
	5	INTP4	引脚输入边沿检测		000EH	
		INTTM003	TM03 和 CR003 匹配（指定比较寄存器时），TI013 引脚有效沿检测（指定捕获寄存器时）			
	6	INTP5	引脚输入边沿检测		0010H	
		INTTM013	TM03 和 CR013 匹配（指定比较寄存器时），TI003 引脚有效沿检测（指定捕获寄存器时）			
	7	INTC0ERR	AFCAN0 错误发生	内部	0012H	(A)
	8	INTC0WUP	AFCAN0 唤醒		0014H	
	9	INTC0REC	AFCAN0 接收结束		0016H	
	10	INTC0TRX	AFCAN0 发送结束		0018H	
	11	INTSRE60	UART60 接收错误发生		001AH	
	12	INTSR60	UART60 接收结束		001CH	
	13	INTST60	UART60 发送结束		001EH	
	14	INTCSI10	CSI10 发送结束		0020H	
		INTSRE61	UART61 接收错误发生			

续表

中断类型	默认优先级	中断源		内部/外部	向量表地址	基本配置类型
		名称	触发			
可屏蔽	15	INTP6	引脚输入边沿检测	外部	0022H	(B)
		INTSR61	UART61 接收结束	内部		(A)
	16	INTP7	引脚输入边沿检测	外部	0024H	(B)
		INTST61	UART61 发送结束	内部		(A)
	17	INTTMH1	TMH1 和 CMP01 匹配（指定比较寄存器时）	内部	0026H	(A)
	18	INTTMH0	TMH0 和 CMP00 匹配（指定比较寄存器时）		0028H	
	19	INTTM50	TM50 和 CR50 匹配（指定比较寄存器时）		002AH	
	20	INTTM000	TM00 和 CR000 匹配（指定比较寄存器时），TI010 引脚有效沿检测（指定捕获寄存器时）		002CH	
	21	INTTM010	TM00 和 CR010 匹配（指定比较寄存器时），TI000 引脚有效沿检测（指定捕获寄存器时）		002EH	
	22	INTAD	A/D 转换结束		0030H	
	23	INTWTI	钟表定时器参考时间间隔信号		0032H	
		INTDMU	DMU 操作结束		0034H	
	24	INTTM51	TM51 和 CR51 匹配（指定比较寄存器时）		0036H	
	25	INTWT	钟表定时器溢出		0038H	
	26	INTCSI11	CSI11 通信结束			
	27	INTTM001	TM01 和 CR001 匹配（指定比较寄存器时），TI011 引脚有效沿检测（指定捕获寄存器时）		003AH	
	28	INTTM011	TM01 和 CR011 匹配（指定比较寄存器时），TI001 引脚有效沿检测（指定捕获寄存器时）		003CH	

续表

中断类型	默认优先级	中断源 名称	中断源 触发	内部/外部	向量表地址	基本配置类型
软件	—	BRK	BRK 指令执行	—	003EH	(C)
复位	—	RESET	复位输入	—	0000H	—
		POC	上电清除			
		LVI	低电压检测			
		WDT	WDT 溢出			

中断服务函数的地址,这样 CPU 就会跳去运行中断服务函数,从而完成中断过程。对于 78K0 来讲,由于总线为 16 位总线,相对资源紧缺,所以在这个地址上只存储中断服务函数的地址,CPU 会自动补全跳转指令。

外部中断是由外部原因引起的,共有 8 个中断源。外部中断请求是脉冲方式。响应上升沿或下降沿可通过有关控制位的定义进行规定。这种方式下,在两个相邻机器周期对中断请求引入端进行的采样中,如前次为高,后一次为低,即有效中断请求。因此在这种中断请求信号方式下,中断请求信号的高电平状态和低电平状态都应至少维持一个机器周期,以确保电平变化能被微控制器采样到。

1) 中断请求标志寄存器 (IF0L、IF0H、IF1L、IF1H)

当产生相应的中断请求或执行指令时,中断请求标志被置为 1。响应中断请求或产生复位信号之际执行指令时,这些寄存器被清除为 0。

当中断被响应时,中断请求标志自动清除,然后进入中断例程。

可通过 1 位或 8 位的存储操作指令设置 IF0L、IF0H、IF1L 和 IF1H。当 IF0L 和 IF0H、IF1L 和 IF1H 组合形成 16 位寄存器 IF0 与 IF1 时,它们可用 16 位存储操作指令进行读取。产生复位信号将这些寄存器清除为 00H。

中断请求标志寄存器 (IF0L、IF0H、IF1L、IF1H) 的格式如表 3-2 所示。

表 3-2 中断请求标志寄存器 (IF0L、IF0H、IF1L、IF1H) 的格式

地址: FFE0H 复位后: 00H R/W

符号	<7>	<6>	<5>	<4>	<3>	<2>	<1>	<0>
IF0L	C0ERRIF	DUALIF6 PIF5 TMIF013	DUALIF5 PIF4 TMIF003	DUALIF4 PIF3 TMIF012	DUALIF3 PIF2 TMIF002	PIF1	PIF0	LVIIF

地址: FFE1H 复位后: 00H R/W

符号	<7>	<6>	<5>	<4>	<3>	<2>	<1>	<0>
IF0H	DUALIF1 PIF6 SRIF61	DURLIF0 CSIIF10 SREIF61	STIF60	SRIF60	SREIF60	C0 TRXIF	C0 RECIF	C0 WUPIF

地址: FFE2H 复位后: 00H R/W

符号	<7>	<6>	<5>	<4>	<3>	<2>	<1>	<0>
IF1L	DUALIF7 WTIIF DMUIF	ADIF	TMIF010	TMIF000	TMIF50	TMIFH0	TMIFH1	DUALIF2PIF7 STIF61

地址： FFE3H　复位后： 00H　R/W

Symbol	<7>	<6>	<5>	<4>	<3>	<2>	<1>	<0>
IF1H	0	0	0	TMIF011	TMIF001	CSIIF11	WTIF	TMIF51

XXIFX	Interrupt request flag
0	No interrupt request signal is generated
1	Interrupt request is generated, interrupt request status

注意事项：

(1) 务必将 IF1H 的位 5 至位 7 设置为 0。

(2) 在待机解除后操作定时器、串行接口或 A/D 转换器时，需将中断请求标志清除后再操作一次。中断请求标志有可能由噪声设置。

(3) 当处理中断请求标志寄存器的标志时，需使用 1 位存储操作指令（CLR1）。因为被编译的汇编程序必须是 1 位存储操作指令（CLR1），所以用 C 语言描述时，需使用如"IF0L.0 = 0;"或"_asm（"clr1 IF0L, 0"）;"之类的位操作指令。

如果用 8 位存储操作指令如"IF0L & = 0xfe;"在 C 语言中描述一个程序并被编译，则其变成三种指令的汇编程序：

mov a, IF0L
and a, #0FEH
mov IF0L, a

这种情况下，即使同一中断请求标志寄存器（IF0L）的其他位的请求标志在执行"mov a, IF0L"和"mov IF0L, a"中间的时序被置为 1，该标志在执行"mov IF0L, a"时也会被清除为 0。因此，在 C 语言中使用 8 位存储操作指令必须格外谨慎。

2）中断屏蔽标志寄存器（MK0L、MK0H、MK1L、MK1H）

中断屏蔽标志用于允许/禁止相应的可屏蔽中断服务。

可通过 1 位或 8 位的存储操作指令设置 MK0L、MK0H、MK1L 和 MK1H。当 MK0L 和 MK0H、MK1L 和 MK1H 组合形成 16 位寄存器 MK0 和 MK1 时，它们可由 16 位存储操作指令进行设置。产生的复位信号将这些寄存器设置为 FFH。

中断屏蔽标志寄存器（MK0L、MK0H、MK1L、MK1H）的格式如表 3-3 所示。

3）优先级指定标志寄存器（PR0L、PR0H、PR1L、PR1H）

优先级指定标志寄存器用于设置相应的可屏蔽中断的优先顺序。

表 3-3 中断屏蔽标志寄存器(MK0L、MK0H、MK1L、MK1H)的格式

地址:	FFE4H	复位后:	FFH	R/W				
符号	<7>	<6>	<5>	<4>	<3>	<2>	<1>	<0>
MK0L	C0ERRMK	DUALMK6 PMK5 TMMK013	DUALMK5 PMK4 TMMK003	DUALMK4 PMK3 TMMK012	DUALMK3 PMK2 TMMK002	PMK1	PMK0	LVIMK

地址:	FFE5H	复位后:	FFH	R/W				
符号	<7>	<6>	<5>	<4>	<3>	<2>	<1>	<0>
MK0H	DUALMK1 PMK6 SRMK61	DURLMK0 CSIMK10 SREMK61	STMK60	SRMK60	SREMK60	C0TRX MK	C0REC MK	C0WU PMK

地址:	FFE6H	复位后:	FFH	R/W				
符号	<7>	<6>	<5>	<4>	<3>	<2>	<1>	<0>
MK1L	DUALMK7 WTIMK DMUMK	ADMK	TMMK010	TMMK000	TMMK50	TMMKH0	TMMKH1	DUALMK2 PMK7 STMK61

地址:	FFE7H	复位后:	FFH	R/W				
符号	<7>	<6>	<5>	<4>	<3>	<2>	<1>	<0>
MK1H	1	1	1	TMMK011	TMMK001	CSIMK11	WTMK	TMMK51

XXMKX	Interrupt servicing control
0	Interrupt servicing enabled
1	Interrupt servicing disabled

注意事项:务必将 MK1H 的位 5 至位 7 设置为 1。

可通过 1 位或 8 位的存储操作指令设置 PR0L、PR0H、PR1L 和 PR1H。如果 PR0L 和 PR0H、PR1L 和 PR1H 组合形成 16 位寄存器 PR0 和 PR1,则它们可用 16 位存储操作指令设置。产生的复位信号将这些寄存器设置为 FFH。

优先级指定标志寄存器(PR0L、PR0H、PR1L、PR1H)的格式如表 3-4 所示。

表 3-4 优先级指定标志寄存器(PR0L、PR0H、PR1L、PR1H)的格式

地址:	FFE8H	复位后:	FFH	R/W				
符号	<7>	<6>	<5>	<4>	<3>	<2>	<1>	<0>
PR0L	C0ERRPR	DUALPR6 PPR5 TMPR073	DUALPR5 PPR4 TMPR003	DUALPR4 PPR3 TMPR012	DUALPR3 PPR2 TMPR002	PPR1	PPR0	LVIPR

地址：	FFE9H	复位后：	FFH	R/W				
符号	<7>	<6>	<5>	<4>	<3>	<2>	<1>	<0>
PR0H	DUALPR1 PPR6 SRPR61	DURLPR0 CSIPR10 SREPR61	STPR60	SRPR60	SREPR60	C0TR XPR	C0RE CPR	C0W UPPR

地址：	FFEAH	复位后：	FFH	R/W				
符号	<7>	<6>	<5>	<4>	<3>	<2>	<1>	<0>
PR1L	DUALPR7 WTIPR DMUPR	ADPR	TMPR010	TMPR000	TMPR50	TMPRH0	TMPRH1	DUALPR2 PPR7 STPR61

地址：	FFEBH	复位后：	FFH	R/W				
符号	<7>	<6>	<5>	<4>	<3>	<2>	<1>	<0>
PR1H	1	1	1	TMPR011	TMPR001	CSIPR11	WTPR	TMPR51

XXPRX	优先级选择
0	高优先级
1	低优先级

注意事项：务必将 PR1H 的位 5 至位 7 设置为 1。

4) 外部中断上升沿使能寄存器（EGP）

这些寄存器为 INTP0 至 INTP7 指定有效沿。

可由 1 位或 8 位存储器操作指令设置 EGP 和 EGN。产生复位信号将这些寄存器清除为 00H。

外部中断上升沿使能寄存器（EGP）和外部中断下降沿使能寄存器（EGN）的格式如表 3-5 所示。

表 3-5 外部中断上升沿使能寄存器（EGP）和外部中断下降沿使能寄存器（EGN）的格式

地址：	FF48H	复位后：	00H	R/W				
符号	<7>	<6>	<5>	<4>	<3>	<2>	<1>	<0>
EGP	EGP7	EPG6	EGP5	EGP4	EGP3	EGP2	EGP1	EGP0
地址：	FF49H	复位后：	00H	R/W				
符号	<7>	<6>	<5>	<4>	<3>	<2>	<1>	<0>
EGN	EGN7	EGN6	EGN5	EGN4	EGN3	EGN2	EGN1	EGN0

EGPn	EGNn	INTPn 引脚有效沿选择（$n=0 \sim 7$）
0	0	禁止边沿检测
0	1	下降沿
1	0	上升沿
1	1	双边沿

三、78K0 中断系统应用举例

计算机中断处理过程可分为三个阶段：中断响应、中断处理和中断返回。各计算机系统的中断硬件系统各有不同，中断的响应和方式也有所不同。对于 78K0 微控制器，中断处理过程如图 3-3 所示。

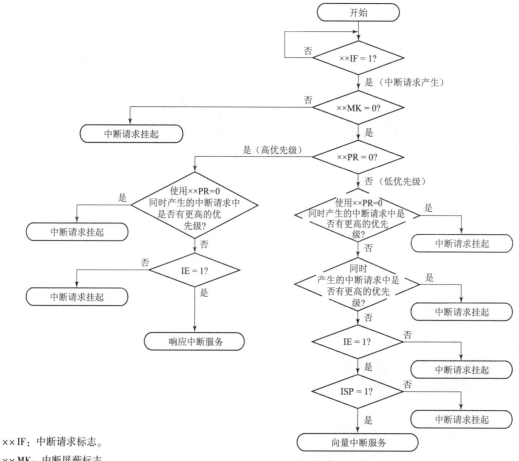

××IF：中断请求标志。
××MK：中断屏蔽标志。
××PR：优先级指定标志。
IE：控制可屏蔽中断请求响应的标志（1 = 允许，0 = 禁止）。
ISP：指示当前服务中中断的优先级的标志（0 = 高优先级中断服务，1 = 没有被响应的中断请求或低优先级中断服务）

图 3-3　中断请求响应处理规则

第二节　定时器/计数器及应用

一、定时器功能概述

在工业检测、控制中，许多场合都要用到计数或定时功能。例如，对外部脉冲进行计数，产生精确的定时时间，作串行口的波特率发生器。78K0 微控制器内有 9 个可编程的定时器/计数器，以满足这方面的需要。我们以 Timer5 为例介绍定时器的功能。瑞萨的单片机的模块一般用类型+数字或者字母代表型号，例如 TimerH，Timer0 等。它具有间隔定时器、外部事件计数器、输出方波、输出 PWM 四种功能。8 位定时器/事件计数器 50 的功能框图如图 3-4 所示。

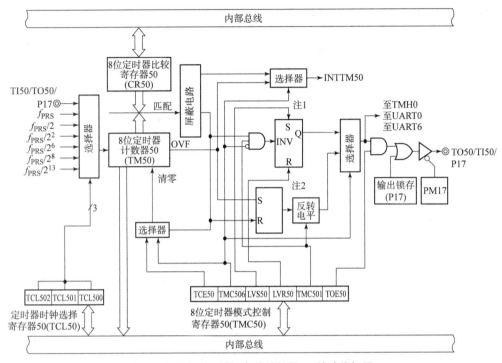

图 3-4　8 位定时器/事件计数器 50 的功能框图

定时器是单片机很重要的组成部分，绝大部分功能均需要定时器的配合才能完成，这里简要介绍几种常见的应用方式，以供读者参考。

1. 计时

单片机最简单的应用就是电子表，单片机一般会提供一个可以使用钟表晶振（32.768 kHz）的定时器（78K0 中为 WatchTimer 或者 Real Time Controler，RTC），它会提供一个 0.5 s 的中断，利用这个中断可以通过计数的方式获得时间。

2. 延时

延时功能是经常需要用到的一种功能，比如在接收到一个数据需要隔 500 ms 发送，或者在发送一个数据之后需要设置一个等待时间，如果没超时便将定时器关闭；如果超时，则运行错误逻辑程序。这里需要探讨一下常见的两种等待时间的用法，一种是用循环的方式等待，还有一种就是利用定时器。不推荐使用循环的方式，因为循环是依靠 CPU 运行来实现延时的效果，这样便会把 CPU 卡在循环语句中，如果这时有其他需要 CPU 处理的数据，CPU 就无能为力了，最终的效果就是单片机会莫名其妙地丢数据，或者程序逻辑发生混乱。另外，由于使用 CPU 语句来延时，延时时间是很难控制得很准确的。而定时器的方法避免了以上问题，但是它的缺点是增加了软件设计的难度，因为 CPU 需要一个状态来知道现在逻辑是处在什么位置，下一步应该运行哪个函数。这就会引出状态机理论，这里不展开说明，有兴趣的读者可以参看相关的资料。

3. 测量

在汽车中测量的用处很多，如计算车轮的速度、计算 ABS 的动作次数，等等。这里以车轮的计算方法为例。车轮上有一个光栅器或者霍尔感应器，车轮每转一圈它们会发出一组高低电平来表示车轮的状态。这时可以通过定时器的外部时间计数器来进行计数，并对电平的长度进行测量，最终乘以轮胎的周长，就可以得到即时车速了。

4. PID 控制

定时器的 PWM 功能可以通过控制 MOSFET 的开关来控制外部电压或电流的变化驱动电机、大灯乃至发动机的曲杆，可以说这个功能是核心的功能，用途广泛。

定时器的功能多，设置复杂，下面会逐一介绍每一个寄存器和功能。

二、定时/计数器的控制寄存器

1. 8 位定时器计数器 $5n$（TM$5n$）

TM$5n$ 是用于计数脉冲的 8 位只读寄存器。该计数器与计数时钟上升沿同步递增（图 3 – 5）。

| 地址： | FF16H（TM50），FF1FH（TM51） | 复位后： | 00H | R |

符号	<7>	<6>	<5>	<4>	<3>	<2>	<1>	<0>
TM$5n$ ($n=0,1$)								

在以下条件中，计数值清除为 00H。

<1> 复位信号产生时；

<2> TCE$5n$ 被清除时；

<3> 在基于 TM$5n$ 和 CR$5n$ 匹配而发生清零并启动的模式下，当 TM$5n$ 和 CR$5n$ 匹配时。

备注：$n=0,1$

图 3 – 5 8 位定时器计数器 $5n$（TM$5n$）的格式

2. 8 位定时器比较寄存器 $5n$（CR$5n$）

CR$5n$ 可用 8 位存储操作指令读写。

除 PWM 模式外，CR$5n$ 的设定值不断与 8 位定时器计数器 $5n$（TM$5n$）的计数值比较，若二者匹配则产生中断请求（INTTM$5n$）。

PWM 模式下，由于 TM$5n$ 溢出而使 TO$5n$ 引脚变得有效时，当 TM$5n$ 和 CR$5n$ 匹配时 TO$5n$ 引脚变得无效。

CR$5n$ 的值可设置在 00H 至 FFH 范围（图 3 – 6）。产生复位信号将 CR$5n$ 清除为 00H。

| 地址： | FF17H（CR50），FF41H（CR51） | 复位后： | 00H | R/W |

符号	<7>	<6>	<5>	<4>	<3>	<2>	<1>	<0>
CR$5n$ ($n=0,1$)								

注意事项：①在基于 TM$5n$ 和 CR$5n$ 匹配而发生清零并启动的模式下，禁止在操作期间向 CR$5n$ 写入其他值。②在 PWM 模式下，确保 CR$5n$ 的重写时间区间 3 倍于计数时钟（由 TCL$5n$ 选择的时钟）或更长。

备注：$n=0,1$

图 3 – 6 8 位定时器比较寄存器 $5n$（CR$5n$）的格式

3. 定时器时钟选择寄存器 5n（TCL5n）

该寄存器设置 8 位定时器/事件计数器 5n 的计数时钟和 TI5n 引脚输入的有效沿（图 3-7）。TCL5n 可用 8 位存储操作指令设置。产生复位信号将 TCL5n（$n=0$，1）清除为 00H。

地址： FF6AH　复位后： 00H　R/W

符号	<7>	<6>	<5>	<4>	<3>	<2>	<1>	<0>
TCL50	0	0	0	0	0	TCL502	TCL501	TCL500

TCL502	TCL501	TCL500	计数时钟选择				
				$f_{PRS}=4$ MHz	$f_{PRS}=8$ MHz	$f_{PRS}=10$ MHz	$f_{PRS}=20$ MHz
0	0	0	TI50 引脚下降沿①				
0	0	1	TI50 引脚上升沿②				
0	1	0	f_{PRS}	4 MHz	8 MHz	10 MHz	20 MHz
0	1	1	$f_{PRS}/2$	2 MHz	4 MHz	5 MHz	10 MHz
1	0	0	$f_{PRS}/2^2$	1 MHz	2 MHz	2.5 MHz	5 MHz
1	0	1	$f_{PRS}/2^6$	62.5 kHz	125 kHz	156.25 kHz	312.5 kHz
1	1	0	$f_{PRS}/2^8$	15.62 kHz	31.25 kHz	39.06 kHz	78.13 kHz
1	1	1	$f_{PRS}/2^{13}$	0.48 kHz	0.97 kHz	1.22 kHz	2.44 kHz

注：①在线模式下，选择 FLMD0 引脚的下降沿。
　　②在线模式下，选择 FLMD0 引脚的上升沿。
　　③当向 TCL50 写入其他数据时，应预先停止定时器操作。
　　④务必将位 3~7 设置为 0。
　　⑤f_{PRS}：外设硬件时钟频率。

图 3-7　定时器时钟选择寄存器 50（TCL50）的格式

4. 8 位定时器模式控制寄存器（TMC5n，$n=0$，1）

TMC5n 寄存器可执行以下五种类型的设置：
（1）8 位定时器计数器 5n（TM5n）计数操作控制。
（2）8 位定时器计数器 5n（TM5n）操作模式选择。
（3）定时器输出 F/F（双稳态）状态设置。
（4）定时器 F/F 控制或 PWM（自由运行）模式下选择有效电平。
（5）定时器输出控制。

可通过 1 位或 8 位的存储操作指令设置 TMC5n（图 3-8）。产生复位信号将该寄存器清除为 00H。

地址： FF6BH　复位后： 00H　R/W①

符号	<7>	<6>	<5>	<4>	<3>	<2>	<1>	<0>
TMC50	TCE50	TMC506	0	0	LVS50	LVR50	TMC501	TOE50

TCE50	TM50 计数操作控制
0	清除为 0 后，禁止计数操作（计数器停止）
1	计数操作开始

TMC506	TM50 操作模式选择
0	基于 TM50 和 CR50 匹配而发生清零并启动的模式
1	PWM（自由运行）模式

LVS50	LVR50	定时器输出 F/F 状态设置
0	0	不改变
0	1	定时器输出 F/F 复位为（0）
1	0	定时器输出 F/F 设置为（1）
1	1	禁止设置

TMC501	其他模式下（TMC506=0）	PWM 模式下（TMC506=1）
	定时器 F/F 控制	有效电平选
0	禁止反转操作	高电平有效
1	允许反转操作	低电平有效

TOE50	定时器输出控制
0	禁止输出（TM50 输出低电平）
1	允许输出

注①：位 2 和位 3 只能写入。

图 3-8 8 位定时器模式控制寄存器 50（TMC50）的格式

三、工作方式

通常，Timer5 有 4 种工作方式。

1. 作为间隔定时器操作

8 位定时器/事件计数器 $5n$ 作为间隔定时器操作，以在 8 位定时器比较寄存器 $5n$（CR$5n$）中预设的计数值为时间间隔，重复产生中断信号（图 3-9）。

当 8 位定时器计数器 $5n$（TM$5n$）的计数值与 CR$5n$ 中的设定值匹配时，TM$5n$ 值清除为 0 后继续计数并产生中断请求信号（INTTM$5n$）。

TM$5n$ 的计数时钟由定时器时钟选择寄存器 $5n$（TCL$5n$）的位 0 至位 2（TCL$5n$0 和 TCL$5n$2）选择。

（1）设置寄存器。
- TCL$5n$：选择计数时钟。
- CR$5n$：比较值。
- TMC$5n$：停止计数操作，选择基于和 CR$5n$ 匹配而发生清零并启动的模式。

（TMC$5n$ = 0000×××0B   ×＝无须理会）

(2) 设置 TCE5n = 1 后,计数操作启动。

(3) 如果 TM5n 和 CR5n 的值匹配,则产生 INTTM5n (TM5n 清除为 00H)。

(4) INTTM5n 以同一间隔重复产生。

设置 TCE5n 为 0 以停止计数操作。

注:操作期间禁止向 CR5n 写入其他值。

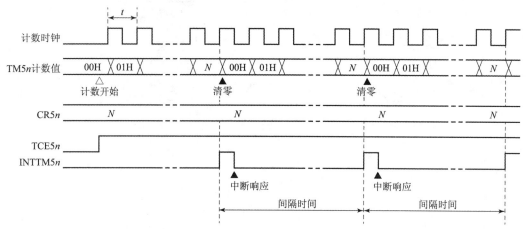

注:间隔时间 = (N+1) × t

N = 00H ~ FFH

n = 0, 1

图 3-9 间隔定时器操作时序

例程:

TMC50 = 0x00;   /* 间隔定时器功能 */

CR50 = 0x19;   /* 比较数值 */

TCL50 = 0x02;   /* 设置频率 */

TMC50.7 = 1;   /* 使能定时器 */

2. 作为外部事件计数器操作

外部事件计数器使用 8 位定时器/计数器 5n (TM5n) 对输入到 TI5n 引脚的外部时钟脉冲进行计数(图 3-10)。

每输入一次由定时器时钟选择寄存器 5n (TCL5n) 指定的有效沿,TM5n 就增加 1。可选择上升沿或下降沿之一。

当 TM5n 计数值与 8 位定时器比较寄存器 5n (CR5n) 的值匹配时,TM5n 被清除为 0 并产生中断请求信号 (INTTM5n)。

只要 TM5n 的值与 CR5n 的值匹配就产生 INTTM5n。

(1) 设置各寄存器。

- 设置端口模式寄存器 (PM17 或 PM33)。
- TCL5n:选择 TI5n 引脚输入边沿。

    TI5n 引脚下降沿→TCL5n = 00H

TI5n 引脚上升沿→TCL5n = 01H
- CR5n：比较值。
- TMC5n：停止计数操作，选择基于 TM5n 和 CR5n 匹配而清零并启动的模式，禁止定时器 F/F 反转操作，禁止定时器输出。

(TMC5n = 0000××00B　　×＝无须理会)

(2) 当设置 TCE5n = 1 时，计数自 TI5n 引脚的脉冲输入数目。
(3) 如果 TM5n 和 CR5n 的值匹配，则产生 INTTM5n（TM5n 清除为 00H）。
(4) 设置完成后，TM5n 和 CR5n 的值每匹配一次，就产生一次 INTTM5n。

注：8 位定时器/事件计数器 50：　PM17；
　　　8 位定时器/事件计数器 51：　PM33。

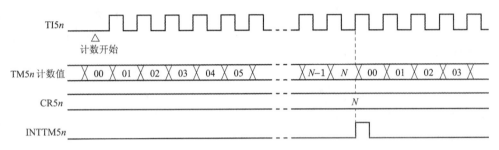

注：N = 00H ~ FFH；
n = 0, 1。

图 3-10　外部事件计数器操作时序（指定上升沿有效）

例程：

TMC50 = 0x00;　　　　　　/* 外部事件计数功能 */
CR50 = 0x19;　　　　　　　/* 比较数值 */

TCL50 = 0x00;　　　　　　/* 下降沿检测 */
TMC50.7 = 1;　　　　　　　/* 使能定时器 */

3. 方波输出操作

所选的任何频率的方波都能按一定间隔输出（图 3-11），该间隔由预设置在 8 位定时器比较寄存器 5n（CR5n）的值确定。

通过设置 8 位定时器模式控制寄存器 5n（TMC5n）为 1，使得 TO5n 引脚的输出状态在间隔区间反转，该间隔由预设在 CR5n 的计数值确定。这样允许输出所选任何频率的方波（占空比 = 50%）。

(1) 设置各寄存器。
- 清除端口锁存（P17 或 P33）注和端口模式寄存器（PM17 或 PM33）注为 0。
- TCL5n：选择计数时钟。
- CR5n：比较值。
- TMC5n：停止计数操作，选择基于 CR5n 匹配而发生清零并启动的模式。

LVS5n	LVR5n	定时器输出 F/F 状态设置
1	0	高电平输出
0	1	低电平输出

允许定时器输出 F/F 反转

允许定时器输出

(TMC5n = 00001011B 或 00000111B)

(2) 设置 TCE5n = 1 后,计数操作启动。

(3) 定时器输出 F/F 由于 TM5n 和 CR5n 匹配而反转。产生 INTTM5n 后,TM5n 清除为 00H。

(4) 完成上述设置后,定时器输出 F/F 在相同的间隔内反转并且从 TO5n 输出一个方波信号。

频率如下:

频率 = $1/2t(N+1)$

(N: 00H ~ FFH)

注:8 位定时器/事件计数器 50:P17,PM17;

8 位定时器/事件计数器 51:P33,PM33。

操作期间禁止向 CR5n 写入其他值,$n = 0,1$。

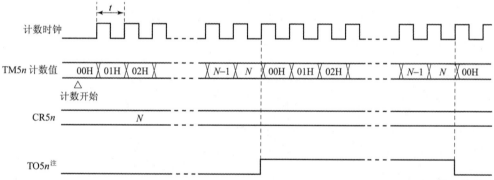

注:TO5n 输出的初始值由 8 位定时器模式控制寄存器 5n(TMC5n)的位 2 和位 3 (LVR5n, LVS5n)设置。

图 3-11 方波输出操作时序

例程:

TCL50 = 0x05;   /* 设置频率 */
CR50 = 0x19;   /* 比较数值 */

TMC50 = 0x0b;   /* 方波输出初始为高 */
TMC50.7 = 1;   /* 使能定时器 */

4. PWM 输出操作

当 8 位定时器模式控制寄存器 5n(TMC5n)的位 6(TMC5n6)设置为 1 时,8 位定时器/事件计数器 5n 作为 PWM 输出操作(图 3-12)。

脉冲占空比由设置在 8 位定时器比较寄存器 $5n$（$CR5n$）中的值确定，脉冲从 $TO5n$ 输出。

将 PWM 的有效电平宽度设置到 $CR5n$；有效电平宽度用 $TMC5n$ 的位 1（$TMC5n1$）选择。

该计数时钟由定时器时钟选择寄存器 $5n$（$TCL5n$）的位 0 至位 2（$TCL5n0$ 和 $TCL5n2$）选择。

PWM 输出用 $TMC5n$ 的位 0（$TOE5n$）进行使能/禁止。

注：在 PWM 模式下，确保 $CR5n$ 的重写时间区间 3 倍于计数时钟（由 $TCL5n$ 选择的时钟）或更长。$n = 0$，1。

(1) 设置各寄存器。
- 清除端口锁存（P17 或 P33）注和端口模式寄存器（PM17 或 PM33）注为 0。
- $TCL5n$：选择计数时钟。
- $CR5n$：比较值。
- $TMC5n$：停止计数操作，选择 PWM 模式。

定时器输出 F/F 不改变。

$TMC5n1$	有效电平选择
0	高电平有效
1	低电平有效

允许定时器输出

（$TMC5n$ = 01000001B 或 01000011B）

(2) $TCE5n = 1$ 时计数操作启动。

清除 $TCE5n$ 为 0 以停止计数操作。

注：8 位定时器/事件计数器 50：P17，PM17；

　　　8 位定时器/事件计数器 51：P33，PM33。

　　　$n = 0$，1

PWM 输出操作有以下几点需要注意：

(1) PWM 输出（从 $TO5n$ 输出）输出无效电平直到发生溢出。

(2) 发生溢出时，输出有效电平。输出有效电平直到 $CR5n$ 和 8 位定时器计数器 $5n$（$TM5n$）的计数值匹配。

(3) $CR5n$ 与计数值匹配后，输出无效电平直到再次发生溢出。

(4) 重复步骤（2）和（3），直到计数操作停止。

(5) 当计数操作由 $TCE5n = 0$ 而停止时，PWM 输出变得无效。

关于时序的详情参见图 3–14 和图 3–15。

周期、有效电平宽度和占空比如下：
- 周期 = $28t$。
- 有效电平宽度 = Nt。
- 占空比 = $N/28$。

（N = 00H ~ FFH）

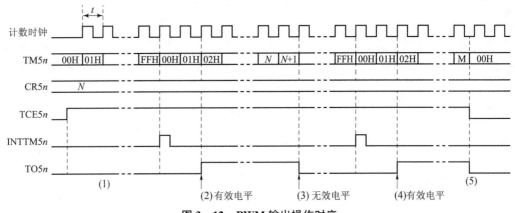

图 3-12 PWM 输出操作时序

例程：

TCL50 = 0x05;   /*设置频率*/
CR50 = 0x19;   /*比较数值*/

TMC50 = 0x41;   /*初始电平为高*/
TMC50.7 = 1;   /*使能定时器*/

第三节　串行通信的基本原理

78K0 微控制器内部有 4 个全双工的串行通信口。通信口既可以用于网络通信，也可实现串行异步通信，还可以构成同步移位寄存器使用。如果在串行口的输入/输出引脚上加上电平转换器，就可方便地构成标准的 RS232 接口。下面分别加以介绍。

常用于数据通信的传输方式有单工、半双工、全双工和多工方式。单工方式：数据仅按一个固定方向传送。因而这种传输方式的用途有限，常用于串行口的打印数据传输与简单系统间的数据采集。半双工方式：数据可实现双向传送，但不能同时进行，实际的应用采用某种协议实现收/发开关转换。全双工方式：允许双方同时进行数据双向传送，但一般全双工传输方式的线路和设备较复杂。多工方式：以上三种传输方式都是用同一线路传输一种频率信号，为了充分利用线路资源，可通过使用多路复用器或多路集线器，采用频分、时分或码分复用技术，即可实现在同一线路上资源共享功能，称之为多工传输方式。

串行数据通信分为异步通信和同步通信两种形式。在异步通信方式中，接收器和发送器有各自的时钟，它们的工作是非同步的，异步通信用一帧来表示一个字符，其内容如下：一个起始位，仅接着是若干个数据位。在同步通信格式中，发送器和接收器由同一个时钟源控制，为了克服在异步通信中，每传输一帧字符都必须加上起始位和停止位，占用了传输时间，在要求传送数据量较大的场合，速度就慢得多。同步传输方式去掉了这些起始位和停止位，只在传输数据块时先送出一个同步头（字符）标志即可。

同步传输方式比异步传输方式速度快，这是它的优势。但同步传输方式也有其缺点，即它必须用一个时钟来协调收发器的工作，所以它的设备也较复杂。串行数据传输速率有两个概念,即每秒转送的位数 bps(Bit per second)和每秒符号数——波特率(Band rate),在具有调制解调器的通信中,波特率与调制速率有关。瑞萨的 UART6 对 LIN 协议有一定硬件优化,能减少用户的代码复杂度。下面以异步串口 UART6 为例介绍串口的工作方式。

第四节　78K0 的串行口结构与控制寄存器

一、串行接口的功能

串行接口 UART6 有以下两种模式。

1. 操作停止模式

该模式用于不执行串行通信时并可减少功耗。

2. 异步串行接口(UART)模式

该模式支持 LIN(本地互联网)线(图 3-13,图 3-14)。此模式的功能概述如下:

(1)最大传送速率:625 kbps。

(2)双引脚配置:TxD6n:发送数据输出引脚;RXD6n:接收数据输入引脚。

(3)通信数据的数据长度可从 7 或 8 位中选择。

(4)专用内部 8 位波特率发生器允许设置任何波特率。

(5)可单独执行发送和接收(全双工操作)。

(6)12 种操作时钟输入可选。

(7)可选择 MSB 或 LSB 在先传输。

(8)反向发送操作。

(9)同步中断域从位 13 至位 20 发送。

(10)同步中断域接收(提供 SBF 接收标志)识别超过 11 位。

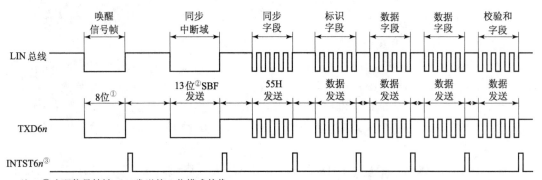

注:①唤醒信号帧被 80H 发送按 8 位模式替代。
②同步中断域由硬件输出。输出宽度为异步串行接口控制寄存器 6n(ASICL6n)的位 4 至位 2(SBL62n 和 SBL60n)设置的位长。如果需要更准确地输出宽度调整,则需使用波特率发生器控制寄存器 6n(BRGC6n)。
③INTST6n 在各发送完成时输出,当发送 SBF 时也输出 INTST6n。
备注:各部分之间的间隔由软件控制;$n = 0$、1。
$n = 0$、1。

图 3-13　LIN 发送操作

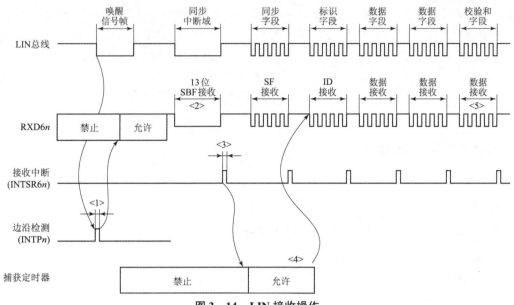

图 3-14 LIN 接收操作

接收处理如下（注：$n = 0, 1$）：

（1）在引脚的有效沿检测到唤醒信号，使能 UART6n 并设置 SBF 接收模式。

（2）接收继续进行直到检测到 STOP 位。当检测到 11 位或更多位的低电平数据的 SBF 时，其假定为 SBF 接收已正确完成，中断信号被输出。如果检测到少于 11 位的低电平数据的 SBF 时，其假定为发生 SBF 接收错误。不输出中断信号且恢复 SBF 接收模式。

（3）如果 SBF 接收已经正确完成，则输出中断信号。通过 SBF 接收结束中断服务以启动 16 位定时器/事件计数器 00，并测量同步域的位间隔（脉冲宽度）。错误 OVE6n、PE6n 和 FE6n 的检测被抑制，并且不执行 UART 通信以及移位寄存器和 RXB6n 的数据传输的错误检测处理。移位寄存器保持复位值 FFH。

（4）从同步域的位长计算波特率误差，SF 接收后禁止 UART6n，然后重新设置波特率发生器控制寄存器 6n（BRGC6n）。

（5）用软件识别校验和域。在校验和域的接收之后，用软件执行初始化 UART6n 的处理，并再次设置 SBF 接收。

通过检测外部中断（INTP0 和 INTP1）的边沿，接收来自 LIN 主机发送的唤醒信号。用 16 位定时器/事件计数器的外部事件捕获操作可测量从 LIN 主机发送的同步域的长度，并可计算波特率误差。

在 RxD60、RxD61、INTP0、INTP1、TI010 和 TI001 不进行外部连接的情况下，使用端口输入转换控制（ISC），可将接收端口输入（RxD60 和 RxD61）的输入源输入至外部中断（INTP0 和 INTP1）和 16 位定时器/事件计数器 00 和 01。

LIN 接收操作的端口设置如图 3-15、图 3-16 所示。

LIN 通信操作中使用的外设功能如下：

<使用的外设功能>

- 外部中断（INTP0）；唤醒信号检测。

用途：检测唤醒信号边沿和检测通信的开始。

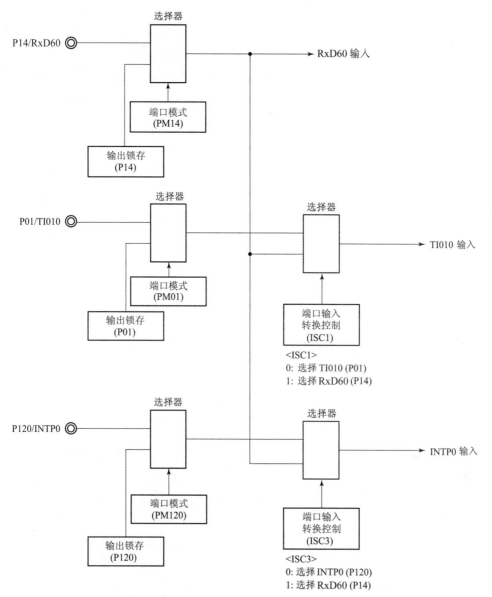

注：ISC1、ISC3：输入转换控制寄存器（ISC）的位1和位3

图 3-15　LIN 接收操作的端口配置（UART60）

- 16 位定时器/事件计数器 00（TI010）：波特率误差检测。

用途：通过检测同步域（SF）的长度检测波特率误差（捕获模式下测量 TI010 输入边沿的间隔）并除以位数。

- 串行接口 UART60。

LIN 通信操作中使用的外设功能如下：

<使用的外设功能>

- 外部中断（INTP1）；唤醒信号检测。

用途：检测唤醒信号边沿和检测通信的开始。

- 16 位定时器/事件计数器 00（TI001）：波特率误差检测。

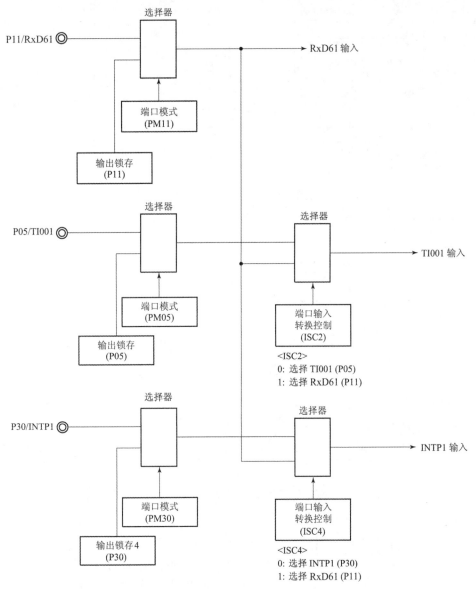

注：ISC2，ISC4：输入转换控制寄存器（ISC）的位2和位4
图 3-16　LIN 接收操作的端口配置（UART61）

用途：通过检测同步域（SF）的长度检测波特率误差（捕获模式下测量 TI001 输入边沿的间隔）并除以位数。

- 串行接口 UART61。

二、串行接口的控制寄存器

异步接口 UART60 功能框图如图 3-17 所示。异步串行接口操作模式寄存器 60（ASIM60）的格式如图 3-18 所示。

1. 接收缓冲寄存器 6n（RXB6n）

该 8 位寄存器存储由接收移位寄存器 6n（RXS6n）转换的并行数据。

第 3 章 中断、定时/计数器和串行通信

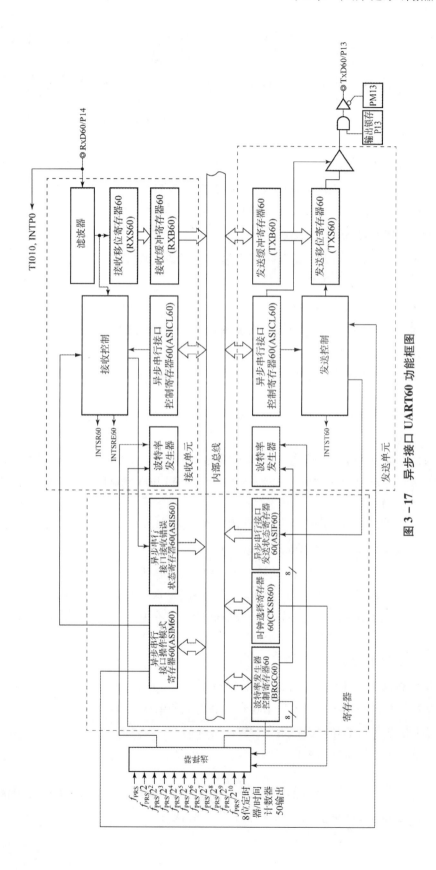

图 3-17 异步接口 UART60 功能框图

每接收到 1 字节，新的接收数据就从 RXS6n 传输到该寄存器。如果数据长度设置为 7 位，则数据进行以下传输：

（1）当 LSB 接收时，将接收数据传输到 RXB6n 的位 0 至位 6 且 RXB6n 的 MSB 位始终为 0。

（2）当 MSB 接收时，将接收数据传输到 RXB6n 的位 1 至位 7 且 RXB6n 的 LSB 位始终为 0。

如果发生溢出错误（OVE6n），则接收数据将不会传输到 RXB6n 寄存器中。

RXB6n 可用 8 位存储操作指令读取。没有数据可被写入该寄存器。

产生的复位信号将该寄存器设置为 FFH。

2. 接收移位寄存器 6n（RXS6n）

该寄存器将输入至 RXD6n 引脚的串行数据转换为并行数据。

RXS6n 不能由程序直接操作。

3. 发送缓冲寄存器 6n（TXB6n）

该缓冲寄存器用于设置发送数据。当数据被写入 TXB6n 时发送开始。该寄存器可由 8 位存储操作指令读写。

产生的复位信号将该寄存器设置为 FFH。

注意事项：

（1）当异步串行接口发送状态寄存器 6n（ASIF6n）的位 1（TXBF6n）为 1 时，禁止向 TXB6n 写入数据。

（2）通信期间（当异步串行接口操作模式寄存器 6n（ASIM6n）的位 7 和位 6（POWER6n，TXE6n）为 1 或当 ASIM6n 的位 7 和位 5（POWER6n，RXE6n）为 1 时），禁止刷新（写入相同值）TXB6n。

（3）在设置 TXE6n = 1 后过至少一个基础时钟（fXCLK6），向 TXB6n 设置发送数据。

4. 发送移位寄存器 6n（TXB6n，n = 0，1）

该寄存器将从 TXB6n 传输的数据，自 TxD6n 引脚作为串行数据发送。紧接写入 TXB6n 后作为第一次发送，数据从 TXB6n 传输；或发送一帧后紧接 INTST6n 发生前作为连续发送，数据从 TXB6n 传输。数据从 TXB6n 传输并在基础时钟的下降沿由 TXD6n 引脚发送。

TXS6n 不能由程序直接操作。

5. 异步串行接口操作模式寄存器 6n（ASIM6n）

该寄存器用于控制串行接口 UART60 和 UART61 的串行通信操作。

可通过 1 位或 8 位的存储操作指令设置此寄存器。

复位信号产生后该寄存器被设为 01H。

注：

（1）通信操作期间（当 ASIM6n 的位 7 和 6（POWER6n，TXE6n）= 1 或 ASIM6n 的位 7 和位 5（POWER6n，RXE6n）= 1）可用软件刷新 ASIM6n。

（2）n = 0，1。

地址： FF2EH 复位后： 01H R/W

符号	<7>	<6>	<5>	<4>	<3>	<2>	<1>	<0>
ASIM60	POWER60	TXE60	RXE60	PS610	PS600	CL60	SL60	ISRM60

POWER60	内部操作时钟操作的使能/禁止
0①	禁止内部操作时钟（固定时钟为低电平）的操作并异步恢复内部电路②
1③	允许内部时钟的操作

TXE60	使能/禁止发送
0	禁止发送（同步复位发送电路）
1	允许发送

RXE60	使能/禁止接收
0	禁止接收（同步复位接收电路）
1	允许接收

注：①发送操作期间，当 POWER60 = 0 时，TXD60 引脚的输出变为高电平并且来自 RXD60 引脚的输入固定为高电平。

②异步串行接口接收错误状态寄存器 60（ASIS60）、异步串行接口发送状态寄存器 60（ASIF60）、异步串行接口控制寄存器 60（ASICL60）的位 7（SBRF60）和位 6（SBRT60）以及接收缓冲寄存器 60（RXB60）被复位。

PS610	PS600	发送操作	接收操作
0	0	不输出奇偶校验位	没有校验位接收
0	1	输出 0 校验位	按 0 校验位①接收
1	0	输出奇校验位	以奇校验的方式进行判断
1	1	输出偶校验位	以偶校验的方式进行判断

CL60	指定发送/接收数据的字符长度
0	数据的字符长度 = 7 位
1	数据的字符长度 = 8 位

SL60	发送数据的停止位位数说明
0	停止位的位数 = 1
1	停止位的位数 = 2

ISRM60	若发生错误，禁止/允许产生接收完成中断
0	若发生错误则产生"INTSRE60"（此时不产生 INTSR60）
1	若发生错误则产生"INTSR60"（此时不产生 INTSRE60）

注①：如果选择以"0 校验的方式接收"，则不执行奇偶校验的判断。因此，异步串行接口接收错误状态寄存器 60（ASIS60）的位 2（PE60）不被设置，并不产生错误中断。

图 3-18 异步串行接口操作模式寄存器 60（ASIM60）的格式

注意事项:

(1) 若要开始发送,需设置 POWER60 为 1,然后设置 TXE60 为 1。若要停止发送,需清除 TXE60 为 0,然后清除 POWER60 为 0。

(2) 若要开始接收,需设置 POWER60 为 1,然后设置 RXE60 为 1。若要停止接收,需清除 RXE60 为 0,然后清除 POWER60 为 0。

(3) 在高电平输入至 RxD60 引脚时设置 POWER60 为 1,而后设置 RXE60 为 1。如果在低电平输入至该引脚时设置 POWER60 为 1 并设置 RXE60 为 1,则开始接收。

(4) TXE60 和 RXE60 同步于 CKSR60 设置的基础时钟 (fXCLK6)。若要再次使能发送或接收,在 TXE60 或 RXE60 被清零后至少过基础时钟的两个时钟后,设置 TXE60 或 RXE60 为 1。如果在基础时钟的两个时钟内设置 TXE60 或 RXE60,则发送电路或接收电路可能不被初始化。

(5) 在设置 TXE60 = 1 后过至少一个基础时钟 (fXCLK6) 后,向 TXB60 设置发送数据。

(6) 重写 PS610、PS600 和 CL60 位前将 TXE60 和 RXE60 位清除为 0。

(7) 在 LIN 通信操作中使用时,将 PS610 和 PS600 位固定为 0。

(8) 重写 SL60 位前将 TXE60 清除为 0。接收总是按"停止位的位数 = 1"执行,因此不会被 SL60 位的设置值影响。

(9) 重写 ISRM60 位时确保 RXE60 = 0。

6. 异步串行接口接收错误状态寄存器 6n(ASIS6n)

该寄存器指示串行接口 UART60 和 UART61 接收完成时的错误状态。其包括三个错误标志位:PE6n、FE6n、OVE6n。ASIS60 的格式如图 3 - 19 所示。

该寄存器用 8 位存储操作指令只能进行读取。

复位信号的产生,或 ASIM6n 的位 7(POWER6n)或 5(RXE6n)清除为 0 将该寄存器清除为 00H。读取此寄存器时会读到 00H。当发生接收错误时,读取 ASIS6n 而后读取接收缓冲寄存器 6n(RXB6n)以清除错误标志。

地址: FF53H 复位后: 00H R

符号	<7>	<6>	<5>	<4>	<3>	<2>	<1>	<0>
ASIS60	0	0	0	0	0	PE60	FE60	OVE60

PE60	指示奇偶校验错误的状态标志
0	当 POWER60 = 0 且 RXE60 = 0,或者读取 ASIS60 寄存器时
1	当发送数据的奇偶校验位与接收完成时的奇偶位不相符时

FE60	指示帧错误的状态标志
0	当 POWER60 = 0 且 RXE60 = 0,或者读取 ASIS60 寄存器时
1	接收完成时,没有检测到停止位

OVE60	指示溢出错误的状态标志
0	当 POWER60 = 0 且 RXE60 = 0,或者读取 ASIS60 寄存器时
1	当接收数据设置至 RXB60 寄存器,且在读取该数据之前下一次接收操作已完成时

图 3 - 19 异步串行接口接收错误状态寄存器 60(ASIS60)的格式

注意事项：

（1）根据异步串行接口操作模式寄存器 60（ASIM60）的 PS610 和 PS600 位的设置值不同，PE60 位的操作有所不同。

（2）仅检查接收数据的第一个停止位，而与停止位的位数无关。

（3）如果产生溢出错误，则下一个接收数据不会写入接收缓冲寄存器 60（RXB60）而会被丢弃。

（4）如果从 ASIS60 读取数据，则产生一个等待周期。当 CPU 工作于副系统时钟且高速系统时钟停止时，禁止从 ASIS60 读取数据。

7. 异步串行接口发送状态寄存器 6n（ASIF6n）

该寄存器指示串行接口 UART60 和 UART61 的发送状态。其包括两个状态标志位：TXBF6 和 TXSF6n。ASIF60 的格式如图 3-20 所示。

在数据从 TXB6n 寄存器传输至 TXS6n 寄存器后通过向 TXB6n 寄存器写入下一个数据，可使发送不间断地连续进行。

该寄存器用 8 位存储操作指令只能进行读取。

复位信号的产生，或 ASIM6n 的位 7（POWER6n）或 6（TXE6n）清除为 0 将该寄存器清除为 00H。

地址： FF55H　复位后： 00H　R

符号	<7>	<6>	<5>	<4>	<3>	<2>	<1>	<0>
ASIF60	0	0	0	0	0	0	TXBF60	TXSF60

TXBF60	发送缓冲数据标志
0	当 POWER60 = 0 或 TXE60 = 0，或者数据传输至发送移位寄存器 60（TXS60）时
1	数据写入发送缓冲寄存器 60（TXB60）（若 TXB60 中存在数据）

TXSF60	发送移位寄存器数据标志
0	当 POWER60 = 0 或 TXE60 = 0，或者传输完成后下一个数据不从发送缓冲寄存器 60（TXB60）传输
1	当数据从发送缓冲寄存器 60（TXB60）（正在发送数据）传输时

图 3-20　异步串行接口发送状态寄存器 60（ASIF60）的格式

注意事项：

（1）若要连续发送数据，将第一个发送数据（第一个字节）写至 TXB60 寄存器。确保检测到 TXBF60 标志是 "0"。如果是这样，将下一个发送数据（第二个字节）写入 TXB60 寄存器。如果在 TXBF60 标志为 "1" 时，将数据写至 TXB60 寄存器，则不能保证数据发送。

（2）若要在连续发送完成时初始化发送单元，确保在发送完成中断产生后检测到 TXSF60 标志为 "0"，然后再执行初始化。如果在 TXSF60 标志为 "1" 执行初始化，则不能保证数据发送。

8. 时钟选择寄存器 6n（CKSR6n）

该寄存器用来选择串行接口 UART60 和 UART61 的基础时钟。CKSR6n 可用 8 位存储操作指令设置。复位信号产生后该寄存器被设为 00H。CKSR60 的格式如图 3-21 所示。

备注：通信操作期间（当 ASIM6n 的位7和位6（POWER6n，TXE6n）=1 或 ASIM6n 的位7和位5（POWER6n，RXE6n）=1）可用软件刷新 CKSR6n。

地址： FF56H　复位后： 00H　R/W

符号	<7>	<6>	<5>	<4>	<3>	<2>	<1>	<0>
CKSR60	0	0	0	0	TPS630	TPS620	TPS610	TPS600

TPS630	TPS620	TPS610	TPS600	基础时钟（f_{XCLK6}）选择				
					f_{PRS}=4 MHz	f_{PRS}=5 MHz	f_{PRS}=10 MHz	f_{PRS}=20 MHz
0	0	0	0	f_{PRS}	4 MHz	5 MHz	10 MHz	20 MHz
0	0	0	1	$f_{PRS}/2$	2 MHz	2.5 MHz	5 MHz	10 MHz
0	0	1	0	$f_{PRS}/2^2$	1 MHz	1.25 MHz	2.5 MHz	5 MHz
0	0	1	1	$f_{PRS}/2^3$	500 kHz	625 kHz	1.25 MHz	2.5 MHz
0	1	0	0	$f_{PRS}/2^4$	250 kHz	312.5 kHz	625 kHz	1.25 MHz
0	1	0	1	$f_{PRS}/2^5$	125 kHz	156.25 kHz	312.5 kHz	625 kHz
0	1	1	0	$f_{PRS}/2^6$	62.5 kHz	78.13 kHz	156.25 kHz	312.5 kHz
0	1	1	1	$f_{PRS}/2^7$	31.25 kHz	39.06 kHz	78.13 kHz	156.25 kHz
1	0	0	0	$f_{PRS}/2^8$	15.625 kHz	19.53 kHz	39.06 kHz	78.13 kHz
1	0	0	1	$f_{PRS}/2^9$	7.813 kHz	9.77 kHz	19.53 kHz	39.06 kHz
1	0	1	0	$f_{PRS}/2^{10}$	3.906 kHz	4.88 kHz	9.77 kHz	19.53 kHz
1	0	1	1	TM50 输出				
其他				禁止设置				

注：选择 TM50 输出为基础时钟时需注意以下几点：

① 在计数时钟基于 TM50 和 CR50（TMC506=0）匹配而清零并启动的模式下，首先启动8位定时器/事件计数器50的操作，然后使能定时器 F/F 反转操作（TMC501=1）。

② PWM 模式下（TMC506=1），首先启动8位定时器/事件计数器50的操作，然后设置计数时钟使占空比=50%。

在任何模式下都没有必要使能 TO50 引脚作为定时器输出。

③ 重写 TPS630 至 TPS600 时确保 POWER60=0。

f_{PRS}：外设硬件时钟频率。

TMC506：8位定时器模式控制寄存器50（TMC50）的位6。

TMC501：TMC50 的位1。

图 3-21　时钟选择寄存器 60（CKSR60）的格式

9. 波特率发生器控制寄存器 6n（BRGC6n）

该寄存器设置串行接口 UART60 和 UART61 的8位计数器的分频值。

BRGC6n 可用8位存储操作指令设置。

产生的复位信号将该寄存器设置为 FFH。

BRGC60 的格式如图 3-22 所示。

注：通信操作期间（当 ASIM6n 的位 7 和位 6（POWER6n，TXE6n）= 1 或 ASIM6n 的位 7 和位 5（POWER6n，RXE6n）= 1）可用软件刷新 BRGC6n。

波特率可用下式计算：

$$\text{波特率} = \frac{f_{\text{xclk6}}}{2 \times k} \text{（bps）}$$

式中，f_{XCLK6}：由 CKSR6n 的 TPS63n 至 TPS60n 位选择的基础时钟的频率；

k：由 BRGC6n 寄存器的 MDL67n 至 MDL60n 位设置的值（k = 4，5，…，255）

地址： FF57H 复位后： FFH R/W

符号	<7>	<6>	<5>	<4>	<3>	<2>	<1>	<0>
BRGC60	MDL670	MDL660	MDL650	MDL640	MDL630	MDL620	MDL610	MDL600

MDL670	MDL660	MDL650	MDL640	MDL630	MDL620	MDL610	MDL600	k	8 位计数器的输出时钟选择
0	0	0	0	0	0	×	×	×	禁止设置
0	0	0	0	0	1	0	0	4	$f_{\text{XCLK6}}/4$
0	0	0	0	0	1	0	1	5	$f_{\text{XCLK6}}/5$
0	0	0	0	0	1	1	0	6	$f_{\text{XCLK6}}/6$
⋮	⋮	⋮	⋮	⋮	⋮	⋮	⋮	⋮	⋮
1	1	1	1	1	1	0	0	252	$f_{\text{XCLK6}}/252$
1	1	1	1	1	1	0	1	253	$f_{\text{XCLK6}}/253$
1	1	1	1	1	1	1	0	254	$f_{\text{XCLK6}}/254$
1	1	1	1	1	1	1	1	255	$f_{\text{XCLK6}}/255$

注：①重写 MDL670 至 MDL600 位时，确保 ASIM6n 寄存器的位 6（TXE60）和位 5（RXE60）= 0。

②波特率是 8 位计数器二分频的输出时钟。

③f_{XCLK6}：由 CKSR60 寄存器的 TPS630 至 TPS600 位选择的基础时钟的频率。

④k：由 MDL670 至 MDL600 位设置的值（k = 4，5，…，255）

⑤×：无须理会。

图 3-22 波特率发生器控制寄存器 60（BRGC60）的格式

三、串行接口的操作

串行接口操作举例如图 3-23 所示。

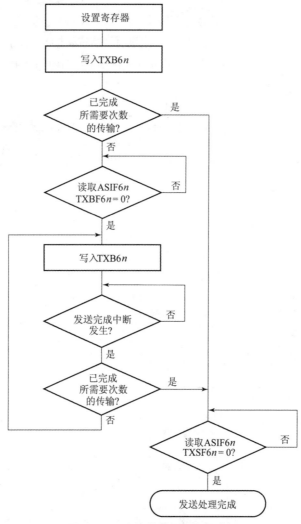

图 3-23 连续发送处理流程举例

下面给出 UART 发送和接收例程,供大家参考:

发送例程:

ASIM60.4 = 1;

ASIM60.3 = 0; //奇校验

ASIM60.2 = 1; //数据长度为 8

ASIM60.1 = 1; //双停止位

ASIM60.0 = 1; //使用 UART 错误中断

ASICL60 = 0x16; //低位在前

CKSR60 = 0x00; //设置分频

BRGC60 = 0x08; //设置波特率

POWER60 = 1；//打开电源
TXB60 = 0x55；//将要发送的数据放入发送缓存器
TXE60 = 1；//开始发送
接收例程：
ASIM60.4 = 1；
ASIM60.3 = 0；//奇校验
ASIM60.2 = 1；//数据长度为8
ASIM60.1 = 1；//双停止位
ASIM60.0 = 1；//使用 UART 错误中断
ASICL60 = 0x16；//低位在前
CKSR60 = 0x00；//设置分频
BRGC60 = 0x08；//设置波特率
POWER60 = 1；//打开电源
RXE60 = 1；//开始接收

小　　结

本章主要介绍了 78K0 微控制器系统的中断、定时器/计数器和串行通信。首先介绍了微控制器的中断机制、主要中断控制寄存器的作用、定时器/计数器的基本工作原理和不同工作方式的特点，随后介绍了 78K0 微控制器的串行通信模块、工作模式以及使用方法等。

思 考 题

1. 什么是中断系统？中断处理过程是怎样的？
2. 定时器/计数器的工作方式有哪几种？分别加以说明。
3. 测试一下定时器在特殊数值下的工作情况，例如 0x00，0xFF，以及在 PWM 模式下 CR5 寄存器小于 TM5 时。
4. 串行通信的工作原理和基本控制参数有哪些？

第4章
车用总线综述

车用总线作为一种现场总线与计算机网络密切相关,为了使叙述的内容有较好的连贯性,特别是让初学者对后面涉及的有关网络的一些概念和术语有所了解,在介绍总线前先既有概括又有侧重地介绍一下计算机网络的相关知识。对网络知识了解之后,本章在第二、三节中详细介绍了各类汽车总线的产生、发展、目前的应用情况和将来的使用前景等。由于CAN总线在汽车上越来越广泛地得到应用,本章还对CAN总线的产生、CAN总线协议和CAN总线前景等方面进行了介绍。

第一节 计算机网络体系结构

计算机网络是计算机技术与通信技术相结合产生的新的技术领域。若干计算机用通信信道连接在一起,相互之间可以交换信息共享资源,就形成了计算机网络。

在社会生活中人们已习惯许多类型的网络,如交通网（铁路、公路等）、通信网（电信、邮政等）、商业网等。这些网可以有不同的规模,小到局限在一个办公室、一个单位、一个城市内部,大到可以在世界各地互通。不管是什么网,为了正常、高效地运作,都要制定它的各种规范。另外,由于世界各部分联系日益密切,这些规范也就应当是开放型国际标准,以便于相互连通运作,这都是相当复杂的过程。计算机网络也有着类似的问题。

人们在处理庞大而复杂的系统问题时采用的方法往往是功能分解,把它划分为若干个比较容易处理的较小的问题,然后"分而治之"。这种结构设计要求确定系统由哪些模块组成,以及这些模块之间的关系。每个模块完成某一子功能,模块之间相对独立、透明,它们通过接口规则相互连接、请求或提供服务。现代网络采用分层的体系结构方法,就是将网络按照功能分成一系列的层次,每一层完成一个特定的功能,相邻层中的高层直接使用低层提供的服务来实现本层的功能,同时它又向它的上层提供服务。网络分层的好处是：各层之间相对独立,其功能实现的具体细节对外是不可见的（"透明"）,相邻层间的交互通过接口处规定的服务源语（交互时所要交换的一些必要信息）进行,这样每一层的功能易于实现和维护。而当某一层需要改动时,只要不改变它与上、下层的接口规则,其他层次都不受影响,因此具有很大的灵活性。这种思维模式与面向对象的程序设计是一致的,一层就是一个对象,服务实现的细节完全封装在层内,因此,各层之间具有很强的独立性。

在国际标准化组织（ISO）提出的"开放系统互连"（OSI）的参考模式中,网络系统结构划分为7层,从上到下依次是应用层、表示层、会话层、传输层、网络层、数据链路层和物理层，如图 4-1 所示。然而实际中，使用的网络协议与这个参考模式都多多少少有些差异。这就是说，这种层次结构并不是严格和必需的，而是要视实际需要而定。例如，风靡全球主宰 Internet 的 TCP/IP 体系就只划分为应用层、传输层、网络层（TCP）和网络接口层（IP）（在 TCP/IP 设计时与具体的物理传输媒体无关。因此，在该标准中并没有对最低两层做出规定，这也就是 TCP/IP 协议可以运行于当前几乎所有物理网络之上的原因）。

为了理解网络体系的分层结构，不妨看一个日常用电话的例子。电话网早已是"国际互连"，也是分层结构。但是作为用户层的普通人无论是利用它通话还是传真、上网，都不会去考虑和对方之间的联络实际上经过了若干个中间层环节（尤其是长途电话），例如信号的调制与解调、几级交换机的线路选择（相当于网络层）、信号的传送与接收（相当于数据链路层、物理层）等。用户层面只需知道拨号等简单规则，而其余的各层对它来说是"透明"（就像双方在直接对话）的。至于底层信号的传输方式（例如可以是电缆、光纤或卫星等）对于中间层的交换机来说也是"透明"的。

下面简要介绍网络系统各层的功能。

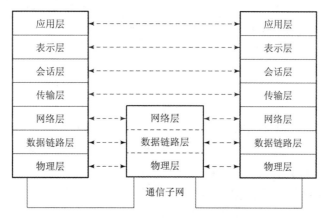

图 4-1　OSI 的 7 层体系结构

一、物理层

物理层（Physical Layer）的作用是在物理传输媒体上传输各种数据的比特流，而不管数据的类型和结构如何。这一层除了规定机械、电气、功能、规程等特征外，主要考虑的问题还有：

1. 传输速率

这里有波特率（每秒传输的码元数）和比特率（每秒传输的二进制位数）之分。如果一个码元只携带一个比特的信息量，则波特率和比特率在数值上相等。

2. 信道容量

信道容量即信道能支持的最大数据传输速率，它由信道的带宽和信噪比决定。

3. 传输媒体

传输媒体也就是传输电信号的物理介质，例如是无线还是有线，是双绞线还是同轴电缆，或是光纤等。

4. 调制/解调

调制/解调就是将一种数据转换成适合在信道上传输的某种电信号形式。例如，把数字信号转换为模拟信号有调幅、调频、调相等方法。数字信号的信道编码方法有单极型脉冲编码和双极型脉冲编码（它们中又有归零码和不归零码之分）以及曼彻斯特编码等（信道编码）。

5. 交换技术

交换技术有三种：电路交换、报文交换和分组交换。

1）电路交换

电路交换要求在通信双方之间建立起一条实际的物理通路，并在整个通信过程中，这条通路被独占。例如，电话交换系统就是这样。在这种条件下，数据在每个中间环节没有停留。它的优点是数据传输可靠，实时效应好；缺点是电路不能共享，资源浪费大，同时电路的建立和撤除的时间较长。

2）报文交换

报文交换就是一个报文（长度无限制的数据块）在通过从源站到目的站之间的中间站时采用存储－转发方式（有缓冲区）。这样可以提高线路的利用率，但大报文延迟时间长，出错率高，一般很少采用。（注：这里的"报文"定义与 CAN 中的不尽相同。）

3）分组交换

分组交换就是将一个大报文分割成一定长度的信息单元（分组），各单元依次编号，以分组为单位进行存储－转发。其优点除了线路共享外，它要求中间环节的缓冲存储区减少，也减少了分组在网络中的延迟时间。由于各分组在网络中可以走不同的路径，这种并行也降低了整个报文的传输时间。分组长度变短，使得出错重发率大为降低（若发现一组出错，重发它所需时间也就短）。这是目前计算机网络中广泛使用的交换技术。所谓的 IP 电话，也是以这种方式在计算机网络上传输。

6. 网络拓扑

网络拓扑指网络中节点的互连结构形式，主要有以下几种，如图 4-2 所示。

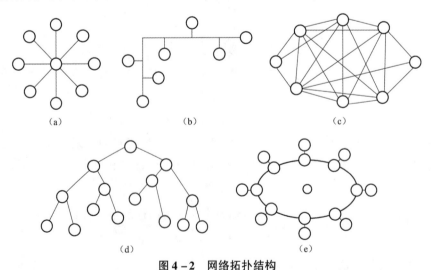

图 4-2 网络拓扑结构

(a) 星型；(b) 总线型；(c) 网型；(d) 树型；(e) 环型

1) 星型拓扑

在星型拓扑中，每个站点通过点－点连接到中央节点，任何两站之间的通信都通过中央节点进行。星型拓扑采用电路交换，一个站点的故障只会影响本站，而不会影响到全网。但是在这种结构中，通信极大地依赖中央节点，对中央节点的可靠性和容量要求很高；另外，每个站点都要同中央节点连接，耗费大量电缆。

2) 总线型拓扑

总线型拓扑采用单一信道作为传输介质，所有站点通过相应硬件接口接至这个公共信道（总线）上，任何一个站点发送的信息，所有其他站点都能接收。因此，总线和后面要提到的树型拓扑的网络称为多点式或广播式。信息也是按组发送，到达各站点后，经过地址识别（滤波，符合的站点将信息复制下来。由于所有节点共享一条公共信道，当多点同时发送信号时，信号会相互碰撞而造成传输失败。这种现象称为冲突。为了避免冲突，每次只能由一个站点发送信号，因此，必须有一种仲裁机制来决定每次由哪个站点使用信道，这是属于数据键路层的任务。总线型网络中通常采用分布式的控制策略，CSMA/CD 协议就是常用的规范。总线型拓扑的优点是，所需电缆长度短，布线容易；总线仅仅是一个传输信道，没有任何处理功能，从硬件的角度看，它属于无源器件，工作的可靠性较高，增加和减少站点都很方便。缺点是系统范围受到限制（由于数据传输速率和传输距离的相互制约关系）；一个站点的故障可能影响整个网络，故障的检测需要在各站点上进行，比较困难。

3) 网型拓扑

每个站点都有一条或几条链路同其他站点相连。由于站点之间存在多条路径，在传输数据时就可能选择较为空闲的路由或绕开故障点，因而网络资源可以得到充分的利用。同时，单个站点或线路的故障对网络的影响也较小，网络可靠性较高。网型拓扑通常用于广域网中。它的结构较复杂，成本较高。

4) 树型拓扑

树型拓扑是从总线型拓扑演变而来的。从树根开始，每一个节点下都可以有多个分支。树型拓扑的许多特点与总线型拓扑类似，但是它的故障比较容易隔离和检查。

5) 环型拓扑

在环型拓扑中，站点和连接站点的点－点链路组成一个闭合环路，每个站点从一条链路上接收数据，然后以同样的速率从另一条链路发送出去。链路大多数是单方向的，即数据沿一个方向在网上环行。环型拓扑也同总线型拓扑一样，存在冲突问题，必须采用某种控制机制来决定每个站点在什么时候可以将数据送到环上。环型网络通常也采用分布式控制策略，这里主要包含后面要提到的一种特殊信息帧——"令牌"。环型拓扑的优点是，所需介质长度较短；它的链路都是单方向性的，因而可以用光纤作为传输介质。环型拓扑的缺点是，一个站点的故障会引起全网的故障。

7. 多路复用技术

在通信系统中，传输媒体的传输能力往往是很强的。如果在一条物理信道上只传输一路信号，将是对资源的极大浪费。采用多路复用技术，可以将多路信号组合在一条物理信道上进行传输，到接收端再将各路信号分离开来。

多路复用技术有多种形式，如频分多路复用（FDM）、时分多路复用（TDM）和码分多址（CDMA）等。

1) 频分多路复用

频分多路复用就是将信道带宽按频率分割为若干个子信道，每个子信道用来传输一路信号。当信道带宽大于各路信号的总带宽时，信号的频谱在传输过程中不会被改变，在接收端通过一个相应带宽的滤波器可将信号完整地恢复出来。例如，有线电视网就是这样。

2) 时分多路复用

时分多路复用就是将使用信道的时间分成一个个时间片，按一定规律将这些时间片分配给各路信号，每路信号只能在自己的时间片内独占信道进行传输。当然，各路信号的数据传输率的总和只能小于信道能达到的最大传输率。例如，长途电话系统就是采用这种方式。

3) 码分多址（使用扩频技术）

码分多址允许所有站点在同一时间使用整个信道进行数据传输。在 CDMA 中，每个比特时间又再分成 m 个码片（Chip），每个站点分配一个唯一的 m 比特码系列。当某个站欲发送"1"时，它就在信道中发送它的码系列；当欲发送"0"时，就发送它的码序列的反码（例如，假设 $m=8$，某个站的比特码序列为 00110010，代表这个站的"1"，而它的反码"11001101"代表这个站的"0"）。当两个或多个站同时发送时，各路数据在信道中被线性相加。为了从中分离出各路信号，码序列必须具有一些特殊的性质。如果将码序列看成一个向量，那么不同的码序列之间是互相正交的。假设有两个不同的码序列 S 和 T，用 $\bar{S}$ 和 $\bar{T}$ 表示各自的码序列的反码，那么应有下列关系式：

$$S \cdot T = 0, S \cdot \bar{T} = 0, S \cdot S = 1, S \cdot \bar{S} = -1 \tag{4-1}$$

当某个站想要接收站 X 发送的数据时，它首先必须知道 X 的码序列（设为 S）。假如从信道中收到的和向量为 P，那么通过计算 $S \cdot P$ 就可提取 X 发送的数据。这样，$S \cdot P = 0$ 表示 X 没有发送数据，$S \cdot P = 1$ 表示 X 发送了"1"，$S \cdot P = -1$ 表示 X 发送了"0"。CDMA 广泛应用于移动通信系统。

以上三类多路复用技术可以形象地比喻为多个人要发言讨论不同议题时，如何使用同一个会议厅（信道）。可以把会议厅分成几组（好比频分多路），各组同时进行各自不同的讨论，互不干扰；也可以在一个厅内让各议题在固定的时间片内轮流发言（好比时分多路）；还可以在一个厅内让各自议题同时发言，但是要用不同的语言（好比码分多址），对某个议题的人来说只能听懂自己的语言，而其他语言被视为随机噪声，可以排除。

二、数据链路层

在物理线路上，由于噪声干扰、信号衰减畸变等原因，传输过程中常常出现差错，而物理层只负责透明地传输无结构的原始比特流，不可能进行任何差错控制。因此，当需要在一条线路上传送数据时，除了必须有一条物理线路（链路）外，还必须有一些必要的规程来控制这些数据的传输。把实现这些规程的硬件和软件加到链路上，就构成了数据链路层 (Data Link Layer)。

数据链路层最重要的作用就是通过一系列数据链路层协议，在不可靠的物理链路上实现可靠的数据传输。为此，通常将原始数据分割成一定长度的数据单元（帧），一帧内应包含同步信号（例如帧的开始与终止）、差错控制（各类检错码或纠错码，大多数采用检错重发的控制方式）、流量控制（协调发送方和接收方的速率）、控制信息、数据信息、寻址（在信道共享的情况下，保证每一帧都能到达正确的目的站，收方也能知道信息来自何站）等。

这里主要介绍帧的结构和差错控制。

1. 组帧与帧同步

在组帧方式中，关键问题是使接收方能够准确地从接收到的比特流中识别出帧的边界，取出帧来，这就是所谓帧同步。为此，这种协议有两大类。一类是面向字符的，也就是说，在链路上所传送的数据都必须是由字符集（如 ASCⅡ码）中的字符所组成，而且在链路上传送的控制信息（包括帧同步）也必须由同一字符集中的字符组成。这个协议的主要缺点是，它只能对数据部分进行差错控制，而对控制部分的差错就无法控制，因此可靠性差。该协议也不易扩展，每增加一项功能就需要设定新的控制字符。另一类是 1974 年出现的面向比特的规程，后来修改为高级数据链路控制（HDLC）。它不依赖任何字符编码集，采用比特填充法可以很容易地实现数据的透明传输，且可以传输任意长度的二进制比特串。HDLC 采用统一的帧格式来实现数据命令和响应的传输，而且通过改变一帧中控制字段的比特模式来实现各种规定的链路操作功能，非常有利于程序的实现。因此，HDLC 被广泛用作数据链路层的控制协议。CAN 规范中采用的就类似这个规程。下面简单介绍 HDLC 的主要内容。

HDLC 使用一个特殊的比特模式 01111110 作为帧的起始与结束标志 F。为了防止在传输过程中，帧中其他地方出现与帧标志相同的比特模式，发送方边发送边检查数据，每连续发送 5 个"1"后，在其后自动插入一个"0"。这样除了帧标志之外，最多只会有 5 个"1"相连。接收方在收到 5 个连续的"1"后，将后面紧跟的一个"0"删去，恢复原来的数据。这种方法称为比特填充，很容易由硬件实现。采用这种方法组帧，数据传输的基本单位是比特而不是字符，因此可以用来传输任意长度的二进制比特串及任何编码长度的字符，通用性很强。一个 HDLC 的帧结构如图 4-3 所示。

图 4-3　HDLC 的帧结构

在起始和结束标志 F 之间有：

地址字段 A：在点-多点线路中，用于指明通信的地址。地址的种类有单地址、组地址、广播地址和无站地址（后面可以看到，这里的地址字段相当于 CAN 帧中的标识码 ID）。

控制字段 C：用于构成各种命令和响应，以便对链路进行监视和控制。

信息字段 I：可以是任意的二进制比特串，其长度上限由外 FCS 字段或站点的缓冲区容量决定（相当于 CAN 帧中的数据段，其长度最多为 8 个字节）。

帧校验序列字段 FCS：使用 16 位的 CRC 对两个标志字段之间的内容进行校验，FCS 的生成多项式是 CRC-CCITT：$X^{16}+X^{12}+X^5+1$。

2. 差错控制

这里涉及两个方面的问题：一是如何检测出错误；二是发现错误后，如何纠正错误。要判断一个数据块是否存在错误，发送端必须在数据块中加入一些冗余信息，使数据块中的各比特建立起某种形式的关联，接收端通过验证这种关联是否存在，来判断数据在传输过程中是否出错。在数据块中加入冗余信息的过程称为差错编码。有两种基本的差错编码策略：一种是使码字只具有检错功能,即接收方只能判断数据块有错,但不能确切地知道错误的位置,从而也不能纠错,这种码字称为检错码;另一种是使码字具有一定的纠错功能,即接收方不仅能知道数据块有错,还知道错在什么地方,这时只需将错误位取反即可,这种码字称为纠错码。任何一种检错码或纠错码,其检错或纠错的能力都是有限的,即不能检出所有的错误。一般检错或纠错能力越强,所需冗余信息就越多,编码效率就越低。这里简单介绍几种常见的差错编码。

(1) 海明码。海明码是由 R. Hamming 在 1950 年提出的,是一种可以纠正一比特错误的编码。

(2) 循环冗余码。在计算机和数据通信领域中使用最广泛的检错码是循环冗余码(Cyclic Redundancy Code, CRC),又称多项式码,其漏检率很低,而且只要用一个简单的电路就可以实现。

(3) 奇偶校验码。最常见的检错码是最简单的奇偶校验码,只要一个比特,但它只能检出奇数个错,漏检率达 50%。

(4) "校验和"码。这也是常用的检错方式,它是传输的数据块中各字节累加后得到的一个字节或按字节异或的结果。

三、介质访问控制子层(MAC)和逻辑链路控制子层(LLC)

计算机网络按传输技术可分为点-点网和广播网(如总线网、环型网)两大类。在前面"数据链路层"介绍的内容是点-点链路协议(两方通信协议),但是在广播网中,所有站点共享一条信道,任意一站点发送的报文能够被所有其他站点收到。可以想象,如果有两个或多个站同时发达数据,则信号在信道中发生碰撞,导致数据发送失败,这种现象称为冲突。冲突会引起数据传输速率下降,严重的情况下,甚至使通信无法进行下去。因此,在广播网中,需要解决信道共享的技术问题,即如何将单一的信道分配给各个用户。

通信信道又称为介质,网络中采用的传输介质不同或网络拓扑结构不同,所使用的介质访问控制协议就不同。局域网就是这种情况,它不像广域网那样简单。为了不使局域网中的数据链路层过于复杂,将它划分为两个子层,其中一个为介质访问控制子层(Medium Access Control Sublayer, MAC),专门解决广播网中信道分配的问题。MAC 是数据链路的底层,在点-点网中没有这一子层。MAC 同局域网的关系密切,因为绝大多数局域网使用的是广播信道。另一个是逻辑链路控制子层(Logical Link Control Sublayer, LLC),它完成通常意义下数据链路层的功能。

信道分配策略可分为静态分配和动态分配。前面讲过的频分复用或时分复用等属于静态分配。在静态分配中,由于各个站点有自己的专用频带或时间片,彼此之间不会产生干扰。当网络站点数目少,且每个站点都有大量数据要发送时,采用静态分配策略不仅控制协议简单,而且传输效率高。

但对于大多数计算机网络来说,站点数多且不固定,同时数据传输具有突发性,如果采用固定分配,既不容易实现,信道利用率也非常低,这时应采用动态分配策略。

动态分配又称多点接入或多点访问技术,是指异步时分多路复用,即各站点仅当有数据发送时,才占用信道发送数据。动态分配又有受控访问和随机访问两种。

受控访问一般有轮询(轮转)和预约两种。轮转是使每个站轮流获得发送的机会,没有数据要发送的站将发送权传给下一站。例如，在环型网络中的"令牌"所起的作用是，在环路中，有一个特殊的帧，叫做令牌或权标（Token），令牌沿环路逐站传播，只有获得令牌的站才有权发送信息。当信息发送完毕后，再将令牌传递给下一个站。而在所谓"一主多从"网络中采用主机轮流询问各从机的方式。预约是使各站首先声明自己有数据要发送，然后根据预约的顺序依次发送数据。它们都是使发送站首先获得发送权，再发送数据，所以不会出现冲突。当网络负载较重时，采用控制访问，可以获得很高的信道利用率。

随机访问又称争用，意思就是所有的站点发送前不需要取得发送权，都可以随时发送信息（有数据就发送），发生冲突之后再采取措施解决冲突。随机访问适用于负载较轻的网络，其信道利用率一般不高，但网络延迟时间较短。

解决冲突的争用协议已有多个。这里只介绍一种常用的改进的随机访问协议是带冲突检测的载波监听多重访问（Carrier Sense Multiple Access with Collision Detection，CSMA/CD），它已成为局域网的标准协议（以太网（Ethernet）IEEE802.3 标准）。

以太网采用的 CSMA/CD 的基本思想是：当一个站要发送数据时，首先监听信道；如果信道忙则等待，同时继续监听直至发现信道空闲；当监听到信道空闲后，立即发送数据；在发送过程中，一旦检测到冲突，立即停止发送。如果发生冲突，则随机等待一段时间，再重新开始监听。

在 CSMA/CD 中，当多个站同时发送时产生了冲突，这些站检测到冲突后立即停止发送，于是形成了一个较短的时间片。这种时间片称为竞争时间片。这些站停止发送后，各自随机等待一段时间再监听信道，发现信道空闲又发送数据。当相互竞争的站比较多时，有可能一而再，再而三地发生冲突，结果形成一系列的竞争时间片。经过几轮竞争后，有一个站获得了成功。在此之后，有数据要发送的站又开始了新的竞争。这样，数据传输周期、竞争周期和空闲周期轮流交替，周而复始。

在 CSMA/CD 算法中有两个重要的问题需要解决，一个是竞争时间片的长度，另一个是检测到冲突后等待多长时间再试。

四、网络层

网络层（Network Layer）向上面的传输层提供面向连接的网络服务和无连接的网络服务（即虚电路服务和数据报服务）。所谓"连接"，是指首先在通信双方建立一条虚电路，以后的数据传送都是沿着这条虚电路传送的，在通信结束后，还要把这个"电路"释放掉。这里所谓的虚电路，是指在通信双方之间数据传送的一个固定的路由（"路径"）。无连接是指通信双方的每一组数据都可独立地选择路由（走不同的路线），因此，它不能保证每组数据按顺序交付目的站。

在使用数据报时，每个分组必须携带完整的地址信息。但在使用虚电路的情况下，每个分组不需要携带完整的目的地，而仅需要有个虚电路号码的标志，因而减少了额外开销。在每个节点机内有一路由表（表内每一个电路号对应一条路径），根据数据组中的虚电路号码查表决定转发哪一个节点，最后就可到达目的地。在使用虚电路的情况下，网络有端到端的差错控制功能，即网络应保证分组按顺序交付，而且不丢失，不重复。然而在采用数据报服务时，每个节点也有一个路由表，它用来根据每个分组所携带的目的地址来决定应沿哪条链路（路径）转发分组。

网络层除了负责路由选择外，还要进行流量控制。因为网络的资源，如处理机的能力、节点的缓冲区的容量、线路的数据传输速率等总是有限的。当需求超出资源的可用部分时，就会产生拥塞。为了提高资源的利用效率（做到既不使分组因拥塞而丢失，又不使资源过多而浪费），应当采用流量控制，其总目标是在网络中有效动态分配网络资源。它的主要功能是：

（1）防止网络因过载而引起吞吐量下降和时延增加；

（2）避免死锁；

（3）在互相竞争的各用户之间公平地分配资源。

网络层的寻址，如公用电话网，一个全球网络层寻址标准是互联系统中大家都必须遵守的一个标准。现在的地址编码方法有两大类，一类是非等级地址，另一类是分级地址。非等级地址空间的特点是每个地址的编号都是平等的且彼此无关，这在全球范围内实际是不可行的。因为这需要一个全球系统的管理机构，同时地址映射表要占用很大空间。

分级的地址编码是将全球的地址划分为若干子域，子域下又划分更小的子域，就像公用电话号码的划分（国家号、区号、局号等像一个树形结构）。TCP/IP 协议中 IP 地址的分配就是这个方式。这样，每一个地方子域只管理自己直属的那些子域的编号，因而使地址映射表和路由表的编制大为简化。一个网络也只负责自己网内主机的编号，其他网络主机的编号与本网络无关，这就是后面涉及的标识符（地址码）的过滤、子网掩码等概念。

网络层涉及的是将源端发出的分组经各种途径送到目的端。从源端到目的端可能经过许多中间节点。这个功能与数据链路层形成鲜明的对比，数据链路层只负责将数据帧从导线的一端（节）点送到其另一端（节）点。因此，网络层是处理端到端数据传输的最低层。

为了实现网络层的目标，网络层必须知道通信子网的拓扑结构（即所有路由器的位置），并选择通过子网的合适路径。选择路径时要注意，不要使一些通信线路超负荷工作，而另一些通信线路却处于空闲状态。当源端与目的端不处于同一网络中时，应由网络层来处理这些差异，并解决由此而带来的问题。

网络层在网络层/传输层接口上为传输层提供服务。这一接口相当重要的另一个原因是：它往往是载体与用户的接口，也就是说，它是通信子网的边界。载体通常决定了直到网络层的各种协议和接口，它的工作是传输由其用户提供的分组。基于这个原因，对接口的定义必须十分完善。

如上所述，网络层的主要功能是将分组从源端机器经选定的路由送到目的端机器。在大多数通信子网中，分组的整个旅途需经过多次转发。路由选择算法及其使用的数据结构是网络层设计的一个主要任务。

五、传输层

在 OSI 参考模型中，物理层、数据链路层和网络层是面向网络通信的层次；会话层、表示层和应用层是面向信息处理的层次；而传输层（Transport Layer）位于低三层和高三层之间，无论从其所处的位置还是所起的作用来看，它都是整个协议层次的核心。传输层的任务是为高层从源端机到目的机提供可靠、经济的数据传输服务，而与具体网络无关。为了保证数据传输的可靠性，传输层上必须实现差错控制、流量控制等功能；为了向用户提供经济有效的服务，传输层还提供多路复用和分流的功能。

1. 传输服务

传输层的最终目标是向其用户（一般是指应用层的进程）提供有效、可靠且价格合理的服务。为了达到这一目标，传输层利用了网络层所提供的服务。传输层中完成这一工作的硬件和（或）软件称为传输实体（Transport Entity）。传输实体可能在操作系统内核中，或在一个单独的用户进程内，也可能包含在网络应用的程序库中，或是位于网络接口卡上。在某些场合，电信公司甚至可以提供可靠的传输服务。这时，传输实体位于与主机相连的子网边缘的特定接口机器上。

正如存在两种类型的网络服务（面向连接的和无连接的）一样，传输服务也有两种类型。面向连接的传输服务在很多方面类似于面向连接的网络服务，二者的连接都包括三个阶段，即建立连接、数据传输和释放连接。两者的寻址和流量控制方式也类似。无连接的传输服务与无连接的网络服务也很类似。

既然传输服务与网络层服务如此类似，那为什么还要将它区分为不同的两层呢？前面介绍过网络层是通信子网的一部分，并且一般是由电信公司来提供服务的（至少广域网是如此）。如果网络层提供的面向连接的服务不可靠，例如频繁地丢失分组该怎么办？假如路由器不断发生冲突又会发生什么情况呢？这就是问题之所在。由于用户无法对子网加以控制，因此他们不能通过换用更好的路由器或增强数据链路层的纠错能力来解决网络层服务质量低劣的问题。唯一可行的方法是在网络层上再增加一层以改善服务质量。比如当网络连接中断或网络复位后，两端的传输层可以通过建立起新的网络连接，并在确认了传输中断的位置后，继续被中断了的数据传输，因此传输服务比网络服务更可靠。

实质上，传输层的存在使传输服务会远比其低层的网络服务更可靠，分组丢失、数据残缺均会被传输层检测到并采取相应的补救措施。另外，传输服务源语的设计可以独立于网络服务源语，后者是随网络不同而会有很大差异的（如无连接的局域网服务可能与面向连接的广域网服务大相径庭）。传输层起着将子网的技术、设计和各种缺陷与上层相隔离的关键作用。

因此，很多人将 OSI 的 7 层模型从下向上划分为两部分：1~4 层为一部分，5~7 层为另一部分。下面 4 层可以看作传输服务提供者（Transport Service Provider），上面 3 层是传输服务用户（Transport Service User）。这一划分对层次设计影响巨大，并且将传输层置于关键的位置，因为传输层为服务提供者和用户之间进行可靠的数据传输服务架起了一座桥梁。

2. 传输协议的要素

传输服务是通过建立连接的两个传输实体之间所用的传输协议来实现的。在某些方面，传输协议类似前面讨论过的数据链路层协议，二者都必须解决差错控制、分组顺序、流量控制及其他问题。

但二者之间也存在着显著的差异，这些差异主要是因为两个协议所运行的环境不同所造成的。在数据链路层，两个节点通过物理通道直接通信；而在传输层，两个物理通道由整个子网所取代。这一差异对协议产生了很多重要的影响。

首先，在数据链路层，不必为一个节点指明它要与哪个节点通话——每条输出线对应唯一的一个节点。在传输层里，需要显式地给出目的端地址。

其次，在线路上建立连接的过程很简单：另一端总是存在的（只有在它已崩溃的情况下才不存在），每一方都没有太多的事情要做。对传输层而言，初始连接的建立要复杂得多。

数据链路层和传输层之间的另一个区别是子网的存储能力。当源节点发送了一帧时，该帧可能会到达目的地，也可能会丢失。数据链路没有存储能力，但通信子网有存储能力。如果子网内部采用数据报和适应性路由选择策略，那么极有可能将一个分组存储几秒钟，然后再传送。子网的这种存储能力有时可能会产生严重后果，因此需要使用特殊的协议。

数据链路层与传输层之间的最后一个区别是：在两层中都需要有数据缓冲和流量控制，但在传输层中出现的可能需要使用与在数据链路层中不同的处理方法。在数据链路层，为每个连接都分配了一定容量的缓冲区就可以解决问题。在传输层中有大量的、数目可变化的连接要求，因此，为每个连接固定分配缓冲区的策略是行不通的。

此外，传输层上还必须实现多路复用和分流的功能，这在数据链路层上是没有的。至于如何解决这些问题，请阅读有关参考资料。

六、会话层

会话层（Session Layer）最主要的目的是在传输层的基础上增加一些协调对话的功能。它管理不同主机上各进程间的对话。例如，两个会话层用户之间对话连接的建立和清除；在半双工对话时授权哪一方发送数据；当进程间要进行长时间数据传输时，而通信子网故障率又比较高，会话层可以在数据流中插入若干同步点，在每次网络出现故障时，仅需从最近的一个同步点开始重传，不必每次都从头开始。

七、表示层

表示层（Presentation Layer）下面的 5 层是用于将数据比特从源站按顺序传送到目的站，而表示层则要保证经传送后的数据其意义不变。由于各种计算机都可能有自己描述数据的方法，因此不同类计算机之间交换的数据一般要经过一定的数据转换才能保证数据的意义不变。可见表示层的功能是对源站的数据进行编码（信源编码），形成适合于传输的比特流；到了目的站再进行解码，转换成用户所要求的格式（保持数据的意义不变）。所以表示层为上层用户提供数据或信息语法的表示变换，即负责某机器内部的数据表示与抽象数据表示之间的变换（使数据结构的描述与机器无关），以便信息的相互理解。

八、应用层

前面介绍的各个层次，其功能都是为应用层（Application Layer）提供可靠的数据传输服务，但和用户的实际应用没有什么直接联系。直接为用户提供各种应用服务的是应用层。应用层可以包含各种应用程序，有些由于使用非常普遍而实行了标准化。这些标准就形成了应用层上的各种应用协议，如电子邮件（E-mail）、万维网（WWW）、远程登录（TELNET）、文件传输（FTP）等。此外，应用层上还有一些协议支持应用程序的工作，比如各种网络安全协议、域名服务系统、网络管理协议等。

第二节　车用总线技术的产生及应用现状

随着电子技术的迅速发展及其在汽车上的广泛应用，汽车电子化程度越来越高。从发动机控制到传动系统控制，从行驶、制动、转向系统控制到安全保证系统及仪表报警系统，从电源管理到为提高舒适性而做的各种努力，使汽车电子系统形成了一个复杂的大系统。这些系统除了各自的电源线外，还需要相互通信，不难想象，若仍沿用常规的点-点间的布线法进行布线，那么整个汽车的布线将会如一团乱麻，其布线网络如图4-4（a）所示。若采用总线方式布线（如CAN总线），其布线图如图4-5（b）所示。

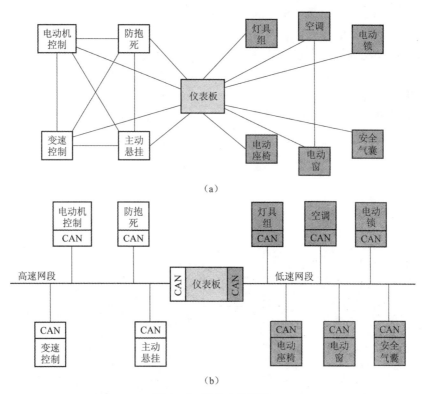

图4-4　汽车电气网络

(a) 常规方法布线网络；(b) CAN总线布线网络

布线增加还有一个问题是使电动汽车布线中所用铜线增加。虽然有些线是用于控制且通过电流只有几十毫安，但是为了提高可靠性，规定所用线径最小不能低于0.5 mm。实际上，传送距离远的线径一般都在0.8 mm或1.0 mm以上。

汽车布线一般是先将线制成线束，然后再把线束装在纵梁下等看不到的地方，这样一旦线束中出了问题，不仅查找相当麻烦，而且维修也很困难，多数情况下只能把线束全部换掉。但是由于每种车型的长度、宽度以及电器安装的位置都不相同，所以线束也大不一样，每辆车都要单独设计，从而增加了设计和试制的难度。

在实际生产安装中，要仔细走线并对线头对线号，由于线束很粗而安装位置有限，所以工效也很低。有时想在车上增加一两种新的功能，或将某个落后的电器配件用一种新型的配件代替，这样有时会多出几根线，使原来已经很乱的布线更加乱成一团。鉴于这些原因，在借鉴计算机网络和现场控制技术的基础上，汽车网络技术应运而生。

目前总线的种类有很多，如 CAN 总线、LIN 总线、IDB – M、MOST、USB 和 IEEE1394 等。现阶段的车载网络也必须用到多种总线。这些车用总线由于在应用对象和网络性能上各有特色，将会在竞争中共存相当长一段时间。另外，随着车载网络技术的发展进步，一些特定用途的新型总线还会被陆续研发出来。

一、SAE 分类总线

目前，绝大多数车用总线都被 SAE（Society of Automotive Engineers，美国汽车工程师协会）下属的汽车网络委员会按照协议特性划分为 A、B、C、D 四类，如图 4 – 5 所示。A 类是面向传感器或执行器管理的低速网络，其传输数据的位速率通常小于 10 kb/s，主要用于调整后视镜、电动窗和灯光照明等设备；B 类是面向独立控制模块间的信息共享的中速网络，位速率一般在 10 ~ 125 kb/s，主要用在车身电子的舒适性模块和显示仪表等设备中；C 类是面向闭环实时控制的多路传输高速网络，位速率多在 125 ~ 1 Mb/s，主要服务于动力传动系统；D 类则是面向多媒体设备、高速数据流传输的高性能网络，位速率一般在 2 Mb/s 以上，主要用于 CD 播放机、VCD/DVD 播放机和液晶显示等设备。

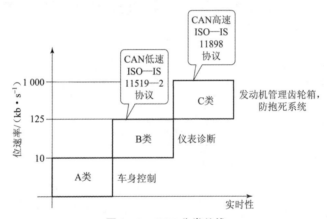

图 4 – 5　SAE 分类总线

1. A 类总线

大多数 A 类总线都遵循 UART（Universal Asynchronous Receiver/Transmitter，通用异步接收/发送器）标准，它们用起来简单经济，但在 2005 年将随 UART 的过时而逐渐退出车用领域。比如，通用汽车（GM）公司的 E&C（Entertainment and Comfort）系统、克莱斯勒公司的 CCD（Chrysler Collision Detection）系统和福特（Ford）公司的 ACP（Audio Control Protocol）系统，它们都曾经是应用 A 类总线的典型例子，不过现在已经停产。另一种被称为 I^2C（Inter IC Bus）的 A 类总线如今在汽车中也非常少见，仅在雷诺（Renault）公司的 HVAC 用。只有丰田（Toyota）公司制定的 BEAN（Body Electronics Area Network）协议还在多款丰田车中使用，却也难免将随 UART 而被淘汰出局。

A 类总线以 LIN（Local Interconnect Network，本地互联网）规范最有前途。它是由摩托罗拉（Motorola）与奥迪（Audi）等知名企业联手推出的一种新型低成本的开放式串行通信协议,主要用于车内分布式电控系统,尤其是面向智能传感器或执行器的数字化通信场合。LIN 采用了 UART 的数据格式和简单的单线连接,位速率能够满足绝大多数低端应用的需求。另外,LIN "单主多从"的媒体访问机制省去了复杂的仲裁过程,从属节点可以在没有晶体振荡器的情况下自行同步,因此它的软硬件平台极为简化。这样既保证了数据传输的可靠性,也降低了电控系统的开发、生产和维护成本。由于业界尚未出现广受欢迎的低端多路通信协议,LIN 正在力图成为这一领域的行业标准。有关 LIN 总线的技术规范在后面章节会介绍。

表 4-1 所示为对现有 A 类总线的调查结果。

表 4-1 A 类总线及各自特征

特性	名称							
	UATR	E&c	CCD	J1708	BEAN	ACP	SINEBUS	LIN
所属机构	通用汽车	通用汽车	克莱斯勒	SAE	丰田	福特	德特	Motorola
用途	通用,诊断	通用	通用,诊断	控制,诊断	车身控制诊断	音频,控制	音频	智能传感器
使用年限	至 2005 年	至 2002 年	至 2002 年	至 2002 年	1995 年起	至 2002 年	2000 年起	2003 年起
传输媒体	单线	单线	单线	双绞线	单线	双绞线	单线	单线
位编码	NRZ	PWM	NRZ	NRZ	NRZ	NRZ	—	NRZ
媒体访问	主从	竞争	主从	主从	竞争	主从	主从	主从
检错方式	校验和	奇偶校验	校验和	校验和	CRC^d	校验和	无	校验和
头长度	16 位	11~12 位	8 位	16 位	25 位	12~24 位	2 位	每字节 2 位
数据长度	0~85 字节	1~8 位	5 字节	—	1~11 字节	6~12 字节	10~18 位	8 字节
位速率	8 192 b/s	1 000 b/s	7 812.5 b/s	9 600 b/s	10 kb/s	9 600 b/s	66.6~200 kHz	20 kb/s
总线最长/m	—	20	—	—	—	40	10	40
节点(最多)	10	10	6	—	20	20	—	16
成本	低	低	低	中	低	低	低	低

注:NRZ:不归零制(Non - Return to Zero);
PWM:脉宽调制(Pulse Width Modulation);
—:不详或无明文规定;
CRC:循环冗余检验(Cyclic Redundancy Check)。

2. B 类总线

B 类总线以 CAN 最为著名。CAN 是 20 世纪 80 年代中期由德国博世(Bosch)公司开发的一种车用现场总线,不久便在业界得到推广普及。比如欧洲,各大汽车公司从 1992 年起就一直用的是位速率在 47.6~125 kb/s 的 CAN 标准 ISO 11898-1。而且近年以来,低速容错 CAN 的 ISO 11519-2 标准也开始在欧洲的一些车型中得到广泛应用。至于美国，它在逐步淘汰曾经盛行一时的 SAE J1850 通信协议的同时表现出积极向 CAN 靠拢的态势。像通用、福特和戴姆勒-克莱斯勒这些公司，都开始在多种车型上使用基于 ISO 11898-1 的通信协议，比如 GMLAN 和 J2284 等。

表 4-2 所示为对 B 类总线的调查结果。

表 4-2　B 类总线及各自特性

特性	名称				
	CMLAN（SWC）	ISO11898-1, ISO11519-2, ISO 11992, J2284	L1850, ISO 11591-4		
所属机构	通用汽车	ISO/SAE	通用汽车	福特	克莱斯勒
用途	诊断	控制、诊断	通用、诊断	通用、诊断	通用、诊断
使用年限	2002 年起	2001 年起	至 2002 年		
传输媒体	单线	双绞线	单线	双绞线	单线
位编码	NRZ-5	NRZ-5	VPW[b]	PWM	VPM
媒体访问	竞争	竞争	竞争	竞争	竞争
检错方式	CRC	CRC	CRC	CRC	CRC
头长度	11 位	11 或 29 位	32 位	32 位	8 位
数据长度	0~8 字节	0~8 字节	0~8 字节	0~8 字节	0~10 字节
位速率/(kb·s^{-1})	33.33	10~125	10.4	41.6	10.4
总线（最长）/m	30	40（典型）	35	35	35
节点（最多）	16	32	32	32	32
成本	低	中	低	低	低

注：SWC：单线 CAN（Single-Wire CAN）；
　　VPW：可变脉宽调制（Variable Pulse Width Modulation）。

3. C 类总线

C 类总线主要用在车上动力传动系统等对通信的实时性要求比较高的场合。在欧洲，汽车厂商大多使用"高速 CAN"作为 C 类总线，它实际上就是 ISO 11898-1 中位速率高于 125 kb/s 的那部分标准。美国则在卡车及拖车、客车、建筑机械和农业动力设备中大量使用专门的通信协议 SAE J1939。这是一种基于高速 CAN 的比较成熟的车用高层协议，它的位速率为 250 kb/s，可以在分散布置的多个车载 ECU 间实现闭环实时控制功能。至于普通乘用车领域，通用汽车公司近年以来在广泛使用自定的高速总线标准 GMLAN（高速部分）。这也是一种基于 CAN 的通信协议，位速率为 500 kb/s。此外，福特和戴姆勒-克莱斯勒等公司则在给许多车型推广使用另一种基于高速 CAN 的总线标准 J2284，它的位速率也是

500 kb/s。

表 4-3 所示为对 C 类总线的调查结果。

表 4-3　C 类总线及各自特性

特性	名称				
	ISO 11898-1	J2284, GMLAN（高速部分）	J1939	CANFD	FlexRay
所属机构	ISO	SAE, 通用汽车	SAE	ISO 11898 系列	ISO
用途	控制, 诊断	控制, 诊断	控制, 诊断	控制, 诊断	控制, 诊断
使用年限	1992 年起	2002 年起	1994 年起	2012 年起	2013 年起
传输媒体	双绞线	双绞线	双绞线	双绞线	双绞线
位编码	NRZ-5	NRZ-5	NRZ-5	NRZ-5	NRZ-5
媒体访问	竞争	竞争	竞争	竞争	TDMA/FTDMA
检错方式	CRC	CRC	CRC	CRC	CRC
头长度	11 或 29 位	11 或 29 位	29 位	11 或 29 位	40 位
数据长度	0~8 字节	0~8 字节	8 字节	64 字节	0~127 字
位速率	1 Mb/s	500 kb/s	250 kb/s	8 Mb/s	10 Mb/s
总线（最长）/m	40（典型）	30	40	40	不固定
节点（最多）	32	16	30（带屏蔽）10（无屏蔽）	30（带屏蔽）	64
成本	低	中	中	低（与传统 CAN 兼容）	中

C 类总线的发展趋势是具备高速传输以及低时延的 CANFD 和 FlexRay。CANFD 继承了 CAN 总线的主要特性，支持 CANFD 协议的节点能够完全兼容传统 CAN 协议，可以沿用 CAN 总线的生态链开发工具软件，在汽车电子产品上应用可以做到无缝衔接升级换代，解决传统 CAN 总线信息传递的瓶颈问题。FlexRay 是由宝马、通用、戴姆勒-克莱斯勒等汽车企业联合飞思卡尔、Philips 半导体制造以及原始设备制造在 2000 年组成的联盟发布。2004 年，第一个规范的协议版本——FlexRay2.0 发布。2006 年第一批使用 FlexRay 的汽车进入市场。前期，FlexRay 的使用仅局限于 FlexRay 联盟成员，后期该联盟发展到拥有数百个成员和关联公司。2009 年，为了开放式发展，FlexRay 联盟宣布解散。目前 FlexRay 协议已经发展为一个国际标准，即 ISO 17458。FlexRay 的位速率可高达 10 Mb/s，采用了时间触发协议具备容错功能，尤其适用于对实时性和可靠性要求高的场合，如动力传动系统，是高速 CAN 总线的有力替代者，成为 C 类总线发展的趋势。

4. D 类总线

D 类总线一度被称为多媒体总线，随着汽车信息娱乐系统的兴起，近期才被纳入 SAE 对总线的分类范畴中。信息娱乐系统既包括了一些传统设备，如车载收音机、电话和电视等，也融入了一些基于数字化音像与宽带网络的新装置，如车载计算机、全球定位系统（Global Positioning System，GPS）和语音识别及指令系统等。所以，D 类总线的带宽范围相当大，用到的传输介质也有好几种。针对这种情况，D 类总线又被划出低速、高速和无线三大范畴，分别对应于 SAE 中的 IDB – C（Intelligent Transportation System Data Bus – CAN，基于 CAN 的智能交通系统数据总线）、IDB – M（IDB – Multimedia，智能交通系统多媒体数据总线）和 IDB – Wireless（基于无线通信方式的智能交通系统数据总线）。

低速多媒体总线，如 IDB – C，在汽车信息娱乐系统中多用来进行远程诊断或传输通用信息。IDB – C 具有 CAN 的数据格式，位速率为 250 kb/s。由于成本低廉，它有望成为汽车行业的内部标准，并且在 2004 年就被用到以 OEM（Original Equipment Manufacturer，原始设备制造商）方式生产的汽车中。

高速多媒体总线主要被汽车信息娱乐系统中的高档音像设备用来进行音频和视频数据流的实时传输，因此它们的物理链路一般使用光纤。这类总线的主流标准除 IDB – M 外，还有 D^2B（Domestic Digital Bus，家用数字总线）、MOST（Media Oriented Systems Transport，面向媒体的系统传输）、USB（Universal Serial Bus，通用串行总线）和 IEEE1394 等。

D^2B 基于光纤，一般用于连接多媒体设备，如 CD 播放器、语音控制单元、电话和互联网络等。它从 1999 年开始就被用到梅赛德斯（Mercedes）公司的 S 级轿车中。MOST 则是一种组建车内 LAN 的总线，位速率高达 24 Mb/s，一般用来连接导航系统和无线通信设备。目前，戴姆斯 – 克莱斯勒和宝马（BMW）等欧洲汽车厂商均在计划推广使用 MOST 总线。USB 主要用来实现车载计算机与相关外围设备的连接。

IEEE 1394 一开始被称作"火线"（Firewire），它早在 1995 年就已面市，随即受到信息娱乐业的普遍欢迎。高达 400 Mb/s 的位速率（不久又将达到 800 Mb/s）固然是一方面原因，更主要的还是因为它有一套与众不同的同步模式。同步对信息娱乐系统非常重要，它能保证整个数据通信过程"不延迟，无中断"。另外，IEEE 1394 还规定有异步模式来保证对操作指令的可靠传输。鉴于 IEEE 1394 的上述特点，以通用为代表的一些美国公司很早便打算采用 POF（Plastic Optical Fiber，塑料光纤）来布设一种基于 IEEE 1394 的"IDB – 1394"总线，并引发了丰田等日本汽车厂商的纷纷响应。由于目前兼容 IEEE 1394 标准的设备十分普遍，随着多媒体相关产品大量进入汽车，IDB – 1394 极有可能成为广泛接受的行业标准之一。

车载以太网是一种以成熟的通用标准以太网作为基础的车载网络。以太网的历史可以追溯到 20 世纪 70 年代，如今许多不同扩展和变体协议已经在 IEEE 802.3 工作组实现了标准化，并在全球范围内广泛使用。以太网是一种已经被充分证明了的通用网络技术，具有良好的基础设置和扩展性。汽车行业希望尽可能地重用现有技术，覆盖所有协议层。于是 2004 年之后，宝马开始评估将以太网引入汽车的可能性，并认为 100BASE – TX 是可行的车载通信技术。之后以太网被应用于汽车车载诊断 OBD 系统作为新的故障诊断接口。随后致力于将以太网建设成为车载网络技术的 OPEN 联盟于 2011 年 11 月成立，发起人包括宝马、NXP 和博通。2014 年 1 月，新的 Gbit/s 级的 1000BASE – T1 诞生，并于 2016 年 6 月完成了 IEEE 标准化，标志着汽车被确立为 IEEE802.3 的一个新的应用领域。近年来，随着汽车智能化、网联化的发展，汽车以太网在先进辅助驾驶系统领域获得了极大成功，被广泛用于激光雷达、机器视觉等数据的传输。车载以太网从开始时被应用于外部访问汽车 ECU 的诊断和固件程序刷新阶段，逐渐发展到作为汽车网关的重要附件用于连接摄像机或多媒体组件，目前正在向着用车载以太网骨干网方向快速发展。

随着汽车电子系统网络化的程度越来越高，有必要在汽车与生产维修设备之间也建立通信，对车内以网络方式连接的 ECU 实现下载升级软件、更新控制参数、汇报工作状态或上传诊断结果之类的功能。由于生产维修设备不易"流动"，它们与汽车最好采用无线通信方式，IBD – Wireless 就用于这类场合。

近年来兴起的"蓝牙"（Bluetooth）技术是车用无线通信领域一种比较好的解决方案。以汽车维修业为例，它的应用如下：汽车即将进入维修站时，站内服务器可以通过无线通信提前获悉车况或诊断信息并进行决策，然后将决策结果以操作指示的方式输出给维修人员，维修作业就能够得到及时有效的执行。另外，维修站还可以使用蓝牙技术将车载 ECU 的管理软件升级到最新版本。

蓝牙技术的应用优势很大，只是目前尚未形成标准。不过，一些与蓝牙技术相关的半导体产品已经出现。比如美国德州仪器（Texas Instruments, TI）公司推出的一款基于只读储存器（Read – Only Memory, ROM）的新型蓝牙处理芯片，可用于汽车的远程通信和信息娱乐等领域。

多媒体总线所涉及的车用区域相当广，所服务的对象在汽车电子系统中也占有相当重的份量，表 4 – 4 就是对 D 类总线的调查结果。

表 4 – 4 车用多媒体总线及各自特性

特性	名称						
	IDB – C	IDB – M	MOST	D2B	MML	USB	IEEE1394
所属机构	SAE	SAE	飞利浦	飞利浦	德科	—	IEEE
用途	通信、娱乐	通信、娱乐	数据流、控制	数据流、控制	数据流、控制	计算机设备	计算机设备
使用年限	2002 年起	—	2002 年起	1999 年起	2004 年起	1998 年起	2000 年起
传输媒体	双绞线	光纤	光纤	双绞线	光纤	屏蔽双绞线	屏蔽双绞线
位编码	NRZ	—	双相	PWM	双相	NRZ	NRZ	NRZ
媒体访问	令牌槽	—	主从	主从	主从	主从	竞争	竞争
检错方式	CRC	—	CRC	奇偶校验	CRC	CRC	CRC	CRC
头长度	11 位	—	—	—	1 字节	—	—
数据长度	8 字节	—	—	—	0~200 多字节	—	—
位速率	250 kb/s	400 Mb/s	25 Mb/s	29.8 kb/s	12 Mb/s	110 Mb/s	12 Mb/s	98~393 Mb/s
总线（最长）/m	—	—	不限	150	不限	10	—	72
节点（最多）	16	—	24	50	24	16	127	16
成本	低	高	高	高	高	高	中	中

二、新型专用总线

在汽车电子系统的网络化进程中，许多总线新近被研发出来。其中有些车用总线由于面世不久，要么在理论上还不成熟，要么缺乏充分的实践考验，所以尚未被 SAE 吸收，可称之为新型总线；还有一些则因为它们新颖的网络特性或独特的应用领域无法对应到现成的 SAE 中，也游离于 SAE 的分类范畴，可称之为专用总线。

1. 故障诊断总线

排放法规的普遍加严是促成电控技术大量用于汽车的主要原因，如目前各国都比较重视电动汽车的发展，各大汽车生产厂都已推出了自己生产的环保概念车，因此，ECU 的工作稳定性也就成为控制污染的重要前提。为此，人们对网络化的汽车电子系统提出了更为严格的诊断要求，发展出了 OBD - Ⅱ（On Board Diagnose Version Ⅱ，第二代车载自诊断）、OBD - Ⅲ 和 E - OBD（European - On Board Diagnose）等一系列在板诊断规程。最早关注汽车环保问题的美国通用、福特和戴姆斯 - 克莱斯勒这些大公司一直普遍采用 J1850 作为满足 OBD - Ⅱ 的诊断通信标准。欧洲汽车厂商则抵制 J1850，使用自行开发的 ISO 9141 和 ISO 14230。其中，前者基于 UART，后者又常被称为"关键字协议 2000"（Keyword Protocol 2000）。从 2000 年起，欧洲又开始推广使用国际标准草案 ISO/DIS 15765，它是 ISO 9141 和 ISO 14230 用 CAN 加以实现的产物，满足 E - OBD 的要求。在向 CAN 靠拢的态势下，美国的各大汽车公司从 2004 年开始也在乘用车中使用基于 CAN 的诊断通信标准 J2480，它满足 OBD - Ⅲ 的要求。

表 4 - 5 所示为汽车故障诊断系统现有总线标准的情况。

表 4 - 5　车用诊断总线及各自特性

特征	名称						
	J1850，ISO 11519 - 4			J2480	ISO 9141	ISO 14230	ISO/DIS15765
所属机构	通用汽车	福特	克莱斯勒	SAE	ISO		
用途	通用，诊断	通用，诊断	通用，诊断	诊断	诊断	诊断	诊断
使用年限	至 2002 年			2004 年起	1994 年起	2000 年起	2000 年起
传输媒体	单线	双绞线	单线	双绞线	K/L 线	K/L 线	双绞线
位编码	VPW	PWM	VPW	NRZ	NRZ	NRZ	NRZ
媒体访问	竞争	竞争	竞争	诊断测试仪为主站，其余为从属节点			
检错方式	CRC	CRC	CRC	CRC	奇偶校验	校验和	CRC
头长度	32 位	32 位	8 位	—	—	16 位	11 或 29 位
数据长度	0~8 字节	0~8 字节	0~10 字节	—	0~255 字节	0~85 字节	0~4 095 字节
位速率	10.4 kb/s	41.6 kb/s	10.4 kb/s	—	<10.4 kb/s	5~10.4 kb/s	250 kb/s、500 kb/s
总线（最长）/m	35	35	35	—	—	—	40
节点（最多）	32	32	32	10	—	10	32
成本	低	低	低	低	低	低	高

2. 安全总线

安全总线是为了增进汽车的被动安全性而被单独开发出来的，它专用于实现对安全气囊的管理。现在，有些公司已经开发出了相关的总线规范和协议，比较突出的有德尔福（Delphi）公司的 SafetyBus 和宝马公司的一项应用实例，宝马公司在 2001 年 9 月推出的新款 7 系车型中配备了一套名为 ISIS（Intelligent Safety Integrated System）的安全气囊控制系统。在 ISIS 中，用于收集前座保护气囊、后座保护气囊以及膝部保护气囊信号的 14 个传感器全部经由 Byteflight 连接，据称这样可以保证中央处理单元（Central Process Unit，CPU）在紧急情况下也能及时准确地决定不同位置安全气囊的释放范围与时机，从而使整套系统发挥最佳的保护效果。另外，Byteflight 不仅用于安全气囊控制系统，还可用于后面即将提及的 X – by – wire 系统中。

表 4 – 6 所示为对目前比较有名的几种安全系统总线的调查结果，它们大多还处在研发阶段，尚未形成正式标准。

表 4 – 6　车用安全总线及各自特征

特征	名称					
	SafetyBus	BOTE	PLANET	DSI	Byteflight	BSRS
所属机构	德尔福	博世	飞利浦	Motorola	宝马	西门子
使用年限	2002 年起	2002 年起	2002 年起	2002 年起	2002 年起	2002 年起
传输媒体	双绞线	双绞线	双绞线	双绞线	双绞线或三线	双绞线或三线
媒体访问	主从	主从	主从	主从	主从	主从
检错方式	CRC	—	—	—	—	—
头长度	1 字节	—	—	—	1 字节	—
数据长度	24 ~ 39 位	—	—	—	0 ~ 200 字节	
位速率	500 kb/s	31.25 ~ 125 kb/s	20 ~ 250 kb/s	5 kb/s	10 Mb/s	250 kb/s
节点（最多）	64	12	64	16	—	—
成本	低	低	低	低	中	低

3. X – by – wire 总线

X – by – wire 诞生于航空业，最初被称为"电传控制"，已在飞机的电控系统中用得非常成熟。近年来随着车载网络对可靠性的要求日益增加，汽车电子系统业开始尝试引进 X – by – wire 技术。该技术有望在未来的 5 ~ 10 年内，把转向和刹车这类传统机械系统改造成经由高速容错总线连接、高性能 CPU 管理下的电控系统。届时，Steer – by – wire（转向电传控制）、Brake – by – wire（刹车电传控制）和 Throttle – by – wire（节气门电传控制）等模块将组成一套完备的综合辅助驾驶体系，它将像飞机上的自动驾驶仪一样，给汽车司乘人员带来非凡的驾驶体验与车用乐趣。当然，这一切都是以各设备之间高效实时的数据通信为前提的，因此要求通信协议既高速又容错，还能以时间触发方式运行。目前，这类总线标准尚在研发之中，被普遍看好的主要有 TTP（Time – Triggered Protocol，时间触发协议）、TTCAN

(Time – Triggered CAN，时间触发 CAN)、Byteflight 和 FlexRay 等几种。

TTP 起初是作为一项网络理论革新由欧洲的学术界提出的。它所体现的时间触发系统和传统的事件触发在工作原理上有很大的不同：前者的控制信号依照时间进程按部就班地出现；后者的控制信号则由系统的随机事件——例如某个网络设备进入了接收中断——来引发。TTP 这种独到的运作方式后来引起了工业界的注意，不久便成为欧洲委员会资助下的一个开发项目，接着又被引进到汽车自动驾驶系统的研制中。迄今为止，TTP 已经创建了大量概念性的车用 X – by – wire 系统。

TTCAN 是在高速 CAN 的基础上发展起来的。它不仅兼容事件触发方式，还规定了一套时间触发消息机制，提高了 CAN 在车用环境下的实时通信性能。

Byteflight 也可用于 X – by – wire 系统，只是它缺乏来自同行的广泛认可。目前，CANFD 由于与传统 CAN 总线的兼容性，可以继承传统 CAN 总线的工具链，因此被车用标准业界普遍看好。另一种被称为 FlexRay 的规范，是由宝马、戴姆斯勒 – 克莱斯勒等汽车厂商和 Motorola、飞利浦等半导体供应商联合开发出来的新型通信协议。FlexRay 不仅能提高通信的可靠性和传输效率，还简化了研发和应用流程，提高了产品的市场竞争力，据称特别适用于下一代车载网络系统中的高速总线规范，并促成业界在 X – by – wire 这类电控系统中使用相同的标准。最近，通用汽车公司加入了该协会，并成为其核心成员之一。

表 4 – 7 所示为当前比较有知名度的几种 X – by – wire 总线的调查结果。

表 4 – 7　车用 X – by – wire 总线及各自特征

特征	名称				
	TTP	TTCAN	Byteflight	CANFD	FlexRay
所属机构	维也纳大学	SAE	宝马	ISO	宝马、戴姆勒 – 克莱斯勒
传输媒体	单线或双绞线	双绞线	双绞线或三线	双绞线	双绞线
检错方式	CRC	CRC	CRC	CRC17	CRC
数据长度	16 字节	8 字节	12 字节	64 字节	254 字节
位速率	—	1 Mb/s	10 Mb/s	8 Mb/s	10 Mb/s
成本	中	中	中	中	中

第三节　车用总线的市场前景

多种多样的车用总线使汽车的动力经济性、安全性和舒适性都有了很大的提高，车载网络的市场规模必将不断发展壮大。然而在近期，不可能出现一套统一的解决方案，能够完全满足人们针对车载网络在性能及成本上所提出的一切要求。车用总线领域还将长期维持目前这种多套协议规范互相竞争的态势，甚至会出现在同一国际标准下并存有多种兼容总线的格局。基于前面对车用总线应用现状的叙述，图 4 – 5 对各类典型总线在应用领域上所对应的网络特性与节点成本进行了统计。

图 4-6 中，J1850 即将被淘汰，Byteflight 也未得到广泛认同，所以它们均被放在了图形的底层位置。只有顶层中的各类车用总线才代表着不同应用领域内的市场主流。针对各类主流总线，图 4-6 的统计结果呈现出一个显著的特点，就是除蓝牙技术外（因为它属于无线通信的范畴），它们在位速率和成本上所占据的范围几乎不存在重叠区域。这反映出网络在汽车领域已被不同的车用总线"瓜分殆尽"，而且这些车用总线在各自领域中呈现"独霸一方"的情形。

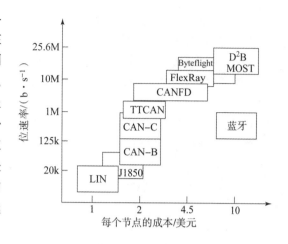

图 4-6 各类典型车用总线

图 4-6 还有一个特别引人注目之处，就是 CAN-B、CAN-C、TTCAN 和 CANFD 规范所衍生出来的总线标准。其中，CAN-B 指的是用于 SAE 中 B 类场合下的 CAN，也就是低速容错 CAN；同理，CAN-C 指的是高速 CAN。它们连同 TTCAN/CANFD 一起，覆盖了汽车中绝大部分可以用到网络的范围。另外，从节点成本上看，这四类基于 CAN 规范的车用总线也比较有市场竞争力。因此，如今在汽车行业中，CAN 受到人们的格外青睐，它被普遍认为还是车载网络领域最有发展前途的总线规范之一，有关这方面的内容在下一节中会进行详细的介绍。

CANFD 继承了 CAN 总线技术的特点，对传统 CAN 总线进行了扩容，解决了传统 CAN 总线的技术瓶颈问题，在汽车上应用中短期内是最好的选择。

FlexRay 因为兼具高速传输和容错特性，被认为是适用于 X-by-wire 领域的车载总线。随着未来车辆线控化及智能化技术的发展，典型的线控子系统如 Brake-by-wire、Steer-by-wire 的普遍应用，将使 FlexRay 成为该领域内高速 CAN 的替代者，成为极具潜力的新标准。

车载以太网由于具有以太网通信的强大吸引力和潜在的扩展性，近年来得到快速发展。在 OPEN、IEEE 等联盟的积极推动下，汽车以太网的基础已经被确立。同时，强大的汽车界联盟组织如 AUTOSAR 等也在积极参与以太网协议的整合。2016 年，宝马、JLR 和大众三家汽车制造商公开声明他们在量产车上支持汽车以太网。此外，戴姆勒、通用、现代、雷诺、丰田和沃尔沃汽车已公开谈论他们对汽车以太网的使用。随着汽车智能化及网联化的进一步发展，车载以太网将成为下一代车内联网的未来。

第四节 CAN 总线介绍

一、CAN 的发展历程

CAN 总线方案最初出现在 20 世纪 80 年代末的汽车工业中，由德国 Bosch 公司最先提出。当时，由于消费者对于汽车功能的要求越来越多，而这些功能的实现大多是基于电子操作的，这就使得电子装置之间的通信越来越复杂，同时意味着需要更多的连接信号线。提出

CAN 总线的最初动机就是为了解决现代汽车中庞大的电子控制装置之间的通信，减少不断增加的信号线。于是，他们设计了一个单一的网络总线，所有的外围器件可以被挂接在该总线上。目前 CAN 总线技术在汽车应用数量上逐年提升（图 4-7），还在工业控制领域得到了广泛的应用。

当关于这种革新的通信方案的大部分文字内容制定之后，1987 年中期，Intel 提前计划 2 个月交付了首枚 CAN 控制器——82526，这是 CAN 方案首次通过硬件实现。不久之后，Philips 半导体推出了 82C200。20 世纪 90 年代初，飞利浦公司生产了带有 CAN 总线控制器的单片机（P8XC592），之后又推出了带数字/模拟输入/输出功能的 CAN 总线控制器

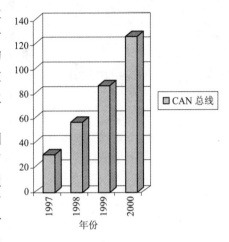

图 4-7　CAN 总线技术在汽车上的应用

（82C150），可用于传感器等非开关量的传输，使 CAN 总线应用技术向成熟发展。从 20 世纪 90 年代中期起，Infineon 公司和 Motorola 公司已向欧洲的客车厂商提供了大量的 CAN 控制器，如 Motorola 公司也推出带有 CAN 总线控制器的单片机（68H05X4 和 68H05X16），西门子公司也推出了带有 CAN 总线控制器的单片机（C167C）。此外，还有 Philips 公司的 82C250、西门子公司的 81C90/91。从 20 世纪 90 年代后期起，远东的半导体厂商也开始提供 CAN 控制器。1994 年，NEC 推出了传说中的 CAN 芯片 72005。随着数字信号处理器 DSP 的出现和发展，许多 DSP 公司已将 CAN 集成到 DSP 芯片中，如 Motorola 的 DSP56F807、TI 公司的 TMS320F241 等。这些足以证明 CAN 总线强大的生命力和诱人的市场前景。表 4-8 所示为目前 Philips 公司提供的 CAN 芯片。

表 4-8　Philips 公司制造的 CAN 芯片

类别	型号	备注
CAN 微控制器	P87C591	替代 P87C592
	XA C37	16 位 MCU
CAN 独立控制器	SJA1000	替代 82C200
CAN 收发器	PCA82C250	高速 CAN 收发器
	PCA82C251	高速 CAN 收发器
	PCA82C252	容错 CAN 收发器
	TJA1040	高速 CAN 收发器
	TJA1041	高速 CAN 收发器
	TJA1050	高速 CAN 收发器
	TJA1053	容错 CAN 收发器
	TJA1054	容错 CAN 收发器
LIN 收发器	TJA1020	LIN 收发器

在 1990 年早些时候，Bosch CAN 规范（CAN 2.0 版）被提交给国际标准化组织。在数次行政讨论之后，应一些主要的法国汽车厂商要求，增加了"Vehicle Area Network（VAN）"内容，并于 1993 年 11 月发布了 CAN 的国际标准 ISO11898。除了 CAN 协议外，它也规定了最高至 1 Mb/s 波特率时的物理层。同时，在 ISO 11519 - 2 标准中也规定了 CAN 数据传输中的容错方法。1995 年，ISO 11898 标准进行了扩展，以附录的形式说明了 29 位 CAN 标识符。当前，修订的 CAN 规范正在标准化中。ISO 11898 - 1 称为"CAN 数据链路层"，ISO 11898 - 2 称为"非容错 CAN 物理层"，ISO 11898 - 3 称为"容错 CAN 物理层"，这样就形成了 CAN2.0 规范。ISO 11992 标准（卡车和拖车接口）和 ISO 11783（农业和森林机械）都在美国标准 J1939 的基础上定义了基于 CAN 应用的子协议。

CAN2.0 规范没有规定媒体的连接单元以及驻留媒体，也没有规定应用层。因此，用户可以直接建立基于 CAN2.0 规范的应用协议进行数据通信，随着 CAN 在不同的行业、领域的应用形成了各种高层协议，在下面一节中将会对一些典型的高层协议进行介绍。

二、CAN 的高层协议

CAN 高层协议即应用层协议，是一种在现有的 CAN 底层协议（物理层和数据链路层）之上实现的协议。高层协议是在 CAN 规范的基础上发展起来的应用层。许多系统（像汽车工业）中，可以特别制定一个合适的应用层，但对于许多行业来说，这种方法是不经济的。一些组织已经研究并开放了应用层标准，以使系统的综合应用变得十分容易。目前已经有许多标准得到广泛的接受，如 CAL 和 OSEK。CAL 可以被认为是不依赖于应用的应用层，它适用于各种基于 CAN 且直接使用应用层服务的应用中，而 OSEK - Com/Net 标准则具有应用层和网络管理的功能性，主要用于汽车网络中。

CAL（CAN Application Layer）发布于 1993 年，是 CiA（CAN - in Automation）首批发布的条款之一。CAL 为基于 CAN 的分布式系统的实现提供了一个不依赖于应用、面向对象的环境，它为通信、标识符分布、网络和层管理提供了对象和服务。CAL 的主要应用在基于 CAN 的分布式系统，这个系统不要求可配置性以及标准化的设备建模。CAL 的其中一个子集是作为 CANopen 的应用层。因此，CANopen 的设备可以用在指定应用的 CAL 系统。在欧洲，一些公司在尝试使用 CAL。尽管 CAL 在理论上正确，并在工业上可以投入应用，但每个用户都必须设计一个新的子协议，因为 CAL 是一个真正的应用层。CAL 可以被看作开发一个应用 CAN 方案的必要理论步骤，但在这一领域它不会被推广。

OSEK/VDX 是汽车行业里的一个联合（开发）项目，其目的是为汽车的分布式系统提供工业标准以便具有开放式的结构。这个标准包括一个实时操作系统的定义、软件接口的定义以及一个通信和网络管理系统的定义。OSEK 操作系统提供服务以便于任务管理和同步、中断管理、警告和错误处理。这个操作系统的主要目的是规定一个通用平台以集成不同厂家的软件模块。由于想把操作系统应用在任何类型的控制单元中，因此它必须支持大多数硬件的实时应用。OSEK 通信规定定义了一个硬件以及总线系统独立的应用接口。本地和远程任务的通信是由操作系统通过"信息对象"执行的。这里要区分两种信息："状态信息"和"事件信息"。状态信息通常表示大多数系统变量（没有缓冲）的实际状态，并通过事件信息报告事件。因此，使用者必须处理每个信息。这两种类型的信息可以在点对点和多播传送方式中使用，传送模式包括周期性、事件驱动和周期性/事件驱动。传输层服务额外地向不响应不分段的数据层服务提供响应的分段的数据传送。

由于汽车内系统的通信要求非常高，为了确保通信网络的安全性和可靠性，提出了一个完善的网络管理系统。系统使用"节点监控"，即每个节点都被网络中的所有其他节点监控（直接监控）。被监控的节点根据一个专门和统一的算法发送一个 NM（network management）信息。直接节点监控要求网络范围内的 NM 信息要同步，因此使用了一个逻辑环。任何节点都必须能够将 NM 信息发送到所有其他节点并从其他节点接收信息。

如果觉得直接监控对于一个设备来说太复杂，可以使用"间接监控"原则。这个原则基于应用信息的观察，并受限于定期发送信息的节点。这种类型的节点可能被一个或更多的其他节点监控。

还有一种十分不同的开放式系统，其解决方案由 SAE J1939 标准提供。这个标准是由汽车工程师重型汽车社团和总线部门为了向电子系统提供一个开放的互联系统而定义的。这个系统主要的应用范围是面向路面或非路面设计的轻、中、重型机车，以及为获取部件而专有的静止应用场合。机车包括行驶在公路上的卡车和拖车、建筑装备、农业装备以及船用仪器。J1939 标准是基于 29 位信息标识符的用法。这个标准化的信息标识符使得 8 个优先级别、预定义信息类型、指定目标的通信和广播各有差异。J1939/7x 定义了标准的汽车内信息和诊断信息。因此，数据类型、数据的范围、数据重复率等，以及相应的参数组号码，它们确定各自的信息标识符。此外，J1939 还定义了信息映射到参数组的 CAN 数据区。

工业应用中主要代表开放式分布系统的标准是 CANopen DeviceNet 和 SDS。

开放式分布系统标准的工业应用包括工业自动化中由工业器件（传感器、执行器、控制器、人机接口）组成的低层网络。这种应用的主要要求有可配置性、灵活性和可扩展性。为了保持生产厂商的独立性，必须以"设备子协议"的形式定义器件的功能性。因此，这种类型的通信系统解决方案提供了一个完整的通信框架和系统服务、设备建模以及设施，其目的是便于系统配置和设备参数化。

CANopen 标准是由 CiA 旨在解答 EU - 研究程序结果的一组成员编制。CANopen 在通信和系统服务以及网络管理的方面使用了 CAL（CAN Application Layer）子集。设备建模是借助于对象目录基于设备功能性的描述。这种方法广泛地符合其他现场总线（Interbus - S，Profibus）使用的设备描述形式。标准设备以"设备子协议（Device Profile）"的形式规定。CANopen 标准由 CiA 同行机构集团支持，设备子协议由 CiA 中专门的同行机构集团规定。

DeviceNet™ 是由 Allen - Bradley 开发的非常成熟的开放式网络，根据抽象对象模型来定义。这个模型是指可用的通信服务和一个 DeviceNet 节点的外部可见行为。DeviceNet 标准由一个独立的供应者组织（Open DeviceNet Vendor Association，ODVA）管理，这个组织也同时广泛地支持 DeviceNet 的市场。相应的设备子协议规定同类设备的行为。

SDS™（Smart Distribution Systems）是由 Honeywell Micro Switch 开发的一个开放式网络标准。由于它基于特定的应用层协议，因此定义了一个面向对象的等级设备模型以便在 SDS 设备之间建立互用性。SDS 是特别为分布式二进制传感器和执行器设计的。

三、CAN 总线的特点

CAN 总线由于采用了许多独特的设计，与一般的通信总线相比，它的数据通信具有突出的可靠性、实时性和灵活性，其特点可以概括如下：

(1) 低成本。
(2) 极高的总线利用率。
(3) 很远的数据传输距离（长达 10 km）。
(4) 高速的数据传输速率（高达 1 Mbt/s）。
(5) 可根据报文的 ID 决定接收或屏蔽该报文。
(6) 可靠的错误处理和检错机制。
(7) 发送的信息遭到破坏后，可自动重发。
(8) 节点在错误严重的情况下具有自动退出总线的功能。
(9) 报文不包含源地址或目标地址，仅用标志符来指示功能信息、优先级信息。

四、CAN 总线的位数值表示与通信距离

CAN 总线上用"显性"（Dominant）和"隐性"（Recessive）两个互补的逻辑值表示"0"和"1"。当在总线上出现同时发送显性和隐性位时，其结果是总线数值为显性（即"0"与"1"的结果为"0"）。如图 4-8 所示，V_{CAN-H} 和 V_{CAN-L} 为 CAN 总线收发器与总线之间的两接口引脚，信号是以两线之间的"差分"电压形式出现的。在隐性状态，V_{CAN-H} 和 V_{CAN-L} 被固定在平均电压电平附近，V_{diff} 近似于 0。在总线空闲或隐性位期间，发送隐性位。显性位以大于最小阈值的差分电压表示。

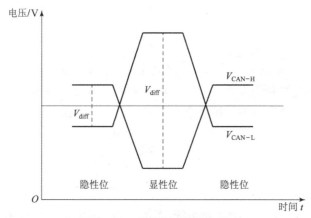

图 4-8 总线位的数值表示

CAN 总线上任意两个节点之间的最大传输距离与其位速率有关，表 4-9 列举了相关的数据。

表 4-9 CAN 总线系统任意两节点之间的最大传输距离

位速率/(kb·s^{-1})	1 000	500	250	125	100	50	20	10	5
最大传输距离/m	40	130	270	530	620	1 300	3 300	6 700	10 000

这里的最大传输距离是指在同一条总线上两个节点之间的距离。一个实际应用系统网络结构中可以是树型拓扑（有时称为干线和支线）。在各级分支的节点上采用"网关"（或称为"中继器"或"网桥"），实际上就是由多个 CAN 控制器或外加其他通信协议（如RS485，TCP/IP）的接口芯片组成的一个设备。这样几乎既不受限制地扩大了通信距离

("中继器"的作用)，又有"网关"或"网桥"甚至"路由"的作用。

五、CAN 总线的前景和展望

在第一节最后一部分已经提到 CAN 确实会成为今后一段时期内车载网络领域的主流协议标准，这一点也可以由如下统计数据上得到证实，如 2005 年 CAN 已经拥有车载网络全球市场占有总量的 63%；在欧洲，尽管已有多种新型总线开始进占汽车中的信息娱乐和安全保障领域，CAN 仍有望保持住 88% 的市场份额。

尽管 CAN 协议已经有 30 多年的历史，但它仍处在改进之中。从 2000 年开始，一个由数家公司组成的 ISO 任务组织定义了一种时间触发 CAN 报文传输的协议。专家将此协议定义为"时间触发通信的 CAN"（TTCAN），计划在将来标准化为 ISO 11898-4。这个 CAN 的扩展已在硅片上实现，不仅可实现闭环控制下支持报文的时间触发传输，而且可以实现 CAN 的 X-by-wire 应用。因为 CAN 协议并未改变，所以在同一个的物理层上，既可以实现传输时间触发的报文，也可以实现传输事件触发的报文。

TTCAN 将为 CAN 延长 5~10 年的生命期。CANFD（CAN with Flexible Data-rate）是传统 CAN 网络的升级版，在通信速度、数据场长度和 CRC 校验等方面作了改进，有效地提高了总线的速度和可靠性。目前谁也无法预料 CAN 总线系统在下一个 10~15 年内的发展趋势。这里需要强调一个现实：近几年内，美国和远东的汽车厂商将会在他们所生产汽车的串行部件上使用 CAN。另外，大量潜在的新应用（如娱乐）正在呈现——不仅可用于客车，也可用于家庭消费。同时，结合高层协议应用的特殊安保系统对 CAN 的需求也正在稳健增长。德国专业委员会 BIA 和德国安全标准权威 TÜV 已经对一些基于 CAN 的安保系统进行了认证。CANopen-Safety 是第一个获得 BIA 许可的 CAN 解决方案，DeviceNet-Safety 也会马上跟进。全球分级协会的领导者之一——Germanischer Lloyd 正在准备提议将 CANopen 固件应用于海事运输。在其他事务中，规范定义可以通过自动切换将 CANopen 网络转换为冗余总线系统。

小　　结

本章首先介绍了计算机网络体系的基本知识，然后针对车用总线的一些具体情况进行了全面的叙述，最后对目前在汽车上应用比较广泛的 CAN 总线进行了介绍。

思考题

1. 简述计算机网络体系结构。
2. 简述网络系统各层的主要功能。
3. 网络拓扑分为哪几种？各有什么特点？
4. SAE 将汽车总线分为哪几种？各有什么特点？
5. CAN 总线的特点是什么？解释 CAN 的高层协议概念。

第5章
CAN 技术规范

第4章介绍了目前车用总线的一些情况，本章主要介绍目前汽车上普遍采用的 CAN 技术规范及其在汽车上的具体应用。

第一节　CAN 简介

CAN 技术规范以及 CAN 国际标准是设计 CAN 应用系统的基本依据。规范分 A、B 两部分，内容较多。对于大多数应用开发人员来说，只对其基本结构、概念、规则有一般了解即可。因为规范要求主要是针对 CAN 控制器的设计者而言，功能的实现基本是由硬件自动完成。对于应用开发者，在设计中往往需要知道一些基本参数和可提供访问的硬件，以便及时了解和控制系统的工作状态。这里只对主要内容进行介绍，其中一些专业术语的中文表达也许不能恰如其分，在它们第一次出现时都附上英文。初学者可以先熟悉后面的内容后再学习有关协议内容。需要了解更详细的内容最好参考英文原文。

现在各个半导体公司生产的 CAN 控制器几乎都完全支持 CAN2.0B 规范，而且 2.0B 完全兼容 2.0A。可用的 CAN 模块有三种不同类型（均可处理 11 位 ID），如图 5-1 所示。

2.0A——将 29 位 ID 视为错误。

2.0B 被动——忽略 29 位 ID 的消息。

2.0B 主动——可处理 11 位与 29 位两种 ID 的消息。

	11位ID	29位ID
V2.0B主动 CAN模块	支持读/写	支持读/写
V2.0B被动 CAN模块	支持读/写	容纳
V2.0A CAN模块	支持读/写	总线错误

图 5-1　CAN 的协议版本

为了节约篇幅，本书主要介绍 2.0B，对 2.0A 的某些不同的提法作一些说明。

控制局域网 CAN 为串行通信，能有效地支持很高安全等级的分布式实时控制。CAN 的应用范围越来越广，从高速的网络到低价位的多路配线都可以使用 CAN。在汽车电子行业中，使用 CAN 连接发动机电控单元、传感器、防抱死系统等，其传输速度可以达到 1 Mb/s。同时，CAN 可以安装在汽车车身的电子控制系统中，诸如车灯组、电控车窗等，用以替代传统的接线配线装置。

这个技术规范的目的是在任何两个 CAN 仪器之间建立兼容性。可是，兼容性有不同的方面，比如电气特性和数据转换的解释。为了达到设计透明度以及实现柔韧性，CAN 被细分为以下不同的层次：

1. 数据链路层

（1）逻辑链路控制子层（LLC）。
（2）媒体访问控制子层（MAC）。

2. 物理层

在 CAN2.0 版本规范中，数据链路层的 LLC 子层和 MAC 子层的服务及功能分别被解释为"对象层"和"传输层"（包括所有由 ISO/OSI 模型定义的数据链路层的服务和功能）。

LLC 的作用范围如下：

（1）为远程数据请求以及数据传输提供服务。
（2）确定由实际要使用的 LLC 子层接收哪一个报文。
（3）为恢复管理和过载通知提供手段。

其中，定义对象处理较为自由。MAC 子层的作用主要是传送规则，也就是控制帧结构、执行仲裁、错误检测、出错标定和故障界定。总线上什么时候开始发送新报文及什么时候开始接收报文，均在 MAC 子层确定。位定时的一些普通功能也可以看作 MAC 子层的一部分。理所当然，MAC 子层的修改是受到限制的。

物理层的作用是在不同节点之间根据所有的电气属性进行位的实际传输。同一网络的物理层对于所有的节点当然是相同的。尽管如此，在选择物理层方面还是很自由的。

CAN2.0 规范主要是定义传输层，并定义 CAN 协议于周围各层当中所发挥的作用（所具有的意义）。但是没有规定媒体的连接单元及其驻留媒体，也没有规定应用层。因此，用户可以直接建立基于 CAN2.0 规范的数据通信，不过，这种数据通信的传输内容一般不能灵活修改，因此只适合于固定通信方式。

由于 CAN2.0 规范没有规定信息标识符的分配，因此可以根据不同应用使用不同的方法。所以，在设计一个基于 CAN 的通信系统时，确定 CAN 标识符的分配非常重要，标识符的分配和定位也是应用协议、高层协议中的一个主要研究项目。

这个技术规范的目的是定义数据链路层中 MAC 子层和一小部分 LLC 子层，以及定义 CAN 协议于周围各层中所发挥的作用。

第二节　CAN 基本概念

CAN 具有以下的属性：

（1）报文的优先权。
（2）保证延迟时间。
（3）设置灵活。
（4）时间同步的多点接收。
（5）系统内数据的连贯性。
（6）多主机。
（7）错误检测和错误标定。
（8）一旦总线处于空闲，就自动将破坏的报文重新传输。

(9) 将节点的暂时性错误和永久性错误区分开来,并且可以自动关闭由 OSI 参考模型分层 CAN 结构的错误的节点。

1. 根据 ISO/OSI 参考模型 CAN 的分层结构

根据 ISO/OSI 参考模型,CAN 被细分为如图 5-2 所示的几个不同的层次。

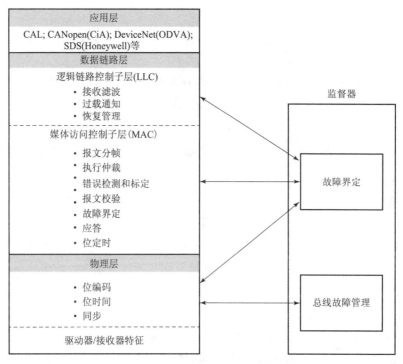

图 5-2 CAN 的层结构

(1) 用户可以在应用层上定义协议或规范,如 CANopen、DeviceNet、SDS 等。CAN 仅仅对下层进行了标准化。

(2) 逻辑链路控制子层涉及报文滤波、过载通知以及恢复管理。

(3) 媒体访问控制子层是 CAN 协议的核心。它把接收到的报文提供给 LLC 子层,并接收来自 LLC 子层的报文。MAC 子层负责报文分帧、仲裁、应答、错误检测和标定。MAC 子层也称作"故障界定"(Fault Confinement)的管理实体监管。此故障界定为自检机制,以便把永久故障和短时扰动区别开来。

(4) 物理层定义信号是如何实际地传输的,涉及位时间、位编码、同步的解释。本技术规范没有定义物理层的驱动器/接收器特性,以便允许根据它们的应用对发送媒体和信号电平进行优化。

2. 报文(Messages)

总线上的信息以几个不同的固定格式的报文发送,但长度受限。当总线空闲时任何连接的单元都可以开始发送新的报文。

3. 信息路由(Information Routing)

在 CAN 系统中,CAN 的节点不使用任何关于系统配置的报文(如站地址)。以下是几

个重要的概念:

(1) 系统灵活性:不需要应用层以及任何节点软件和硬件的任何改变,可以在 CAN 网络中直接添加节点。

(2) 报文路由:报文的寻址内容由识别符指定。识别符不指出报文的目的地,但解释数据的含义。因此,网络上所有的节点可以通过报文滤波确定是否应对该数据做出反应。

(3) 多播:由于引入了报文滤波的概念,任何节点都可以接收报文,与同时对此报文做出反应。

(4) 数据连贯性:应确保报文在 CAN 网络中同时被所有的节点接收(或同时不被接收)。因此,系统的数据连贯性是通过多播和错误处理的原理实现的。

4. 位速率(Bit rate)

不同的系统,CAN 的速度不同。但在一个给定的系统里,位速率是唯一的,并且是固定的。

5. 优先权(Priorities)

在总线访问期间,识别符定义一个静态的(固定的)报文优先权。

6. 远程数据请求(Remote Data Request)

通过发送远程帧,需要数据的节点可以请求另一节点发送相应的数据帧。数据帧和相应的远程帧具有相同的识别符。

7. 多主机(Multi – master)

总线空闲时,任何单元都可以开始传送报文。具有较高优先权报文的单元可以获得总线访问权。这种特性特别适合于汽车电控系统。下面介绍单主机和多主机总线的区别。

多路总线技术的核心是采用串行总线。目前各种场合的串行总线种类很多,其中许多是单主站形式,如图 5-3 所示。

图 5-3 单主站点串行通信示意图

主站点向从站点 1 发出命令时,从站点 2 和从站点 3 也同时接到命令但并不回答,只有从站点 1 回答;主站点向从站点 2 发送命令时,从站点 1 和从站点 3 也接到命令但不回答,只有从站点 2 回答。主站点和从站点之间的关系好像是上课时老师和学生的关系。这种结构用于汽车最大的缺点是互换性差,因为每种车型的功能和器件的数量是不一样的,因此主站点的软件要单独设计。

如果把多主机总线比作公路,那么挂在总线上的器件就好比是公路上行驶的汽车,虽然公路只有一条,但路上行驶的汽车可多可少,如图 5-4 所示网络中加一组或是减一组器件,对其他的器件组都无影响。这就是多主站形式的串行总线,CAN 总线就属于这种总线。这种总线的最大优点是不同车型之间的互换性特别好,但挂在总线上的器件必须遵守统一的接口标准。

图 5-4 总线逻辑状态

8. 总线值（Bus values）

总线有一个补充的逻辑值："显性"（Dominant）或"隐性"（Recessive）。"显性"位和"隐性"位同时传送时，总线的结果值为"显性"。比如，在总线上执行"线与"时，逻辑0代表"显性"等级，逻辑1代表"隐性"等。本技术规范不包括表示逻辑等级的物理状态（如电压、灯光）。

9. 线与

总线有两个逻辑状态："0 = 显性"（Dominant）或"1 = 隐性"（Recessive）。

总线上有任何一个节点发送一个显性位总线即显性，只有所有节点都发送隐性位总线才为隐性。图 5-5 为有三个节点 A、B 和 C 发送显性（D）或隐性（R）位时的总线状态。图 5-6 中三个 CAN 节点不发送任何信号时的总线通过上拉电阻为高电位，状态为隐性。图 5-7（a）中三个节点都为高电位（隐性位信号）通过非门为低电位，三极管都关闭，总线通过上拉电阻上拉为高电位，状态为隐性。图 5-7（b）中三个节点中任何一个（图中为节点 A）为低电位（显性位信号）通过非门为高电位，三极管打开，不论总线原来是什么电位，都通过三极管下拉为低电位，状态为显性。

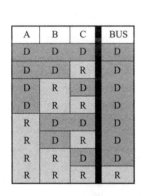

图 5-5 多个节点发送不同信号的总线逻辑状态

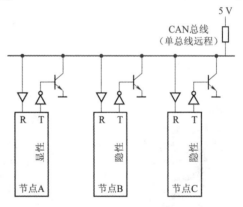

图 5-6 总线节点空闲时总线状态示意图

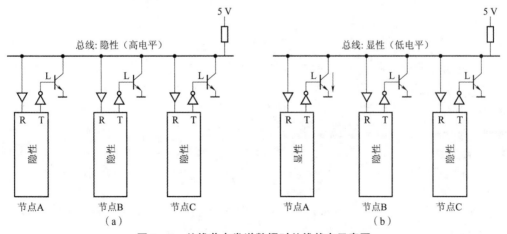

图 5-7 总线节点发送数据时总线状态示意图
(a) 总线隐性状态；(b) 总线显性状态

10. 回读机制

只有总线处于空闲，节点才能发送报文，在发送报文过程中进行"回读"，如图 5-8 所示，判断送出的位与回读的位是否一致（节点发送报文时要检测总线状态）。

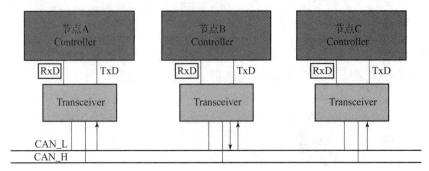

图 5-8　总线回读机制示意图

11. 仲裁（Arbitration）

只要总线空闲，任何单元都可以开始发送报文。如果两个或两个以上的单元同时开始传送报文，那么就会发生总线访问冲突。通过使用了识别符的逐位仲裁可以解决这个冲突，如图 5-9 所示。

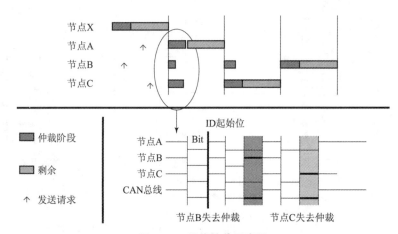

图 5-9　总线仲裁示意图

仲裁的机制确保了报文和时间均不损失。当具有相同识别符的数据帧和远程帧同时初始化时，数据帧优先于远程帧。仲裁期间，每一个发送器都对发送位的电平与被监控的总线电平进行比较。如果电平相同，则这个单元可以继续发送。如果发送的是一"隐性"电平而监视的是一"显性"电平（见总线值），那么单元就失去了仲裁，必须退出发送状态。

"线与"机制通过 ID 进行仲裁，显性位能够覆盖隐性位，ID 值越小，报文优先级越高，如图 5-10 所示。

非破坏性仲裁，退出仲裁后进入"只听"状态，在总线空闲时进行报文重发。图 5-11 所示例子通过仲裁实现了报文优先权。

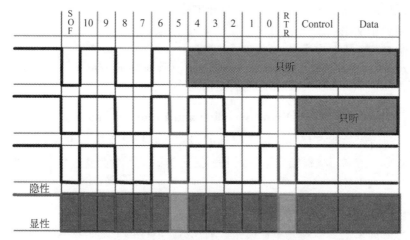

图 5–10 "线与"机制进行总线仲裁

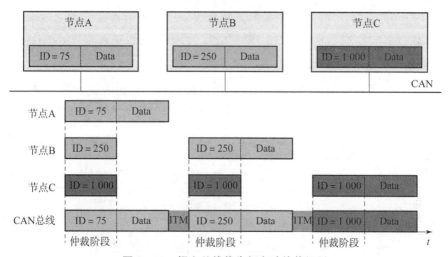

图 5–11 报文总线优先级自动仲裁机制

12. 安全性（Safety）

为了获得最安全的数据发送，CAN 的每一个节点均采取了强有力的措施以便于错误检测、错误标定及错误自检。

1）错误检测（Error Detection）

要进行检测错误，必须采取以下措施：

（1）监视（发送器对发送位的电平与被监控的总线电平进行比较）；

（2）循环冗余检查；

（3）位填充；

（4）报文格式检查。

2）错误检测的执行（Performance of Error Detection）

错误检测的机制要具有以下属性：

（1）检测到所有的全局错误；

（2）检测到发送器所有的局部错误；

(3) 可以检测到报文中多达 5 个任意分布的错误；
(4) 检测到报文中长度低于 15（位）的突发性错误；
(5) 检测到报文中任一奇数个的错误。

对于没有被检测到的错误报文，其剩余的错误可能性概率低于：报文错误率 $\times 4.7 \times 10^{-11}$。

13. 错误标定和恢复时间（Error Signaling and Recovery Time）

任何检测到错误的节点都会标志出损坏的报文。此报文会失效并将自动地开始重新传送。如果不再出现错误，从检测到错误到下一报文的传送开始为止，恢复时间最多为 31 个位的时间。

14. 故障界定（Fault Confinement）

CAN 节点能够把永久故障和短暂扰动区别开来，故障的节点会被关闭。

15. 连接（Connections）

CAN 串行通信链路是可以连接许多单元的总线。理论上可连接无数多的单元，但由于实际上受延迟时间以及/或者总线线路上电气负载的影响，连接单元的数量是有限的。

16. 单通道（Single Channel）

总线由单一通道组成，通过此通道可以获得数据的再同步报文。要使此通道实现通信，有多种方法可以采用，如使用单芯线（加接地）、两条差分线、光纤等。本技术规范不限制这些实现方法的使用。

17. 应答（Acknowledgment）

所有的接收器检查报文的连贯性。对于连贯的报文，接收器应答；对于不连贯的报文，接收器作出标志。

18. 睡眠模式/唤醒（Sleep Mode/Wake-up）

为了减少系统电源的功率消耗，可以将 CAN 器件设为睡眠模式以便停止内部活动及断开与总线驱动器的连接。CAN 器件可由总线激活，或系统内部状态被唤醒。唤醒时，虽然 MAC 子层要等待一段时间使振荡器稳定，然后还要等待一段时间直到与总线活动同步（通过检查 11 个连续的"隐性"的位），但在总线驱动器被重新设置为"总线接通"之前，内部运行已重新开始。

19. 振荡器容差（Oscillator Tolerance）

位定时的精度要求允许在传输率为 125 kb/s 以内的应用中使用陶瓷谐振器。为了满足 CAN 协议在整个总线的速度范围，需要使用晶体振荡器。

CAN 总线特性总结：

总线访问——非破坏性仲裁的载波侦听多路访问/冲突避免（Carrier Sense Multiple Access/Collision Avoidance，CSMA/CA）：CSMA/CD 可以译成"载波侦察听多路访问/冲突检测"，或"带有冲突检测的载波侦听多路访问"。所谓载波侦听（carrier sense），意思是网络上各个工作站在发送数据前都要检查总线上有没有数据传输。若有数据传输（称总线为忙），则不发送数据；若无数据传输（称总线为空），立即发送准备好的数据。所谓多路访问（multiple access），意思是网络上所有工作站收发数据共同使用同一条总线，且发送数据是广播式的。所谓冲突（collision），意思是，若网上有两个或两个以上工作站同时发送数据，在总线上就会产生信号的混合，哪个工作站都辨别不出真正的数据是什么。这种情况称为数据冲突，又称碰撞。减少冲突发生后影响的方法就是冲突检测（collision detected）。

（1）非破坏性仲裁，仲裁失败等到下一次空闲自动重发。

（2）载波侦听，网络上各个节点在发送数据前都要检测总线上是否有数据传输。

（3）网络上有数据→不发送数据，等待网络空闲。

（4）网络上无数据→立即发送已经准备好的数据。

（5）多路访问，网络上所有节点收发数据共同使用同一条总线，且发送数据是广播式的。

（6）冲突避免，节点在发送数据过程中要不停地检测发送的数据，确定是否与其他节点数据发生冲突。

第三节　CAN 报文传输

一、帧格式

有两种不同的帧格式，不同之处为识别符场的长度不同：具有 11 位识别符的帧称为标准帧，而含有 29 位识别符的帧称为扩展帧。

二、帧类型

报文传输由以下 4 个不同的帧类型所表示和控制：

数据帧：数据帧将数据从发送器传输到接收器。

远程帧：总线单元发出远程帧，请求发送具有同一识别符的数据帧。

错误帧：任何单元检测到总线错误就发出错误帧。

过载帧：过载帧用以在先行的和后续的数据帧（或远程帧）之间提供一附加的延时。

数据帧和远程帧可以使用标准帧和扩展帧两种格式，它们用一个帧间空间与前面的帧分隔。

1. 数据帧（Data Field）

数据帧由 7 个不同的位场组成：帧起始（Start of Field）、仲裁场（Arbitration Field）、控制场（Control Field）、数据场（Data Field）、CRC 场（CRC Field）、应答场（ACK Field）、帧结尾（End of Field）。数据场的长度可以为 0（有些书籍中"场"用"域"代替）。

报文的数据帧结构如图 5-12 所示。

1) 帧起始（标准格式和扩展格式）

如图 5-13 所示，帧起始（SOF）标识数据帧的起始，仅由一个"显性"位组成，只在总线空闲时才允许开始发送，所有的站必须同步于首先开始发送报文的站的帧起始前沿。

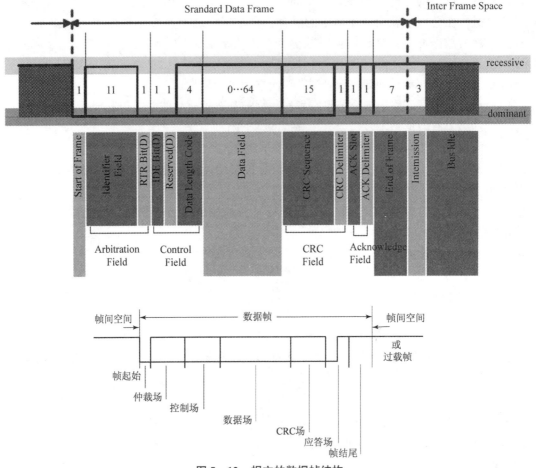

图 5-12 报文的数据帧结构

图 5-13 报文的帧起始

2) 仲裁场

标准格式帧和扩展格式帧的仲裁场不同：

(1) 标准格式里，仲裁场由 11 位识别符和 RTR 位组成，如图 5-14（a）所示。识别位按 ID-28 到 ID-18 的顺序发送。最低位是 ID-18，7 个最高位（ID-28~ID-22）必须不能全是"隐性"，最多 2 048 种消息 ID 号。

(2) 扩展格式里，仲裁场包括 29 位识别符、SRR 位、IDE 位、RTR 位，如图 5-14（b）所示。其格式包含两个部分：11 位基本 ID 和 18 位扩展 ID。基本 ID 按 ID-28 到 ID-18 的顺序发送，相当于标准识别符格式。基本 ID 定义扩展帧的基本优先权。扩展 ID 按 ID-17 到 ID-0 的顺序发送，超过 536×10^6 种消息 ID 号。

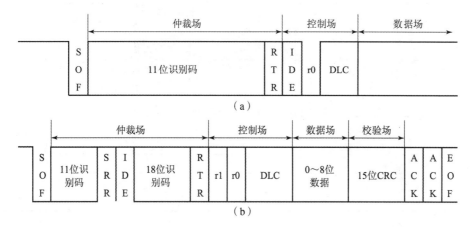

图 5-14 报文的数据帧格式
(a) 标准格式；(b) 扩展格式

ID 数值越小，优先级越高。标准帧里识别符后是 RTR 位。RTR 全称为"远程发送请求位"（Remote Transmission Request BIT），在数据帧里必须为"显性"，在远程帧里为"隐性"。

SRR 的全称是"替代远程请求位"（Substitute Remote Request BIT），是一隐性位。它在扩展格式的标准帧 RTR 位位置，因此代替标准帧的 RTR 位。

IDE 的全称是"识别符扩展位"（Identifier Extension Bit）。IDE 位属于扩展格式的仲裁场，标准格式的控制场。标准格式里的 IDE 位为"显性"，而扩展格式里的 IDE 位为"隐性"。

3) 控制场（标准格式和扩展格式）

控制场由 6 个位组成，如图 5-15 所示。标准格式的控制场格式和扩展格式的不同。标准格式里的帧包括数据长度代码、IDE 位（为显性位）和保留位 r0。扩展格式里的帧包括数据长度代码和两个保留位：r1 和 r0，其保留位必须发送为显性，但是接收器认可"显性"和"隐性"位的组合。CANFD 就是用了保留位作为标识。

图 5-15 控制场结构

数据长度代码（DLC），如图 5-16 所示。

数据长度代码指示了数据场里的字节数量。数据长度代码为 4 个位，它在控制场里发送。数据长度代码中数据字节数的编码：

缩写：d——显性（逻辑 0）；r——隐性（逻辑 1）。

数据帧允许的数据字节数：{0, 1, …, 7, 8}，其他的数值不允许使用或超过 8 则认为是 8。

数据字节的数目	数据长度代码			
	DLC3	DLC2	DLC1	DLC0
0	d	d	d	d
1	d	d	d	r
2	d	d	r	d
3	d	d	r	r
4	d	r	d	d
5	d	r	d	r
6	d	r	r	d
7	d	r	r	r
8	r	d	d	d

图 5-16 数据长度代码 DLC

4）数据场（标准格式和扩展格式）

数据场由数据帧里的发送数据组成。它可以为 0~8 个字节，由 DLC 决定，每字节包含了 8 个位，首先发送 MSB。

5）CRC 场（标准格式和扩展格式）

CRC 是循环冗余码的英文缩写。CRC 场包括 CRC 序列（CRC Sequence），其后是 CRC 界定符（CRC Delimiter），如图 5-17 所示。

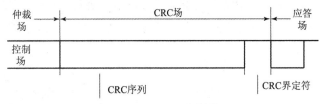

图 5-17 CRC 场结构

CRC 序列：由循环冗余码求得的帧检查序列最适用于位数低于 127 位（BCH 码）的帧。进行 CRC 计算，被除的多项式系数由无填充位流给定。组成这些位流的成分是：帧起始、仲裁场、控制场、数据场（假如有），而 15 个最低位的系数是 0。此多项式被下面的多项式发生器相除时（其系数以 2 为模）：

$$X^{15} + X^{14} + X^{10} + X^8 + X^7 + X^4 + X^3 + 1 \qquad (5-1)$$

这个多项式除法的余数就是发送到总线上的 CRC 序列。可以使用 15 位的一位寄存器 CRC_RG (14;0)。若用 NXTBIT 标记指示位流的下一位，它由从帧的起始到数据场末尾都由无填充的位序列给定。CRC 序列的计算如下：

CRC_RG = 0;   //初始化移位寄存器
REPEAT;
CRCNXT = NXTBIT EXOR CRC_RG(14);
CRC_RG(14:1) = CRC_RG(13:0);   //寄存器左移 1 位
IF CRCCNXT THEN
CRC_RG(41:0) = CRC_RG(14:0) EXOR (4599hex);
ENDIF

UNTIL(CRC 序列开始或存在一个错误条件)

在传送/接收数据场的最后一位以后，CRC_RG 包含 CRC 序列。CRC 序列之后是 CRC 界定符，它包含一个单独的"隐性"位。

CRC 校验过程如图 5-18 所示。

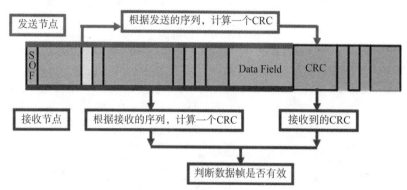

图 5-18 CRC 校验过程

6) 应答场（标准格式和扩展格式）

应答场（ACK Field）长度为 2 个位，包含应答间隙（ACK Slot）和应答界定符（ACK Delimiter），如图 5-19 所示。在 ACK 里，发送站发送两个"隐性"位。当接收器正确地接收到有效报文，接收器就会在应答间隙期间向发送器发送一"显性"位以示应答。

应答间隙：所有接收到匹配 CRC 序列的站会在应答间隙期间用一"显性"位写入发送器的"隐性"位来作出回答。

应答界定符：是应答场的第二位，并且是一个必须为"隐性"的位。因此，应答间隙被两个"隐性"位所包围，也就是 CRC 界定符和应答界定符。

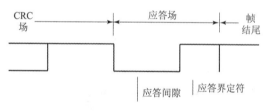

图 5-19 应答场

报文应答过程如图 5-20 所示，确定报文被至少一个节点正确接收。

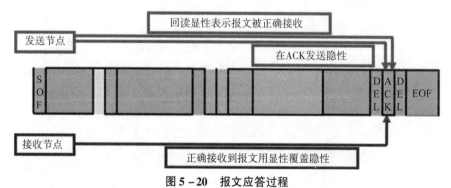

图 5-20 报文应答过程

7) 帧结束（标准格式和扩展格式）

每个数据帧和远程帧均由一标志序列界定，这个标志序列由 7 个"隐性"位组成，如图 5-21 所示。

图 5-21 帧结束

2. 远程帧（Remote Frame）

作为数据接收器的某站点通过发送远程帧，可以启动其资源节点传送它们各自的数据。如图 5-22 所示，节点 A 需要获取油温信息，但节点 A 没有油温传感器，只能通过总线获取该信息，在 CAN 总线上的节点 B 可以采集到油温数据，节点 A 发送远程请求帧给节点 B，节点 B 发送同样 ID 的包含油温信息的数据帧给节点 A。

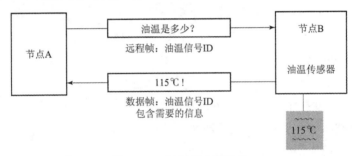

图 5-22 远程帧应用举例

远程帧也有标准格式和扩展格式，而且都由 6 个不同的位场组成：帧起始、仲裁场、控制场、CRC 场、应答场和帧结尾。

与数据帧相反，远程帧的 RTR 位是"隐性"的。它没有数据场，数据长度代码的数值是不受制约的（可以标注为容许范围里 0~8 的任何数值）。远程帧结构如图 5-23 所示。

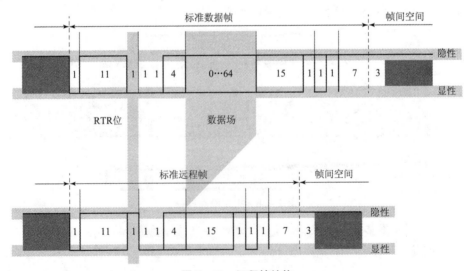

图 5-23 远程帧结构

RTR 位的极性表示了所发送的帧是一数据帧（RTR 位"显性"）还是一远程帧（RTR"隐性"）。

3. 错误帧（Error Frame）

错误帧由两个不同的场组成，如图 5 – 24 所示。第一个场是不同站提供的错误标志（Error Flag）的叠加（Superposition）；第二个场是错误界定符（Error Delimiter）。

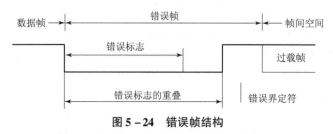

图 5 – 24 错误帧结构

为了能正确地终止错误帧，一"错误认可"的节点要求总线至少有长度为 3 个位时间的总线空闲（如果"错误认可"的接收器有局部错误的话）。因此，总线的载荷不应为 100%。

1）错误标志

有两种形式的错误标志：激活（Active）的错误标志和认可（Passivity）的错误标志。
(1) 激活的错误标志由 6 个连续的"显性"位组成。
(2) 认可的错误标志由 6 个连续的"隐性"位组成，除非被其他节点的"显性"位重写。

检测到错误条件的"错误激活"的站通过发送"激活错误"标志指示错误。错误标志的形式破坏了从帧起始 CRC 界定符的位填充的规则，或者破坏了 ACK 场或帧结尾场的固定形式。所有其他的站由此检测到错误条件并同时开始发送错误标志。因此，"显性"位（此"显性"位可以在总线上监视）序列的形成就是各个站发送的不同的错误标志叠加在一起的结果。这个序列的总长度最小为 6 个位，最大为 12 个位。

检测到错误条件的"错误认可"的站试图通过发送"认可错误"标志指示错误。"错误认可"的站等待 6 个相同极性的连续位（这 6 个位处于认可错误标志的开始）。当这 6 个相同的位被检测到时，被动错误标志的发送就完成了。

2）错误界定符

错误界定符包括 8 个"隐性"的位。

错误标志传送后，每一站就发送"隐性"位，并一直监视总线直到检测出一个"隐性"的位为止。然后就开始发送其余 7 个"隐性"位。

4. 过载帧（Overload Frame）

过载帧包括两个位场：过载标志和过载界定符，其结构如图 5 – 25 所示。

有三种过载的情况，这三种情况都会引发过载标志的传送：
(1) 接收器的内部原因（对于下一数据帧或远程帧需要有一延时）。
(2) 在间歇的第一和第二字节检测到一个"显性"位。
(3) 如果 CAN 节点在错误界定符或过载界定符的第 8 位（最后一位）采样到一个显性位，节点会发送一个过载帧（不是错误帧）。错误计数器不会增加。

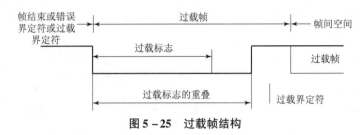

图 5-25 过载帧结构

根据过载情况（1）而引发的过载帧只允许起始于所期望的间歇的第一个位时间，而根据情况（2）和情况（3）引发的过载帧应起始于所检测到"显性"位之后的位。通常为了延时下一个数据帧或远程帧，两种过载帧均可产生。

1）过载标志（Overload Flag）

过载标志由6个"显性"的位组成。过载标志的所有形式和"激活错误"标志的一样。由于过载标志的形式破坏了间歇场的固定形式，因此所有其他的站都检测到过载条件并与此同时发出过载标志。如果有的节点在间歇的第3个位期间检测到"显性"位，则这个位将解释为帧的起始。

注：基于CAN1.0和CAN1.1版本的控制器对第3个位有另一解释：

有的节点在间歇的第3个位期间于本地检测到一"显性"位，则其他的节点将不能正确地解释过载标志，而是将这6个"显性"位中的第1个位解释为帧的起始。这第6个"显性"位违背了位填充的规则而引发了一个错误条件。

2）过载界定符（Overload Delimeter）

过载界定符包括8个"隐性"的位。过载界定符的形式和错误界定符的形式一样。过载标志被传送后，站就一直监视总线直到检测到一个从"显性"位到"隐性"位的跳变。此时，总线上的每一个站完成了过载标志的发送，并开始同时发送其余7个"隐性"位。

5. 帧间空间（Interframe Space）

数据帧（或远程帧）与它前面帧的分隔是通过帧间空间实现的，无论它前面帧类型如何（数据帧、远程帧、错误帧和过载帧）。所不同的是，过载帧与错误帧之前没有帧间空间；多个过载帧之间也不是由帧间空间隔离的。

固定格式3个连续的隐性位。ITM之后进入总线空闲状态，此时节点可以发送报文，如图5-26所示。

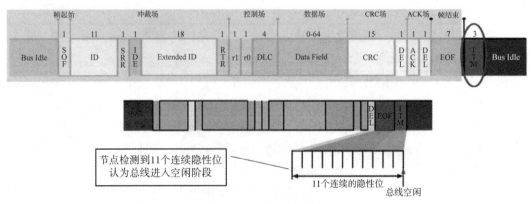

图 5-26 报文帧中帧间空间

帧间空间包括间歇、总线空闲的位场。如果"错误认可"的站已作为前一报文的发送器时，则其帧空间除了间歇、总线空闲外，还包括称作挂起传送（Suspend Transmission）的位场。

对于已作为前一报文发送器的"错误认可"的站，其帧间空间如图5-27所示。

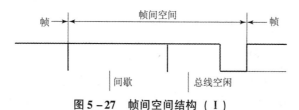

图5-27　帧间空间结构（Ⅰ）

对于已作为前一报文发送器的"错误激活"的站，其帧间空间如图5-28所示。

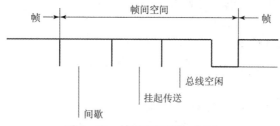

图5-28　帧间空间结构（Ⅱ）

1）间歇（Intermission）

间歇包括3个"隐性"的位。在间歇期间，所有的站均不允许传送数据帧或远程帧，唯一要做的是标示一个过载条件。

注：如果CAN节点有一报文等待发送并且节点在间歇的第3位采集到一显性位，则此位被解释为帧的起始位，并从下一个位开始发送报文的识别符首位，而不用首先发送帧的起始位，而且它不会成为一个接收器。

2）总线空闲（Bus Idle）

总线空闲的时间是任意的。只要总线被认定为空闲，任何等待发送报文的站就会访问总线。在发送其他报文期间，有报文被挂起，对于这样的报文，其传送起始于间歇之后的第1个位。

总线上检测到的"显性"位可被解释为帧的起始。

3）挂起传送（Suspend Transmission）

"错误被动"的站发送报文后，站就在下一报文开始传送之前或总线空闲之前发出8个"隐性"的位跟随在间歇的后面。如果与此同时另一站开始发送报文（由另一站引起），则此站就作为这个报文的接收器。

三、关于帧格式的一致性

标准格式相当于在CAN1.2规范中描述的数据/远程帧。而扩展格式是CAN协议的一个新特色。为了使控制器的设计相对简单，不要求扩展格式的仪器达到它的完整扩展（例如，在扩展格式里发送报文或接收来自报文的数据）。但是，仪器必须无条件地支持标准格式。

如果新的控制器至少具有以下属性,则被认为是符合 CAN 规范:
(1) 每一新的控制器支持标准格式。
(2) 每一新的控制器可以接收扩展格式的报文。这需要扩展格式不因其格式而被破坏。但是,不要求新的控制器非得支持扩展格式。

四、发送器和接收器的定义

1. 发送器(Transmitter)

产生报文的单元称为报文的"发送器"。此单元保持作为报文发送器直到总线出现空闲或此单元失去仲裁(Arbitration)为止。

2. 接收器(Receiver)

如果有一单元不作为报文的发送器并且总线也不空闲,则这一单元就称为报文的"接收器"。

第四节 CAN 报文滤波与校验

报文滤波就是实现从总线上获取本接收器相关的 CAN 报文,不相关的进行屏蔽,通过 CAN 报文校验规则保证报文正确接收。

一、报文滤波

报文滤波取决于整个识别符。允许在报文滤波中将任何的识别符位设置为"不考虑"的可选屏蔽寄存器,可以选择多组识别符,使之被映射到隶属的接收缓冲器里。

如果使用屏蔽寄存器,它的每一个位必须是可编程的,即它们能够被允许或禁止报文滤波。屏蔽寄存器的长度可以包含整个识别符,也可以包含部分识别符。

所有 CAN 控制器支持整个识别符的滤波。有些 CAN 控制器支持部分数据场参与滤波。对仲裁场、控制场和数据场进行滤波,可以通过软件的方法实现。

通过滤波器,节点可以对接收的报文进行过滤,如果报文相关就进行接收。滤波过程如图 5-29 所示。

二、报文校验

校验报文有效的时间点,发送器与接收器各不相同。

1. 发送器(Transmitter)

如果直到帧的末尾位均没有错误,则此报文对于发送器有效。如果报文破损,则报文会根据优先权自动重发。为了能够和其他报文竞争总线,重新传输必须在总线空闲时启动。

2. 接收器(Receiver)

如果直到一最后的位(除了帧末尾位)均没有错误,则报文对于接收器有效。帧末尾最后的位被置于"不重要"状态,如果是一个"显性"电平也不会引起格式错误。

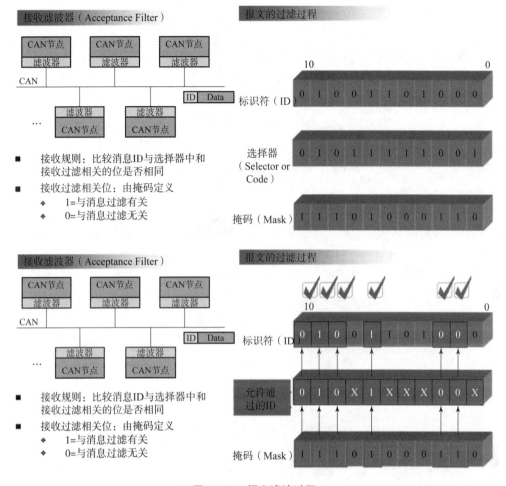

图 5-29 报文滤波过程

第五节 CAN 报文编码

编码即位流编码（Bit Stream Coding），它的规定是帧的部分，采用 NRZ（Non-return-to-zero Code）编码。这就是说，在整个位时间里，位的电平要么为"显性"，要么为"隐性"。先解释一下 RZ 编码：在 RZ 编码中，正电平代表逻辑 1，负电平代表逻辑 0，并且每传输完一位数据，信号返回到零电平，即信号线上会出现 3 种电平：正电平、负电平和零电平。因为每位传输之后都要归零，所以接收者只要在信号归零后采样即可，这样就不再需要单独的时钟信号。实际上，RZ 编码就是相当于把时钟信号用归零编码在了数据之内。这样的信号也叫做自同步（self-clocking）信号。这样虽然省了时钟数据线，但是还是有缺点的，因为在 RZ 编码中，大部分的数据带宽都用来传输"归零"而浪费掉了。那么，去掉这个归零步骤，NRZ 编码（Non-return-to-zero Code）就出现了，和 RZ 的区别就是 NRZ 是不需要归零的，这样浪费的带宽又回来了，如图 5-30 所示。

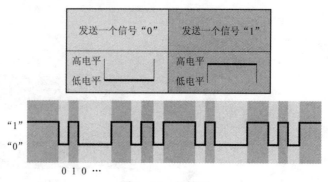

图 5-30　位编码

帧起始、仲裁场、控制场、数据场以及 CRC 序列，均通过位填充的方法编码，无论何时，发送器只要检测到位流里有 5 个连续相同值的位，便自动在位流里插入一补充位，如图 5-31 所示。数据帧或远程帧（CRC 界定符、应答场和帧结尾）的剩余位场形式固定，不填充。错误帧和过载帧的形式也固定，但并不通过位填充的方法进行编码。

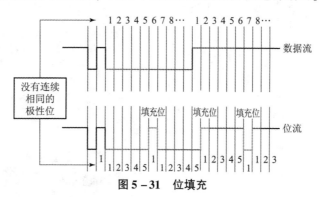

图 5-31　位填充

位填充过程如图 5-32 所示。发送节点发送 5 个连续的相同极性位后，在位流中自动插入一个极性相反的位→位填充；接收节点对相同极性位的数量进行检测，从位流中将填充位去掉→清除填充。

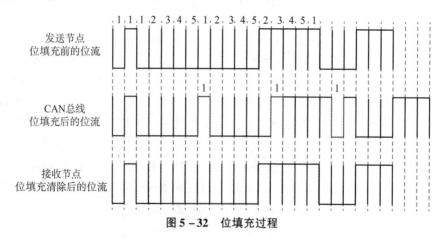

图 5-32　位填充过程

SOF 之前的总线空闲区域不需要同步，无须进行位填充；CRC 之后的位域都是固定格式，不允许位填充操作，如图 5-33 所示。

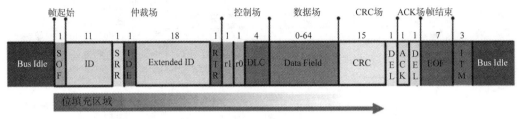

图 5-33 报文帧中位填充区域

第六节 CAN 错误处理与故障界定

一、错误检测

有以下 5 种不同的错误类型（这 5 种错误不会相互排斥）。

1. 位错误（Bit Error）

单元在发送位的同时也对总线进行监视，如果所发送的位值与所监视的位值不符，则在此位时间里检测到一个位错误，如图 5-34 所示。但是在仲裁场的填充位流期间或应答间隙发送一"隐性"位的情况例外。此时，当监视到一"显性"位时，不会发出位错误。当发送器发送一个"认可错误"标志但检测到"显性"位时，也不视为位错误。

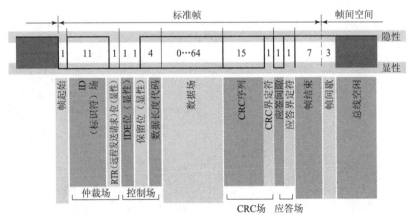

图 5-34 位检测

2. 填充错误（Stuff Error）

如果在使用位填充法进行编码的信息中出现了第 6 个连续相同的位电平，将检测到一个填充错误。在帧起始位与 CRC 分隔符之间不允许存在 6 个连续的相同极性的位出现。

3. CRC 错误（CRC Error）

CRC 序列包括发送器的 CRC 计算结果，接收器计算 CRC 的方法与发送器相同，计算出的校验值与接收到的校验值必须一致，如图 5-35 所示。如果计算结果与接收到 CRC 序列的结果不相符，则检测到一个 CRC 错误，如图 5-36 所示。

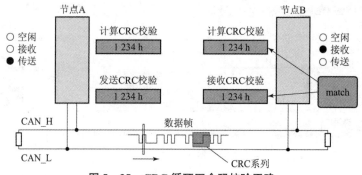

图 5-35 CRC 循环冗余码校验正确

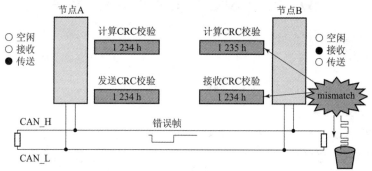

图 5-36 CRC 循环冗余码校验错误

4. 形式错误（Form Error）

当一个固定形式的位场含有 1 个或多个非法位时，则检测到一个形式错误。在 CRC 分隔符、ACK 分隔符、帧结束、帧间隔中不允许出现显性位，否则出现形式错误。（注：接收器的帧末尾最后一位期间的显性位不被当作帧错误。）

5. 应答错误（Acknowledgment Error）

一个帧必须被一个或几个节点应答，否则会出现应答错误，只要在应答间隙期间所监视的位不为"显性"，则发送器会检测到一个应答错误。应答检测如图 5-37 所示。

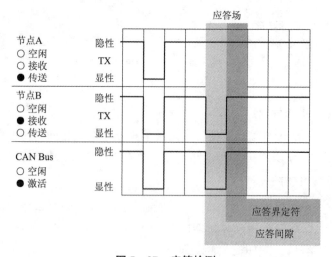

图 5-37 应答检测

错误检测规则总结如图 5-38 所示。
发送节点→位错误、格式错误、ACK 错误；
接收节点→填充错误、格式错误、CRC 错误；
检测到错误后，发送错误标志。
位错误、填充错误、格式错误或 ACK 错误产生后→错误标志在下一位发送；
CRC 错误→错误标志在 ACK 界定符后发送。

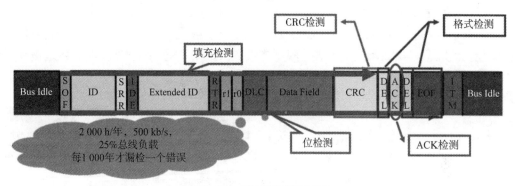

图 5-38 错误检测规则总结

二、错误标定

检测到错误条件的站通过发送"错误标志"指示错误。对于"错误激活"的节点，错误信息为"激活错误"标志；对于"错误认可"的节点，错误信息为"认可错误"标志。站检测到无论是位错误、填充错误、形式错误还是应答错误，这个站会在下一位时隙发出错误标志信息。只要检测到的错误的条件是 CRC 错误，错误标志的发送开始于 ACK 界定符之后的位（除非其他的错误条件引起的错误标志已经开始）。图 5-39 中节点 A 发送信号进行错误检测，节点 B 和 C 接收信息。

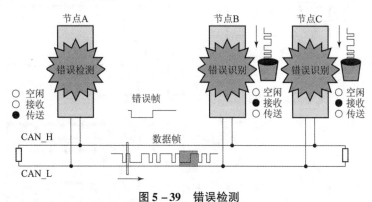

图 5-39 错误检测

三、故障界定

至于故障界定（Fault Confinement），单元的状态可能为以下三种之一：
(1)"错误激活"（Fault Active）；
(2)"错误认可"（Error Passive）；

(3)"总线关闭"(Bus off)。

"错误激活"的单元可以正常地参与总线通信并在错误被检测到时发出主动错误标志。错误产生时,发送主动错误标志(6个连续显性位)。被动错误节点检测到总线上6个连续的相同的极性位后,认为错误标志已经送出。由发送节点发送的被动错误标志,会诱发接收节点发送错误标志。特例:当仲裁期间发送被动错误标志时,仍有多个节点正在仲裁;当错误发生在 CRC 场的后5个位之间,并且之后的 CRC 位中的数值都是隐性;由接收节点引起的被动错误标志不会诱发总线上的任何活动。

"错误认可"的单元不允许发送激活错误标志。"错误认可"的单元参与总线通信,在错误被检测到时只发出认可错误标志。限制连续2次报文发送,错误产生时,发送被动错误标志(6个连续隐性位),而且发送以后,"错误认可"单元将在初始化下一个发送之前处于等待状态。

"总线关闭"的单元不允许在总线上有任何的影响(比如,关闭输出驱动器)。

错误帧的格式如图5-40所示,包括错误标志与错误界定符。

错误标志:

Active:6个显性位;

Passive:6个隐性位。

错误标志违背"位填充规则",其他节点也会发送错误标志→错误标志6~12位长度。

错误界定符:8个连续隐性位。

错误帧的发送:局部错误如图5-41所示。

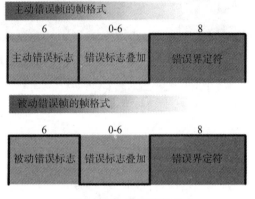

图5-40 错误帧格式

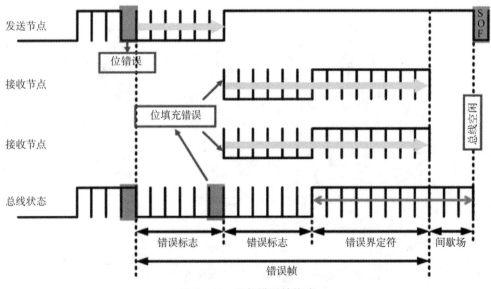

图5-41 局部错误帧格式

公共错误帧格式如图 5-42 所示。

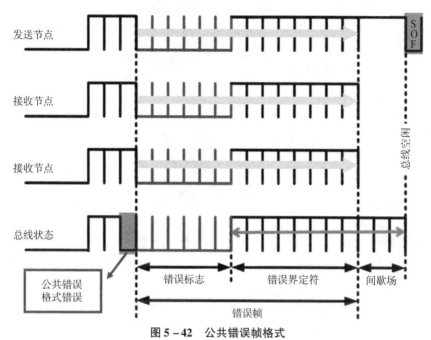

图 5-42　公共错误帧格式

CRC 错误帧格式如图 5-43 所示。

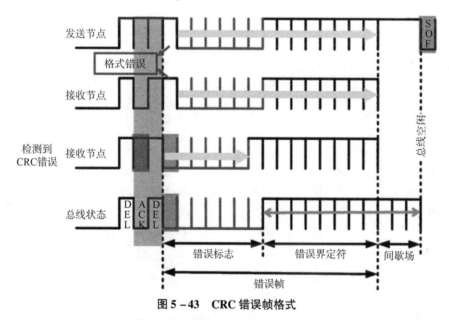

图 5-43　CRC 错误帧格式

在每一总线单元里使用两种计数以便界定故障：
(1) 发送错误计数；
(2) 接收错误计数。
这些计数按以下规则改变（注意，在给定的报文发送期间，可能要用到的规则不止一个）：

（1）当接收器检测到一个错误，接收错误计数就加 1。例外的情况是，在发送"激活错误"标志或过载标志期间所检测到的错误为位错误时，接收错误计数器值不加 1。

（2）当错误标志发送以后，接收器检测到的第一个位为"显性"时，接收错误计数值加 8。

（3）当发送器发送一错误标志时，发送错误计数器值加 8。

例外情况 1：

发送器为"激活错误"，并检测到一应答错误（注：此应答错误由检测不到一"显性" ACK，以及当发送"认可错误"标志时检测不到一"显性"位而引起）。

例外情况 2：

发送器因为填充错误而发送错误标志（注：此填充错误发生于仲裁期间。引起填充错误是由于：填充位〈填充位〉位于 RTR 位之前，并已作为"隐性"发送，但是却被监视为"显性"）。

例外情况 1 和例外情况 2 时，发送错误计数器值不改变。

（4）发送主动错误标志或过载标志时，如果发送器检测到位错误，则发送错误计数器值加 8。

（5）当发送"激活错误"标志或过载标志时，如果接收器检测到位错误，则接收错误计数器值加 8。

（6）在发送"激活错误"标志、"认可错误"标志或过载标志以后，任何节点最多容许 7 个连续的"显性"位。以下的情况，每一发送器将它们的发送错误计数值加 8，并且每一接收器的接收错误计数值加 8：

①当检测到第 14 个连续的"显性"位后；

②在检测到第 8 个跟随着被动错误标志的连续的"显性"位以后；

③在每一附加的 8 个连续"显性"位顺序之后。

（7）报文成功传送后（得到 ACK 及直到帧末尾结束没有错误），发送错误计数器值减 1，除非已经是 0。

（8）如果接收错误计数值介于 1～127，在成功地接收到报文后（直到应答间隙接收没有错误，及成功地发送了 ACK 位），接收错误计数器值减 1。如果接收错误计数器值是 0，则它保持 0；如果大于 127，则它会设置一个介于 119～127 的值。

（9）当发送错误计数器值等于或超过 128 时，或当接收错误计数器值等于或超过 128 时，节点为"错误认可"。使节点成为"错误认可"的错误条件致使节点发出"激活错误"标志。

（10）当发送错误计数器值大于或等于 256 时，节点为"总线关闭"。

（11）当发送错误计数器值和接收错误计数器值都小于或等于 127 时，"错误认可"的节点重新变为"错误激活"。

（12）在总线监视到 128 次出现 11 个连续"隐性"位之后，"总线关闭"的节点可以变成"错误激活"（不再是"总线关闭"），它的错误计数值也被设置为 0。

特例：如果总线上只有一个节点，该节点发送数据帧后得不到应答，TEC 最大只能计到 128，即节点只会进入被动错误状态而不会进入总线关闭状态。

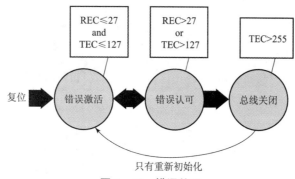

图 5-44 错误处理

注意：

（1）一个大于 96 的错误计数值显示总线被严重干扰，最好能够预先采取措施测试这个条件。

（2）启动/睡眠：如果启动期间内只有 1 个节点在线，并且这个节点发送一些报文，则将不会有应答，并检测到错误和重复报文。因此，节点会变为"错误被动"，而不是"总线关闭"。

四、振荡器容差

由于给定的最大振荡器容差为 1.58%，因此凭经验陶瓷谐振器可使用在传输率高达 125 kb/s 的应用中。

为了满足 CAN 协议的整个总线速度范围，需要使用石英晶振。在一个系统中，具有最高振荡精确度要求的芯片决定了其他节点的振荡精度。

注： 对于使用这个版本以及前版本 CAN 规范的控制器，当它们运行在一个网络中时，所有的控制器必须配备石英晶振。这就是说，陶瓷谐振器只能用于所有节点都为 CAN 协议规范 V1.2 或更晚版本的网络。

第七节 CAN 报文的位构建

CAN 的位定时要求如下：

一、标称位速率（Nominal Bit Rate）

标称位速率为一理想的发送器在没有重新同步的情况下每秒发送的位数量。

二、标称位时间（Nominal Bit Time）

每个位时间如图 5-45 所示，可以分为 4 个时间段，包括 8~25 个时间份额（Time Quantum）。时间份额来源于对系统时钟可编程的分频，CAN 波特率可通过编程设置合适的时间份额长度与数量来确定。

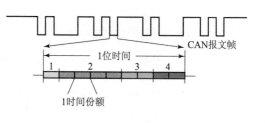

图 5-45 位时间

$$标称位时间 = 1/标称位速率 \tag{5-2}$$

标称位时间划分成几个不重叠时间的时间段：同步段、传播段、相位缓冲段 1 和相位缓冲段 2，如图 5-46 所示。

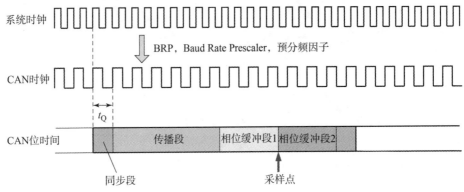

图 5-46　标称位时间的划分

1. 同步段（SYNC_SEG：Synchronization Segment）

位时间的同步段用于同步总线上不同的节点，这一段内要有一个跳变沿。一个位的输出从同步段开头启动（对于发送节点），如总线状态要被改变，接收节点应在这个时间段内进行改变。同步段为固定长度，占 1 个时间份额，如图 5-47 所示。

2. 传播段（PROP_SEG：Propagation Segment）

传播段用于补偿网络内的物理延时时间。它是总线上输入比较器延时和输出驱动器延时总和的 2 倍，长度可编程 1~8 个时间份额，如图 5-48 所示。

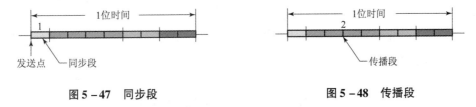

图 5-47　同步段　　　　　　　图 5-48　传播段

3. 相位缓冲段 1、相位缓冲段 2（PHASE_SEG1、PHASE_SEG2）

相位缓冲段 1 允许通过重新同步对该段时间加长，在这个时间段的末端进行总线状态的采样，长度可编程（1~8 个时间份额），如图 5-49 所示。

相位缓冲段 2 允许通过重新同步对该段时间缩短，长度可编程（1~8 个时间份额），如图 5-50 所示。

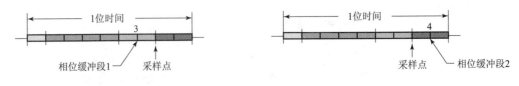

图 5-49　相位缓冲段 1　　　　　　　图 5-50　相位缓冲段 2

延迟时间的确定保证 2 倍信号在总线的延迟，如图 5-51 所示。

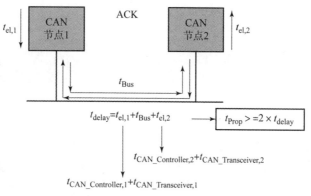

图 5-51 总线延迟

相位缓冲段用于补偿边沿阶段的误差。这两个段可以通过重新同步加长或缩短，如图 5-52 和图 5-53 所示。

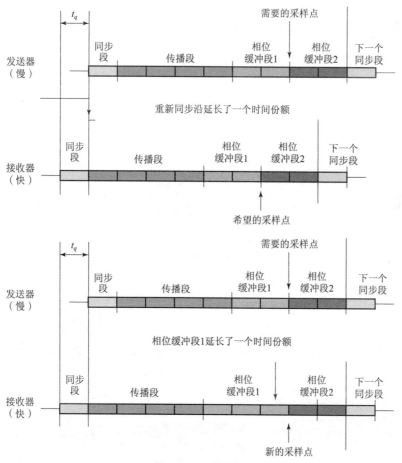

图 5-52 位延长

4. 采样点（Sample Point）

采样点是读总线电平并解释各位的值的一个时间点。采样点位于相位缓冲段 1 的结尾。采样点的位置是可以进行编程的。主要有以下两点原因：

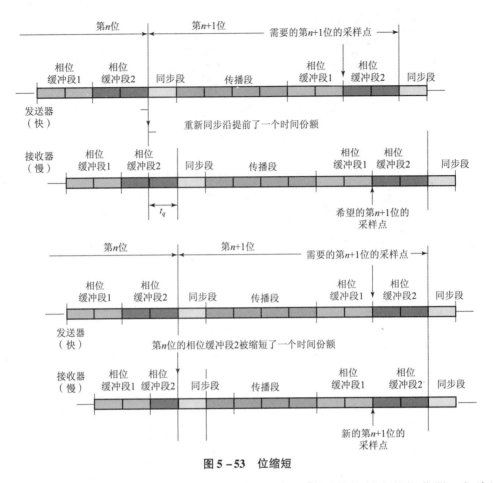

图 5-53 位缩短

(1) 提前采样可以减小振荡器误差的敏感性，便于使用价格低廉的振荡器（如陶瓷振荡器），如图 5-54 (a) 所示。

(2) 延迟采样可以获取更多的信号传播时间，便于处理更长的总线/不合理的总线拓扑结构，如图 5-54 (b) 所示。

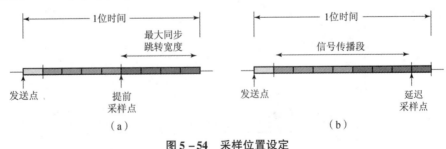

图 5-54 采样位置设定
(a) 提前采样；(b) 延迟采样

5. 同步跳转宽度

在重新同步中，位长度可调整的时间份额数量定义为同步跳转宽度（Synchronization Jump Width），即相位缓冲段 1 可以被延长的时间份额数量或相位缓冲段 2 可以被缩短的时间份额数量。同步跳转宽度是强制设置的，最短为 1 个时间份额，最长为 4 个时间份额。同步跳转宽度必须小于相位缓冲段 1 和相位缓冲段 2 的最小值。

三、信息处理时间（Information Processing Time）

信息处理时间是一个以采样点作为起始的时间段。采样点用于计算后续位的位电平。

四、时间量程（Time Quantum）

时间量程是派生于振荡器周期的固定时间单元。这里存在一个可编程的预比例因子，其数值范围为 1~32 的整数，以最小时间份额为起点，时间份额的长度为

$$时间份额 = m × 最小时间份额 \qquad (5-3)$$

式中，m 为预比例因子。

五、时间段的长度（Length of Time Segments）

（1）同步段为 1 个时间量程。
（2）传播段的长度可设置为 1，2，…，8 个时间量程。
（3）相位缓冲段 1 的长度可设置为 1，2，…，8 个时间量程。
（4）相位缓冲段 2 的长度为相位缓冲段 1 和信息处理时间之间的最大值。
（5）信息处理时间少于或等于 2 个时间量程。

一个位时间总的时间份额值可以设置在 8~25 的范围。

位时间的定义如图 5-55 所示。

图 5-55　位时间的定义

为了方便编程，许多 CAN 模块常常将传播时间段与相位缓冲段 1 合并为一个时间段（即只有 3 个时间段），如图 5-56 所示。

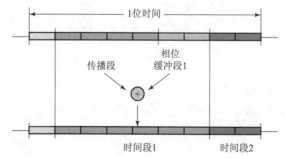

图 5-56　传播段与相位缓冲段 1 合并

位定时参数确定如下代码：

T(Bit) = 1/Baudrate
T(tq) = T(Bit)/NBT

T(Prop_Seg) = 2 * (DelayTransceiver + DelayBus)
Prop_Seg = T(Prop_Seg)/T(tq)
If(NBT − 1 − Prop_Seg)/2 为整数
   Phase_Seg1 = Phase_Seg2 = (NBT − 1 − Prop_Seg)/2
else
   Phase_Seg1 = (NBT − 1 − Prop_Seg)/2
Phase_Seg2 = (Phase_Seg1) + 1
SJW = min(Phase_Seg1,4)

位定时确定的用例：给定 MCU 晶振 8 MHz，位速率 1 Mb/s，总线长度 20 m，单位总线延迟 5 ns/m，物理接口的发送接收延迟 150 ns@85C（From Freescale AN1798）。

（1）总线的物理延迟 = 20 × 5 = 100（ns）
$$t_{Prop} = 2 \times (100 + 150) = 500(ns)$$
（2）选择 BRP = 1，t_Q = 125 ns，NBT = 8。
（3）PROP_SEG = 500/125 = 4。
（4）NBT − PROP_SEG − 1 = 3，PHASE_SEG1 = 1，PHASE_SEG2 = 2。
（5）SJW = min{PHASE_SEG1,4} = 1。

注：人们通常不想在控制单元的本地 CPU 及其通信器件里使用不同的振荡器。因此，CAN 器件的振荡频率趋向于本地 CPU 的振荡频率，而且它的值取决于控制单元的需求。为了得到所需的比特率，位定时的可设置性是有必要的。在那些没有本地 CPU 的 CAN 应用中，位定时没有可编程性。另外，由于这些器件允许选择外部的振荡器以便被调整到合适的比特率，因此，对于这些部件，可配置性不是必要的。但是，应该将所有节点的采样点选择于共有的位置。为此，SLIO 器件必须兼容以下位时间定义。

1）硬同步（Hard Synchronization）

硬同步发生在帧的起始位，如图 5-57 所示。硬同步后，内部的位时间从同步段重新开始。因此，硬同步迫使引起硬同步的跳变沿处于重新开始的位时间同步段之内，调整跨度不限。

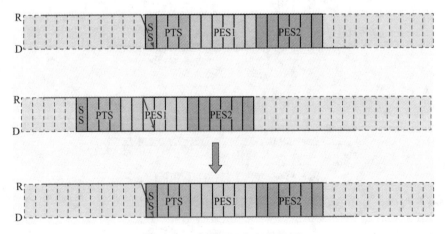

图 5-57 总线硬同步（见彩插）

2)重新同步跳转宽度(Resynchronization Jump Width)

重新同步发生在一个帧的其他位场内,当跳变沿落在同步段之外,在每一个隐性到显性的跳变沿如图5-58所示。重新同步的结果使相位缓冲段1增长,或使相位缓冲段2缩短。相位缓冲段加长或缩短的数量有一个上限,此上限由重新同步跳转宽度给定。重新同步跳转宽度应设置于1和最小值之间(此最小值为4,PHASE_SEG1)。

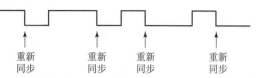

图5-58 总线重新同步

可以从一位值转换到另一位值的过渡过程得到时钟信息。这里有一个属性,即只有后续位的一固定最大数值才具有相同的数值。这个属性使总线单元在帧期间重新同步于位流成为可能。可用于重新同步的两个过渡过程之间的最大的长度为29个位时间。在SOF到仲裁场有多个节点同时发送的情况下,发送节点对跳变沿不进行重同步,要等到仲裁分出结果之后再同步。

3)一个沿的相位误差(Phase Error of an edge)

一个沿的相位误差由相对于同步段的沿的位置给出,以时间额度度量。相位误差定义如下:

(1) $e=0$,如果边沿处于同步段中(SYNC_SEG)。

(2) $e>0$,如果边沿位于采样点(SAMPLE POINT)之前。

(3) $e<0$,如果边沿处于前一个位的采样点(SAMPLE POINT)之后。

4)重新同步(Resynchronization)

当引起重新同步沿的相位误差的幅值小于或等于重新同步跳转宽度的设定值时,重新同步和硬件同步的作用相同。当相位错误的量级大于重新同步跳转宽度时:

(1)如果相位误差为正,则相位缓冲段1就增长一个与重新同步跳转宽度相等的值(图5-59)。

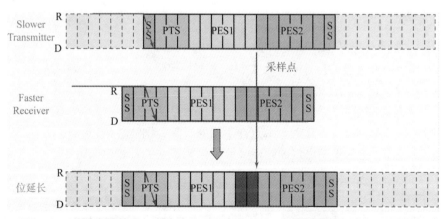

图5-59 相位误差为正,跳变沿位于同步段之后→相位缓冲段1增长(见彩插)

(2)如果相位误差为负,则相位缓冲段2就缩短一个与重新同步跳转宽度相等的值(图5-60)。

5)同步的原则(Synchronization Rules)

硬同步和重新同步都是同步的两种形式,遵循以下规则:

(1)在一个位时间里只允许一个同步。

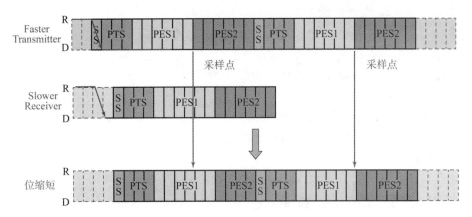

图 5-60 相位误差为负，跳变沿位于同步段之前→相位缓冲段 2 缩短（见彩插）

（2）仅当采样点之前探测到的值与紧跟沿之后的总线值不相符合时，才把边沿用于同步。

（3）总线空闲期间，有一"隐性"转变到"显性"的沿，无论何时，硬同步都会被执行。

（4）符合规则（1）和规则（2）的所有从"隐性"转化为"显性"的沿可以用于重新同步。例外情况是，当发送一显性位的节点不执行重新同步而导致一"隐性"转化为"显性"沿，此沿具有正的相位误差，不能用于重新同步。

小　　结

本章主要介绍 CAN 总线规范，为节约篇幅，主要详细讲述了 CAN2.0B，对 CAN2.0A 的一些不同提法进行了一些解释。

思 考 题

1. 简述 CAN 的分层结构，以及各层的主要功能。
2. 名词解释：多主机、位速率、报文、发送器、接收器。
3. CAN 报文传输分为哪几类帧？
4. CAN 的数据帧由哪几部分组成？画出数据帧的结构图。
5. 如图所示，A、B、C、D 四个节点在不同的时刻分别往总线上发送 ID 为 5、7、3、6 的消息。请画出消息在总线上出现的顺序（假设每帧报文的传输时间占 3 格）。

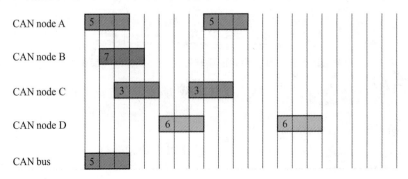

6. 假设在时刻 point t_1 发送节点检测到一个位监测错误,请完成两个接收节点的信号响应。

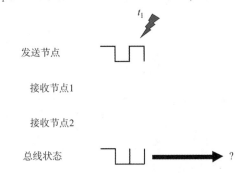

题 5 答案:

ID 为 5 的 CAN 报文其发送过程不能被打断,节点 B 和 C 只能等到它完成发送后才能访问 CAN 总线。在仲裁阶段,因为节点 C 所发送的报文具有相对较高的优先级,所以节点 C 赢得仲裁。ID 为 3 的报文发送完毕之后,ID 为 6 的报文接着发送(它的优先级比 ID 为 7 的报文要高)。ID 为 7 的报文直到总线空闲且没有别的更高优先级 CAN 报文等待发送时才能被最后发送。

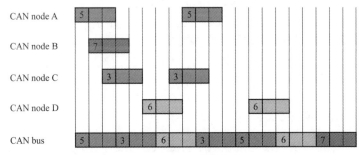

题 6 答案:

在 t_1 时刻,发送节点检测到一个"位监测错误"。之后,发送节点中断当前报文的发送,并将原始错误标志发送到总线上。在 t_2 时刻,接收节点检测到"位填充"错误,它们中断接收并同时将次级错误标志发送总线上。经过 ITM 之后,发送节点将重发被中断的 CAN 报文。

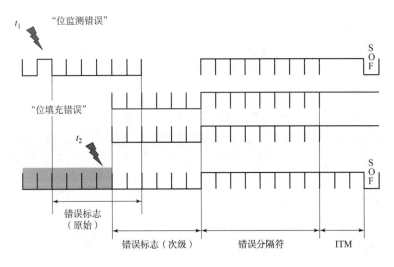

第6章
CAN 总线技术在汽车领域中的应用

前面介绍了汽车总线的概念和应用情况以及 CAN 的规范。在 CAN 的网络层次结构中,数据链路层和物理层是保证通信质量至关重要、不可缺少的部分,也是网络协议中最复杂的部分。本章在此基础上介绍 CAN 的应用层协议,重点介绍汽车上应用的高层协议。

第一节 概述

1992 年,梅赛德斯 - 奔驰公司最早把 CAN 应用到汽车中。随后,欧洲汽车厂商纷纷效仿,逐步将 CAN 纳入了行业标准。受其影响,美国和远东地区也表现出积极向 CAN 靠拢的态势。因此,投放市场的 CAN 相关产品,80% 以上都用于组建车载网络。

一、在汽车中的应用状况

CAN 是目前唯一能够在车载网络领域中覆盖汽车中绝大部分应用范围的总线协议。因此,随着 CAN 在高档汽车中的大量应用,汽车电子系统将会呈现出一种"局部成网,区域互联"的格局。图 6-1 所示为用 CAN 组建的汽车内部局域网。

在这种汽车内部网络中,各个子网根据内部数据通信的网络特征,采用不同的 CAN 标准,具体如下:

1. 信息娱乐子网

音响、图像等媒体数据流的位速率一般在 2 Mb/s 以上,超出了 CAN 的带宽范围。目前 IDB - C 只适合在信息娱乐子网中进行媒体数据较少出现的辅助通信,比如执行远程诊断或传输操控指令。目前比较适合用于该子网中的高端应用场合是车载以太网。

2. 动力传动子网

该子网一般是按照 ISO 11898、J1939 及 J2284 的要求组建高速 CAN 或 CANFD 或 TTCAN 来实时采集所有传感器的输出信号,并将采集到的数据打包,再定期以广播方式发送出去;系统中的各节点则从广播消息中"各取所需"。这样才能最佳地利用总线的带宽资源,使每次通信尽可能多吞吐数据,从而用尽量短的广播周期来达到动态实时控制的要求。

3. 车身电子子网

该子网通常是遵循 ISO 11519 - 2 和 J2284 的要求,组建低速容错 CAN 来增加传输距离,改善系统抗干扰特性。另外,按照 J1939 的做法,车身电子子网和动力传动子网也可以统一采

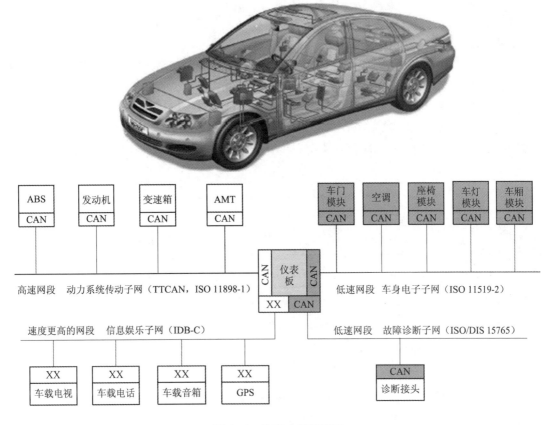

图 6-1 汽车内部局域网

用高速 CAN 来实现。不过,为了迁就现阶段微控制器的处理能力,最好还是将两者分开,这样就可以让动力传动子网中的 ECU 全力保障汽车动力传动系统的正常运行。为了降低系统的成本,根据系统功能,可以采用以 CAN 网络为主体,LIN 网络为补充的 CAN/LIN 混合网络。

4. 故障诊断子网

传统故障诊断模块正打算采用高速 CAN 的物理层来实现,并已经形成 ISO/DIS 15765 和 J2480 等通信协议。只需再经历一段时间的实践考察,这些协议便有望成为汽车行业的通用标准。

图 6-1 中的四个子网通过网关并联。由于 CAN 所派生出来的各种标准,除在物理层有高低速差别外,其余协议内容大同小异。考虑到仪表板原本就是车上多种信息的汇集中心,只要给它增设高低速 CAN 的驱动转换功能,就基本上可以起到网关的作用了。

二、CAN 使用存在的问题

除了 CAN 规范自身仍然存在一些缺陷,还有两个客观原因制约着 CAN 在汽车中的全面使用:

(1) CAN 的每个节点都能自主通信。因此,节点较多的 CAN 一旦用于实时控制,目前 CAN 微控制器只能以事件触发方式工作,根本无法应对网络事件源源不断送来的中断处理请求。

（2）汽车内联网所涉及的节点众多，通信任务繁重。以现阶段 CAN 微控制器的处理能力，势必需要容量非常大的存储器来缓存和保留数据。仅仅这一项，就会使汽车内联网的硬件成本非常高。

因此，汽车内各个系统形成完整的内联网如今还只是一种概念。针对这种情况，人们除了在理论上采用时间触发协议来发展 CAN 规范外，还在平时应用 CAN 过程中得出了一些比较现实的解决方法：

（1）把要进行的网络划分得小一些。图 6-2（a）所示就是专门用 CAN 来解决车门区域控制问题的一个实例，在这个网络中节点少到只有 4 个，CAN 实现起来就简单得多。

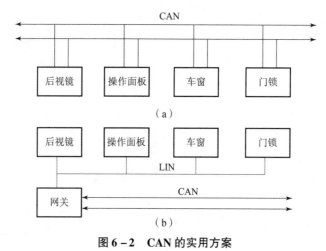

图 6-2 CAN 的实用方案
(a) 车门控制网络；(b) 车门 LIN 网络

（2）采用低端网络，把系统底层的 ECU、传感器和执行器先组织管理起来，再在上层用 CAN 构建主干网，与 CAN 相连的并不直接是电机、开关之类的现场设备，而是经过低端网络模块化后的底层系统。

目前，最经济实用的车载低端网络是 LIN。其实，正是由于在实际应用 CAN 的过程中感受到了低端网络的重要性，一些知名的汽车制造厂和半导体设备供应商才联手开发出 LIN 的。LIN 恰好覆盖了汽车电子系统为 CAN 的带宽和功能所不要求的那些范围，所以极具发展潜力。图 6-2（b）就显示了 CAN 和 LIN 联合用于车门模块的情形。

第二节 车用 CAN 物理层标准

CAN 网络物理层的研究涉及物理层电路、网络拓扑等方面，物理层的规定主要参考 CAN2.0B 和 J1939 的相关规定。

（1）考虑到总线上的电气负担，最大 ECU 数为 30。

（2）传输介质：特征阻抗为 120 Ω 的屏蔽双绞线 STP。

（3）终端电阻为 120 Ω。

（4）位时间（bit time）：即每一位占用的时间。在这个位时间中进行总线管理，包括 ECU 同步、网络传输延时补偿、采样点定位等。这个时间可以由 CAN 协议的集成电路来设定。网络上所有节点的位时间必须设置为相同值。推荐位时间为 4 μs，对应的数据传输速率为 250 kb/s，网络长度为 40 m。根据 CPU 发展的现状，目前有的也可设为 500 kb/s，需进一步深入分析和实际应用验证。

（5）拓扑结构：网络的接线拓扑应该是一个尽量紧凑的线型结构以避免电缆反射。ECU 接入总线主干网的电缆要尽可能短。为使驻波最小化，节点不能在网络上等距接入，接入线也不能等长，且接入线的最大长度应小于 1 m。

（6）屏蔽终端：屏蔽终端是一点接地。

（7）物理层上的总线故障：节点与网络连接断开；电源或地断线；屏蔽断线；开路或短路故障。

一、CAN 总线电平及网络信号评价指标

1. CAN 总线电平

表 6-1——VCAN_H 和 VCAN_L 的限定（ECU 从总线上断开；适用于 12 V 和 24 V 的名义电池电压），最大绝对误差——表 6-1 种给出的限定是绝对最大 DC 电压，它可以连接到总线上而不用损坏无线电收发电路。虽然此种连接在这些条件下并不能保证可行，但是没有时间限制。（运行的 CAN IC 可能会在一段时间后进入"错误状态"。）

表 6-1 CAN—H 和 CAN—L 耐压值

参数	最小值	最大值	单位	条件
最大电压	-3.0	16.0	V	名义电压 12 V
	-3.0	16.0	V	
最大电压	-3.0	32.0	V	名义电压 24 V
	-3.0	32.0	V	

DC 参数——表 6-2 和图 6-3 分别定义了当一个 ECU 从总线上断开时的隐性和显性状态的 DC 参数。

表 6-2 隐性状态的 DC 参数（ECU 从总线上断开）

参数	符号	最小值	平均值	最大值	单位	条件
总线电压	VCAN_H	2.0	2.5	3.0	V	无载荷
输出功效	VCAN_L	2.0	2.5	3.0	V	无载荷
差动电压输出功效	V_{diff_or}	-1 200		50	mV	无载荷
差动内部电阻	R_{diff}	10		100	kΩ	无载荷
内部电阻	R_{in}	5		15	kΩ	无载荷
输入范围	V_{diff}	-1.0		0.5	V	(2)(3)(4)

为了产生对称波形和最小的 EMI 辐射，CAN_H 和 CAN_L 的 R_{in} 都应该具有近似相同的值，每个值之间的偏差应小于 5%。在平行线路上的两结束电阻的当量（60 Ω）连接在 CAN_H 和 CAN_L 之间。

表6-3 显性状态的DC参数（ECU从总线上断开）

参数	符号	最小值	平均值	最大值	单位	条件
总线电压输出功效	VCAN_H	3.0	3.5	5.0	V	(1)
	VCAN_L	0	1.5	2.0	V	
差动电压输出功效	V_{diff_id}	1.5	2.0	3.0	V	(1)
输入范围	V_{diff}	1.0		5.0	V	(1)(2)

必须保证接电压分别在表6-4和表6-5限定的标准模态电压范围内。虽然 V_{diff} < -1.0 V仅可能发生在错误情况下，但是它应该按照隐性来解释。在平行线路上的两结束电阻的当量（60 Ω）连接在CAN_H和CAN_L之间。

表6-4 所有ECU与总线连接时显性状态下总线电压参数

参数	符号	最小	正常	最大	单位	状态
总线上电压	V_{canl}	0.1	2.5	4.5	V	相对于每一ECU的地测量
差动总线电压	V_{diff}	-0.4		5.0	V	相对于连接到总线上的每一ECU测量

表6-5 所有ECU与总线连接时隐性状态下总线电压参数

参数	符号	最小	正常	最大	单位	状态
总线上电压	V_{canh} / V_{canl}	-2.0	3.5 / 1.5	7.0	V	相对于每一ECU的地测量
差动总线电压	V_{diff}	1.2	2.0	3.0	V	相对于连接到总线上的每一ECU测量

差动总线电压是由在隐性状态中的所有ECU的输出功效来决定的。因此，V_{diff}恰好是0。最小值是由下面要求决定的，即单个传输必须通过 V_{diff} = 1.2 V 的最小值来代表一显性比特。

VCAN_H的最小值是由VCAN_L的最小值加上 V_{diff} 的最小值决定的。VCAN_L的最大值是由VCAN_H的最大值减去 V_{diff} 的值决定的。

由于 R_{diff} 的增加，总线的负荷随着网络上ECU数目的增加而增加，从而导致了 V_{diff} 的增加。V_{diff} 的最小值决定了总线上允许的最多ECU的数量。V_{diff} 的最大值由仲裁期间的上限决定。单个操作的 V_{diff} 的最大值必须小于3 V（图6-3）。

2. 总线信号要求

信号质量即信号的品质。当信号从发送端发出，经传输

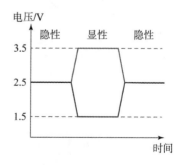

图6-3 总线电平（见彩插）

后,若接收节点能够不失真(或在可接受的失真范围内)地接收到发送节点发出的信号,满足系统对时效性及准确性的要求,则该信号在信号质量方面得到保证,称信号是完整的,信号质量较好。

上升时间越短,信号的响应越快,品质越好;但信号上升时间越短,其中包含的高频成分越多,当信号的上升时间短到一定范围时,过多的高频成分的相互作用有可能引发信号产生严重的变形。另外,信号在传递过程中,信号的反射现象也会影响信号质量,使其趋于恶化。反射是传输线使用过程中不可避免的一种效应,信号凭借传输线缆进行传递时,当某一时刻瞬态阻抗不匹配时,便会发生信号的反射现象,如图6-4所示。这种阻抗不匹配可能是由于传输线缆的阻抗具有不连续的特性造成的。另外,在信号传输的中途或末端经过其他元器件如电容、电感、接插件等,以及连接线接线处都有可能造成阻抗的

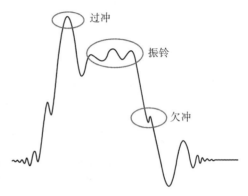

图 6.4 信号反射

突变,影响信号质量。信号在传输过程中,由于阻抗不匹配,而且瞬态阻抗值比当前设置的阻抗高时,信道中将发生正方向的反射。此时,信号边沿的变化范围大幅增加,信号的边沿处将会出现过冲现象。过冲即指接收信号的第一个峰值(上升沿)或者谷值(下降沿)超过稳定高电压或者低于稳定的低电压;当信号在传输过程中,碰到瞬态的阻抗比当前设置的阻抗低时,此时信号边沿的幅度减小,信号发生负向反射现象,边沿处将出现台阶,将此现象称为欠冲现象;在一个时钟周期中,如果信号反复出现过冲、欠冲现象,即振铃现象。

在评价信号质量方面常常通过检验信号完整性来对其进行评估。电子控制单元在物理层上通过 CAN 网络实现信息的交互,为保证信息的有效性,应保证传输至接收过程中信号的完整性。CAN 网络通过差分电平来承载和传递通信信息,高低电平信号的质量对于信息的有效性来说至关重要。

结合信号的完整性的影响因素以及 CAN 网络 ISO 11898 国际标准,用以评价信号质量好坏,包括以下几个方面:

(1) 电压值:V_{Diff} 需要满足前面电压范围值。

(2) 上升时间(见图6-5):信号从隐性电平跳变为显性电平过程中,由于信号存在一定的振荡、毛刺等情况,信号上升时间为显性电平稳定值的10%到高电平的90%所需要的时间 t_r。上升时间 Δt 越小,响应越快,信号响应越好,但上升时间越短,产生的高频信号越多,引起信号的振荡越严重,反而会影响信号质量,参考相关测试内容,下限限定在 20 ns。

$$t_r = t_{Vdominant(90\%)} - t_{Vdominant(10\%)} \qquad (6-1)$$

式中,$t_{Vdominant(90\%)}$ 为信号到达高电平稳定值 90% 的时刻;$t_{Vdominant(10\%)}$ 为信号到达高电平稳定值 10% 的时刻。

最大超调量:信号幅值反复波动过程中,以电压幅值最大值超过稳态值的百分比 Q 为评价指标,百分比 Q 越小,信号质量越好。

$$Q = \frac{|V_{max} - V_{\infty}|}{V_{\infty}} \quad (6-2)$$

式中，V_{max} 为差分电压的最大电压幅值；V_{∞} 为稳态的差分电压的电压幅值。

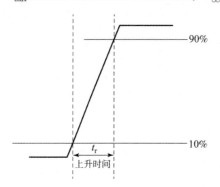

图 6-5 延迟时间

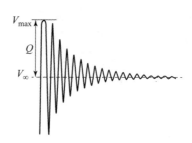

图 6-6 超调示意图

ISO 11898 规定如表 6-6 所示。

表 6-6 ECU 从总线上断开时的 AC 参数

参数	符号	最小值	平均值	最大值	单位	附加条件
比特时间	t_B	3.995	4.000	4.005	ms	250 kb/s
内部延迟时间	t_{ECU}	0.0		0.9	ms	
内部电容	C_{in}	0	50	100	pF	CAN_H 和 CAN_L 接地
差动内部电容	C_{diff}	0	25	50	pF	
有效时间	T_{avail}	2.5			ms	40 m 总线长度

最短的内部延迟时间可能是 0，最大误差值由比特时间和总线延迟时间决定。表 6-6 除了内部电容电阻外，总线连接应该还有尽可能低的电感应。C_{in} 和 C_{diff} 的最小值可能为 0，最大误差值由比特时间和网络拓扑决定。如果发生电缆共振，在每个单个 ECU 上，不能制止显性差分电压水平低于 $V_{diff} = 1$ V，并且不能使隐性差分电压水平上升到 $V_{diff} = 0.5$ V。有效时间产生于协议的比特时间单元。例如，该时间在大多数显性与 TCSG1（相位缓冲段 1）一致。由于不同步，它可能会丢掉 SJW（再同步补偿宽度）的长度。所以具有一个不同步的有效时间是 TSEG1 - SJW。当 t_q 时间为 250 ns 并且 SJW = $1t_q$，TSEG1（相位段冲段 1）= $13t_q$，TSEG2（相位缓冲段 2）= $2t_q$，就会得到 3.00 μs。

线性总线在每一末端都以电阻 R_L 而结束，这些电阻制止了反射。如果所有 ECU 的总线传导体都关闭，总线就处于隐性状态。在这种情况下，平均总线电压就会由总线上的所有 ECU 里的潜在偏心电路而产生。图 6-7 为这些电阻网络的等效电路。电阻网络为接受操作定义了参考。如果至少一个单元的总线启动电路关闭，那么一显性比特就发送到总线上。这就导致了在终止电阻上的电流，并且因此导致了两线路之间的差动电压。显性和隐性状态经过一电阻网络而通过，此电阻网络在探查接收电路系统的比较电路输入下，把总线上的差动电压变化成符合隐性和显性电压水平。

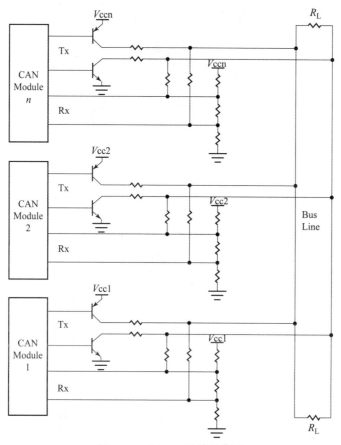

图6-7 CAN网络等效电路

二、传输介质的要求

物理层的要求基本上借鉴 ISO 11898 标准,物理层媒介一般采用屏蔽双绞线,建议是铜导线。屏蔽双绞线的物理介质参数如表6-7所示。

表6-7 屏蔽双绞线参数

参数	符号	最小值	正常值	最大值	单位	状态
阻抗	Z	108	120	132	Ω	在有屏蔽层的两个信号线之间以1 MHz的频率测量
特殊电阻	R_b	0	25	50	mΩ/m	(1)
特殊延时	T_p		5.0		mμs/m	(2)
特殊电容	C_b	0	40	75	pF/m	导线间
特殊电容	C_s	0	70	110	pF/m	导线与屏蔽层间
导线尺寸	A_c		0.5		mm²	截面积
线尺寸	D_c	6.0		8.5	mm	直径

续表

参数	符号	最小值	正常值	最大值	单位	状态
导线	D_{ci}	2.9	3.3	3.7	mm	直径
屏蔽层绝缘尺寸			200		mΩ/m	表面传输阻抗
有效性						高于 1 MHz
总线长度	L	0		40	m	不包括线尾
线尾长度	I	0		1	m	
节点距离	D	0.1		40	m	

1. 总线终端

一般来说，CAN 高速标准 ISO 11898 采用总线结构作为网络拓扑，在总线的两端分别接有一个终端电阻。然而，在实际情况中网络拓扑并非严格的总线结构，有些节点具有一定的支线长度（几米）。另外，在某些应用中，从电磁屏蔽（EMC）的角度考虑，对终端网络作一些调整效果可能会更好。

1) 分离终端

这是一种不用改变终端电缆 DC 特性而能增强 EMC 性能的终端配置方法。如图 6-8 所示，该方案一般是将单个终端电阻分成两个阻值相等的电阻，例如将一个 124 Ω 的电阻由两个 62 Ω 电阻替换。这种方法的特点是可以在两个分离终端的中间抽头上得到所谓的共模信号。理想情况下共模信号就是 DC 电压信号，并可以通过一个 10 nF 或 100 nF 的电容将中间抽头接地。当然，电容应该连接到真正的地电平上。例如，如果终端是位于总线节点内部，则建议通过单独的地线与连接器的地引脚相连。

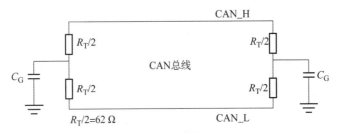

图 6-8 分离终端连接图

通常情况下，下面提到的分离终端的两种连接方法各有优点和缺点。第一种方法是将两个终端均采用分离形式并单独接地。对于优化高频性能，这是一种更好的方法。但是，将两个终端电阻都接地以后，可能会通过地电流形成干扰性的回路电流。在这种情况下可以考虑只将一个终端电阻接地。这种接法在中频到低频的范围内，特性会更好。正如上所说，这种接法并没有改变终端电缆的 DC 特性。

2) 多终端

这种接法可以与上面提到的分离终端接法组合在一起应用，所形成的网络拓扑将不同于总线型结构。在某些应用中，需要采用不同于总线型结构的拓扑结构。如图 6-9 所示，具有 3 个分支的星型拓扑结构就是这种情况。为了适应这种拓扑结构，可以考虑采用多终端接法。这种接法一般要求总的终端电阻（60 Ω）被分成两个以上的电阻，但总的等效终端电阻不变。以具有 3 个分支的星型拓扑结构为例，可以将每个分支都视为一个终端，其终端电阻为总的终端电阻的 3 倍（180 Ω）。采用这种接法，总的等效终端电阻（所有电阻并联在一起）必须与总线驱动器的输出驱动能力匹配。

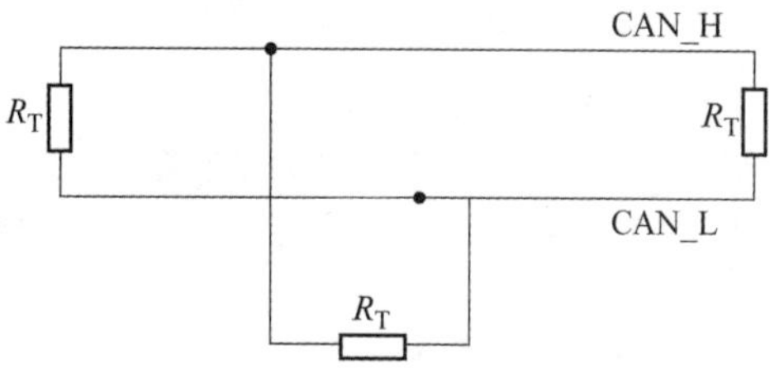

图 6-9 多终端连接图（举例）

假如某个分支是可选的（如临时接上总线的诊断设备），改种情况总线将只有两个固定的 180 Ω 的终端电阻，可选分支应该提供另一个 180 Ω 的终端电阻。很明显，这种接法意味着线路特性阻抗与终端电阻存在某种不匹配。但是如果在 CAN 位定时参数上留有足够的余地，这个问题并不严重。根据经验，这种接法的总线长度（包括所有分支在内）将比相同配置下采用总线型拓扑结构的总线长度要短。例如，总线长度为 100 m 的总线型结构网络，若采用 3 分支的星型拓扑结构，每个分支的终端电阻为 180 Ω，那么每个分支的长度将会小于 33 m。一般建议，除可选终端以外的基本网络至少应保留总终端数目的 50% 以上。当所有的可选终端都脱离总线以后，要求保留的基本终端电阻小于 120 Ω（如 2×180 Ω 或 3×240 Ω 等）。

3) 单终端

在某些情况下，仅仅只有一个终端电阻（124 Ω 或 62 Ω）位于主节点中。从 CAN 位定时要求方面来考虑，如果系统配置提供了足够的安全余地，则这种接法也是允许的。但根据经验，采用单终端接法的网络总线长度将小于正常终端接法总线长度的 50%。

4) 非匹配终端

这种接法是有意使终端电阻与线路的特性阻抗不匹配。该接法可减少对线路双绞的要求，从而在同等配置下增加驱动能力或降低功耗。实质上，这种接法的终端电阻阻值高于电缆的特性阻抗值。从 CAN 位定时要求方面来考虑，如果系统配置提供了足够的安全余地，那么也允许采用这种接法。采用这种接法与采用标准终端接法相比，位速率或总线长度将会急剧降低。主要是由于，当终端电阻增大时，相应的总线延时将会急剧增加。

不论何种情况，建议不同终端的等效电阻应小于 500 Ω。例如，2×1 kΩ 被认为是终端电阻的上限，这与采用的位速率无关。应注意到，双向总线的传输延迟时间与总线的时间常数有关，时间常数等于整个网络的电容值和等效放电电阻值（如 60 Ω）的乘积。同时也应考虑到，各总线节点之间的地偏置电平也会增加网络电容的放电时间。

标准终端电阻——线性总线的主支的每个末端都必须以一个适当的电阻而结束，以提供 CAN_H 和 CAN_L 导体的正确终止。这些终止电阻应该连接在 CAN_H 和 CAN_L 导体之间。终止电阻应该满足表 6-8 中的特性。

表 6-8 终止电阻参数

参数	符号	最小值	正常值	最大值	单位	状态
电阻	R_l	110	120	130	Ω	最小耗散功率 400 mW
电感			1		mH	

2. 最大传输距离和节点数确定

在 CAN 总线系统的实际应用中，经常会遇到要估算一个网络的最大总线长度和节点数的情况。下面分析当采用 PCA82C250 作为总线驱动器时，影响网络最大总线长度和节点数的相关因素以及估算的方法。若采用其他驱动器，则也可以参照该方法进行估算。ISO – IS 11898 规定的总线电平如图 6 – 10 所示。

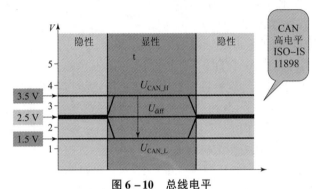

图 6 – 10 总线电平

由 CAN 总线所构成的网络，其最大总线长度主要由以下 3 个方面的因素所决定：

（1）互连总线节点的回路延时（由 CAN 总线控制器和驱动器等引入）和总线线路延时；

（2）由于各节点振荡器频率的相对误差而导致的位时钟周期的偏差；

（3）由于总线电缆串联等效电阻和总线节点的输入电阻而导致的信号幅度的下降。

传输延迟时间对总线长度的影响主要是由于 CAN 总线的特点（非破坏性总线仲裁和帧内应答）所决定的。例如，在每帧报文的应答场（ACK 场），要求接收报文正确的节点在应答间隙将发送节点的隐性电平拉为显性电平，作为对发送节点的应答。由于这些过程必须在一个位时间内完成，所以总线线路延时以及其他延时之和必须小于 1/2 个位时钟周期。非破坏性总线仲裁和帧内应答本来是 CAN 总线区别于其他现场总线最显著的优点之一，在这里却成了一个缺点，主要表现在其限制了 CAN 总线速度进一步提高的可能性，当需要更高的速度时则无法满足要求。表 6 – 9 所示为最大总线长度与位速率之间的关系，也体现了这种缺点。关于前两种因素对总线长度的影响，不在此讨论，下面仅对总线电缆电阻对总线长度的影响作一个分析。

表 6 – 9 位速率与总线长度的关系

位速率/(kb·s^{-1})	总线长度/m
1 000	30
500	100
250	250
125	500
62.5	1 000

在静态条件下，总线节点的差动输入电压由流过该节点差动输入电阻的电流所决定。如图 6 – 11 所示，节点的差动输入电压主要取决于以下因素：发送节点的差动输出电压

$V_{\text{diff. out}}$，总线电缆的电阻 $R_W = \rho \times L$ 和接收节点的差动输入电阻 R_{diff}。当发送节点在总线的一端而接收节点在总线的另一端时为最坏情况，这时接收节点的差动输入电压可按下式计算：

$$V_{\text{diff. in}} = \frac{V_{\text{diff. out}}}{1 + 2R_W \times \left(\dfrac{1}{R_T} + \dfrac{n-1}{R_{\text{diff}}}\right)} \tag{6-3}$$

式中，R_W 为总线电缆电阻；R_T 为终端匹配电阻；R_{diff} 为差动输入电阻；n 为节点总数。

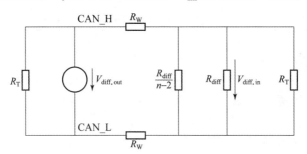

图 6-11　网络分布等效电阻图

当差动输入电压小于 0.5 V 或 0.4 V 时，接收节点检测为隐性位；当差动输入电压大于 0.9 V 或 1.0 V 时，接收节点检测为显性位。因此，为了正确地检测到显性位，接收节点必须能接收到一定的差动输入电压，这个电压取决于接收显性位的阈值电压 V_{TH} 和用户定义的安全区电压。所需的差动输入电压可由下式表示：

$$V_{\text{diff. in. req}} = V_{\text{TH}} + K_{\text{SM}} \times (V_{\text{diff. out}} - V_{\text{TH}}) \tag{6-4}$$

式中，K_{SM} 为决定安全区电压的差动系数，在 0~1 取值。由于接收的差动输入电压必须大于检测显性位所需的电压，在极限情况下，可以得到如下表达式：

$$V_{\text{diff. in. min}} = \frac{V_{\text{diff. out. min}}}{1 + 2R_{W.\max} \times \left(\dfrac{1}{R_{T.\min}} + \dfrac{n_{\max}-1}{R_{\text{diff. min}}}\right)} \geq V_{\text{diff. in. req}} \tag{6-5}$$

根据关系 $R_{W.\max} = \rho_{\max} \times L_{\max}$，上式经变换后可得到

$$L_{\max} \leq \frac{1}{2 \times \rho_{\max}} \times \left(\frac{V_{\text{diff. out. in}}}{V_{\text{TH. max}} + k_{\text{sm}} \times (V_{\text{diff. out. min}} - V_{\text{TH. max}})} - 1\right) \times \frac{R_{T.\min} \times R_{\text{diff. min}}}{R_{\text{diff. min}} + (n_{\max}-1) \times R_{T.\min}} \tag{6-6}$$

式中，$n_{\max}$ 为系统接入的最大节点数；$\rho_{\max}$ 为所用电缆单位长度的最大电阻率；$V_{\text{diff. out. min}}$（1.5 V）为输出显性位时最小差动输出电压；$V_{\text{TH. max}}$（1 V）为接收显性位最大阈值电压；$R_{\text{diff. min}}$（20 kΩ）为节点最小差动输入电阻；$R_{T.\min}$（118 Ω）为最小终端电阻。

从上式可以很清楚地看出，最大总线长度除了与终端电阻、节点数等有关外，还与总线电缆单位长度的电阻率成反比。由于不同类型电缆的电阻率不同，所以其最大总线长度也有很大差别。若差动系数 K_{SM} 为 0.2，在最坏情况下，可得出总线电缆电阻 R_W 必须小于 15 Ω。正常情况下（$V_{\text{diff. out}}$ 为 2 V，V_{TH} 为 0.9 V，R_{diff} 为 50 kΩ，R_T 为 120 Ω），在差动系数 K_{SM} 为 0.2 时，总线电缆电阻 R_W 小于 45 Ω 即可。表 6-10 列出了几种不同类型的电缆和节点数条件下最大总线长度的情况。最大总线长度是在最坏情况下计算得到的。

表 6-10　不同类型的电缆和节点数条件下的最大总线长度

电缆类型	最大总线长度/m（$K_{SM}=0.2$）			最大总线长度/m（$K_{SM}=0.2$）		
	$N=32$	$N=64$	$N=100$	$N=32$	$N=64$	$N=100$
DeviceNet™（细缆）	200	170	150	230	200	170
DeviceNet™（粗缆）	800	690	600	940	810	700
0.5 mm²（或 AWG20）	360	310	270	420	360	320
0.75 mm²（或 AWG18）	550	470	410	640	550	480

上面所讲的是总线电缆电阻与总线长度之间的关系，那么网络中所能连接的最大节点数又与什么因素有关呢？下面分析这样一个问题。一个网络中所能连接的最大节点数主要取决于 CAN 驱动器所能驱动的最小负载电阻 $R_{L.min}$。CAN 驱动器 PCA82C250 提供的负载驱动能力为 $R_{L.min}=45\ \Omega$。从图 6-11 中，可以得到用于计算最大节点数的如下关系式（假设总线电阻 R_W 为 0，此时为最坏情况）：

$$\frac{R_{T.min} \times R_{diff.min}}{(n_{max}-1) \times R_{T.min} + 2R_{diff.min}} > R_{L.min} \Rightarrow n_{max} < 1 + R_{diff.min} \times \left(\frac{1}{R_{L.min}} - \frac{2}{R_{T.min}}\right) \quad (6-7)$$

假设 PCA82C250 的最小差动输入电阻为 $R_{diff.min}=20\ k\Omega$，当 $R_T=118\ \Omega$ 和 $R_L=45\ \Omega$ 时，能连接的最大节点数为 106 个；当 $R_T=120\ \Omega$ 和 $R_L=45\ \Omega$ 时，则为 112 个。其实影响节点数多少除了 PCA82C250 的驱动能力以外，还与总线长度有密切关系。只有总线长度在合适的范围内时才有可能达到上面的最大节点数。从表 6-10 中也可以看出这一点。

3. 非终端支线电缆长度

CAN 总线的基本拓扑结构被近似看作总线型结构。但在某些情况下，可能需要不同于这种拓扑的网络结构，如临时连上总线的诊断设备。同时也经常有某些总线节点，通过非终端的支线电缆连上总线。当接有某些非终端的支线电缆时，在总线上将会产生反射作用。由于网络提供了某种可靠性，如驱动器的滞后特性和 CAN 协议的重同步规则，反射不一定就会产生干扰。反射波一旦到达总线终端（该终端电阻与电缆特性阻抗匹配）就会消失。一定总线和支线长度下，反射是否能容忍，实际上取决于位定时参数。

一般情况下，建议能为支线和所谓的累积支线长度指定一个上限。累积支线长度是所有支线电缆长度之和。下面的关系式可用于支线电缆长度的粗略计算：

$$L_u < \frac{t_{PROPSEG}}{50 \times t_p} \quad (6-8)$$

式中，$t_{PROPSEG}$ 为位周期中传输段长度，也就是时间段 1（TSEGI）的长度减去重同步跳转宽度（SJW）；t_p 为单位长度特定线路延时（如 5 ns/m）；L_u 为非终端电缆支线长度。

累积支线长度则可用以下表达式粗略计算：

$$\sum_{i=1}^{n} L_{ui} < \frac{t_{PROPSEG}}{10 \times t_p} \quad (6-9)$$

除上面提到的以外，总线的实际传输延时应该是基于总的线路长度（即干线长度和全部支线长度之和）进行计算。在同等位速率情况下，由于实际累积支线电缆长度的影响，会使最大干线长度明显降低。如果上面的表达式能得到满足，那么反射造成的影响可认为很小。下面提供一个计算支线长度的例子。

例：位速率 = 500 kb/s，$t_{\text{PROPSEG}} = 12 \times 125$ ns，$t_p = 5$ ns/m。

$$L_u < \frac{t_{\text{PROPSEG}}}{50 \times t_p} = \frac{1\ 500\ \text{ns}}{50 \times 5\ \dfrac{\text{ns}}{\text{m}}} = 6\ \text{m}$$

$$\sum_{i=1}^{n} L_{ui} < \frac{t_{\text{PROPSEG}}}{10 \times t_p} = \frac{1\ 500\ \text{ns}}{10 \times 5\ \dfrac{\text{ns}}{\text{m}}} = 30\ \text{m}$$

根据上面的粗略估算，对于一个 CAN 传输段（PROP_SEG）延时长度为 1 500 ns 的系统，其非终端支线电缆长度应该小于 6 m，累积支线电缆长度应该小于 30 m。

4. 屏蔽地

屏蔽地：屏蔽应该通过一电线导体而终止，并且在一点处直接接地。接地点应尽可能地接近于车辆电池底部。

总线上的每一个节点也应该提供一保护接地。然而，在节点内的屏蔽层的连接应该通过一系列电阻和电容来达到最好的接地。推荐值为 $R = 1\ \Omega$ 和 $C = 0.68\ \mu\text{F}$。

标准对连接器提出了要求。图 6 – 12 给出了这种连接器应用的一个例子。

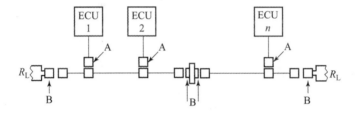

FIGURE 8—EXAMPLE OF CONNECTOR USAGE

图 6 – 12　CAN 连接器例子示意

5. 连接器

连接器电实现要求：连接器和它们相关的电路插头应该满足表 6 – 11 中限定的要求。

表 6 – 11　接口参数

参数	符号	最小值	正常值	最大值	单位	状态
电压	V_{canh} V_{canl}			16 32	V	额定电压 = 12 V
电流	I	0	25	80	mA	
峰值电流	I_p			500	mA	时间限制：$101 t_b$
特性阻抗	Z_c	100	120	140	Ω	
传输率	F		25		MHz	
触点	R_t			10	mΩ	

连接器应该用在两个或更多电缆终止的所有点处。这些连接器应该具备锁定、偏振和保

持装置，以便于满足确定应用的要求。这些连接器也应该把应用和环境保护结合起来。

为了将 CAN 作为一个开放性系统的工业现场总线来使用，CAN 在自动化用户组织（CAN in Automation user's group，CiA）创立了一个标准——CiA DS 102 - 1，它是一个基于 11898 的标准。在该标准里的一个重要规定是建议使用 9 针的 SUB - D 型插头作为节点的连接器，其与 CAN 总线的连接如图 6 - 13 所示。

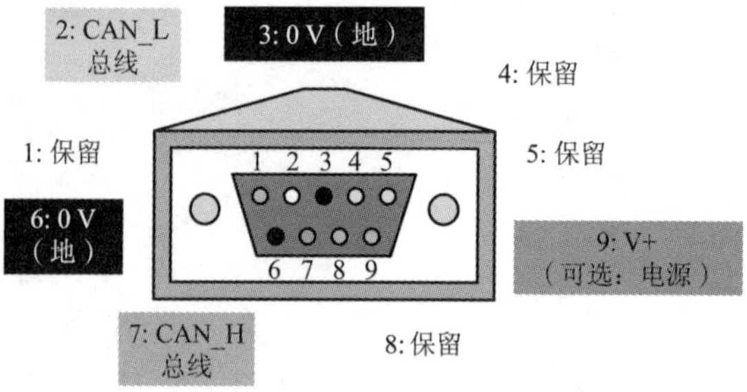

图 6 - 13 CAN 设备用连接器

双绞线，两端连接终端电阻，典型阻值为 120 Ω，如图 6 - 14 所示，两线使用差分信号驱动（CAN_H，CAN_L）。

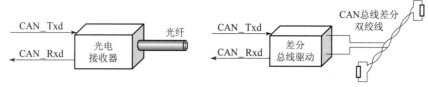

图 6 - 14 CAN 总线的传输介质

三、网络拓扑

在车载网络中，大多数情况下都是由多个节点构成的网络。网络的拓扑结构有很多种，包括环型拓扑结构、星型拓扑结构、总线型拓扑结构、树型拓扑结构等，对于车载网络来说，环型、树型拓扑结构应用较少，本书中不做具体介绍。

1. 星型拓扑结构

星型拓扑结构多用于局域网，属于集中控制型网络。这种拓扑结构有一个中心节点，其他各个节点与中心节点通过点对点的方式连接。此种拓扑结构在具体应用时，中央节点多为集线器或某个 ECU 单元，网络中的节点数相比较少，通信速度相对较低，以避免过多节点通信造成的中央节点负荷过重。该种拓扑结构的终端电阻一般匹配在每个直线近节点端。

任意两个节点之间的通信都要通过中心节点来实现，中心节点作为整个网络控制管理中心，对所有节点实行中央集权的通行控制管理方式。发送信息的节点将要发送的信息传送到中心节点，由中心节点作为转接路由，将信息数据传送到目的节点。中心节点的主要作用是为需要通信的节点之间提供物理连接，当某个节点有通信需求发出通信请求时，控制器会检查中央节点处是否处于空闲状态，能否建立通信；当两个节点通过中心节点建立连接后，在正常通信时中心节点要维持这一通信回路不被中断；当通信过程结束或者通信过程失败需要拆除形成的通信回路时，中心节点则会拆除两节点之间形成的通信回路，星型拓扑结构如图 6 - 15 所示。LIN 总线网段中一般以一个节点为主节点，其他节点为从节点，使用星型拓扑结构较多，部分 CAN 总线、FlexRay 总线所在的网络中也有使用。

星型拓扑结构的特点是中心节点比较复杂，负担较重；而其他各个节点只负责自己的通信内容，负担比较小。该种拓扑结构只需要满足简单的通信连接要求，每个节点通过各自的线缆连接到中心设备，分支线相对较长，便于节点的布置，且当某条传输线缆出现问题时，

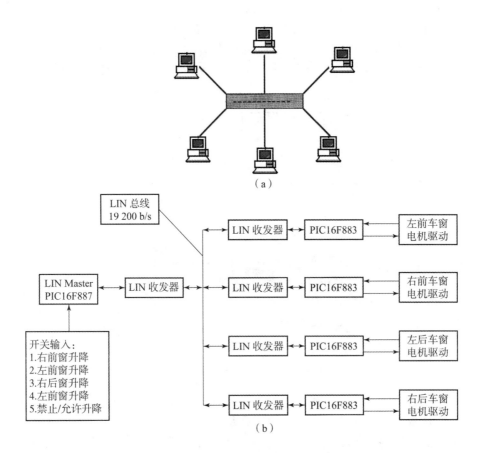

图 6-15　星型拓扑结构
（a）示意图；（b）星型拓扑应用

除了该节点其他节点的工作不会受到影响；星型网络拓扑结构使用的介质访问协议比较简单，有利于网络监控和管理。

但中心节点对网络的整体性能影响很大，一旦中心节点出现故障、无法维持正常通信，整个星型网络系统将处于无法工作状态；节点与中心节点建立物理连接时需要大量线缆，使用和维护过程比较复杂。尽管在星型拓扑下，线缆的实施费用高于线型拓扑结构，但星型拓扑结构仍有布置灵活方便、公共线缆长度短、保证各节点工作的独立性等优势，有一定的适用场合。为避免中心节点故障而引起整个网络瘫痪，衍生出了一种扩展星型拓扑结构，通过中心节点的冗余设计来保证通信的可靠性。

2. 总线型拓扑结构

总线型拓扑结构在车载网络系统中应用较为广泛，其是将各个节点均通过硬件接口以并行的方式挂接在一个通信信道上。这条用来传输信息的通信信道将作为公共传输媒体来实现各个节点间的信息交互，这一公共传输媒体即称为总线，该种拓扑结构的终端电阻一般匹配在总线两侧的末端。总线上多个节点并列排列，当总线上的任意一个节点向总线上发送报文时，发送的信号沿着总线以类似广播的形式从发送节点向两端辐射传输，与总线相连的其他任意节点都可以接收到报文。

总线型拓扑结构中所有节点共享一条信息传输线路,任何时刻只允许传输总线上其中一个节点发送的报文,当多个节点同时向总线上发送报文时,总线会通过相应的仲裁机制来决定哪个节点将获得总线的使用权,其他发送报文的节点将处于等待状态,其能否获得介质使用权将再次通过仲裁机制来决定,以防止总线的使用冲突。总线型网络拓扑结构如图6-16所示。

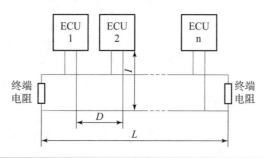

参数	符号	单位	数值		
			最小	名义	最大
总线长度	L	m	0		40
支线长度	l	m	0		0.3
节点距离	D	m	0.1		40
终端电阻	R_L	m	100	120	130

图6-16 高速总线型拓扑结构

这种拓扑结构的优点是各个节点之间连接结构简单,容易实现,节约了传输线缆的铺设成本,布线难度较小,可靠性较好;各个节点连接到网络或者断开与网络的连接都比较方便,增加或减少节点比较方便,网络的可扩展性较好;由于各个节点是以并行方式连接到总线上,当某个节点出故障或者损坏时,不会对其他节点的正常工作产生影响;但公共的传输线缆出现故障将影响整个网络的工作状态。总线型拓扑结构应用较为基础,使用广泛,目前乘用车由于整车中需要通信的节点数较多,一般将节点根据功能划分为不同网段,总线型拓扑结构多使用在各个网段中,或者在节点数较少的商用车上也会采用该种拓扑结构。若支线长短为0,这种拓扑为手牵手方式,纯电动客车电池管理多采用这种接线方式。

3. 并接点型拓扑结构

随着车载电子技术的发展,车载网络中的ECU越来越多,对整个车载网络使用一个总线型拓扑结构不利于节点的布置,在总线型拓扑结构上出现了扩展拓扑应用,并接点型拓扑结构就是其中一种。并接点型拓扑结构是在总线型拓扑结构的基础上进行改进,具有星型拓扑结构公共线缆少、方便布置(一部分布置在驾驶舱,一部分布置在发动机舱)的特点。双并接点型拓扑结构如图6-17所示,其形式与星型拓扑结构相似,从两个并接点发出多个节点,除两并接点之间的线缆外,某个节点或分支线的故障不会影响其他节点的正常工作;从本质上看属于总线型拓扑结构。

乘用车上采用并接点型拓扑结构比较多,奥迪、大众、丰田生产的车型都有较多的应用,包括不同网段之间或者同一个网段内为便于节点布置,并接点型拓扑结构都有一定程度的使用。例如,在带有独立网关的车载网络中,网关相当于各个并接点的连接桥,各个网段汇集到一处与网关连接,网关的出现从某种程度上助力了并接点型拓扑结构的发展。

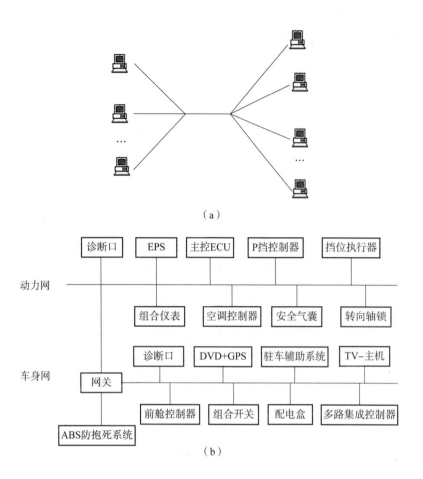

图 6-17 并接点型拓扑结构
(a) 示意图；(b) 并接点型拓扑应用

图 6-18 所示为是低速容错 CAN 拓扑结构，执行的标准是 ISO 115192。

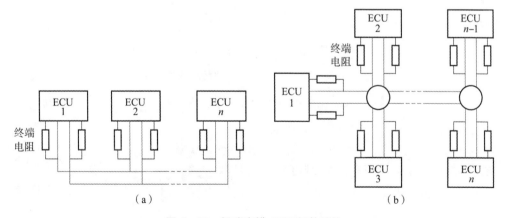

图 6-18 低速容错 CAN 拓扑结构
(a) 总线型；(b) 星型

四、物理层仿真优化方法

1. CAN 总线容错

图 6-19 给出了一些可能导致高速 CAN 总线故障的外部事件并讨论如下：

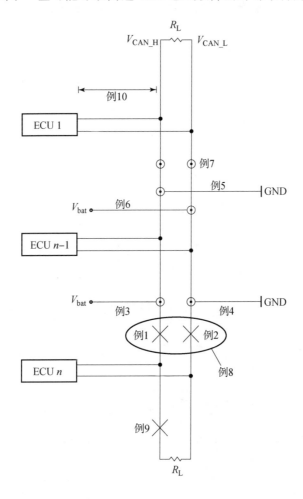

FIGURE 18—POSSIBLE FAILURES DUE TO EXTERNAL EVENTS

图 6-19 高速 CAN 总线故障分析

例 1：CAN_H 被切断。一个中断器相反侧的节点间数据通信必定中断；中断器同侧的节点间数据通信可能正常，但有信噪比降低。

例 2：CAN_L 被切断。一个中断器相反侧的节点间数据通信必定中断；中断器同侧的节点间数据通信可能正常，但有信噪比降低。

例 3：CAN_H 被短接到 V_{bat}。如果 V_{bat} 高于最大允许标准模式总线电压，数据通信则必定中断。

例 4：CAN_L 被短接到 GND。数据通信是可能的，因为总线电压在允许的标准模式电压范围内。信噪比降低并且辐射增强，抗干扰性能下降。

例5：CAN_H 被短接到 GND。数据通信必定中断。

例6：CAN_L 被短接到 V_{bat}。数据通信必定中断。

例7：CAN_H 被短接到 CAN_L。数据通信必定中断。

例8：两条总线都被在相同的地方切断。在中断器相对侧的节点数据通信必定中断；中断器同侧的节点间数据通信可能正常，但有信噪比降低。

例9：终端电阻丢失。通过总线的数据通信可能正常，但有信噪比降低。

例10：拓扑参数违规（如总线长度、电缆长度、节点分布）。通过总线的数据通信可能正常，但有信噪比降低。

如果一个节点失去和网络的联系，其他节点将继续保持通信。如果一个节点失去供电，或在低电压条件网络不会过载，其他节点将继续保持通信。如果一个节点失去接地，网络将不会发生偏心，其他节点仍会保持通信。如果在一个节点断开屏蔽，通信是可能的，但电磁干扰将增加。通常将在屏蔽和线路之间将存在模式电压。可能的故障——在正常操作中，几个影响操作的总线故障可能同时发生。

低速容错 CAN 总线可能的故障如图 6-20 所示。

例1：CAN_H 开路，可以正常通信。

例2：CAN_L 开路，可以正常通信。

例3：CAN_H 对 V_{bat} 短路，可以正常通信。

例4：CAN_L 对 GND 短路，可以正常通信。

例5：CAN_H 对 GND 短路，可以正常通信。

例6：CAN_L 对 V_{bat} 短路，可以正常通信。

例7：CAN_H 对 CAN_L 短路，可以正常通信。

例8：CAN_H 和 CAN_L 开路，无法通信。

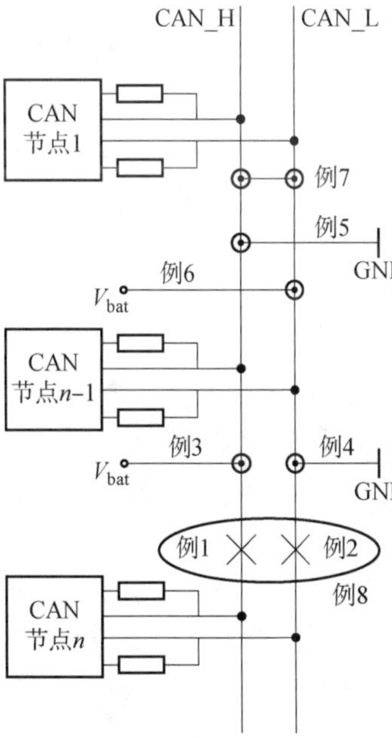

2. 仿真分析计算

1）CAN 控制器模型

在实际研究中，关注点是通过 CAN 控制器产生既定的位流，对信号在发送过程中质量的好坏无影响，在物理层的数学模型中不包括此结构，有关 CAN 控制器的介绍在后面章节中。物理数学模型中包含总线收发器、电缆和终端电阻。

图 6-20 低速 CAN 总线故障分析

2）CAN 收发器

通过 CAN 收发器功能框图（后续章节有介绍）可以看出，收发器的驱动部分由一个 PNP 三极管和一个 NPN 三极管组成，两个三极管的导通与否与发送信号有关。当 CAN 控制器通过其上的发送（TXD）引脚向收发器发送隐性电平 "1" 时，TXD 引脚为逻辑高电平，两个三极管截止，总线上显示隐性电平，CAN_H 与 CAN_L 输出电平为 2.5 V，差分电压接近 0；当控制器向 CAN 网络上发送显性电平 "0" 时，TXD 为逻辑低电平，两个三极管导通，电平信号经过转换电路之后变为差动信号，传输到物理总线上，此时 CAN 网络显示显性电平状态，CAN 网络上的输出电平 CAN_H 接近 3.5 V，CAN_L 接近 1.5 V，差分电压接近 2 V。以 Tja1050 收发器为例的简化电路模型如图 6-21 所示。

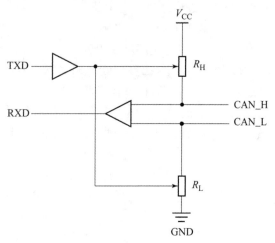

图 6-21 Tja1050 简化电路模型

在图 6-21 所示的电路结构中，R_H、R_L 与两个三极管作用一致，随 TXD 变化。当 CAN 控制器向收发器发送显性逻辑电平时，即 TXD 输入为 "0"，R_H、R_L 很小，相当于两个三极管导通，CAN_H 表现为高电平，CAN_L 表现为低电平，V_{CAN_H} 和 V_{CAN_L} 分别接近 3.5 V 和 1.5 V，差分电压 V_{diff} 接近 2 V；当 CAN 控制器向收发器发送隐性逻辑电平时，即 TXD 输入为 "1"，R_H、R_L 很大，相当于两个三极管截止，CAN_H 表现为低电平，CAN_L 表现为高电平，V_{CAN_H} 和 V_{CAN_L} 接近 2.5 V，差分电压 V_{diff} 接近 0。RXD 为收发器的接收端，用来接收总线上的信号，并传递给控制器。

3) 传输介质

传输线缆是用来传输数据信息的物理媒介，其通过传送高低电平信号来传送信息数据。CAN 网络通信常用的传输介质是双绞线，虽然双绞线相比于其他传输介质在数据传输速率、传输距离方面受到一定制约，但安装和使用成本相对低廉，本书的物理层结构中选用双绞线为传输介质。双绞线将两根铜线按照一定密度相互绞接在一起。这种绞接在一起的传输介质，其中一根铜线辐射出来的电磁波会与另一根铜线辐射出来的电波相互抵消，有利于提高信号传输过程中系统的抗干扰性能。

双绞线具有的一些基本参数包括电阻（R）、电感（L）、电容（C）、电导（G）等。对于 CAN 通信来说，本书中选用 Tja1050 收发器，其通信产生的电平值不超过 5 V，电压比较小，且通信距离不超过 100 m，在此种条件下忽略传输介质的电导（G），简化后的双绞线模型如图 6-22 所示。

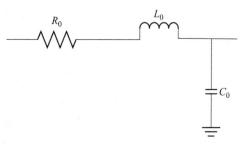

图 6-22 双绞线简化电路模型

4) 收发器外围电路

通常在 CAN 收发器和物理总线之间还有一部分电路结构，用来削弱控制器之间通信时受到的干扰，保证电子控制单元间能够维持正常通信，提高物理层通信的抗干扰能力。阻抗的匹配一般通过这部分电路结构来实现，其电路结构中各元器件的参数选择会影响 CAN 网络的信号质量。结合前面信号质量研究可知，当

阻抗不匹配时,一般可以通过以下几种方法来进行阻抗的匹配:

①使用变压器来做阻抗转换;

②串、并联电容或电感;

③串联或并联电阻,如一些驱动器的阻抗比较低,可以串联一个合适的电阻来匹配特征阻抗;当一些接收器的输入阻抗比较高时,则可以通过并联电阻的方法来匹配特征阻抗。

结合 CAN 收发器输入阻抗较高的特点及 CAN 总线通信外围电路常见结构,本书选用并联电阻的方法来匹配阻抗,在每个节点处并联终端电阻,避免阻抗不匹配时信号被不断反射。

(1) 并联电阻。终端匹配电阻是一个电阻器,其作用是吸收、消耗信号传输过程中产生的反射波,减少反射波对信号的影响,以并联方式连接在 CAN_H、CAN_L 之间。由于线缆每一小段都有其瞬态阻抗,当电平信号在传输线中传送时会经过线缆中的不同位置,其每个时刻经过的线缆对应的阻抗可能会发生变化。这时其中一些信号将沿着原来的传播方向继续传播,而另一部分信号则将被反射,沿着与原传播方向不同的方向回传。反射的这部分信号将会产生振铃,若振铃幅度过大则会影响信号质量。为了将回传的这部分能量吸收,改善信号质量,提高抗干扰能力,使得电平信号快速进入下一个电平状态,在物理层电路中可通过设置单个电阻或分裂式电阻作为终端电阻,尽量避免振铃的产生。若设置分裂式电阻,两者为等值电阻,呈对称状,中间加置一个电容器以提高抗干扰性能,如图 6-23 所示。

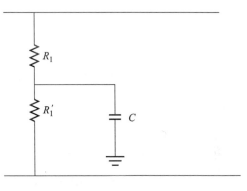

图 6-23 分裂式电阻

(2) 引脚电容,如图 6-24 所示。在 CAN 通信物理层的外围电路中,可以在控制器的 CAN_H 和 CAN_L 输出端分别接一个电容器 C_1 和 C_2,有助于去除信号中的尖端毛刺,提高芯片抗电磁干扰能力。随着收发器制造技术及功能的提升,有些收发器的外围电路中不再使用引脚电容。

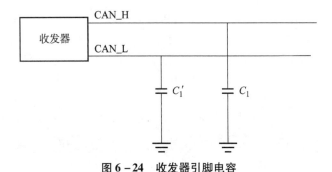

图 6-24 收发器引脚电容

(3) 扼流线圈。扼流线圈是一个共模干扰抑制器件,可将其看作线圈,两个线圈的绕制方向相反,其中产生的磁场能够彼此抵消,可根据传输信号特点选择共模扼流线圈。对于 CAN 总线差分信号来说,共模信号为干扰信号,加置扼流圈能够对共模干扰信号起到有效的抑制作用,而对差动信号没有影响,有助于提高电路抗干扰性。在本章的分析中,将其简化为电感元件处理,如图 6 – 25 所示。

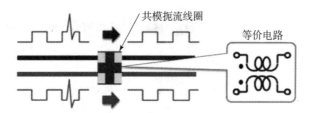

图 6 – 25 扼流圈及其等价电路示意图

结合以上元器件,本章节分析中,为尽可能多地包含各类元器件成分来对通信质量影响因素进行分析,收发器外围电路结构如图 6 – 26 所示。其中,电阻 R_2、R_2' 的作用是共模取压,来稳定电平。

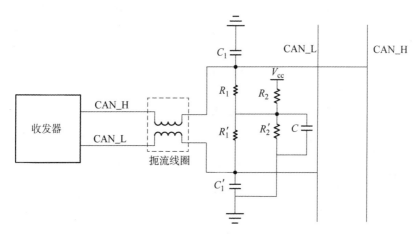

图 6 – 26 收发器外围电路

CAN 控制器相当于一个信号发生、控制器,控制信号发送内容,对信号在发送过程中质量的好坏无影响,且本书探究的信号质量不涉及多节点报文的竞争、报文管理等方面的内容,故在本章中对 CAN 网络通信物理层电路结构进行讨论分析时,不涉及控制器等效建模。并接点型拓扑结构下具有 n 个节点的 CAN 网络通信物理层电路示意图如图 6 – 27 所示,其中 m 个节点并接后,经过传输线缆与另外并接的 $n-m$ 个节点相连接。

根据 n 个节点 CAN 网络物理层电路示意图、收发器等效模型和传输线缆简化模型,建立并接点型拓扑结构下 n 个节点的 CAN 物理层等效电路模型,如图 6 – 28 所示。

将图 6 – 23 中串联或并联的电容、电阻和电感进行合并,以第 k ($1 \leq k \leq m$) 个节点作为发送节点,第 p 个节点为接收节点,合并后的简化电路结构如图 6 – 29 所示。

在图 6 – 29 中,R_3 为图 6 – 28 所示电路中 R_H、R_0、t、R_0 串并联后的结果,R_3' 与 R_3 性质相似;L_2 为图 6.28 所示电路中 L_1、L_0 串并联后结果,L_2' 与 L_2 性质相似;C_2 为图 6 – 23 所示电路中 C_1、C_0 串并联后结果,C_2' 与 C_2 性质相似;R 为图 6 – 28 所示电路中 R_1 并联后结果,R' 与 R 性质相似;R_4 为图 6 – 27 所示电路中 R_2 并联后结果,R_4' 与 R_4 性质相似;C' 为图 6 – 28 所示电路中 C 并联后结果,计算式如下:

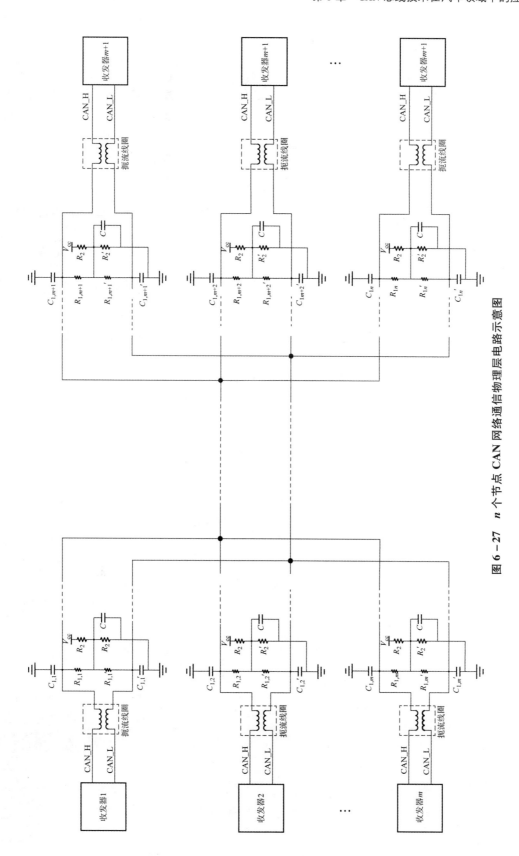

图 6-27 n 个节点 CAN 网络通信物理层电路示意图

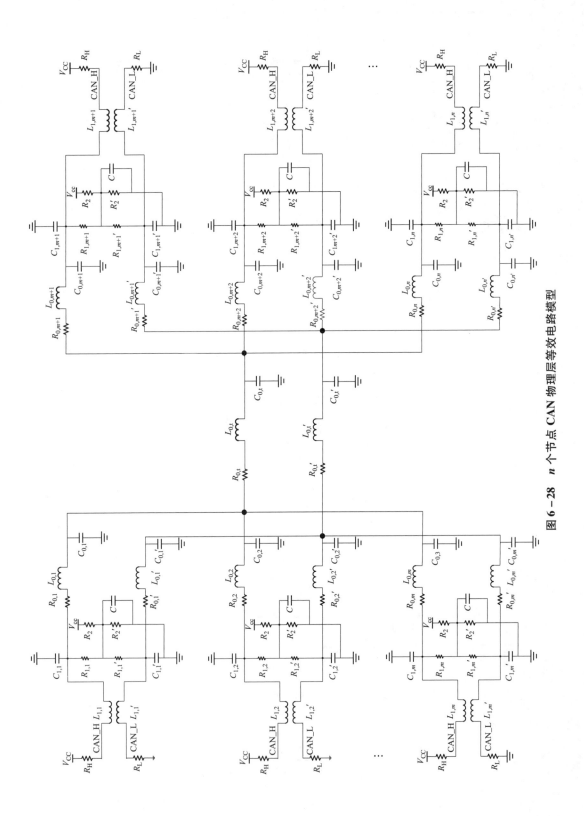

图 6-28 n 个节点 CAN 物理层等效电路模型

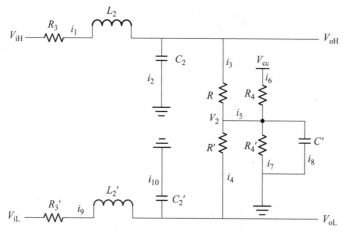

图 6-29 CAN 物理层简化电路模型

$$\begin{cases} R_3 = \dfrac{nRH}{m(n-m)} + R_{0,t} + \dfrac{1}{\sum\limits_{i=1}^{m}\dfrac{1}{R_{0,i}}} + \dfrac{1}{\sum\limits_{j=m+1}^{n}\dfrac{1}{R_{0,j}}}, R_3' = \dfrac{nRL}{m(n-m)} + R_{0,t}' + \dfrac{1}{\sum\limits_{i=1}^{m}\dfrac{1}{R_{0,i}'}} + \dfrac{1}{\sum\limits_{j=m+1}^{n}\dfrac{1}{R_{0,j}'}} \\ L_2 = L_{0,t} + \dfrac{1}{\sum\limits_{i=1}^{m}\dfrac{1}{L_{0,i}+L_{1,i}}} + \dfrac{1}{\sum\limits_{j=m+1}^{n}\dfrac{1}{L_{0,j}+L_{1,j}}}, L_2' = L_{0,t}' + \dfrac{1}{\sum\limits_{i=1}^{m}\dfrac{1}{L_{0,i}'+L_{1,i}'}} + \dfrac{1}{\sum\limits_{j=m+1}^{n}\dfrac{1}{L_{0,j}'+L_{1,j}'}} \\ C_2 = C_{0,t} + \sum\limits_{i=1}^{n} C_{0,i} + \sum\limits_{j=1}^{n} C_{1,j}, C_2' = C_{0,t}' + \sum\limits_{i=1}^{n} C_{0,i}' + \sum\limits_{j=1}^{n} C_{1,j}' \\ C' = nC \\ R = \dfrac{1}{\sum\limits_{i=1}^{n}\dfrac{1}{R_{1,i}}}, R' = \dfrac{1}{\sum\limits_{i=1}^{n}\dfrac{1}{R_{1,i}'}} \end{cases}$$

(6-10)

后面可以根据所建立的数模模型进行仿真分析计算,最后通过试验来验证,最终完成网络物理层、网络拓扑结构、线缆和终端电阻的计算。

3. 试验分析

搭建如图 6-30 所示的网络拓扑试验环境,需要的仪器设备材料有:试验控制器若干、线缆长度根据需求、CAN 卡、示波器。

试验结果显示:

(1) 在原始网络的基础上改变终端电阻的位置,不能明显改善通信情况,CAN 卡不能接收到任何报文。

(2) 在支线长度减少到 20 m 时,16 个节点才可以同时通信。

(3) 增加并接点可以稍微改善通信情况,CAN 卡可以接收到 1 个节点的报文。

(4) 减少节点数也可以改善通信质量,连同节点支线一同移除对通信质量的改善优于只移除节点不移除支线的情况。

图 6-31、图 6-32 和图 6-33 所示分别为 CAN_H、CAN_L 和差分信号的波形图。

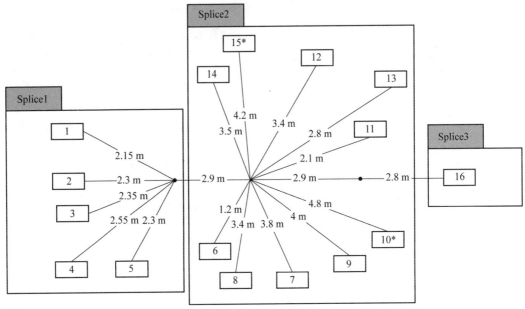

图 6-30 试验网络拓扑

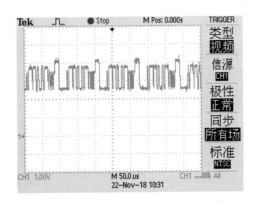

图 6-31 CAN_H 波形图

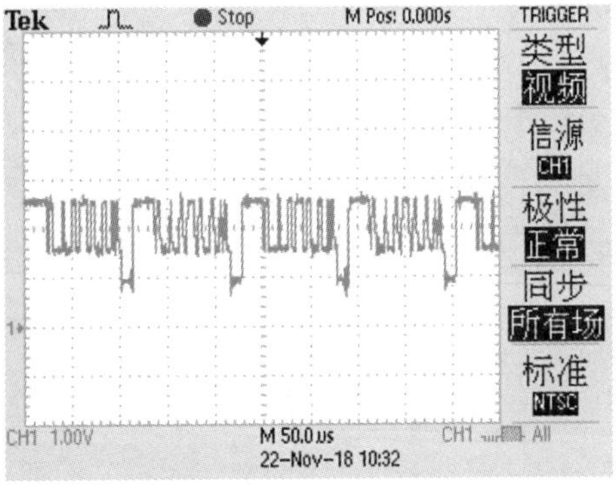

图 6-32 CAN_L 波形图

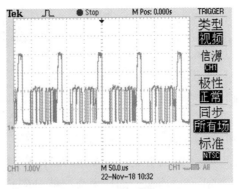

图 6-33 差分信号波形图

第三节　车用 CAN 总线应用层协议开发

构建一个现场总线网络，需要解决的关键技术问题有：总线传输信息的速率、容量、优先等级、节点容量等；高电磁干扰环境下的可靠数据传输；最大传输距离时延时大小的确定；网络的容错技术；网络的监控和故障诊断功能。

要解决以上问题，需要充分考虑现场总线网络所采用的总线类型，因为以上问题和总线的性能特点是密切相关的。

CAN 总线网络传输速度最高可达 1 Mb/s，并采用无损仲裁，通过报文标识符指示报文优先级；CAN 总线采用差分信号传输，并采用可靠的数据校验和错误检测机制；CAN 总线采用帧传输，每个报文允许传输最多 8 个字节，帧结构有严格规定，能够确定最大传输延时；CAN 总线具有可靠的错误机制和检测机制，发送的信息遭到破坏后可以重新发送；节点在错误严重的情况下具有自动退出总线的功能；可以通过制定严格的 CAN 总线应用层协议解决网络监控和诊断。

CAN 报文的分配包含报文标识符的分配和报文数据的分配，报文格式的定义，实质是将 CAN 报文的分配规则进行详细的描述。

报文 ID 的定义：CAN2.0A 帧，11 位 ID；CAN2.0B 帧，29 位 ID。

报文数据的定义：每帧报文最多包含 8 字节数据。

CAN 网络数据通信的实现，在 CAN 网络中通过报文的标识符进行信息的区分，因此通过报文的各种标识符分配来达到建立信息链接的目的。报文有周期性报文和问答性报文。

第一步：首先确定网络物理层。网络拓扑结构（网络中有几个控制器）；网络执行的是 CAN2.0A 还是 CAN2.0B；确定通信速率（商用车一般采用 250 kb/s，乘用车一般采用 500 kb/s）；采用的线缆型号；干线和分支线的长度如表 6-12 所示；总线的终端电阻及其接入方式。

表 6-12　多个 ECU 的 CAN 网络拓扑结构参数举例

参数	符号	最小值	正常值	最大值	单位	备注
电缆线总长度	L_Σ	/	/	25	m	主干线以及所有分支电缆的长度总和
ECU 分支电缆长度	L_1	0	/	1	m	
汽车上诊断口电缆长度	L_6	0	/	1.5	m	
离线测试工具端电缆长度	L_5	0.1	/	1.5	m	

经过整车网络需求分析，提取出满足整车功能开发所需要的全部网络节点，搭建网络拓扑则是接下来最重要的一步。为了兼顾经济性，提升网络开发效率，主机厂往往把信号交互依赖度高、信号交互实时性要求相似、控制功能定义分类相同的控制器放到同一网段，不同网段的信号交互则通过网关（GW）进行信号中转，网关则提前定义好路由类型。图 6-34 所示为北汽某车型的网络拓扑结构。

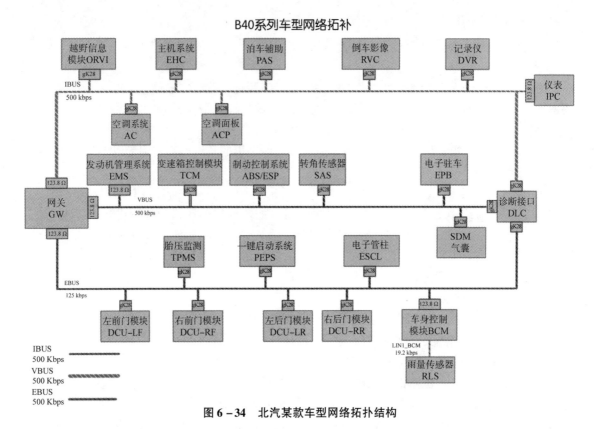

图6-34 北汽某款车型网络拓扑结构

基于ISO 11898总线型的网络拓扑，保证网络正常工作时，选择合适的终端电阻显得特别重要。由于高频信号传输时，信号波长相对传输线较短，信号在传输线终端会形成反射波，干扰源信号，所以需要在传输线最远端加终端电阻，如图6-35所示，在多个ECU的CAN网络拓扑结构中加入了中断电阻，使信号到达传输线末端后不反射。

归纳起来，CAN终端电阻有两个作用：吸收信号反射及回波；如果没有终端电阻，总线相当于一个开环状态，根据产生信号反射的来源，这种连接方式会导致单线上阻抗更加不连续，在末端阻抗突然变为0，会导致反射成倍增加，也就是提高信号质量。

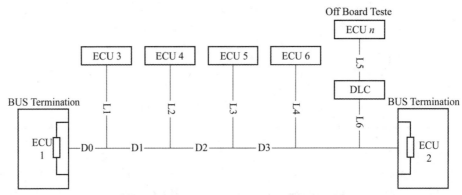

图6-35 多个ECU的CAN网络拓扑结构参数

因此，在每个网段上选择相对传输线距离最长的两个网络节点作为本项目的网络节点，根据ISO 11898-2（高速媒介访问单元），静态状态下总线上需要保持60 Ω电阻，为了保持规范性和标准化，经过计算，统一取终端节点电阻为 123.8 Ω，总线上其他网络节点电阻值保持 9.28 kΩ。

其他要求：

（1）电缆类型：双绞线，45~60 绞/m。

（2）电缆单位长度特征电阻要求：<60 mΩ/m。

（3）电缆单位长度传输延迟：<5.5 ns/m。

（4）芯截面积最小值 0.35 mm^2，最大值 0.5 mm^2。

（5）为装配连接器，电缆可以被拆开 50 mm（最好拆开长度不超过 25 mm）。

（6）L_1，L_2，L_3，L_4 互不相等。

（7）D_1，D_2，D_3 互不相等。

（8）总线终端的位置要根据拓扑结构而定，可以布置在 ECU 内部，终端应该在两个距离最远的 ECU 上。通常要求发动机控制器内部集成终端电阻。所以在决定终端位置时，需线束工程师提供整车布置情况。CAN 接口工程师根据线束工程师提供的拓扑结构，确定终端电阻在哪个 ECU 上。

第二步：确定每个控制器的收发信号、信号的类型（偏移量和比例因子或分辨率）和发送周期。

通信协议是各个网络节点信息交互规则和标准的集合，要实现车内多个 ECU 之间的正确通信，由于网络通信数据量巨大，必须制定正确的规则，才能使信号简单易懂，一般网络上传输的信号有状态信号、开关量信号、标志位信号、警报信号和命令信号，某车型项目开发网络信号命名规则如表 6-13 所示。

表 6-13　信号命名规则

MessageName_Sw_	Switch	SDM1_Sw_frontFogLamp
MessageName_St_	Status	SDM1_St_FrontCrash
MessageName_Cmd_	Command	BCM2_Cmd_LFDoorLock
MessageName_N_	Number	SDM2_N_DriverPosition
MessageName_W_	Warning	SDM1_W_SystemLamp
MessageName_F_	Failure	SDM1_F_System
MessageName_RollingCounter	Rolling Counter	SDM1_RollingCounter
MessageName_Checksum	Checksum	SDM1_Checksum
NM_{control – unit}	Network Management request	NM_EMS
Diag_Req_{control – unit}	Diagnosis request	Diag_Req_EMS
Diag_Resp_{control – unit}	Diagnosis response	Diag_Resp_EMS

在上述信号规则的约束下，例如远光灯打开信号就可以定义为：BCM1_Cmd_HighBeem；发动机转速信号为一个具体的数值，则可以定义为：EMS1_N_EngineSpeed，由于发动机转

速牵涉到安全等级,则发动机转速具有标志位,可以根据本规则定义为:EMS1_F_EngineSpeed。

网络开发过程中,通信信号的定义通常是为保障某一项功能正常工作而开发的,单个控制器肯定不是单独而存在,首先需要确定该控制器的输入和输出,即需要哪些传感器、开关、执行器,需要有哪些操作和如何执行;分析该控制器所需信号哪些从 CAN 网络上获得,哪些从硬线获得,哪些可以发到 CAN 网络上。

信号定义主要包括:信号名称、信号周期、信号发送节点、信号接收节点、比例因子、发送格式(Motorola、Intel)、周期或者时间、信号在报文中位置以及在报文中的长度,对于报文安全等级高的信号还需要 CRC 校验,以及发送 rollingcounter 值校验报文是否丢帧。

由于 CAN 总线上传输的数据最多 8 个字节,每个字节实际范围为 0~255,实际工程量数据是浮点型的,有正负,有小数点,通比例因子和偏移量将具体的工程量信号转换为 CAN 总线能发送的数据信息。比如电动汽车动力电池充放电电流偏移量是 -400 A,分辨率是 0.1 A/位,实际电流 = (CAN 数据 -400) ×0.1。

$$工程量 = (CAN 数据 + 偏移量) \times 比例因子 \qquad (6-11)$$

以 EMS 为例,设计 EMS 报文时首先要考虑,其他控制需要 EMS 提供哪些信号(需要 EMS 发送出来);其他控制器需要提供信号给 EMS,EMS 信号安全等级是否符合要求等。通常 EMS 接收大量传感器信号,并对整车扭矩输入、输出实时性有着严格要求,因此周期一般定义为 10~50 ms。

通过需求分析:EMS 需要发送加速踏板、发动机转速、实际扭矩、请求扭矩、目标怠速、节气门状态、环境温度、环境压力、刹车踏板、目标挡位、实际挡位、巡航开关、燃油消耗、暖机循环状态、油压状态、发动机运行状态、压缩机状态、燃油质量、发动机故障灯、发动机转矩、发动机防盗认证的信息,等等。

EMS 正常工作需要接收:变速箱发送的挡位状态、需求扭矩、节油提示、油温信号、TCU 运动模式指示、换挡过程状态、输入/输出轴转速、发动机转速升请求、发动机转速降请求;ESP 发送的发动机转矩请求、最大转矩、最低转矩、四个轮速;仪表发送的燃油液位;AC 发送的环境温度、压缩机请求、中压开关;EPB 发送的驻车信号、巡航取消控制信号;SDM 发送的碰撞信号;PEPS 发送的整车电源状态信号、允许发动机起动信号、IMMO 认证信号,等等。

由于发动机涉及整车安全,因此每一帧信号中都有 checksum 和 rollingcounter。定义信号时要定义清楚无效值和最大值以及初始值,任何一个技术细节的缺失都将导致整车功能的紊乱。图 6-36 所示为 EMS 信号交互图。

第三步:确定每个控制器收发报文的 ID 及发送周期。

网络 ID 是在网段上传输的唯一标示符,根据 ISO 11898,ID 数值越小,则优先级越高,因此在 ID 制定时必须遵循一定的原则,对周期要求实时性比较高的报文,ID 尽量小,报文实时性要求不高的,则可以适当放大。网络 ID 包含应用型报文、网络管理报文、诊断报文,各个类型的 ID 应用规则不一致,场合也不相同。单个控制器可能会有多个 ID,这些 ID 具有唯一属性。虽然不同网段之间网段 ID 相同不会发生冲突,但是为了以后平台化开发,在最初制定 ID 时应尽量保证单个 ID 的唯一属性。

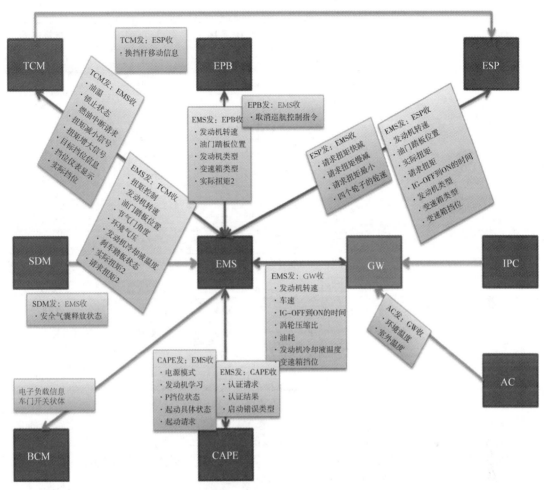

图 6-36 EMS 信号交互图

某车型三个网段的 ID 定义规则如表 6-14 所示。在开发初期为控制器定好 ID 范围，需要定义报文时严格按照表 6-14 执行。

表 6-14 ID 定义规则

序号	网段	节点名称	应用 ID 范围	网络管理 ID	诊断 ID
1	VBUS（动力 CAN）	EMS	XA0 ~ XA5	无	XE0
2		TCU	XE0 ~ XE1	无	XE1
3		EPB	X10 ~ X11	无	X18
4		ESP（ABS）	X40 ~ X42	无	0x10
5		SAS	X43 ~ X43	无	0x14
6		SDM	X30 ~ X30	无	0x21

续表

序号	网段	节点名称	应用 ID 范围	网络管理 ID	诊断 ID
7	IBUS（信息 CAN）	ORIV	XF0 ~ XF1	X2C	X2C
8		EHC	X22 ~ X22	X2D	X2D
9		PAS	X90 ~ X91	X28	X28
10		AC	X75 ~ X76	X23	X23
11		ACP	X77 ~ X78	X30	X30
12		RVC	X94 ~ X94	X27	X27
13		DVR	X96 ~ X97	X40	X40
14		IPC	X20 ~ X21	X24	X24
15	EBUS（车身 CAN）	BCM	X60 ~ X62	X25	X25
16		PEPS	X70 ~ X81	X29	X29
17		ESCL	X71 ~ X7	X2A	X2A
18		DCU - LF	X63 ~ X64	X2E	X2E
19		DCU - RF	X65 ~ X66	X2F	X2F
20		DCU - LR	X67 ~ X68	X38	X38
21		DCU - RR	X69 ~ X6A	X39	X39
22		TPMS	X72 ~ X72	X22	X22

为了保证固定范围内 ID 唯一，网络管理报文中 X 定义为 4，诊断报文中 X 定义为 7，其他字符段则根据不同的控制器选择不同的字符（X = 0 一般预留，优先级特别高时使用），一般 EMS、TCU 优先级较高，则 X 选择比较小的数字。

第四步：进行网络负载率等仿真分析。

CAN 总线利用仲裁机制进行网络信号传输，优先级高的报文优先传输，优先级低报文则等优先级高的传输完毕后再进行传输；如果负载率过高，则总线上优先级低的报文为了保证优先级高的报文先行发送，优先级低的报文将会大大增加延迟发送时间。

总线负载率的计算：CAN 总线负载率是总线上各帧总线占用的百分比之和，即总线上实际传输的数据量和标称位速率之比。在传输过程中总线上的负载率是时刻变化的，在实际计算时，只能计算一个时间段内的平均负载率。

负载率越低，则越能保证信号的实时性；但是负载率过低，就无法在有限的时间内传输足够的数据。根据经验理论，最佳总线负载率为 30% 左右。总线负载率表征了 CAN 总线的工作状况，通常 CAN 总线负载率应保持在一个较低的水平，这样即使优先级较低的报文也能及时发送出去，或等待很少的延时。总线负载率的上限经验值为 30%。

在分析完几种帧的结构后，开始分析每种帧在总线上传播时所占用的位。

标准帧所占用的长度为：1(帧起始) + 11(11 位 ID) + 1(RTR) + 1(IDE) + 1(保留 0) + 4(数据长度) + 8 * dlc(数据长度，每个 8 位) + 15(CRC) + 1(CRC 界定符) + 1(应答间隙) + 1(应答界定符) + 7(帧结尾) + 3(帧间空间)，即 47 + (8 * dlc)。

扩展帧所占用的长度为：1(帧起始)+11(11 位 ID)+1(SRR)+1(IDE)+18(扩展 ID)+1(RTR)+1(保留 1)+1(保留 0)+4(数据长度)+8*dlc(数据长度，每个 8 位)+15(CRC)+1(CRC 界定符)+1(应答间隙)+1(应答界定符)+7(帧结尾)+3(帧间空间)，即 67+(8*dlc)。

错误帧所占用的长度为：6(错误标志)+8(错误界定符)，即 14。

在计算 CAN 总线的负载时还需要注意的一个问题是实际的编码，编码即位流编码（Bit Stream Coding）。帧的部分，诸如帧起始、仲裁场、控制场、数据场以及 CRC 序列，均通过位填充的方法编码。无论何时，发送器只要检测到位流里有 5 个连续相同值的位，便自动在位流里插入一补充位。

数据帧或远程帧（CRC 界定符、应答场和帧结尾）的剩余位场形式固定，不填充。错误帧和过载帧的形式也固定，但并不通过位填充的方法进行编码。

最好的情况是没有位填充，最坏的情况是所有需要进行编码的位均需要进行位填充，这时，标准帧里填充的位数为 $(34+(8*dlc)-1)/4$；同样，扩展帧里需要填充的位数为 $(54+(8*dlc)-1)/4$。

因此在完成对数据帧的位数分析后，可以开始对负载率进行计算。在程序中编写一个程序，收到每个帧后对当前平均负载率进行计算，负载率的计算程序流程如下：

LastTime = CurrentTime

CurrentTime = GetCurrentTime

TimeDifference = CurrentTime – LastTime

ReceivedBits = 报文所占长度(按本节所述方法计算)

BusLoad = (ReceivedBits/(BitRate * TimeDifference)) * 100

ReceivedBits = 0

这里需要借助第三方软件建模 DBC 文件，进行编程仿真报文的收发。

第五步：网络测试和监控。

测试包括单件测试和整车测试，网络开发和网络测试同时进行，一般会针对单个控制器进行最少 3 轮台架测试，并进行若干轮回归测试，测试问题要及时记录文档并注明测试日期。对网络开发测试问题及时汇总的好处是显而易见的，既可以形成经验积累，又可以避免其他控制器开发过程中出现类似问题。每个网络节点开发进度不一致，很容易导致开发状态不一等问题，因此在开发过程中要随时对单个控制器开发状态进行监控。

比如 PEPS 系统在 D 挡可以起动车辆（网络初始化时间不正确）问题的解决：众所周知，车辆的起动牵扯到包括行人在内的生命安全，因此为了安全考虑，整车厂都将整车起动策略定义为：AT 车辆，只有在 N 或者 P 挡，踩刹车允许起动；MT 车辆，只有在空挡，踩离合器才允许车辆起动。在 EP1 阶段，挂 D 挡，车辆按下点火按键，车辆能起动。经过分析，在按下点火按键后，车辆点火开关从 IG OFF 挡为 IG ON 挡，此时 ECU 开始通信并在 200 ms 内发送初始值（为了安全考虑，TCU 挡位初始值定义为 P），此时造成 PEPS 误认为该时刻为 P 挡，允许发动机起动。详见图 6-37 PEPS 判定时序图。经过修改 PEPS 判定时间，待整车初始化完成（200 ms）后进行判定，成功解决此问题。

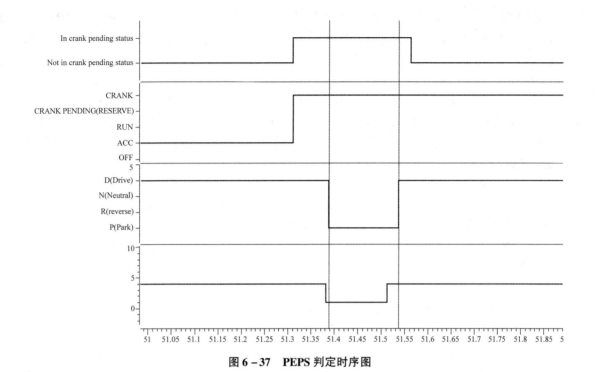

图 6-37 PEPS 判定时序图

第六步：通过网络进行整车故障诊断。后面章节中会介绍利用故障诊断协议进行故障诊断系统的开发，实现车辆的故障诊断。

第四节 商用车 CAN 应用层协议 SAE J1939 解析

一、SAE J1939 消息帧

消息格式应当符合 CAN 的要求，参照的是 CAN2.0B 规范。

J1939 是以 CAN 总线的通信协议为基础制定的，利用 CAN 总线的 29 位识别位形成 J1939 的编码系统。CAN 的 29 位识别码被分成六部分：

(1) 优先权 (P)：由 3 位组成，优先级由高到低的顺序为 0~7，共 8 级。缺省的面向控制信息的优先级为 3，面向其他信息的为 6，速度快的系统优先级高。

(2) 保留位 (R)：1 位，不可与 CAN 的保留位相混淆，发送信息此位应清零。用于留待 SAE 将来使用，扩展 PDU 域，定义新的 PDU 格式，扩展优先权或是增加地址空间。

(3) 数据页 (DP)：1 位，即 0 和 1 页。用于扩展得参数组，目前定义的参数组数都填充在 0 页，如图 6-38 所示。

(4) PDU 格式 (PF)：由 8 位组成，决定 PDU 的格式和决定分配到数据域的参数组数 (PGN)。PGN 用于标识命令、数据、请求和确认等信息。有两种特定的标识不同参数的 PDU 格式，即 PDU1 和 PDU2。PDU1 格式可用于传递数据帧到特定或全局的目标地址 (DA)，即某个 ECU；PDU2 格式仅仅用于全局信息传送到扩展的参数组 (GE)。

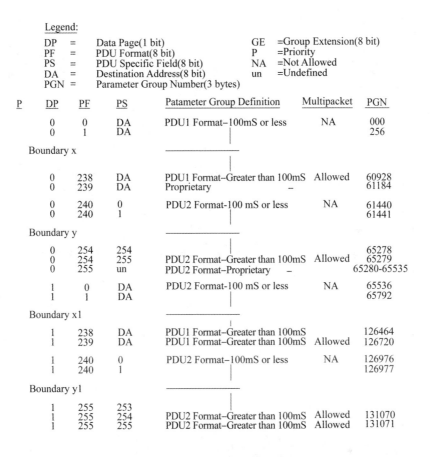

图 6-38　SAE J1939 参数组模板

①目标地址（DA），即消息将要发送到的特定地址。注意任何其他地址的设备都应忽略这个消息。全部目标地址为 255，此时所有设备都必须接收并响应这个消息。与 SA 对应，所有设备中是唯一的。

②扩展参数组（GE）与 PF 的低 4 位组合，在每个数据页能够定义 4 096 个参数组，这 4 096 个参数组只能是 PDU2 格式的。加上采用 PDU1 格式的每个数据页的 240 个参数组，当前两个数据页能够定义的参数组共用 8 672 个，即

$$[240+(16\times256)]\times2=8\,672$$

（5）特定 PDU（PS）：由 8 位组成，它的定义取决于 PDU 格式（PF）：如果 PF 的值小于 240，则 PS 定义为目标地址（DA），为 PDU1 格式；如果 PF 的值在 240~255，则 PS 包含一个扩展组（GE），即 PDU2 格式。因此在实际应用中 PS 要根据 PF 的定义情况只能定义为 DA 和 GE 之一。

（6）源地址（SA）：由 8 位组成，在网络中每个设备对应唯一的源地址，确保 CAN 辨识码的唯一性。

上述六部分与数据域一起构成了 J1939 PDU，如图 6-39 所示。单个信息帧的发送需要 8 个数据字节，多个信息帧的发送需要 9~1 785 个数据字节。

Bits →	P	R	D P	PF	PS	SA	Data Field
	3	1	1	8	8	8	0~64

J1939 PDU

图 6-39　协议数据单元（PDU）帧格式

上述的保留位（R）、数据页（DP）、PDU 格式 PF 和特定 PDU（PS）构成了参数组数 PGN。PGN 用来识别或标识命令、数据、某些请求、应答和负应答等，用来定义传输的命令、信息、格式以及编码，例如转速控制参数和控制器信息等。PGN 有时需要一个以上的信息帧来传送，它由 24 位来表示。由于保留位 R 一般定义为 0，数据页一般定义为第 0 页，所以 PGN 一般由 PF、PS 组合，可以用公式表示为：PGN = PF × 256 + PS。当 PF 的值小于 240 时，PS 取 SA，PS = 0；当 PF 的值在 240 ~ 255 时，PS 取 GE，PS = GE。

SAE J1939 支持的开放系统互连 OSI 模型如图 6-40 所示。需要注意的是，某些参数群的定义要求使用一个以上的 CAN 数据帧来发送消息。

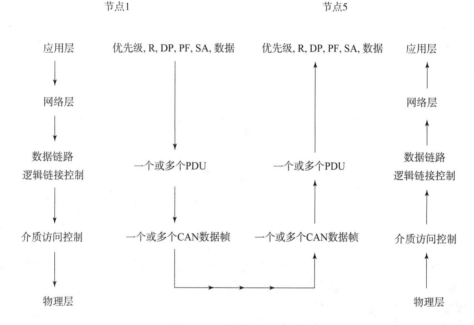

定义：R 是保留位，DP 是数据页，PF 是 PDU 格式，PS 是特定 PDU，SA 是源地址

图 6-40　OSI 在 SAE J1939 中的应用

数据域：0 ~ 8 Bytes 的数可以放在一个 CAN 数据帧中。一般建议为将来可能扩展的 PGN 分配或保留 8 Bytes 的数据位，这样容易添加参数，也不会和以前只定义了部分数据域的版本不兼容。一旦某个 PGN 的数据字节数确定了就不能再更改（如果以前未定义为多封装的也不能改为多封装）。另外，各个具有独立功能的参数组必须采用相同长度的数据域，因为在 CAN 数据场用于传递特殊的子功能时，CAN 的标识符是一样的。

当数据位长在 9 ~ 1 785 Bytes 时，需要多个 CAN 帧结构来传输，并且在帧中需要有特定的参数组信息。当某个参数组需要多个 CAN 帧来完成时，需要用到"传输协议功能"（Transport Protocol Function）。传输协议功能提供了对目标特殊传输的流控制和握手性能。

当 DLC 的值等于 8 时，所有的 CAN 数据帧和一个特定的多封装有关。所有没用到的数据字节被设为不可用，每个封装包中的数据字节数是固定的。然而，J1939 将定义多封装消息的封装数为可变的，用于动态诊断码的 PGN 就是这样的例子。

1. 参数组数（PGN）

用于标识 CAN 数据帧数据域的参数组，参数组数是非常有必要的，它总共用 24 位表述。参数组数是一个包含如下部分的 24 位的数：6 位显性位，1 位保留位，1 位数据页位，PF（8 bits）和 GE（8 bits），这些位转化为 PGN 的程序为：当 PF 的值小于 240 时，PGN 的最低字节设为 0，否则为 GE。应该如果注意按这个转化规则，不是这些位所有 131 071 个组合全部能用。参见 SAE J1939 附录 A：PGN 的分配。表 6 – 15 所示为参数组数各位的详细描述以及相应的转化为十进制数的过程。

表 6 – 15 参数组（PGN）实例

PGN 组元 PGN（MSB）字节 1 CAN 数据帧 顺序三发送	PGN 组元 PGN（MSB）字节 1	PGN 组元 PGN（MSB）字节 1	PGN 组元 PGN 字节 2 CAN 数据帧 顺序二发送	PGN 组元 PGN（LSB）字节 3 CAN 数据帧 顺序一发送	PGN		可分配的参数组	累计的参数组	SAE 或厂家
	保留位	数据页	PDU 格式	PDU 特定域					
位 8~3	位 2	位 1	位 8~1	位 8~1	十进制	十六进制	数目	数目	分配
0	0	0	0	0	0	0x000000			SAE
							239	239	
0	0	0	238	0	60928	0x00EE00			
0	0	0	239	0	61184	0x00EF00	1	240	厂家
0	0	0	240	0	61440	0x00F000			SAE
							3 840		
0	0	0	254	255	65279	0x00FEFF		4 080	
0	0	0	255	0	65280	0x00FF00			
							256		厂家
0	0	0	255	255	65535	0x00FFFF		4 336	
0	0	1	0	0	65536	0x010000			
							240		SAE
0	0	1	239	0	126720	0x01EF00		4 576	
0	0	1	240	0	126976	0x01F000			
							4 096		SAE
0	0	1	255	255	131071	0x01FFFF		8 672	
总数							8 672	8 672	

2. PDU 格式

PDU 格式分为两种，PDU1 为确定目标地址，PDU2 为不确定目标地址。之所以采用这两种格式，是为了既提供确定目标的通信又提供更多的参数组的组合方式。专用参数组的定义也已经分配了，这样专用通信中也将具备这两种格式。

1）PDU1

这种格式允许参数组的发送地址为特定或全部目标地址，如图 6-41 所示。PDU 特定域包含一个目标地址（DA），PDU1 格式的消息可以是被请求的或主动发送的。

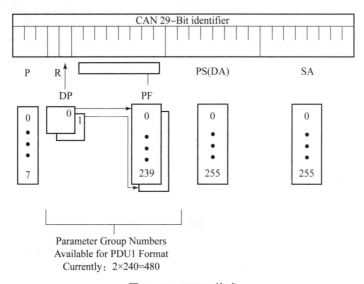

图 6-41 PDU1 格式

PDU1 格式为 PF 场中的数为 0~239，此时 PS 场中的数为目标地址。

PDU1 的最小延迟时间为从 PF=0 开始递加，不超过 100 ms。对延迟时间要求不高的 PDU1 可以从 238 开始递减，大于 100 ms。

PF=239 用于专用通信。这种情况下 PS 为目标地址，用于专用通信 A 的 PGN 为 61184。

2）PDU2

这种格式用来把参数组作为全部消息传输，PDU2 格式消息可以被请求或者主动发送，如图 6-42 所示。在制定参数组数的同时，选择 PDU2 格式，可以防止参数组数被引导为用于一个特定目标地址的消息传输。

PDU2 格式为 PF 场中的数为 240~255，此时 PS 中的数为扩展组。它用于对通信参数组发送全部消息。消息的 PGN 的最小发送速率为从 PF=240 开始递加，不超过 100 ms。

PF=255 用于专用，PS 场由各厂商自定义。用于专用通信的 PGN 范围为 65280~65535。

3. 消息帧类型

目前支持 5 种消息类型：命令、请求、广播/响应、应答、功能组。这些信息分类由 PGN 的分配来实现，SAE J1939 的附录 A 中有 PGN 的分配实例。当 RTR 为隐性时（逻辑 1）不可用，SAE J1939 中不使用此位。

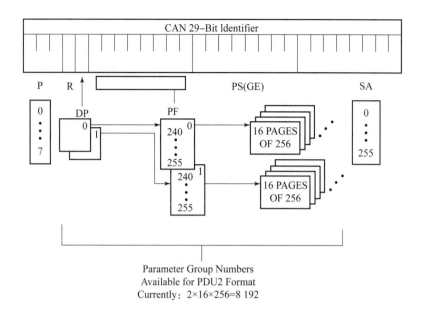

图 6-42　PDU2 格式

当多字节参数放入 CAN 数据帧的数据域时，应先放最低位。如果一个两字节参数放入数据域的第 7、第 8 字节，则参数的低位放入第 7 字节，高位放入第 8 字节。

1）命令

这类消息是指从源地址发送到特定或全部地址的消息，当目标地址接收到此类消息后要执行特定的动作。PDU1 和 PDU2 格式都能用作命令消息，命令消息的实例有"传动控制""地址请求""转矩/转速控制"等。

2）请求

这类消息类型由 PGN 标识，能够向全部或某个特定地址请求消息。向一个特定的目标地址请求就是目标特定请求。表 6-16 所示的消息中为"请求 PGN"参数组指定了一个参数组数，以同样格式定义的消息见 SAE J1939-71。

表 6-16　请求 PGN 定义

参数组名称	请求 PGN
定义	用于向一个或多个网络设备请求参数组
传输刷新速率	根据用户需要，推荐不超过每秒 3 次
数据长度	3 字节
数据页	0
PDU 格式	234
PDU 特定场	目标地址
缺省优先级	6
参数组数（PGN）	59904（00EA0016）

续表

此功能组所用参数数据	
顺序号	1~255（1字节）不可为0
字节：1，2，3	被请求的参数组

表 6-17 给出了请求和响应的 PDU1 和 PDU2 格式的 PGN 的可能情况。消息的发送器根据请求的对象是特定目标还是全部目标来决定消息的目标地址是特定的还是全部的。对于发送器主动发送的消息，如果是 PDU1 格式的 PGN 或是 PDU2 格式的 PGN 并且消息数据长度大于 8 字节，发送器可以选择向特定地址或全部地址发送；如果是 PDU2 格式的 PGN，并且消息数据长度不大于 8 字节，就只能选择向全部地址发送。

表 6-17　PDU1 与 PDU2 发送、请求和响应需求

PDU 类型	数据长度	请求 PGN 59904	响应	使用的传输协议
1	≤8 Bytes	DA 特定	DA 特定	NA
1	≤8 Bytes	DA 全部	DA 全部	NA
1	≤8 Bytes	无	DA 全部	NA
			DA 特定	NA
1	>8 Bytes	DA 特定	DA 特定	RTS/CTS
1	>8 Bytes	DA 全部	DA 全部	BAM
1	>8 Bytes	无	DA 全部	BAM
			DA 特定	RTS/CTS
2	≤8 Bytes	DA 特定	DA 全部	NA
2	≤8 Bytes	DA 全部	DA 全部	NA
2	≤8 Bytes		DA 全部	NA
2	>8 Bytes	DA 特定	DA 特定	RTS/CTS
2	>8 Bytes	DA 全部	DA 全部	BAM
2	>8 Bytes	无	DA 全部	BAM
			DA 特定	RTS/CTS

决定向特定地址发送还是向全部地址发送的通用规则如下：

（1）如果请求消息是发给全部地址的，那么响应消息也是发给全部地址的。当响应消息是发向全部地址时，不能用否定的应答消息（NACK）。

（2）如果请求消息是发给特定地址的，那么响应消息也是发给特定地址的。如果不支持请求的 PGN，则需要发送否定的应答消息（NACK）。如果数据长度等于或超过 8 个字节，相应消息要采用 RTS/CTS 传输协议发送。

例外情况：

①PDU2 格式的 PGN 长度小于或等于 8 字节时，只能向全部地址发送，因为在 PDU2 格

式的 PGN 中没有目标地址域（DA）。

②地址声明 PGN 应被发送到全部地址，即使请求消息是发送给特定目标地址的。

③应答 PGN 相应消息应被发送到全部地址，即使引起应答的 PGN 是被发送给特定目标地址的。

（3）对周期广播或主动发送的消息，PDU1 格式或 PDU2 格式的 PGN 可以被发送给特定地址或全部地址。例外情况：PDU2 格式 PGN 当消息数据长度小于等于 8 字节时，只能向全局地址发送。

（4）不符合规则的例外情况确实存在并且在出现时会特别标注。这些例外在 PGN 的定义时会说明，包括以下两种类型的例外：当响应消息的目标地址不指定请求消息的源地址时，如前面提到的地址声明 PGN 和应答 PGN；当 PGN 不支持所用类型的可获得的地址，有些 PGN 在定义时不支持所有 PDU1 和 PDU2 格式消息支持的地址。

表 6-18 包含两个例子表明请求 PGN 如何使用。

表 6-18 SAE J1939 的 PDU1 格式特定段的应用

消息类型	PF	PS（DA）	SA	数据1	数据2	数据3
全局请求	234	255 多响应	SA1 请求者	PGN 1sb[①]	PGN	PGN msb[①]
特定请求	234	SA2 响应者	SA1 请求者	PGN 1sb[①]	PGN	PGN msb[①]

注：①数据域中参数群编号用于标明被请求消息。

从特定地址发送出来的请求都需要响应，即使是当请求的 PGN 不被支持时也要发送否定的响应消息（NACK）。注意一些 PGN 是多组的，因此多帧 CAN 数据帧可以作为单帧请求的响应。

但某特定 PGN 值不被节点支持时，全局请求不能以 NACK 响应。

请求 PGN 可以被直接发送到特定的目标地址以验证是否特定的参数组被支持，对请求的响应决定了这个 PGN 是否被支持。如果 PGN 被支持，响应的设备应当发送被请求的消息。如果应答 PGN 适合，控制位应当设为 0 或 2；如果不支持控制位设为 1，表示否定的应答。SAE J1939PDU 格式的参数组的其他部分必须被正确填充。注意在本节定义中，不被支持的意思就是这个参数组不被发送，而不能通过这种方法确定这个设备是否按照这个参数组指令工作。

3）广播/响应

这类消息指某一设备主动广播发送或是针对命令或是请求消息的响应消息。

4）确认

总共有两类确认形式，第一类是 CAN 协议提供的，包括一个帧内的应答确认网络中至少有一个节点接收了此消息。另外，如果不出现出错帧，也表明所有连接在网络中的上电节点正确地接收了消息。第二类的应答是对应用层提供的命令或请求所作的响应应答，包括正常的广播、应答和否定应答。应答参数组的定义包括在表 6-19 中，一些参数组需要的应答类型在应用层文档中定义。

对于功能组的参数组，功能组数值参数允许一个设备识别正在应答的特定功能组。对每一个功能组参数组，功能组的数值是不同的，范围为 0~250。

表6-19 应答PGN定义

参数组名称		确认/应答
定义		为消息的发送端与接收端提供握手机制
传输刷新速率		由接收到的PGN需要的应答确定
数据长度		8字节
数据页		0
PDU格式		232
PDU特定场		目标地址=255
缺省优先级		6
参数组数（PGN）		59392（00E800$_{16}$）
此功能组所用参数数据：		
控制位	0~2	见下面定义
	3~255	保留
功能组数	0~250	在应用时，对每个独立的PGN定义是特定的；通常在应用功能组PG时，位于数据域第一字节
	251~255	SAE J1939-71中定义
肯定应答：控制位=0		
字节	1	控制位=0，肯定应答ACK
	2	功能组数（如果应用）
	3~5	保留，FF$_{16}$
	6~8	请求消息的PGN
否定应答：控制位=1		
字节	1	控制位=1，否定应答NACK
	2	功能组数（如果应用）
	3~5	保留，FF$_{16}$
	6~8	请求消息的PGN
禁止访问：控制位=2（PGN支持，但为安全禁止访问）		
字节	1	控制位=2，禁止访问
	2	功能组数（如果应用）
	3~5	保留，FF$_{16}$
	6~8	请求消息的PGN

5）功能组

此类消息用于一组特定的功能。每一个功能组通过其PGN识别。如表6-20和表6-21所示，功能本身在数据结构中定义，更详细的功能组如专有、传输协议等在后续章节中讲述。专有的功能组提供一种传输专有消息的方法，可以消除不同厂家在使用CAN标识区域产生的冲突，也可以提供接收和辨别专有消息的一种方法。如果消息在 SAE J1939 – 21 中没有定义，功能组能够提供它们自己的请求、应答、否定应答机制。

表 6 – 20 专有通信 A PGN 定义

参数组名称	专有通信 A
定义	本专有 PG 采用特定目标地址 PDU 格式，允许厂家同一个特定目标地址建立专有通信，数据域的使用由厂家决定，但是要受车辆网络总线利用率超过 2% 的限制
传输刷新速率	根据用户需求
数据长度	0 ~ 1 785 字节
数据页	0
PDU 格式	239
PDU 特定场	目标地址
缺省优先级	6
参数组数（PGN）	61184（00EF00$_{16}$）
字节：1 ~ 8	厂家定义功能
本功能组所用参数的数据区间：	
SAE J1939 未定义	

表 6 – 21 专有通信 B PGN 定义

参数组名称	专有通信 B
定义	本专有 PG 采用 PDU2 格式，允许厂家根据需要定义 GE 的数值，但是要避免车辆网络总线利用率超过 2%。PS（GE）和数据域的使用由厂家决定，数据长度也由厂家决定。这样，如果消息的发送端，两个厂家定义的 GE 相同，但同时很可能定义的数据长度不同，接收端可以据此区别两个厂家发送的消息
传输刷新速率	根据用户需求
数据长度	0 ~ 1 785 字节
数据页	0
PDU 格式	255
PDU 特定场	扩展组
缺省优先级	6
参数组数（PGN）	65 280 ~ 65 535（00FF00$_{16}$ – 00FFFF$_{16}$）
字节：1 ~ 8	厂家定义功能
本功能组所用参数的数据区间：	
厂家自行定义功能导致每个组件供应商和源地址的数据长度是唯一的，要慎重使用专有通信 B 参数组，因为有可能多个源地址定义同样的 PGN，而针对的功能各不相同	

一个采用 PGN 59904 的请求消息可以用来验证一个特定的参数组——功能组是否被支持。如果被支持，响应设备就会发送一个控制位设为 0 的应答消息作为肯定的应答；如果不被支持，响应设备就会发送一个控制位设为 1 的应答消息作为否定应答。SAE J1939 格式的消息剩余部分及参数组必须被恰当地填充。

4. 源地址和参数组数的分配

PDU 有两种格式：PDU1 和 PDU2。参数组只能采用其中的一种格式，即如果选择了某一种，就不可能采用另一种。PDU1 用于总是需要一个特定目标地址的参数组。分配参数组时需要考虑如下因素：优先权、刷新速率、数据重要性和数据长度等。为了方便申请指定新的源地址和参数组数，SAE J1939 指定了申请表。

图 6-38 给出了一个指定 PGN 的模板。优先权位暂时都设为缺省值，OEM 厂商可以根据需要通过编程自定义。尽管每个 PGN 都能够被请求，但是对于周期性广播的消息就不建议发送请求了。

只有某个参数是直接控制一个或几个特定设备时，才将其分配为 PDU1 格式；否则都将设为 PDU2 格式，以便所有的设备都能通过消息得到这些参数。

源地址的分配无须考虑消息优先权、刷新速率以及重要性，顺序分配即可。

PGN 被线性地分配在图 6-38 的各段，分配标准见参数组数和源地址申请表。当刷新率高于每秒 10 次时，就不能采用多帧传送了。

1) 原地址分配标准

目前 SAE J1939 尚未分配的源地址数量有限，所以新源地址的分配必须经济有效，源地址的总数不能超过 256 个。因此必须分配给对车辆功能有显著作用的功能，比如目前的发动机、传动系统、制动系统、燃料系统等。计划分配新源地址的功能必须具有与现有源地址功能相当的重要性，或者对大多数 SAE 用户有用。有些设备采用的是动态分配地址的模式。此时，动态地址必须由设备工具设定或者是网络上电时分配。当采用动态分配地址时需要预先有特殊的预报，因为不是所有网络设备都支持这种模式。

2) 参数组分配标准

对于卡车以及其他用途的车辆，SAE J1939 未分配的 PGN 也是有限的。J1939 的固有性能基本能满足大量参数组的需求。目前主要有三种方式：

（1）PDU1：当消息需要直接发送给某个目标时，需要这样的特定目标的参数组。SAE J1939 定义了转矩控制消息发送给一个发动机，如果有多个发动机，则消息只能发送给一个需要的发动机。

（2）PDU2：它可用于两种情况下，即从一个或多个源发送到一个地址，或从一个或多个源发送到多个地址。

（3）专有通信：包括一个无特定目标地址专有通信指定的 PGN 和一个有特定目标地址专有通信的 PGN。包含两个功能，一是一个特定的源地址以 PDU2 格式发送专有通信，其中 PS 域由用户根据意愿给出；另一个是当一个设备工具必须从一组控制器中选出特定的目标地址，就要采用 PDU1 格式专有通信。例如，当一个发动机在同一个网络上有多个控制器，而要对控制器进行诊断的情况下，就需要带有特定目标地址的专有通信。

由于一些原因，如不需要标准通信，或者专用通信非常重要时，可制定专用通信用的 PGN。比如，很多通信节点在同一家厂商生产的设备中，并且信息对其他设备也没有用时，就可以采用非标准的专有通信。

在考虑分配参数组时，应先考虑专有通信，然后再考虑 PDU2 格式通信。如果传输的是专有信息，应该用专有通信方式；或者将要发送的消息不是一般重要的，也应该用专有通信。如果信息是一般重要的而且不需要发送到特定的某个节点，此时需采用 PDU2 格式传输。如果信息是一般重要的，而且要发到一个或另外一个设备时，就需要给出特定的目标地址，此时需要采用 PDU1 格式传输。

3）数据域定义

基于 CAN 的系统一般要求最短的消息帧也要将数据域全部使用（8 字节）。除了在对时间要求较高的情况下，一般相关的参数组成一组以便填满 8 个字节的数据域。在将来定义 PGN 时应当考虑这个原则，如果定义参数组时分散使用数据域必须有充分的理由。

二、SAE J1939 传输协议解析

传输协议是数据链路层中的一部分，具有两大主要功能：消息封装和重组、连接管理。在下面的章节里，发送端是指发送"请求发送"的消息的 ECU 或设备，响应端就是指发送"允许发送"消息的 ECU 或设备。

1. 消息封装和重组

大于 8 字节的消息不能在一个 CAN 数据帧中完成传输，必须分成若干小数据包，分别在若干个数据帧中进行传输，并在目的地端接收后解析并重组成原始的消息。

消息封装包是一个包含 8 位数据域的 CAN 数据帧。每个封装包内包含了大消息的一段，为了使得每个单独发送的包能够在目标端正确地重组，每个报文都必须能够被独立区分，数据场的第一个字节定义为封装包的序列号，范围为 1~255。因此最大消息长度为 255 × 7 Bytes = 1 785 Bytes。

序列号用来指定在网络上传输的数据包，用于消息封装和消息的接收端将包重新组装成消息。从 1 开始顺序编号直到消息被打包结束并顺序发送出去。

一个大的消息就是指一个字符数超过 8 个字节的字符串的参数组。封装是第 1 个数据传输包包含序列号 1 和字符串的头 7 个字节，第二个 7 个字节和序列号 2 一起放入另一个 SAE J1939/CAN 数据帧中，第三个与序列号 3 组合，依此类推，直到原始信息的所有字节都被打包并发送出去为止。

对于多封装广播消息而言，每个包之间的延时为 50~200 ms；对于多封装特定目标的消息而言，原始端要保持每个包之间最大延时不超过 200 ms。响应端必须认清这些包有相同的标识符。

每一个数据包（除了最后一个包）都必须包括原始的大消息中的 7 个字节，最后一个包包括 8 个字节，其中有一个字节的序列号，至少有一个字节是与参数组相关的数据，剩余未用字节都设为 FF。

重新组装是指每个数据包顺序传到目标端，按序列号排列组成长数据，并交由需要该长数据的应用实体使用。

2. 连接管理

连接管理就是为目标特定的传输节点之间进行虚拟连接的建立、运行以及断开。J1939

中的虚拟连接指的是为了两个节点之间进行单个PGN长消息传输而建立的临时连接，或者是从一到多进行的连接（此时不进行流管理和关闭）。

1) 多封装广播

一个大的消息可能是没有特定地址要求的，是一个可以广播的消息。要广播一个多帧消息，首先要发送一个广播声明消息（BAM）。这条消息必须发送给整个网络地址，以提醒各节点马上要发送一个大的消息。BAM消息包括要发送的大消息的PGN、长度和消息封装后的帧数。对这个大消息感兴趣的节点，开始进行资源分配以便接收和重新组装消息。接着数据传输PGN被用来传输相关的数据。

2) 连接初始化

当一个节点发送向一个目标节点发送传输消息的请求时，连接就被初始化了。请求消息包括整个消息的字节数、将要被分割传输的数据包数以及相关的PGN。

当接收到请求发送数据的消息后，节点可以选择接受建立连接或者拒绝。如果接受建立连接，接收端发送一个允许发送消息，这个消息包括它可以接收的包数和希望接收的首个包的顺序号。接收端必须保证它有足够的资源能够处理将要接收的传入信息。对于一个新建立的连接，初始的包的顺序号应该为1。允许发送消息可以不包括允许接收消息拆分的所有数据包。

如果拒绝建立连接，接收端发送一个连接放弃消息，可以以任何理由放弃连接，如资源、内存不足等。

对发送端来说，当它接收到从接收端发过来的CTS后，连接就开始建立了；对接收端来说，当它响应RTS而成功发送出CTS时，连接就开始建立了。这样的定义用来决定何时必须发送一个连接放弃消息来关闭连接。

当接收端检查RTS后决定不建立连接时，应当发送连接放弃消息，这可以使接收端不用等待超时而直接转移到另外一个新的连接。

3) 数据传输

当发送端接收到允许发送消息时，开始数据传输。一个例外就是由"广播声明消息"引起的数据传输，这种情况下没有CTS。传输数据的PGN放在了每个数据包的标识符内，每个包数据域的首字节为顺序号。

对于特定目标的传输，由接收端负责协调两个节点之间的流控制。当一个连接建立后，如果接收端想暂停传输并保持连接，它必须发送一个包数设为0的CTS。如果必须将传输暂停几秒钟，接收端必须每个0.5 s重复发送CTS，以确保发送端不将连接中断，所有剩余位设为1。

4) 关闭连接

当没有错误出现时存在两种关闭情况，分别为全部地址的连接和特定地址的连接。在发送到全部地址情况下，对于数据接收来说，没有关闭连接操作。在特定地址的连接中，当接收到最后一个消息流时，接收端会发送一个消息结束应答到消息的发送端，这时通知发送端接收端关闭了连接，必须有"消息结束应答"以释放连接为其他设备使用。

在全部地址连接中，不能采用"连接放弃"消息。在特定目标地址传输中，接收端和发送端都可以在任何时候采用"连接放弃"消息中断连接。例如，如果接收端决定没有可用资源处理消息，它可以简单地发送"连接放弃"消息退出连接，当接收到"连接放弃"

消息时，所有已经传过来的数据包都将被舍弃。

任何节点的传输失败都可以导致连接关闭。例如，当接收完最后一个数据包后等待想要的下一个消息的间隔时间（CTS 允许）超过 T1 秒；发送完 CTS 等待传输数据的间隔时间超过 T2 秒（发送端错误）；最后一个数据包发送完，等待 CTS 或 ACK 的时间超过 T3 秒（接收端错误）；当接收到一个暂停传输保持连接的 CTS 后，超过 T4 秒时间仍没有接到下一个 CTS，会导致连接关闭；不论发送端与接收端以何理由关闭传输，都应当发送"连接放弃"消息。

Tr = 200 ms
Th = 500 ms
T1 = 750 ms
T2 = 1 250 ms
T3 = 1 250 ms
T4 = 1 050 ms

根据本节的定义，可以得出以下结论：

(1) 对广播声明消息的连接关闭方式如下：

当发送端送出最后一个消息数据包时，连接关闭；当接收端接收到最后一个消息数据包或者出现 T1 超时情况，连接中断。

(2) 对于 RTS/CTS 的连接关闭方式如下：

当发送端出现下列情况下，连接关闭：当 PGN 对应的全部消息传输完成后接收到 TP. CM_EndOfMsgAck 消息；以任何理由（T3 或 T4 超时）发送连接放弃消息；接收到一个连接放弃消息。

(3) 接收端出现下列情况下，连接关闭：

当 PGN 对应的全部消息传输完成后接收到 TP. CM_EndOfMsgAck 消息；接收到一个连接放弃消息；以任何理由（T1 或 T2 超时）发送连接放弃消息。

3. 传输协议连接管理报文

此类消息用来初始化、关闭和控制流。传输协议提供了以下消息：请求发送连接模式、允许发送连接模式、消息结束应答、连接放弃、广播声明消息。传输协议消息格式如表 6 – 22 所示。

表 6 – 22 传输协议消息格式

参数组名称	传输协议——连接管理（TP. CM）
定义	用于传输有 9 个字节以上数据的参数组
传输刷新速率	由要传输的参数组数确定
数据长度	8 字节
数据页	0
PDU 格式	236
PDU 特定场	目标地址
缺省优先级	7
参数组数（PGN）	60 416（00EC00$_{16}$）

续表

此功能组所用参数数据：	
控制位	0~15, 18, 20~31, 33~254 SAE 保留
消息总长度,字节数	9~1 785（2 字节），0~8 与 1 786~65 535 不允许
总数据包数	1~255（1 字节），不可为 0
可发送包数	0~255（1 字节）
要发送的起始包号	1~255（1 字节）不可为 0
顺序号	1~255（1 字节）不可为 0
请求发送连接模式（TP. CM_RTS）：特定目标地址	
字节：1	控制位=16,特定目标地址请求发送消息
2, 3	消息总长度,字节数
4	总数据包数
5	保留，FF_{16}
6~8	封装消息的 PGN
允许发送连接模式（TP. CM_CTS）：特定目标地址	
字节：1	控制位=17,特定目标地址允许发送消息
2	可发送包数
3	下一个发送的起始包号
4~5	保留，FF_{16}
6~8	封装消息的 PGN
消息结束应答（TP. CM_EndOfMsgACK）：特定目标地址	
字节：1	控制位=19,消息结束应答
2, 3	消息总长度,字节数
4	总数据包数
5	保留，FF_{16}
6~8	封装消息的 PGN
连接放弃（TP. CM_Abort）：特定目标地址	
字节：1	控制位=255,连接放弃
2~5	保留，FF_{16}
6~8	封装消息的 PGN
广播声明消息（TP. CM_BAM）：全部地址	
字节：1	控制位=32,广播声明消息
2, 3	总消息长度,字节数
4	总数据包数
5	保留，FF_{16}
6~8	封装消息的 PGN

1) 请求发送传输模式（TP. CM_RTS）

这个消息用来通知网络上的其他节点希望与其建立虚拟连接。这个消息包含发送端的源地址信息和将要接收大消息的接收端的目标地址信息，其他剩余位的设置同要发送的 PGN 设定。

如果从同一个源地址接收到多个相同 PGN 的 RTS，最近的 RTS 会起作用，而之前的 RTS 全部被舍弃。在这种情况下，对舍弃的 RTS 不会发送放弃消息，这个消息只能由发送端发送。

2) 允许/准备发送传输模式（TP. CM_CTS）

这个消息用来响应 RTS 消息，它告诉对方自己已经做好接收相当长度的大消息的准备。

当连接建立后，如果发送方接收到多个 CTS 消息，连接就将被放弃，此时发送端要发送一个连接放弃消息。

接收端直到接收到对应前一个 CTS 的最后一个数据包或有超时错误时，才会发送下一个 CTS。

如果连接尚未建立时就收到一个 CTS，这个 CTS 会被忽略。

CTS 不但可以控制流，而且可以用来确认上一个 CTS 中的包数对应的数据包是否正确接收。如果接收到的上一个 CTS 对应的数据包被破坏，在发送接收下一个消息的 CTS 之前会发送一个需要重新发送被破坏数据包的 CTS。

这个消息只能由接收端发送。

3) 消息结束应答（TP. CM_EndOfMsgACK）

这个消息从大消息的接收端发送到发送端，表明整个消息已经被正确接收和重新组装。当接收到消息的最后一帧后，接收端可以不发送此消息，以保持网络连接，这样就可以在必要时接收端得到重新发送的一个数据包。

如果发送端在尚未发送最后一个数据包时，接收到消息结束应答消息，发送端将忽略这个应答消息。

发送一个消息结束应答消息向发送端表示大消息已经被正确接收和重组了。

这个消息只能由接收端发送。

4) 连接放弃（TP. Conn_Abort）

这个消息被参与虚拟连接中的任意节点用来在消息尚未全部传输完时关闭网络连接。

当接收到一个 RTS 消息时，一个节点必须明确是否还有足够的资源来处理连接将要传来的消息。例如，当一个设备必须从系统堆栈中占用内存，而不能得到足够的内存以接收消息，或者设备要处理其他的事件而占有了大部分的处理周期而不能处理一个大的消息。出现这些情况时，即使连接尚未建立，也要发送一个连接放弃消息。这样做可以使接收端马上开始尝试下一次虚拟连接，而不是仍在等待第一次的超时发生。

当发送端或是接收端因为某种原因决定关闭连接时，只要数据尚未传输结束，包括超时，都应当发送一个连接放弃消息。

按 CAN 协议设备的要求，当发送方接收到连接放弃消息后应当立即停止传输数据。如果不能马上停止，应当在不超过 32 个数据包或是不超过 50 ms 之前停止发送数据包。发送或接收到连接放弃消息后，所有相关的已经接收的部分数据包将被忽略。

这个消息可以由发送端或是接收端发送。

5) 广播声明消息（BAM）

这个消息用来通知网络上的所有节点将要广播一个大的消息，它定义了参数组和将要发送的字节数。当这个消息发送完后，开始发送包含了封装后的消息的数据传输消息。

这个消息只能由发送端发送。

4. 传输协议——数据传输消息（TP. DT）

这个消息用来传输与参数组相关的数据。TP. DT 消息是指多封装消息传输中的一个独立的包。如果一个消息需要封装成 5 个包来传输，就要有 5 个 TP. DT 消息。这个消息只能由发送端发送。

通常情况下，数据传送都会按照图 6-43 的数据流模式来进行。发送者发送 TP. CM_RTS 消息表示，有一个 23 个字节的消息拆装成 4 个数据包将被发送。在传送中数据包成员的 PGN 统一标识为 65259。响应者通过 TP. CM_CTS 消息回复，表示他已经准备好处理从编号 1 开始的两个数据包，发送方通过网络用 TP. DT 消息发送了头两个数据包。然后接收方发出一条 TP. CM_CTS 消息，表示他想保持连接但不能马上再接收任何数据包。在最长延迟 500 ms 后，他必须再发一条 TP. CM_CTS 消息来保持连接。在这个例子中，响应者再发送了一条 TP. CM_TS 消息，表示他可以接收从编号 3 开始的两个数据包，一旦 3 号和 4 号数据包被传送完毕，响应者发送一条 TP.EndofMsgACK 消息，表示所有的数据包都接收到了，现在关闭连接。需要注意的是，4 号数据包包含 2 字节的有效数据，分别是第 22 个字节和第 23

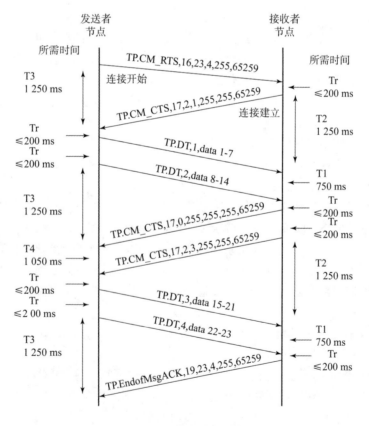

图 6-43　无错误的数据传送

个字节，数据包的余下字节都被设为 255（FF16）进行传送，非有效数据，所以消息的长度是 8 个字节。

图 6-44 显示了在链路上出现错误时数据的传送。TP. CM_RTS 消息被传送并得到正确的响应，但数据在传送过程中丢失了。在这种情况下，发送请求与前面的例子一样通过同样的方式发送。头两个数据包被发送了，但响应者认为 2 号数据包中有错误，然后响应者发送了一条 TP. CM_CTS 消息，表示他想要 2 号数据包作为独立的数据包再发送一次：发送者回应，并再次传送了 2 号数据包。接着，响应者发出一条 CTS 消息，表示他想要从编号 3 开始的两个数据包。这条 TP. CM_CTS 消息确认 1 号和 2 号数据包已经被正确接收了。一旦最后一个数据包被正确接收，响应者发送一条 TP. EndIofMsgACK 消息，表示整个消息已经被正确接收。

在图 6-45 显示的情况中，一个节点向网络表示，它将要使用传输协议的服务来传送一个多组消息。在这个例子中，PGN65260 车辆身份标识符在网络中广播。发送节点首先发出了一条 TP. CM_BAM 消息（广播公告消息），随后发送数据包。所有的响应者都没有进行接收确认（例如，这个例子中的接收节点）。

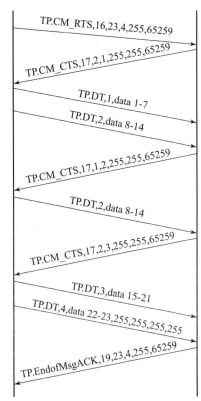

图 6-44 出现传送错误的数据传送

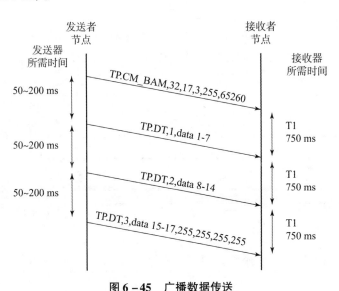

图 6-45 广播数据传送

三、SAE J1939 信号定义解析

1. 信号定义

表 6-23 定义了传输信号的有效范围，表 6-24 定义了离散型参数的指示值的范围，表 6-25 定义了控制模式的指示值的范围。一系列向 J1939 添加参数采用的 SLOT6-2（定标、限制、补偿和传输）功能如表 6-26 所示。

表 6-23 已传输的信号范围

域名	1 字节	2 字节	4 字节	ASCII 码
有效信号	0~250 00~FA （十六进制）	0~64 255 0000~FAFF （十六进制）	0~4 211 081 215 00000000~FAFFFFFF （十六进制）	1~254 01~FE （十六进制）
参数特定指示符	251 FB（十六进制）	64 256~64 511 FB00~FBFF （十六进制）	4 211 081 216~4 227 858 431 FBxxxxxx （十六进制）	无
为将来的指示符保留的字节范围	252~253 FC~FD （十六进制）	64 512~65 023 FC00~FDFF （十六进制）	4 227 858 432~4 261 412 863 FC000000~FDFFFFFF （十六进制）	无
错误指示符	254 FE（十六进制）	65 024~65 279 Fexx（十六进制）	4 261 412 864~4 278 190 079 Fexxxxxx（十六进制）	0 00 （十六进制）
不可用或非请求	255 FF（十六进制）	56 280~65 535 FFxx（十六进制）	4 278 190 080~4 294 967 294 FFxxxxxx（十六进制）	255 FF （十六进制）

表 6-24 离散型参数的传输值

域名	传输值
禁止（关闭、被动等）	00
启用（打开、激活等）	01
错误指示符	10
不可用或未安装	11

表 6-25 控制命令（状态）的传输值

域名	传输值
关闭（禁用）某一功能的命令	00
打开（激活）某一功能的命令	01
保留	10
不动作	11

表 6-26 部分推荐的 SLOT 定义

参数	定标（分辨率）	限制（范围）	补偿	参数大小
角度/方向	10^{-7}°/位 1/128°/位 1/128°/位	-211° ~ 211.108 122° -200° ~ 301° 0° ~ 502°	-210 -200 0	32 位 16 位 16 位
距离	0.125 km/位 0.125 m/位	0 ~ 526 385 151.9 km -2 500 ~ 2 500 m	0 -2 500	32 位 16 位
燃油经济性	每位 1/512 km/L	0 ~ 125.5 km/L	0	16 位
电流	1 A/位 1 A/位	-125 ~ 125 A 0 ~ 250 A	-125 0	8 位 8 位
电压	0.05 V/位	0 ~ 3 212.75 V	0	16 位
流量	每位 0.05 L/h	0 ~ 3 212.75 L/h	0	16 位
力	5 N/位	0 ~ 321 275 N	0	16 位

信号定义包括作为参考的数据长度、数据类型、分辨率、范围和标识符。比如加速踏板位置——加速踏板实际位置与加速踏板最大位置的比值。此项参数除作为确定动力传动系统要求的输入之外，还向变速器及 ASR 系统提供驾驶员动作的预测信息。

数据长度：1 字节。

分辨率：0.4% 增益，0 补偿。

范围：0 ~ 100%。

类型：计量量。

2. 参数组定义

总的来说，信号参数应当按下列原则归入参数组中：

（1）以功能（如机油、冷却液、燃油等）而不以类型（温度、压力、速度等）；

（2）以同样的刷新率（以最小化不必要的处理）；

（3）以共同的子系统（用来计量和发送数据的设备）。

网络中的实际刷新率应为名义速率（基于微控制器的系统中的时钟有波动）。比如发动机转速超过 500 r/min 时，报文传输的脉冲调制时间不应超过 12 ms。在较高的转速下，通过固定计量周期获得发动机转速信息的系统有较少的延时。转速高于 1 000 r/min 时，报文传输的脉冲调制时间范围为 5 ~ 30 ms。由于较高转速下计量周期需要较少时间，则调制时间也相应减少。节省的时间长短取决于完成计量周期所用的曲轴转角度数。

用于 J1939 网络的参数组所有未定义的位都以值 1 发送，所有未定义的位均以"忽略"（屏蔽或略过）接收。这样就定义了这些未定义的位，并在将来使用它们时不至于产生兼容性的问题。

CAN 总线数据字段的大小是 8 字节。长度在 0 ~ 8 字节的参数组利用数据链路层（参见 J1939-21 标准）。对于超过 8 字节的参数组或参数组定义中的字节大小是变化的，就要利用传输协议了。

例：转矩/转速控制 1#：TSC1

变速器发送频率：	激活时，每 10 ms 发送给发动机，每 50 ms 发送给减速器
数据长度：	8 字节
数据页数：	0
协议数据单元格式：	0
协议数据单元特性：	目标地址
默认优先级：	3
参数组号：	0（000000_{16}）
字节：	1　　控制位　位：8~7　未定义
	6，5　优先控制模式优先级
	4，3　要求的转速控制状况
	2，1　优先控制模式
	2，3　要求的转速/转速极限值
	4　　要求的转矩/转矩极限值
	5~8　未定义

用于 J1939 网络的参数组不指明原地址，任何控制器根据自己采集的信号和需求都可以发送这个参数组。

四、SAE J1939 故障代码 DTC 定义规则

1. 诊断故障代码定义

诊断故障代码以每个代码 4 字节的形式传送。诊断故障代码由三个要素组成：待检参数号（SPN）、错误模式标识符（FMI）、发生值（OC），见表 6-27。

表 6-27　故障诊断代码

待检参数号（SPN），19 位	错误模式标识符（FMI），5 位	保留位，1 位	发生值（OC），7 位
故障诊断代码值为 4 字节			

故障诊断代码的例子（这是一个 SAE J1587 标准的参数）：

SPN = 91　　待检参数是加速踏板位置
FMI = 3　　　错误模式表明电压高于正常值
OC = 5　　　发生值说明故障出现 5 次

1）待检参数号（SPN）

这个 19 位的号码表示是哪一个子系统出现了故障。待检参数号的分配是根据被控制器（源地址和名称）检测到和分隔的故障进行的。待检参数号与报文的源地址是无关的。但是，必须检测是网络上哪一个控制器在进行检测。待检参数号分配给已经包括在参数组中的参数（信号），即使这个参数在网络中不可用但是仍可以由连接在网络上的控制器检测并分隔。

前511个待检参数号保留分配给 SAE J1587 标准中的参数标识符,即待检参数号91作为加速踏板故障在 SAE J1587 标准中是参数标识符91,所有其他待检参数号从512开始分配(参阅 SAE J1939 标准附录 C)。

数据长度：　　19 位。
分辨率：　　　1 待检参数号/位。
数据范围：　　0 ~ 524 287。
类型：　　　　状态量。

2) 错误模式标识符（FMI）

错误模式标识符定义了在由待检参数号标识的子系统中检测到的错误类型。FMI 和 SPN 组合成为一个给定的故障诊断代码。保留分配的 FMI 将由 SAE 控制和通信子委员会分配。

数据长度：　　5 字节。
分辨率：　　　1FMI/位。
数据长度：　　0 ~ 31。
类型：　　　　状态量。

对于错误模式标识符（FMI）定义所用到的假设和定义：

(1) 数据：以物理状态表示的信息,以电压、电流、脉宽调制信号或数据流的形式在电控模块之间传送。

(2) 真实环境：可以以电压、电流、脉宽调制信号或数据流的形式表示的参数或工作状态。

(3) 信号范围定义如图 6 – 46 所示。

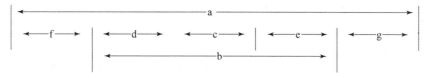

范围a：电控模块中可能的信号输出总范围；
范围b：应用层定义的物理信号总范围；
范围c：对于一个给定的真实环境定义的正常范围；
范围d：严重低于一个给定的真实环境定义的正常范围的范围；
范围e：严重高于一个给定的真实环境定义的正常范围的范围；
范围f：相对于一个给定系统可能的物理范围下位溢出的范围,表示发生地址中的低位丢失；
范围g：相对于一个给定系统可能的物理范围上位溢出的范围,表示发生地址中的高位丢失

图 6 – 46　信号范围

FMI = 0——数据有效但超过正常范围

通过通信传送的信息信号是可接受的和有效的,但是对于特定的真实环境的计量,真实环境的状态高于预设的正常范围（信号范围定义中的范围 e）。数据值的广播以正常值继续。

FMI = 1——数据有效但低于正常范围

通过通信传送的信息信号是可接受的和有效的,但是对于特定的真实环境的计量,真实环境的状态低于预设的正常范围（信号范围定义中的范围 d）。数据值的广播以正常值继续。

FMI = 2——数据漂移、间断或错误

漂移或间断的数据包括所有在真实环境下不可能出现的变化,是由不恰当的操作检测设备或与电控模块的连接不正常造成的。数据值的广播以"指示器错误"值取代。

错误的数据包括未接收的所有数据和不包括在 FMI=3、4、5、6 中的情况。如果数据与系统已知的信息相矛盾也是错误数据。

FMI=3——电压高于正常值或高位丢失

a. 一个电压信号或数据高于预定义范围的极限值（信号范围定义中的范围 g）。数据值的广播以"指示器错误"值取代。

b. 电控模块的任一外部信号，其电压值在 ECM 命令其转换为低位时仍为高位。数据值的广播以"指示器错误"值取代。

FMI=4——电压低于正常值或低位丢失

a. 一个电压信号或数据低于预定义范围的极限值（信号范围定义中的范围 f）。数据值的广播以"指示器错误"值取代。

b. 电控模块的任一外部信号，其电压值在 ECM 命令其转换为高位时仍为低位。数据值的广播以"指示器错误"值取代。

FMI=5——电流低于正常值或断路

a. 一个电流信号或数据低于预定义范围的极限值（信号范围定义中的范围 g）。数据值的广播以"指示器错误"值取代。

b. 电控模块的任一外部信号，其电流值在 ECM 命令其打开时仍为关闭。数据值的广播以"指示器错误"值取代。

FMI=6——电流高于正常值或短路

a. 一个电流信号或数据高于预定义范围的极限值（信号范围定义中的范围 g）。数据值的广播以"指示器错误"值取代。

b. 电控模块的任一外部信号，其电压值在 ECM 命令其关闭时仍为打开。数据值的广播以"指示器错误"值取代。

FMI=7——机械系统无响应或失调

由不恰当的机械调整或机械系统不正常的响应造成的故障，可以确信不是由于电子系统故障造成的。这种类型的故障可能与总的广播信息值直接相关，也可能与之无关。

FMI=8——反常的频率、脉宽或周期

在 FMI=4 或 5 出现的情况下考虑。任一超过频率或工作周期的信号范围预定义值的频率或脉宽调制信号（超过信号范围定义中的范围 b）。如果信号是 ECM 的输出，也包括那些频率或工作周期与发出信号不一致的信号。数据值的广播以"指示器错误"值取代。

FMI=9——反常的刷新率

通过数据链接接收的数据或作为来自智能执行器或智能传感器的输入的数据，其刷新率不按照 ECM 要求的刷新率（超过信号范围定义中的范围 c）。也包括导致 ECM 不按照系统要求的频率发送信息的错误。这种类型的故障可能与总的广播信息值直接相关，也可能与之无关。

FMI=10——反常的频率或变化率

任一数据，不包括 FMI=2 中包括的情况，其数据有效但是数据变化率超过预定义的正常工作系统变化的极限值（超过信号范围定义中的范围 c）。数据值的广播以正常值继续。

FMI=11——故障代码不可辨识

在某一特定子系统中检测到发生故障，但是故障性质不知。数据值的广播以"指示器错误"值取代。

FMI = 12——智能设备或部件损坏

数据的矛盾说明具有内部智能的某一设备如控制器、电控模块、智能传感器和智能执行器工作不正常。这一数据可能是一个模块的内部数据或通过数据链接来自于其他系统。数据值的广播以"指示器错误"值取代。这一错误包括所有不可能由链接或控制器外部系统造成的控制器内部故障代码。

FMI = 13——超出标定

作为没有适当标定的结果的错误。这可能是由于子系统要使用超出控制器标定范围的值产生的错误，也有可能是机械子系统要求的动作超出标定值。这个错误模式与信号范围定义无关。

FMI = 14——特殊指令

待检参数号 611~615 定义为：系统诊断代码用于标识特定场合部件的错误。特定子系统故障不是任一诊断系统的目标，而且由于各种原因这个诊断不能完成。这些待检参数号向制造商提供了进行非"特定部件"诊断信息通信的柔性。待检参数号 611~615 使用标准 SPN/FMI 格式，这使得它们可以使用扫描含有 SPN/FMI 格式的参数组的标准诊断工具、电控仪表台、卫星定位和其他高级设备。由于制造商定义的代码不在标准化代码中，只有作为特定部件和错误模式的诊断信息不能通信时才使用这些代码。

使用系统诊断代码的可能原因包括：单独进行特定部件故障诊断的代价太高；发展了整车诊断的新概念；发展了不是部件特定的新诊断范畴。

根据待检参数号 611~615 是由制造商定义并且不是部件特定的这一事实，FMI = 0~13 的意义就不大了。因此，FMI = 14——"特定指令"，会经常用到，目的是为维护人员提供以特定诊断代码表示的制造商的故障诊断指南的更多信息。这个错误模式与信号范围定义无关。这种类型的故障可能与总的广播信息值直接相关，也可能与之无关。

FMI = 15 ~ 30

由 SAE 保留分配。

FMI = 31——不可用

如果 FMI 信息不能表明每个目前可用的选择，则要使用这个 FMI 以表明该信息不可用。

3）发生值（OC）

7 位发生值域含有一个错误从活性到前一个活性出现的次数。如果发生值不可用，则这个域的值全为 1。

数据长度：　　7 字节。
分辨率：　　　1OC/位。
数据长度：　　0~126，值 127 保留用于表示不可用。
类型：　　　　状态量。

2. 参数组诊断定义

1）活性故障诊断代码（DM1）

这些传送的信息限于由故障指示灯状态表示的当前活性故障诊断代码。这些信息告知网络上的其他设备发送此信息的电控设备的故障状态。此信息的数据包含故障指示灯的状态和故障代码列表以及当前活性故障诊断代码的发生值。目前定义的故障指示灯（故障指示灯、红色停止灯、黄色警告灯、保护灯）是与故障诊断代码联系在一起的。如果发送故障代码的设备没有活性故障诊断代码，则来自这个设备的故障指示灯的状态表明故障指示灯应被关闭。但是，控制实际故障指示灯状态的设备在改变故障指示灯的状态之前必须考虑所有使用这些故障指示灯的设备发送的故障指示灯状态。

可能应用请求额外的故障指示灯状态的定义以满足特定的功能（例如，当巡航控制激活时，会以另一个参数组请求单独的指示灯表示这一状态）。

刷新率：一旦某一故障诊断代码成为一个活性故障则传送一个 DM1 报文，然后以 1 次/s 的正常刷新率传送。如果一个故障成为活性已经 1 s 以上，成为非活性故障，则应传送一个 DM1 报文以反映这种状态改变。如果在 1 s 刷新期内一个不同的故障诊断代码改变状态，则传送一个新的 DM1 报文以反映新的故障诊断代码。为了防止由于高频率改变的故障产生高报文发送率，推荐一个故障诊断代码 1 s 发送不超过一个状态改变报文。这样一个故障诊断代码如果在 1 s 间隔内改变活性/非活性两次，如下面例 1 所示，则由一个报文表明故障诊断代码为活性，在下一个周期由另一个报文表明故障诊断代码为非活性。这一报文只有在存在活性故障诊断代码时或响应一个请求时才发送。值得注意的是，当存在一个以上活性故障诊断代码时，这一参数组会使用"复合包报文"发送请求（参阅 SAE J1939/21 标准）。

数据长度： 可变
数据页： 0
协议数据单元格式：254
协议数据单元特性：202
默认优先权： 6
参数组号： 65226（00FECA$_{16}$）

字节		位	含义
1		7~8 位	故障指示灯状态
		5~6 位	红色停止灯状态
		3~4 位	黄色警告灯状态
		1~2 位	保护灯状态
2		7~8 位	保留
		5~6 位	保留
		3~4 位	保留
		1~2 位	保留
3~4			待检参数号，16 个重要的位
5		6~8 位	待检参数号，3 个次重要位
		1~5 位	FMI
6		8 位	保留，这一位以 1 传送
		1~7 位	发生值

注意：当没有用为 1 传送。

例 1：本例说明当有一个以上故障诊断代码时的报文格式。

给定：

a = 指示灯状态
b = 待检参数号
c = FMI
d = OC

报文格式将按照这样排列：a，b，c，d，b，c，d，b，c，d，b，c，d，…。在本例中，由于这个请求多于 8 字节，要使用 SAE J1939/21 标准中的传输协议。实际上只要有多于一个故障就要使用传输协议来传送报文。

例 2：本例表明 0 活性故障和产生 DM1 的一个要求时的报文格式。要使一个目前已定义的灯（故障指示灯、红色停止灯、黄色警告灯和保护灯）亮，则必须存在一个活性故障诊断代码。

给定：

字节 1   7~8 位 = 00
            5~6 位 = 00
            3~4 位 = 00
            1~2 位 = 00

字节 2   7~8 位 = 11
            5~6 位 = 11
            3~4 位 = 11
            1~2 位 = 11

字节 3~6   待检参数号 = 524287——表明不可用
              FMI = 31——表明不可用
              OC = 127——表明不可用

字节 7   =   255
字节 8   =   255

例 3：下面的三种情况定义了要求的刷新率（图 6-47）。

情况 1：表明不是所有的故障变换（活性与非活性之间）都会产生要传送的 SAE J1939 标准报文。在这种情况下，当待检参数号 91 的故障出现时没有其他活性故障。待检参数号为 91 的故障是加速踏板位置参数，刷新率高于 1 次/s。因此，当此故障激活时报文每秒传送一次。要进行三个监视：①注意当"待检参数号 91 故障"第一次成为活性时第一个报文被发送，而不是第一次成为非活性时或第二次成为活性/非活性时发送。非活性状态以正常间隔每秒发送。②即使故障不再是活性的，并且报文中含有非活性故障，仍要以 1 次/s 的间隔发送报文。这是表示故障消失的办法。这种特殊的情况（没有活性故障）的表示方法参见例 2。如果没有其他活性故障，则发送此报文。③注意第二个待检参数号 91 是不同的待检参数号，在一个 DM1 报文正常传送的 1 s 刷新率的 1 s 之前发送。1 s 间隔报文不包含新的待检参数号或待检参数号 91，而假设它们被前 1 s 的报文传送。因此，1 s 间隔报文中含有的是无故障信息。

情况 2：表明传送状态可以在 1 s 间隔之间出现。因此，在时间等于 0 和时间等于 1 之

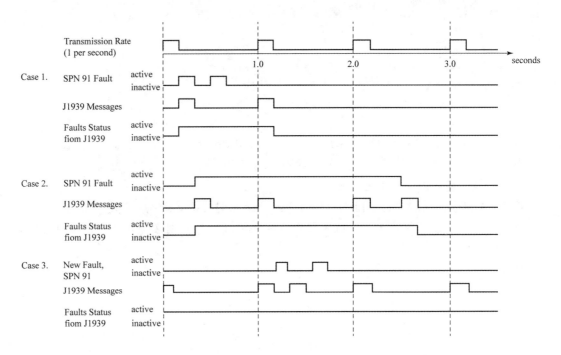

图6-47　定义刷新率要求

间传送的报文表明待检参数号91故障激活。这一报文以1 s的刷新率在1 s点和2 s点之间发送。在2 s和3 s之间传送的报文通知传送处于非激活状态。发送这个报文的过程见例2。

情况3：表明了当存在其他活性故障代码时待检参数号91成为激活状态的情况。值得注意的是，待检参数号91成为活性的报文在1 s点和2 s点之间传送。报文包含所有的活性故障，而不只是包含新发生的。传送处于非激活状态的报文以2 s的刷新率传送。这个报文包括所有活性故障，待检参数号91变成非活性后则不包括在此报文中。

故障指示灯：用于表示与排放相关的故障代码信息。这个指示灯仅在有与排放相关的活性故障代码时工作。

　　00　　　灯灭
　　01　　　灯亮
　　类型：　状态量

红色停止灯：此灯用于表示那些较为严重、需要停车的故障代码信息。

　　00　　　灯灭
　　01　　　灯亮
　　类型：　状态量

黄色警告灯：这个灯用于表示那些引起车辆故障但是不用立刻停车的故障代码。

　　00　　　灯灭
　　01　　　灯亮
　　类型：　状态量

保护灯：这个灯用于表示那些很可能与电子系统无关的车辆故障代码。例如，发动机冷却液温度超过期望的温度范围。

00 灯灭
01 灯亮
类型： 状态量

2）以前的活性故障诊断代码（DM2）

所传送的信息限于以前的活性故障诊断代码。此报文用于通知网络中的其他部件发送此报文的设备的诊断状况。报文中的数据中包括以前的活性故障代码的诊断代码及发生值列表。当这个报文被传送时，报文中应包含所有以前的故障诊断代码，并且其发生值不等于0。值得注意的是，这个参数组在有必要时要使用 SAE J1939/21 标准中的"复合包传输"参数组进行传输。

刷新率： 使用参数组号 59904 请求时（参见 SAE J1939/21 标准）。如果参数组不被支持，则要求有一个否定应答（参见 SAE J1939/21 标准中的参数组号 59392）。

数据长度： 可变
数据页： 0
协议数据单元格式：254
协议数据单元特性：203
默认优先权： 6
参数组号： 65227（00FECB$_{16}$）

字节 1　7~8 位　故障指示灯状态
　　　　　5~6 位　红色停止灯状态
　　　　　3~4 位　黄色警告灯状态
　　　　　1~2 位　保护灯状态
　　　2　7~8 位　保留
　　　　　5~6 位　保留
　　　　　3~4 位　保留
　　　　　1~2 位　保留
　　　3~4　待检参数号，16 个最重要的位
　　　5　6~8 位　待检参数号，3 个次重要位
　　　　　1~5 位　FMI
　　　6　第 8 位　保留，此位应置于 1
　　　　　1~7 位　发生值

注意：当发生值不可用时应将发生值位全置为 1。

例 1：本例说明了当有一个以上故障诊断代码情况下的报文格式。
给定：
a = 指示灯的状态（LS）
b = 待检参数号（SPN）
c = 错误模式标识符（FMI）
d = 发生值（OC）
报文格式将按照这样排列：a, b, c, d, b, c, d, b, c, d, b, c, d, …。在本例中，

由于这个请求多于 8 字节，要使用 SAE J1939/21 标准中的传输协议。实际上只要有多于一个故障就要使用传输协议来传送报文。

例 2：本例表明 0 以前的活性故障和产生 DM2 的一个要求时的报文格式。目前已定义的灯（故障指示灯、红色停止灯、黄色警告灯和保护灯）反映的是传输报文的设备的当前状态。在本例中，黄色警告灯定义为长亮。

给定：

字节 1：　　　7 ~ 8 位 = 00
　　　　　　　5 ~ 6 位 = 00
　　　　　　　3 ~ 4 位 = 01
　　　　　　　1 ~ 2 位 = 00

字节 2　　　　7 ~ 8 位 = 11
　　　　　　　5 ~ 6 位 = 11
　　　　　　　3 ~ 4 位 = 11
　　　　　　　1 ~ 2 位 = 11

字节 3 ~ 6　　待检参数号 = 524287——表明不可用
　　　　　　　错误模式标识符 = 31——表明不可用
　　　　　　　发生值 = 127——表明不可用

字节 7　　　　=　　255
字节 8　　　　=　　255

第五节　电动汽车国标充电通信协议解析

一、握手阶段

（1）充电机发送 CRM 报文（ID：1801F456），其中第一个 Byte 为 00（表示此时充电机主动发送识别，请求握手）。

（2）当 BMS 收到充电机的 CRM 报文后，启动数据传输协议 TCPM（由于数据长度大于 8，共 41）传输电池组身份编码信息 BRM：

①首先 BMS 发送 RTS 报文（ID：1CEC56F4），通知充电机准备发送多少包数据。

②当充电机收到 BMS 发送的 RTS 报文后，发送应答信号，回复 CTS 给 BMS（ID：1CECF456）。

③当 BMS 接收到充电机的应答报文 CTS 后，开始建立连接发送数据 DT（数据长度为 41 Byte，共分为 6 包，ID：1CEB56F4）。

④当充电机接收完 BMS 发送到数据报文 DT 后，回复 CM 给 BMS 用于消息结束应答（ID：1CECF456）。

（3）当充电机接收到了 BMS 发送到电池身份编码信息 BRM 后，回复辨识报文 CRM 给 BMS（ID：1801F456，第一个 Byte 为 AA）。

（4）若上述三步中任何一步骤出现异常，通信将不能往下进行，等待超时复位。

握手阶段 CAN 卡接收数据解释：充电机：56H，BMS：F4H，FFH（255）为全局地址。

二、参数配置阶段

（1）BMS 发送蓄电池充电机参数 BCP 给充电机，启动数据传输协议 TCPM（由于数据长度大于 8，共 13）。

①BMS 发送 RTS 报文（ID：1CEC56F4），通知充电机准备发送多少包数据。

②当充电机收到 BMS 发送的 RTS 报文后，发出应答信号，回复 CTS 给 BMS（ID：1CECF456）。

③当 BMS 接收到充电机的应答报文 CTS 后，开始建立连接发送数据 DT（数据长度为 13Byte，共分为 2 包，ID：1CEB56F4）。

④当充电机接收完 BMS 发送到数据报文 DT 后，回复 CM 给 BMS 用于消息结束应答（ID：1CECF456）。

（2）充电机发送时间同步信息 CTS 给 BMS（ID：1807F456）。

（3）充电机最大输出级别 CML 给 BMS（ID：1808F456）。

（4）BMS 发送电池充电准备就绪状态 BRO 给充电机（ID：100956F4）。

（5）充电机接收到 BMS 发送到 BRO 信息后回应充电机输出准备就绪状态 CRO（ID：100AF456）。

（6）若上述 5 个步骤中任一步骤出现异常通信，将不能往下进行，等待超时复位。

三、充电阶段

（1）BMS 发送电池充电级别 BCL 给充电机（ID：181056F4）。Byte1 和 Byte2 是电压，Byte3 和 Byte4 是电流。

（2）BMS 发送电池充电总状态 BCS 给充电机，启动数据传输协议 TCPM（由于数据长度大于 8，共 9）。

① 首先 BMS 发送 RTS 报文（ID：1CEC56F4），通知充电机准备发送多少包数据。

② 当充电机收到 BMS 发送的 RTS 报文后，发出应答信号，回复 CTS 给 BMS（ID：1CECF456）。

③ 当 BMS 接收到充电机的应答报文 CTS 后，开始建立连接发送数据 DT（数据长度为 9 字节，共分为 2 包，ID：1CEB56F4）。

④ 当充电机接收完 BMS 发送到数据报文 DT 后，回复 CM 给 BMS 用于消息结束应答（ID：1CECF456）。

（3）充电机发送充电状态 CCS 给 BMS（ID：1812F456）。

（4）BMS 通过数据传输协议发送单体电压 BMV 给充电机（具体步骤和握手阶段的数据传输协议一样），可选。

（5）BMS 发送蓄电池组温度 BMT 给充电机（具体步骤和握手阶段的数据传输协议一样），可选。

上述所有充电参数，在充电过程中按照协议要求的报文周期固定发送，当充电过程中出现异常或者充电满时将停止充电，同时发送充电停止报文如下：

（6）BMS 发送终止充电报文 BST 给充电机，告知结束充电及充电结束的原因（ID：101956F4）。

（7）充电机发送终止充电报文 CST 告知 BMS 充电结束及充电结束的原因（ID：101AF456）。

上述任一步骤异常都将导致充电机终止充电。

四、充电结束阶段

（1）BMS 发出统计数据 BSD（ID：181C56F4）。

（2）充电机发出统计数据 CSD（ID：181DF456）。

（3）若上述两步骤正常发送充电机将恢复到原始状态，重新请求握手。

小　　结

本章主要介绍了 CAN 总线应用状况，重点针对 CAN 在汽车内部网络使用的物理层若干关键技术问题进行仿真和实验进行详细介绍，以 SAE J1939 和国标充电桩通信协议为例，进行了应用层协议的解析。

思考题

1. 按照下图进行 CAN 总线网络拓扑总线信号测试实验：

（1）增加 Splice 数量（负载率控制在 50%）；

（2）增加至 4 个 Splice 点，满足终端节点处于所有 Splice 节点下的最长支线；

（3）每个 Splice 挂接的节点数目随机（可按 5/3/3/5 进行）。

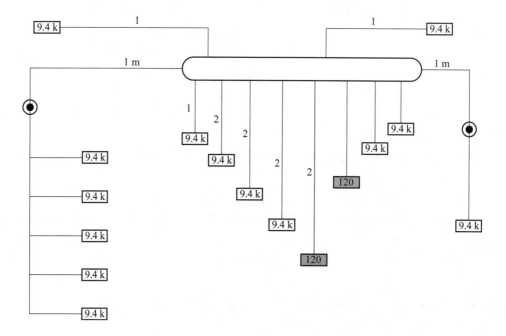

2. 影响 CAN 总线长度的主要因素是什么？网络中所能联结的最大节点数又与什么因素有关？

3. 简述构建一个 CAN 网络的步骤。

4. 叙述一下 CAN 总线的负载率是如何计算的。

5. 故障代码 DTC 由哪几部分组成？

第 7 章
CAN 诊断技术

前面介绍了 CAN 的技术规范和开发技术细节。汽车电子部件在研制过程中需要通过 CAN 诊断进行功能验证,在产品定型阶段需要通过 CAN 诊断进行产品认证,在批量生产过程中需要通过 CAN 诊断进行下线测试,在装车过程中需要通过 CAN 诊断技术进行整车匹配标定和功能验证,最后到市场上需要通过 CAN 诊断进行售后服务,因此整个生命周期中都离不开诊断。本章在前面 CAN 技术基础上介绍 CAN 的诊断技术。

第一节 概述

一、CAN 诊断技术概述

CAN 诊断即对 CAN 网络各节点、各 CAN 总线、网关的故障查验与修复(包括故障代码查询以及重新对 ECU 写入新的配置值)。维修人员只需要读取故障代码(19 服务)、ECU 参数写入服务(2E 服务)、ECU 参数读取服务(22 服务)即可完成各项查检及修复。Tbox 开发测试、网关开发测试人员由于 Tbox 可发起本地诊断与远程诊断,网关负责诊断信号转发,所以都需要用到测试诊断。

CAN 诊断技术随着时代的发展,目前普遍采用的是诊断和外部诊断相结合的方式,采用 ISO 15765 协议,符合现代汽车网络总线系统的发展趋势,已经被许多汽车企业采纳,相信会成为未来汽车行业的通用诊断标准。ISO 15765 适用于基于控制局域网(CAN)通信网络的车辆诊断系统。ISO 15765 的建立是为了定义一种 ISO 11898 中详细说明的基于 CAN 通信的汽车诊断系统的通用要求。尽管 ISO 15765 当初主要针对诊断系统,但是它已经发展成为能够满足其他基于 CAN 的需要用到的网络层协议系统要求的协议了。

诊断包含的主要内容有:功能监控,错误检测,故障寄存器,数据传输,EOL 编程,再编程,修改代码,硬件识别,程序下载等。节点验证指的是验证有没有盗版软件。EOL 编程包括车型配置和 IO 控制。诊断框架如图 7-1 所示。

二、诊断规范

诊断规范描述一系列的诊断服务,定义 ECU 与诊断仪之间的请求响应规则、ECU 对于请求报文的处理行为以及请求、响应报文信息含义,是 ECU 与诊断仪之间进行诊断通信必不可少的一部分。诊断规范主要包含以下三种协议:

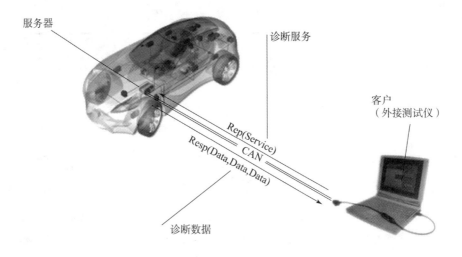

图 7-1 诊断框架

（1）ISO 14230 协议：Keyword Protocol 2000（KWP2000）诊断协议；K-Line（串行传输，最大通信速率 10.4 kb/s）。

（2）ISO 14229-1 协议：UDS（Unified Diagnostic Services）统一诊断服务，是诊断服务的规范化标准，比如读取故障代码应该向 ECU 发出什么指令，读数据流又是发出什么指令；定义诊断服务，不涉及网络及实现。

（3）ISO 15765 协议：物理层采用 CAN 总线进行通信，规范定义了网络层（Part 2）。

三、主要诊断协议

基于 K 线的主要诊断协议如表 7-1 所示。

表 7-1 基于 K 线的诊断协议

OSI 分层	汽车制造商增强型诊断	排放相关诊断（OBD）
应用层	ISO 14230-3	ISO 15031-5
表示层	N/A	N/A
会话层	N/A	N/A
传输层	N/A	N/A
网络层	N/A	N/A
数据链路层	ISO 14230-2	ISO 14230-4
物理层	ISO 14230-1	ISO 14230-4

基于 CAN 总线的主要诊断协议如表 7-2 所示。

上述两类协议的对比如表 7-3 所示。

表 7-2 基于 CAN 总线的诊断协议

OSI 分层	汽车制造商增强型诊断	排放相关诊断（OBD）
应用层	ISO 14229-1/ISO 15765-3	ISO 15031-5
表示层	N/A	N/A
会话层	N/A	N/A
传输层	N/A	N/A
网络层	ISO 15765-2	ISO 15765-4
数据链路层	ISO 11898-1	ISO 15765-4
物理层	User defined	ISO 15765-4

表 7-3 ISO14230 与 ISO 15765 的比较

	ISO 14230	ISO 15765
通信速率	慢，最快达 10.4 kb/s	快，最快达 1 Mb/s
信号传输	单线传输	差分信号传输
数据传输	以字节为单位	以 CAN 帧为单位
底层通信错误及仲裁处理	由开发者处理	CAN 有完善的通信错误处理机制和总线仲裁机制
网络结构	单一	复杂
报文长度	最大 255 字节（数据域）	最大 4 095 字节（数据域）

四、ISO15765 体系结构

ISO 15765 体系如图 7-2 所示，包含应用、应用层、网络层、数据链路层和物理层。每个层的用途是为上一层提供服务，应用层为诊断层应用提供服务。每个层中能够起作用的部分，无论是软件实现的、硬件实现的还是任何软硬件结合实现的都称为实体。在 OSI 模型中，通信发生在不同节点的同一层的实体之间，这些同层的通信实体称为同等实体。每层提供的服务在那一层的服务接入点（SAP）是可用的。其上层可用通过交换数据参数来使用它们。ISO 15765 区分了一个层与上层之间的服务和同一层中同等实体之间发送信息所使用的协议。这种区分的原因是使这些服务（尤其是应用层服务和传输层服务）可用用于 CAN 之外的其他类型的网络。这样对于服务的用户来说，协议是透明的，同时如果有特殊系统要求，也可通过改变协议来满足特殊的系统要求。

网络层（图 7-3）的作用就是进行报文传输。由于应用层诊断服务一次需要传输的数据可能大于 6/7 个字节，一帧 CAN 报文不能传输，这时就需要网络层对数进行拆包/打包，进行多帧数据的传输。网络层主要处理的是客户端网络层与服务器端网络层两者之间的数据同步和时间的管理，以保证数据的有效传输。

应用层的作用主要有诊断/通信管理，数据传输，读取故障信息，在线编程和功能/元件测试等，如图 7-4 所示。

第 7 章　CAN 诊断技术

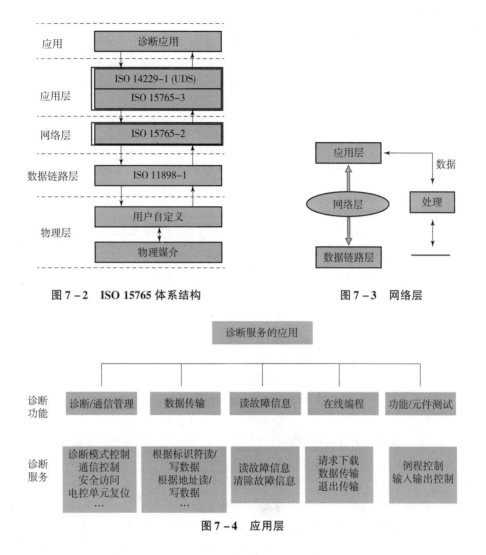

图 7-2　ISO 15765 体系结构

图 7-3　网络层

图 7-4　应用层

第二节　网络层（ISO 15765-2）

网络层的功能是将数据从发送方传递给接收方并保证数据传输的可靠性，包括多包数据传输（包括打包、解包、同步、定时，流控制，错误处理），以及应用层数据和 CAN 数据帧之间的传递。ISO 15765-2 为网络节点间交换数据指定了一个未证实的网络层通信协议，例如，ECU 到 ECU 或者 ECU 和外部测试设备之间的通信。如果单帧不能满足发送的数据，则提供分组的方法。为了描述网络层的功能，向上层提供的服务和网络层内部操作都被考虑在内。

网络层的内部操作提供了数据分组、流控制的发送、数据重组的方法。网络层的主要作用在于收发单帧或多帧报文。不适合单帧发送的报文被分为多个部分，各部分应在一个 CAN 帧内发送。根据接收端能力，用流控制帧来调节发送端。这种流控制机制允许使用诊断网关和子网。该国际标准定义了三种不同的编址格式，即正常编址、扩展编址和混合编址。

一、网络层数据传输

网络层执行以下功能：
(1) 能接收和发送多达 4 095 数据字节的报文。
(2) 报告接收或发送的完成情况（或失败）。

单帧发送：通过唯一的 N_PDU（网络层协议数据单元）的发送，执行了多达 6（扩展或混合编址类型）或 7 个（正常编址）字节数据的报文发送，称为单帧（SF）。通过对唯一的 N_PDU 的接收来执行多达 6 或 7 个数据字节的报文接收，如图 7-5 所示。

图 7-5 单帧数据传输

多帧发送如图 7-6：通过多个 N_PDU 的分组报文的发送来执行长报文的发送，如图 7-6 所示。通过多个 N_PDU 的接收和对已接收的数据字节的重组来执行长报文的接收。多个 N_PDU 称为首帧（报文的第一个 N_PDU）和续帧（所有后续的 N_PDU）。多帧发送通过使用流控制协议数据单元（FC N_PDU）的流控制机制，使得多个 N_PDU 的接收者适应发送的吞吐率。

大于 6 或 7 个字节数据的报文被分组为：
(1) 一个首帧协议数据单元（FF N_PDU），包括首个 5（扩展或混合编址）或者 6 个（正常编址）数据字节。
(2) 一个或多个续帧协议数据单元（CF N_PDU），包含每 6 或 7 个数据字节。最后一个续帧包含剩余的数据字节，因此可能少于 6 或 7 个数据字节的长度。

首帧（FF N_PDU）中包含报文长度，发送者对所有续帧进行编码，帮助接收者以同样的顺序来重组数据。流控制机制允许接收者通知发送者它的接收能力，因为不同节点具有不同的接收能力，接收者发送的流控制通知发送者其能力，发送者应适应接收者的接收能力。这些能力定义如下：

(1) BS：在等待继续发送后续 N_PDU 的授权前，接收者允许发送者发送 N_PDU 的最大数。

(2) SeparationTimeMin（STmin）：发送者发送的两个续帧之间的最短时间间隔。

除了最后一个块的其余块，将由 BS 指定数目的 N_PDU 构成。最后一个块包含剩余的 N_PDU（1～BS 个）。每次发送者（独立于接收者）等待来自接收者的一个 N_PDU 时，延时机制允许对发送失败的 N_PDU 进行检测。利用流控制帧 N_PDU，接收者能够授权发送后面的续帧，授权延时发送，或者当要发送的字节数超过接收缓冲区能够存储的字节数时，拒绝接收分组报文。

FC.CTS：继续发送，授权继续。

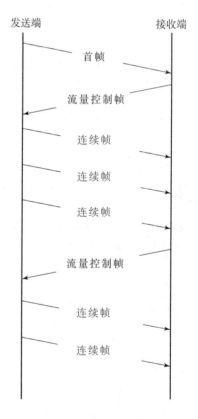

图 7-6 多帧数据传输

FC. WAIT：继续等待请求。

FC. OVFLW：缓冲区溢出，表明在分组报文的首帧中指定的字节数超出了接收缓冲区能够存储的字节数。

FC. WAIT 值有最大值限制，一行中接收者被允许发送：N_WFTmax，该参数是一个系统设置常量，不能在首帧中发送。

二、网络层服务

所有的网络层服务具有相同的通用结构，以下定义了三种服务原型：

（1）请求服务原型：上层的通信层或应用层使用该原型将要发送的控制信息和数据发送到网络层。

（2）通知服务原型：网络层使用该服务将状态信息和接收的数据发送到上层的通信层或应用层。

（3）确认服务原型：网络层使用该服务向上层通信层或应用层发送状态信息。

这些服务说明未指定应用程序设计接口，它只指定了一系列独立于任何应用的服务原型。所有的网络层服务具有同样的通用格式，服务原型按以下格式编写：

service_name. type（
parameter A，
parameter B，
parameter C，
…
）

"service_name" 是服务的名称，例如，N_USData。

"type" 指明服务原型的类型。

"parameter A，parameter B，parameter C，…" 是服务原型传输的 N_SDU（网络层服务数据单元）数据列表。

服务原型定义了一个服务使用者（诊断应用）如何与服务提供者（网络层）配合工作。国际标准中指定了以下三种服务原型：

（1）服务使用者用请求服务原型（service_name. request）请求来自服务提供者的服务。

（2）服务提供者用通知服务原型（service_name. indication）通知服务使用者网络层内部事件或服务使用者对等协议实体层服务请求。

（3）服务提供者用确认服务原型（service_name. confirm）通知使用者其服务请求的执行结果。

三、网络层协议数据单元

通过交换协议数据单元（N_PDUs）的方式，在不同节点的网络层对等协议实体之间执行通信。该国际标准指定了网络层协议数据单元的 4 种不同类型，即单帧、首帧、续帧和流控制帧。用它们来建立对等网络层实体之间的通信：交换通信参数，使用者数据的发送，通信源的释放。

单帧：通过单帧协议控制信息（SF N_PCI）来识别单帧网络协议数据单元（SF N_PDU）。通过发送网络实体来发送 SF N_PDU，SF N_PDU 通过一个或多个接收网络实体来接收。通过向数据链路层请求一个单帧来传送一个服务数据单元，则 SF N_PDU 被发送出去。发送未分组报文时，网络协议数据单元也被发送出去。

首帧：用首帧协议控制信息（FF N_PCI）来指定首帧网络协议数据单元（FF N_PDU）。通过正在发送的网络实体和在分组报文发送期间一个唯一网络实体的接收，FF N_PDU 被发送出去。通过一个正在发送的网络实体和一个正在接收的网络实体，FF N_PDU 指定了一个分组报文所发送的第一个网络协议数据单元（N_PDU）。一接收到 FF N_PDU，正在接收的网络层实体就开始组装接收的分组报文。

续帧：用续帧协议控制信息（CF N_PCI）来指定续帧网络协议层数据单元（CF N_PDU）。CF N_PDU 发送服务数据单元的 < MessageData > 的分组报文。在 FF N_PDU 之后发送实体发送的所有 N_PDU 作为 CF N_PDU 被编码。在接收到最后一个续帧 CF N_PD 后，接收实体将分组报文传送给网络接收实体的服务使用者。发送网络实体将 CF N_PDU 发送出去，在分组报文发送期间唯一的接收网络实体接收 CF N_PDU。

流控制：用流控制协议控制信息（FC N_PCI）来指定流控制网络数据单元（FC N_PDU）。FC N_PDU 通知一个发送网络实体开始、停止或重新开始 CF N_PDU 的发送。通过接收网络实体，FC N_PDU 被发送到正在发送的网络实体，在正确接收以下内容后，就准备发送更多的数据：

（1）FF N_PDU。

（2）若需要发送更多的续帧，续帧某块的最后一个 CF N_PDU 在一个分组报文发送期间，FC N_PDU 也能通知正在发送的网络实体暂停 CF N_PDU 的发送，或者当发送实体发送的 FF N_PDU 中的长度信息 FF_DL 超过了接收实体缓冲区的大小，则中止分组报文的发送。

PDU 域描述：N_PDU 的作用是实现一个节点的网络层和一个或多个其他节点（对等协议实体）网络层之间数据的发送。所有的 N_PDU 由三个域组成：

（1）地址信息（N_AI）：用 N_AI 来确定网络层的通信对等实体。在 N_SDU（N_SA、N_TA、N_TAtype、N_AE（可选））中接收的 N_AI 信息将会被复制并包含 N_PDU 中如果 N_SDU 中接收的报文数据（< MessageData > 和 < Length >）很长，那么就需要网络层分组来发送完整的报文，N_AI 将被复制和包含在每一个发送的 N_PDU 里面。该域包含的地址信息指定了报文交换的类型、数据交换产生的接收者和发送者。地址信息由报文地址构成。

（2）N_PCI 协议控制信息：该域标识了交换的 N_ PDU 的类型。它也用于通信网络层实体之间其他控制参数的交换。

（3）N_Data 数据域：用 N_PDU 中的数据域发送在 N_USData. request 服务调用中的要接收的 < MessageData > 参数。如果需要，< MessageData > 被分为多个小部分，在它们发往网络之前每一部分都符合 N_PDU 数据域。N_Data 的大小依赖于 N_PDU 的类型和所选的地址格式。

四、网络层错误处理

网络层定时参数如表 7-4 所示。

表 7-4 网络层定时参数

时序参数	描述	数据链路层服务 开始	数据链路层服务 结束	超时 /ms	性能要求 /ms
N_As	发送方发送 CAN 帧的时间	L. 数据请求	L. 数据确认	1 000	N/A
N_Ar	接收端发送 CAN 帧的时间	L. 数据请求	L. 数据确认	1 000	N/A
N_Bs	直到接收到下一个流量控制 N_PDU 的时间	L. 数据确认 (FF) L. 数据确认 (CF) L. 数据指示 (FC)	L. 数据指示 (FC)	1 000	N/A
N_Br	直到发送下一个流量控制 N_PDU 的时间	L. 数据指示 (FF) L. 数据确认 (FC)	L. 数据请求 (FC)	N/A	N_Br + N_Ar < 0.9 * N_Bs 的超时时间
N_Cs	直到发送下一个连续帧 N_CPU 的时间	L. 数据指示 (FC) L. 数据确认 (CF)	L. 数据请求 (CF)	N/A	N_Cr + N_As < 0.9 * N_Cr 的超时时间
N_Cr	直到接收下一个连续帧 N_CPU 的时间	L. 数据确认 (FC) L. 数据指示 (CF)	L. 数据指示 (CF)	1 000	…

性能需求值捆绑了每个通信实体的需求值。一个确定的应用指定了在表 7-4 中所规定范围的特殊性能需求。定义的超时值比保证一个网络系统和克服完全不满足性能需求的通信条件的性能需求值大。检测到错误条件时，网络层将向上层服务使用者发出一个合适的服务原型。

单帧数据长度错误处理（SF_DL 错误处理）：如果网络层接收到一个带长度（SF_DL）等于 0 的单帧（SF），那么网络层将忽略接收到的单帧 N_PDU。如果网络层接收到一个带数据长度的单帧，数据长度值在使用正常编址时大于 7；扩展编址或者混合编址时大于 6，那么网络层将忽略接收到的单帧 N_PDU。

首帧数据长度错误处理（FF_DL 错误处理）：如果网络层接收到的首帧（FF）数据长度（FF_DL）大于接收缓冲区允许的大小，则认为是一个错误情况。网络层将中止接收报文，并发送一个带参数 FlowStatus = Overflow 的流控制 N_PDU。如果网络层接收到的首帧数据长度值，使用正常地址时少于 7 个，使用扩展或混合编址时少于 6 个，那么网络层将忽略接收的首帧 N_PDU，并且不发送流控制 N_PDU。

序列号错误处理（SN 错误处理）：如果接收到一个带错误序列号的续帧 N_PDU，网络层将执行相应的错误处理程序。中止接收报文，网络层向邻近的上层调用一个带参数 < N_Result > = N_WRONG_SN 的 N_USData.indication 服务。

流状态错误处理（FS 错误处理）：如果接收到一个带无效流状态参数值的 FC N_PDU 报文，网络层中将执行适当的错误处理程序。中止报文发送，同时网络层向相邻高层调用一个

带参数 < N_Result > = N_INVALID_FS 的 N_USData. indication 服务。

FC 等待帧发送的最大值（N_WFTmax）：该变量用于避免通信发送节点可能出现挂起的情况——后续节点一直等待。该参数处于对等通信中，并且不会被发送，因此不是 FC PDU 的部分。

——参数 N_WFTmax 表明有多少流控制等待接收者发送的 FC N_PDU。

——使用者在系统生成的时间上定义了参数 N_WFTmax 的最大限制。

——参数 N_WFTmax 只能应用于报文接收期间的接收网络实体。

——如果参数 N_WFTmax 值为 0，则流控制只能依靠上面的 FC N_PDU CTS。FC N_PDU WT 不被支持。

间隔时间参数错误处理（ST 错误处理）：发送方接收到的 FC 中的 STmin 设置为保留值时，发送方继续发送 CF，只是各个 CF 之间的间隔时间为协议最大值（7F ~ 127 ms），发送方和接收方没有错误并向各自上层报告。ST 参数描述如表 7 - 5 所示。

表 7 - 5　ST 参数描述

STmin 数值（Hex）	描述
00 - 7F	分别对应 0 ~ 127 ms
80 - F0	保留
F1 - F9	分别对应 100 ~ 900 μs
FA - FF	保留

接收到意外 N_PDU：根据网络层所支持的全双工或半双工通信设计方案，对"意外"解释有所不同。

——半双工：两个节点的点对点通信，任何时刻只能单向通信。

——全双工：两个节点的点对点通信，任何时刻可以双向通信。

除了网络层设计方案外，还得考虑如果来自/发往一个节点的接收或者发送，接收的意外 N_PDU 包含相同的地址信息（N_AI）。除 SF N_PDU 和 FF N_PDU 外，通常来自任一节点的意外网络协议数据单元到达时都应被忽略掉。

表 7 - 6 定义了接收到意外帧的情况下网络层的行为，将实际网络层内部状态（NWL status）和支持全双工或半双工通信的设计方案考虑在内。接收的 N_PDU 与在接收到的 N_PDU 的同一时刻正在进行的接收和发送包含相同的地址信息（N_AI）。

帧等待错误处理：当接收者在一行中已发送了 N_WFTmax 的 FC N_PDU WT，在不满足 FC NPDU CTS 的发送性能需求时，接收者将中止接收并向上层发送带 < N_Result > = N_WFT_OVRN 的 N_USData. indication。通过一个带 < N_Result > = N_TIMEOUT_Bs 的 N_USData. confirm 通知报文发送者中止报文接收。

五、N_PDU 域的映射

网络层数据的交换支持三种编址格式，即正常、扩展和混合编址。每种编址格式需要不同的 CAN 帧数据字节数，该字节数封装在与交换数据相关的地址信息中。随后，根据所选的地址格式类型，数据字节数被单个 CAN 帧发送出去。

正常编址：通过 N_SA、N_TA、N_TAtype 和 Mtype 的结合，指定唯一的 CAN ID。N_PCI 和 N_Data 处于 CAN 帧数据域。

表 7-6 接收意外帧的响应

NWL 状态	接收到 SF N_PDU	接收到 FF N_PDU	接收到 CF N_PDU	接收到 FC N_PDU	其他非预期帧
多包报文发送过程	全双工：如果正在接收，则中止当前接收，并通过 USData.indication 向上层报告 <N_Result> = N_UNEX P_PDU，以当前接收到的 SF N_PDU 作为新的开始，否则把 SF N_PDU 作为新的帧开始接收； 半双工：忽略	全双工：如果正在接收，则中止当前的接收，并通过 N_USData.indication 向上层报告 N_Result = N_UNEXP_PDU，以当前接收到的 FF N_PDU 作为新的开始，否则把 FF N_PDU 作为新的帧开始接收 半双工：忽略	全双工：如果正在接收则判断是否处于等待状态，是则处理接收的 CF N_PDU，并进行必要的检测（例如 SN 是否是正确的），否则忽略该帧 半双工：忽略	如果处于等待状态，那么需处理 FC N_PDU，否则忽略该帧	忽略
多包报文接收过程	中止当前的接收，并通过 _USData.indication 向上层报告 <N_Result> = N_UNEX P_PDU，以当前接收到的 SF N_PDU 作为新的开始	中止当前的接收，并通过 N_USData.indication 向上层报告 <N_Result> = N_UNEXP_PDU，以当前接收到的 FF N_PDU 作为新的开始	如果处于等待状态，则处理接收的 CF N_PDU，并进行必要的检测（例如 SN 是否正确），否则忽略该帧	全双工：如果处于等待状态，那么需处理 FC N_PDU，否则忽略该帧 半双工：忽略	忽略
空闲（既不处于发送过程也不处于接收过程）	接收到的 SF N_PDU 作为新的接收的开始	接收到的 FF N_PDU 作为新的接收的开始	忽略	忽略	忽略

正常固定编址：正常编址的子格式，进一步定义了映射到 CAN ID 的地址信息。正常编址的通常情形下，如上文所述，在 N_AI 和 CAN ID 之间是一致的，让 CAN ID 空着。正常固定编址格式中只能使用 29 位的 CAN ID。

扩展编址：通过 N_SA、N_TAtype 和 Mtype 的结合，指定唯一的 CAN ID。N_TA 处于 CAN 帧数据域的第一个数据字节。N_PCI 和 N_Data 处于 CAN 帧数据域的其余字节。

混合编址：如果 Mtype 被设为远程诊断，则混合编址作为其编址格式。对于混合编址，只允许使用 29 位 CAN ID。

第三节 UDS 诊断服务（ISO 14229-1）

ISO 14229 标准定义了诊断服务的数据链路的独立需求，这些诊断服务允许诊断仪（client，客户端）在车载电子控制单元（server，服务器）里控制诊断功能，这些功能包括电子燃油喷射、自动变速箱、ABS 系统等，而这些控制单元都通过串行数据链路被嵌入整车上。该标准指定了一些通用服务，这些服务允许诊断仪（client）停止或者恢复数据链路上的非诊断报文。ISO 14229 标准不适用于非诊断报文的传输以及在两个电子控制单元之间进行通信，不规定任何执行请求。

基于 ISO 14229 标准的整车诊断架构支持：

（1）可短暂或长久连接到车载诊断数据链路的单一检测仪（客户端）。

（2）多个直接连接或间接的车载 ECU（服务器）。

图 7-7 中：

（1）对于车辆 1，各服务器都是通过内部数据链路相连的，而与诊断数据链路都是通过一个网关非直接连接。ISO 14229 支持诊断数据链路上的诊断通信，对于内部数据链路上的诊断通信可以参考 ISO 14229 或者其他协议。

（2）对于车辆 2，各服务器都直接与诊断数据链路相连。

（3）对于车辆 3，各服务器的连接方式与车辆 2 的是一样的，车辆 4 将其网关与车辆 3 的网关直接相连。

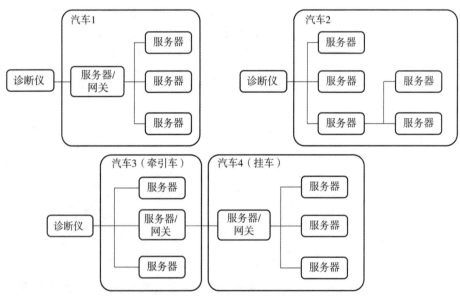

图 7-7 车辆诊断系统构架

应用层服务通常指诊断服务，用于基于客户端-服务器的系统，执行车载服务器的测试、检测、监控及诊断功能。外部测试设备的客户端使用应用层服务请求在一个或多个服务器执行诊断功能。ECU 部分功能的服务器使用应用层服务发送响应数据给客户端（请求的诊断服务提供响应数据）。客户端通常是车外检测仪，但在一些系统也可为车上检测仪。应用层服务的使用独立于客户端，不论是车外还是车上检测仪。在同一车载系统可有多个客户端。如

图 7-8，ISO 14229-1 规定了 VDS 在各种数据链路的未来实现情况。

图 7-8　ISO 14229-1 UDS 在各种数据链路的未来实现

一、应用层协议

应用层协议需是已确认的报文传送，即客户端发出的每个服务请求，服务器必须发出一个或多个响应。

该规定的例外情况如下：使用功能寻址或请求/指示规定不能产生响应、确认。即使服务器未完成请求的诊断服务也不发送负响应报文，可使系统不必负担无用报文。

应用层协议需同会晤层同时进行，即使客户端等待之前请求的响应也必须保持会晤层定时（如发送一个 TesterPresent 请求以保持诊断对话在其他服务器中进行；根据所使用的数据链路去执行）。

应用协议控制信息（A_PCI）：A_PCI 有两种格式可供选择，依调用的服务源语类型及 Result 参数的数值。对于 Result = positive 的所有服务请求及服务响应/服务确认，下列定义运用：

A_PCI（SI）："SI"是参数服务标识符。

对于 Result = negative 的所有服务请求及服务响应/服务确认，下列定义运用：

A_PCI（NR_SI，SI）："NR_SI"是识别消极服务响应/确认的特定参数；"SI"是服务参数标识符。

服务标识符（SI）：类型为 1 字节无符号整数；范围为 00~FF。

请求报文的服务标识符及积极响应报文的服务标识符间是一一对应的，SI 十六进制的 bit 6 指示服务类型。所有请求报文的 SI bit 6 = 0。所有积极响应报文 SI bit 6 = 1，"由周期标识符读取数据"服务（2A hex）的响应报文类型#2 除外。服务标识符分配如表 7-7 所示。

表 7-7　服务标识符分配

服务标识符（十六进制）	服务类型（bit 6）	何处定义的?
00-0F	OBD 服务请求	ISO 15031-5
10-3E	ISO 14229 服务请求	ISO 14229
3F	不适用	文件保留
40-4F	OBD 服务响应	ISO 15031-5
50-7E	ISO 14229 积极服务响应	ISO 14229
7F	消极响应服务标识符	ISO 14229
80	不适用	ISO 14229 保留

续表

服务标识符（十六进制）	服务类型（bit 6）	何处定义的？
81 – 82	不适用	ISO 14230 保留
83 – 88	ISO 14229 服务请求	ISO 14229
89 – 9F	服务请求	为所需的未来拓展而保留
A0 – B9	服务请求	车载制造商定义
BA – BE	服务请求	系统供应商定义
BF	不适用	文件保留
C0	不适用	ISO 14229 保留
C1 – C2	不适用	ISO 14230 保留
C3 – C8	ISO 14229 积极服务响应	ISO 14229
C9 – DF	正极服务响应	为所需的未来拓展而保留
E0 – F9	正极服务响应	车载制造商定义
FA – FE	正极服务响应	系统供应商定义
FF	不适用	文件保留

SI 用于编码服务源语中调用的特定服务。于每个请求服务分配一个专用 SI 数值。于每个积极响应服务分配一个相应的专用 SI 数值。服务标志符用于表示 A_Data 数据串的服务，数据串由应用层传给以下各层，且又由下层返回。

消极响应服务标识符（NR_SI）：类型为 1 字节无符号整数；固定数值为 7F。

参数 NR_SI 是识别消极服务响应/确认的特定参数。用于消极服务响应/确认报文是 A_PCI 中一部分。NR_SI 数值与 SI 数值相配合。NR_SI 数值不是用作 SI 数值，使得 A_Data 易于编码及解码。

二、服务描述协议

请求报文子功能参数 $Level（LEV_）：1 字节数据，参数结构如表 7 – 8 所示。

表 7 – 8 请求报文

BIT 位置	描述
7	suppressPosRspMsgIndicationBit 此 bit 指明积极响应报文是否应被服务器抑制。'0' = FALSE，不抑制（要求一个积极响应报文）。'1' = TRUE，抑制（积极响应报文不发送，编址的服务器不能发送一个积极响应报文）与 suppressPosRspMsgIndicationBit 无关，服务器根据表 7 – 10 规定条件发送消极响应报文
6 – 0	子功能参数数值 子功能参数 0 ~ 6 位包含服务（00 – 7F hex）的子功能参数数值。每个服务使用子功能参数字节，但只支持 suppressPosRspMsgIndicationBit 的服务必须支持 zeroSubFunction 子功能参数数值（00 hex）

响应如表 7-9 和表 7-10 所示。

表 7-9 肯定响应 A_PDU

A_PDU 参数	参数名称	Cvt	十六进制数值
SA	源地址	M	XX
TA	目标地址	M	XX
TA_Type	目标地址类型	M	XX
A_Data. A_PCI. SI	<服务名称>请求服务 ID	M	XX
A_Data. Parameter1 : Parametern	< List of parameters > = [< Parameter Name > : < Parameter Name >]	M/U/C/S	XX = [XX : XX]

表 7-10 否定响应 A_PDU

A_PDU 参数	参数名称	Cvt	十六进制数值
SA	源地址	M	XX
TA	目标地址	M	XX
TA_Type	目标地址类型	M	XX
A_Data. A_PCI. NR_SI	NR_SI	M	7F
A_Data. A_PCI. SI	<服务名称>请求服务 ID	M	XX
A_Data. Parameter	Response Code	M	XX

否定响应码 NRC_如表 7-11 所示（仅列出最常见的）。

表 7-11 部分否定响应码

Hex 值	响应码	助记符
11	serviceNotSupported 服务器不支持客户端请求的诊断服务	SNS
12	subFunctionNotSupported 服务器不支持客户端请求服务的子功能	SFNS
13	incorrectMessageLengthOrInvalidFormat 请求报文的数据长度（或者格式）不符合标准	IMLOIF
31	requestOutOfRange 请求超出范围	ROOR
78	requestCorrectlyReceived – ResponsePending 服务器正忙，暂时无法处理客户端发出的请求	RCRRP

三、诊断及通信管理功能单元

诊断管理功能单元如表 7-12 所示。

表 7-12 诊断功能单元列表

服务	描述
诊断对话控制	客户端请求通过服务器控制诊断对话
ECU 复位	客户端强制服务器执行复位
安全访问	客户端请求解锁安全服务器
通信控制	客户端请求服务器控制其通信
测试存在	客户端通知服务器它的存在
访问定时参数	客户端适用服务读取/修改定时参数以激活通信
安全数据传送	客户端适用服务通过扩展数据链路安全来执行数据传输
控制 DTC 设置	客户端控制服务器 DTC 设置
响应事件	客户端请求启动服务器的事件机制
链路控制	客户端请求通信波特率的控制

诊断对话控制（10 hex）服务：诊断对话激活服务器特定的诊断服务及功能集，而且可激活适用于对话（已启动）的定时参数集相关的数据链路层。通过该服务，服务器可报道适用于诊断对话（已激活）的数据链路层特定参数值。数据链路层特定执行文件定义了服务响应报文中任选参数记录的结构及内容。ISO 用户需定义诊断对话中已激活的服务及功能集（默认对话中可用的功能集），一个服务器中只有一个激活的诊断对话。服务器通电时，启动默认诊断对话，若无其他的诊断对话启动，通电时其他诊断服务对话运行。

服务器需在正常操作条件或车载制造商定义的其他操作条件下（如"跛行回家"操作条件）提供诊断功能。若客户端请求正在运行的诊断对话，则服务器需发送一个积极响应报文。无论何时客户端请求新诊断对话，服务器需在新对话定时激活前发送诊断对话控制积极响应报文。有时需要在发送积极响应前进入新对话且同时需保持响应发送的旧协议定时。若服务器无法启动请求的新诊断对话，则需要以诊断对话控制的消极响应报文响应且继续当前对话，一次只允许一个激活对话。诊断对话需激活车载制造商定义的诊断服务及功能的特定集。非默认对话（编程对话除外）的诊断服务及诊断功能集是默认对话的扩展功能集，意味着切换到任何非默认诊断对话，默认对话的诊断对话也可用。对话可启动 ISO 14229 之外的车载制造商特定服务及功能。

ECU 复位（11 hex）服务：服务请求服务器基于 ECU 复位请求报文的复位类型参数数值内容执行服务器复位。服务器执行复位前，必须发送 ECU 复位积极响应报文（若被要求）。成功执行服务器复位后，服务器需激活默认对话。

安全访问（27 hex）服务：该服务目的在于提供途径访问数据及限制访问（出于安全、发射、保护因素考虑）的诊断服务。下载或上传给服务器程序或数据、读取服务器特定存储位置等需要安全访问的诊断服务。下载给服务器的程序错误、数据可能损害电子元件或其他车载元件及车载发射、安全、保护标准的兼容性。安全概念使用到种子及钥匙关系，如图 7-9 所示。

通信控制（28 hex）服务：该服务的目的是开启或关闭某些服务器报文（如应用程序报文）。

试验现场（27 hex）服务：该服务用于指示服务器客户端仍然连接在车载上且已激活的某些诊断服务或通信仍然保持激活状态，用于保持非默认对话中一个或多个服务器。可通过周期性地传送检测仪存在请求报文或在无诊断服务情况下防止服务器自动返回到默认对话。

安全数据传送（84 hex）服务：服务的目的是传送受保护的数据免遭第三方袭击。根据 ISO 15764 协议，第三方会损坏数据安全。若诊断工具在安全

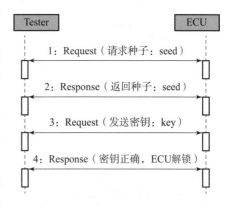

图 7-9 安全访问过程本质

模式中使用文件定义的诊断服务，则安全数据传送服务可用。也可用于在客户端和服务器间的安全模式传送遵循其他应用层协议的外部数据（在该环境下安全模式是指传送的数据受密码保护）。

响应事件（86 hex）服务：基于事件请求服务器开始或停止基于特定事件的传送响应。当服务器中发生特定事件时，该服务可自动执行诊断服务。事件发生时，客户端规定要执行的事件（包括任选事件参数）和服务（包括服务参数）。

链路控制（87 hex）服务：链路控制服务用于控制客户端和服务器间诊断数据交换的通信链路波特率。活动诊断对话期间以某一波特率转变的数据链路层可选用该服务。该服务还能用于转变数据链路层的波特率。解决功能通信，波特率需要多个服务器同时转变，波特率转变过程可分两个步骤（图 7-10）：

步骤 1：客户端求证是否可实现转变并通知服务器应用的波特率。客户端执行步骤 2 前，每个服务器积极响应（抑制积极响应报文指示位 = FALSE）。实际上，该步骤并未执行波特率转变。

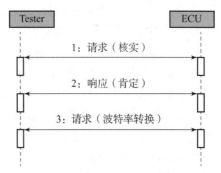

图 7-10 控制通信链路波特率转换的过程

步骤 2：客户端请求波特率的转变。只有步骤 1 证明波特率可实现转变，才可执行该步骤。在功能通信的情况下，建议波特率转变后服务器不应发送任何响应（抑制积极响应报文指示位 = TRUE），因为可能某个服务器已转变到一个新波特率，其他服务器仍需要传送响应报文（避免不匹配的波特率）。

请求报文的链路控制类型参数协同波特率或链路波特率记录参数提供一个转变到预定波特率的机制。

四、数据传输功能单元

数据传输功能单元如表 7-13 所示。

表 7-13 数据传输功能单元列表

服务	描述
由标识符读取数据	客户端请求读取记录的当前数值，该记录由数据标识符识别
由地址读取存储	客户端请求读取存储范围的当前数值
由标识符读取缩放数据	客户端请求读取记录的缩放信息，该记录由数据标识符识别
由周期标识符读取数据	客户端读取服务器的调度数据以周期传送
动态定义数据标识符	客户端请求动态定义数据标识符，随后"标识符读取数据"服务可能读取该类标识符
由标识符写入数据	客户端请求写入数据标识符规定的记录
由地址写入存储	客户端请求替换预留的存储范围

标识符读取数据（22 hex）服务：标识符读取数据服务允许记录客户端请求一个或多个数据标识符识别的请求数据数值。客户端请求报文包含一个或多个两字节的数据标识符，该类数据标识符可识别服务器维持的数据，数据记录的格式及定义是车载制造商或系统供应商决定的，可能包含模拟输入和输出信号、数据输入和输出信号、内部数据和系统状态信息，受服务器支持。

该服务器可能限制数据标识符的数量，该类数据标识符可由车载制造商和系统供应商共同商定同步请求。接收到"由标识符读取数据"请求时，服务器需访问数据参数规定的记录数据单元，并以一个"由标识符读取数据"积极响应（该响应包含相关的数据记录参数）传送数值。请求报文可多次包含一个相同的数据标识符。服务器需视每个数据标识符为独立的参数且需响应数据标识符的请求。

由地址读取存储（23 hex）服务：由地址读取存储器服务允许客户端通过起始地址请求存储器数据和规定读取存储器的大小。由地址读取存储器请求报文用于请求存储器地址和存储器大小参数识别的服务器存储器数据。存储器地址和存储器大小参数使用的字节由"地址和长度格式标识符"定义（低、高半位）。高段范围地址单元中存储器地址或存储器大小参数的未使用字节以数值00hex填充。在重叠的存储器区域，使用附加存储器地址字节作为存储器标识符（如使用内部和外部闪存）。服务器通过地址读取存储器积极响应报文发送数据记录数值，数据记录参数的格式和定义由制造商决定。数据记录参数包含模拟输入/输出信号、数据输入/输出信号和内部数据及系统状态信息，受服务器支持。

五、存储数据传输功能单元

数据存储功能单元如表 7-14 所示。

表 7-14 数据存储功能单元列表

服务	描述
清除诊断信息	允许客户端清除服务器诊断信息（包括DTC，捕获的数据等）
读取 DTC 信息	允许客户端请求服务器诊断信息（包括DTC，捕获的数据等）

清除诊断信息（14 hex）服务：客户端使用清除诊断信息服务清除一个或多个服务器存储器的诊断信息。当全部处理清除诊断信息服务后，即使未保存 DTC，服务器也会发送一个积极响应。服务器支持存储器中多个 DTC 状态信息副本（如一个副本在 RAM，一个在 EEPROM），服务器使用 ReadDTCInformation（读取 DTC 状态信息）状态报道服务请求副本。其他副本，如长期存储器的备份副本，按照正确的副本策略进行更新（如在电源所存阶段）。

读取 DTC 信息（19 hex）服务：该服务允许客户端读取车载任一或任一组服务器上的 DTC 信息。除非特别描述，服务器需返回排放与非排放 DTC 信息。

六、输入/输出控制功能单元

输入/输出功能单元如表 7-15 所示。

表 7-15　输入/输出功能单元列表

服务	描述
由标识符控制输入/输出	客户端请求控制服务器特定的输入/输出

由标识符控制输入/输出（2F hex）服务：由标识符控制输入/输出服务将输入信号、内部服务器功能替换成数值，控制电子系统的输出（执行元件）。

七、程序功能单元远程激活

程序功能单元如表 7-16 所示。

表 7-16　远程激活单元列表

服务	描述
程序控制	客户端请求启动、停止服务器的程序或请求程序结果

程序控制（31 hex）服务：程序控制服务客户端使用 RoutineControl 服务，作用是启动或停止程序，请求程序结果，以一个 2 字节的程序标识符指定程序。

八、上传/下载功能单元

上传/下载功能如表 7-17 所示。上传/下载功能单元如图 7-11 所示。

表 7-17　上传/下载功能列表

服务	描述
请求下载	客户端请求协商从客户端将数据传送到服务器
请求上传	客户端请求协商从服务器将数据传送到客户端
传送数据	客户端发送数据至服务器（下载）或从服务器请求数据（上传）
请求退出传送	客户端请求结束数据传送

图 7 – 11 上传/下载功能单元

请求下载（34 hex）服务：客户端使用该服务启动从客户端至服务器的数据传送。当该服务器接收到该服务的请求报文，服务器在发送 OSI 模型时，基于 CAN 的 UDS 实施响应报文前需采取必要的措施获取数据，如图 7 – 12 所示。

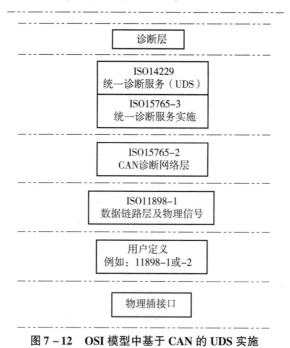

图 7 – 12 OSI 模型中基于 CAN 的 UDS 实施

第四节 应用层定时参数（ISO 15765 – 3）

通信会话方式区分为物理通信中的默认会话方式与非默认会话方式（需进行对话处理）以及功能通信中的默认会话方式与非默认会话方式（需进行对话处理）。所有的情况下都需要考虑请求服务器否定应答信息的扩展定时应答（包括应答码 78hex）。表 7 – 18 至表 7 – 21

中写明了会话相关参数定义与管理。

表7-18 应用层定时参数定义（默认会话）

定时参数	描述	类型	最小值	最大值
$P2_{CAN\_Client}$	成功发送请求信息（通过 N_USData.con 应答指示）到接收答复信息开始（多帧信息的 N_USDataFirstFrame.ind 和单帧信息的 N_USData.ind）的超时设置	定时器重载值	P2CAN_Server_max + △P2CAN	N/Aa
$P2*_{CAN\_Client}$	接收到应答码为0x78的否定应答（通过 N_USData.con 指示）到接收答复信息开始（多帧信息的 N_USDataFirstFrame.ind 和单帧信息的 N_USData.ind）的扩展超时设置	定时器重载值	P2*CAN_Server_max + △P2CAN_rsp	N/Ab
$P2_{CAN\_Server}$	接收到请求信息（通过 N_USData.ind 指示），服务器开始答复信息的运行要求	运行要求	0	50 ms
$P2*_{CAN\_Server}$	传递了0x78（扩展的超时设置）的否定应答码（通过 N_USData.con 指示），服务器开始答复信息的运行要求	运行要求	0c	5 000 ms
$P3_{CAN\_Client\_Phys}$	客户机成功发送无须应答的物理地址请求信息（通过 N_USData.con 指示），到它能发送下一个物理地址请求信息等待的最小时间	定时器重载值	P2_CAN_Server_max	N/Ad
$P3_{CAN\_Client\_Func}$	客户机成功发送功能地址请求信息（通过 N_USData.con 指示），到它能发送下一个功能地址请求信息等待的最小时间，有可能无须应答也有可能该请求数据只被某个子网功能地址服务器支持	定时器重载值	P2_CAN_Server_max	N/Ad

表7-19 会话层定时参数定义

定时参数	描述	类型	推荐超时	超时
$S3_{Client}$	在功能地址（0x3E）由客户机发送的用于保持诊断会话的信息请求之间的时间，而不是多服务器的默认会话时间（功能的通信），或者对某一具体服务器发送请求最大时间间隔（物理的通信）	时间重置值	2 000 ms	4 000 ms

续表

定时参数	描述	类型	推荐超时	超时
$S3_{Server}$	在没有接收到任何请求信息时，服务器保持诊断会话的时间，不是默认会话活动时间	时间重置值	N/A	5 000 ms

表 7-20 会话管理

定时参数	动作	对于功能寻址	对于物理寻址
$S3_{Client}$	初始启动	进入非默认模式的过程中，网络层的 N_USData.con 表明已成功发送 DiagnosticSessionControl（SID = 0x10）请求报文	客户端不需要响应，网络层的 N_USData.con 表明成功发送诊断会话控制（SID = 0x10）的请求报文
			客户端需要响应，网络层的 N_USData.ind 表明接收到诊断会话控制（SID = 0x10）的响应报文
	后续启动	网络层的 N_USData.con 表明已发送诊断设备在线（SID = 0x3E）请求报文，并且每次 $S3_{Client}$ 超时时刻，该报文都会被再次发送	客户端不需要响应，网络层的 N_USData.con 表明已发送任何一种诊断服务的请求报文
			客户端需要响应，网络层 N_USData.ind 表明接收到任何一种诊断服务的响应报文
			网络层 N_USData.ind 表明在接收多帧报文时发现错误
$S3_{Server}$	初始启动	完成模式转换，进入非默认模式，客户端需要响应，网络层 N_USData.con 表明已发送诊断会话控制（SID = 0x10）肯定响应报文	
		如不需要响应，完成模式转换，进入非默认模式	
	停止	仅允许用于非默认模式，服务器的 N_USData_FF.ind 表明接收到多帧请求报文的第一帧，或者服务器的 N_USData.ind 表明接收到单帧请求报文	
	后续启动	客户端需要响应，网络层 N_USData.con 表明已发送响应报文。但是 NRC = 0x78 的否定响应除外	
		客户端不需要响应，服务器完成所请求的动作	
		服务器的 N_USData.ind 表明在接收多帧请求报文时发现错误	

表7-21 默认会话下定时器资源需求

定时参数	客户端	服务器
$P2_{CAN\_Client}$	为每一个逻辑通信通道（物理和功能通信）设置一个单独的定时器是需要的，例如，点对点通信需要一个独立的通信通道	N/A
$P2_{CAN\_Server}$	N/A	为扩展的应答定时一个可选择的定时器，保证随后的否定应答的发送比 $P2*_{CAN\_Server}$ 早一些
$P3_{CAN\_Physical}$	需为每个物理通信口提供单独的定时器	N/A
$P3_{CAN\_Functional}$	需为每个功能通信口提供单独的定时器	N/A

表7-22 非默认会话下定时资源需求

定时参数	客户端	服务器
$S3_{Client}$	当使用周期性发送，功能地址（0x3E）请求信息保持服务器在非默认状态，需提供单独的定时器，无须为每个激活的诊断会话提供额外的定时器	N/A
$S3_{Client}$	无其他诊断请求时，使用连续的发送物理地址（0x3E）请求信息保持单个服务器在非默认状态，为每个点对点通信通道设置单独的定时器	N/A
$S3_{Server}$	N/A	服务器需一个单独的定时器，因为只有单诊断会话能在一个服务器中激活

错误处理如表7-23和表7-24所示。

表7-23 客户端错误处理

通信阶段	客户端错误类型	客户端处理	
		物理通信	功能通信
请求发送	网络层的 N_USData.con 指示否定结果值	客户机在 CAN Physical P_3 时间之后，有出错指示，应当重发最后的请求重启 Client S 3（由于 Client S 3 在请求发送时停止了）	客户机在 CAN Physical P_3 时间之后，有出错指示，应当重发最后的请求

续表

通信阶段	客户端错误类型	客户端处理	
		物理通信	功能通信
$P2_{CAN\_Client}$ $P2*_{CAN\_Client}$	超时	客户机重新发送最近的请求信息。重启 Client S 3（由于 Client S 3 在请求发送时停止了）	这里客户机不知道多少服务器应答，这就是指示客户机不再有应答信息，不用再重复请求信息了。客户机在进一步请求之前，应当完全接收到所有的应答信息
			这里客户机知道有多少服务器应答，这就是指示客户机不是所有的服务器都应答。客户机在完全接收到所有应答信息之时发生了超时，应当重新请求信息
应答接收	N_USData.ind 网络层否定结果值	客户机重新发送最近的请求信息。重启 Client S 3（由于 Client S 3 在请求发送时停止了）	客户机在完全接收到所有应答信息之时出错，应当重新请求发送信息

表7-24 服务器错误处理

通信阶段	服务器错误类型	服务器处理
请求接收	网络层 N_USData.ind 指示否定结果值	重启 Server S 3 定时器（由于它在接收到先前首帧指示时停止了），服务器应当忽略该请求
$P2_{CAN\_Server}$ $P2_{CAN\_Client}$ $P2*_{CAN\_Client}$	超时	N/A
应答发送	网络层 N_USData.ind 指示否定结果值	重启 Server S 3 定时器（由于它在接收到先前的请求信息时停止了）。服务器不应当重新发送该应答信息

第五节　Flash BootLoader（ISO 15765-3）

一、概述

Flash BootLoader（图 7-13）通过 CAN 总线刷写 ECU 程序。

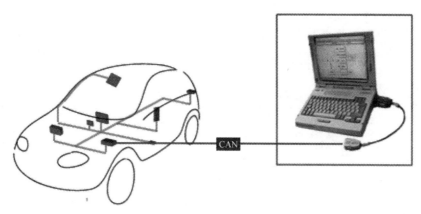

图 7-13　Flash BootLoader

Flash Driver 与 Flash BootLoader 一起对应用程序进行编程。Flash 工具是一个易于使用的 PC 工具，可以控制应用程序的下载（作为十六进制文件）。此外，还需要一个 CAN 卡，例如 Cancardx 或 Canac2。CAN 卡包含基本的 CAN 通信、传输协议和诊断，这两种代码都经过优化以使用最小内存。Flash BootLoader 系统框架如图 7-14 所示。

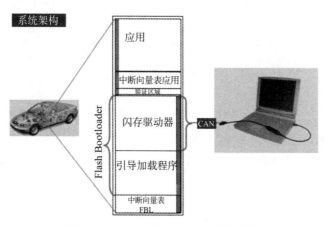

图 7-14　Flash BootLoader 系统框架

如图 7-15 所示，Flash BootLoader 架构中，CAN Driver 是最小化的 CAN 驱动，仅支持查询功能，是所有底层硬件的相关部分，能提供到 Flash Driver 的接口。Transport Protocol 用来实现 ISO 15765-2 中的传输层协议。Diagnostics Layer 用来实现 ISO 14229 中的诊断层协议，实现所有下载相关诊断服务。Bootloader 用来完成所有模块的调度控制，如 CANdriver、TP、Diag、FlashDriver 等的调度。

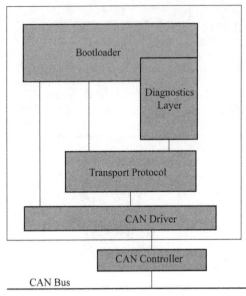

图 7-15 Flash BootLoader 架构

二、刷写过程

刷写过程一般分为三个阶段：刷写前阶段、刷写阶段和刷写后阶段。

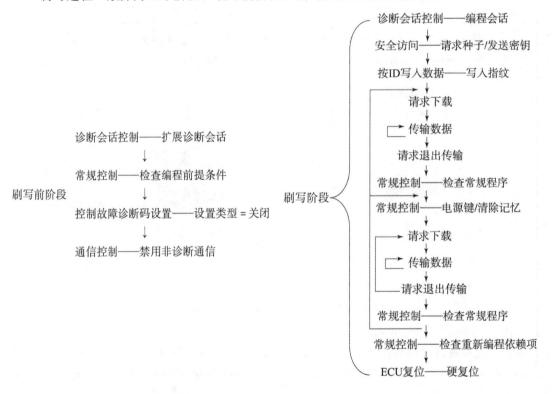

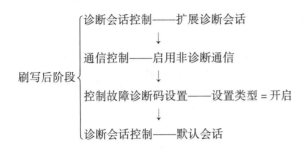

第六节 诊断设备举例

国标 GB 15740 要求车辆必须具备发动机防盗（IMMO）功能。发动机防盗系统牵涉整车安全，为了避免诊断服务和其他控制器通用从而破解发动机防盗系统，以及为了调试发动机防盗系统故障位置和原因更快，定位更精确，展开了基于 CAN 总线的 ISO 15765 协议的发动机防盗诊断服务协议的研究开发。

网关控制器实现整车不同网段的网络通信数据转发。平台化网关控制器设计支持多路 CAN 通道之间的数据转发，CAN 通道的使能配置、采样点控制参数、传输速率设置和数据转发路由表存储在非易失性存储器中，且可通过诊断设备动态更新。在重新上电或诊断复位后，网关控制器从非易失性存储器中读取 CAN 通道配置信息和数据转发路由表实现数据转发功能。网关控制器平台化设计方案实现网关控制器支持 CAN 通道数目可调性，通道传输速率和采样点的可配置性，转发通信数据可动态变更性，实现网关控制器通用性的平台化设计。

网关控制器硬件设计系统框图如图 7-16 所示，控制器的 MCU 芯片选用 Freescale 32 位芯片 MPC5604C。MPC5604C 支持 6 路 CAN 通道，本设计使用 4 路 CAN 通道，1 路作为诊断 CAN 通道用于网关控制器与诊断设备信息交互，其他 3 路 CAN 通道连接整车不同 CAN 网段，另外 2 路 CAN 通道作为预留接口用于网关平台扩展，且其中预留 1 路容错 CAN 接口（CAN 收发器 TJA1053）以兼容具有容错 CAN 网段的车型。系统基础芯片 NXP UJA1076 控制 MPC5604C 和 CAN 收发器 TJA1042 的供电以及看门狗管理。非易失性存储器选用芯片 ST EEPROM、芯片 M95080，M95080 最大存储容量达 8 kb，为网关控制器存储数据的扩展预留足够的空间，MPC5604C 与 EEPROM M95080 之间采用 SPI 总线通信，SPI 总线时钟 SCK 设置为 5 MHz，有效保证了网关控制器读取 CAN 通道配置数据和数据转发路由表以完成系统初始化的时间控制在控制器启动允许时间范围内。

网关控制器在上电或复位后执行初始化程序完成控制器初始化。网关控制器进入初始化程序从 EEPROM 中读取 CAN 通道配置信息判断 CAN 通道使能状态，对使能的 CAN 通道依据配置信息中 CAN 通道配置参数和传输速率初始化 CAN 通道底层寄存器，并将该通道对应的数据转发路由表读取到 MCU 内部存储区域，用于数据转发路由表的快速查询和数据转发。若某个 CAN 通道配置为非使能状态，则该通道对应的数据转发路由表将不会被读取和检索，以缩短网关控制器初始化时间和提高数据转发效率。循环遍历所有 CAN 通道，网关控制器完成初始化过程并进入网关应用主程序。网关控制器应用主程序包含 CAN 通道数据检测控制程序和 EEPROM 数据更新处理程序，CAN 通道数据检测控制程序实现 CAN 通道数据检测和数据转发，EEPROM 数据更新处理程序实现诊断设备对网关控制器 CAN 通道配置参数和

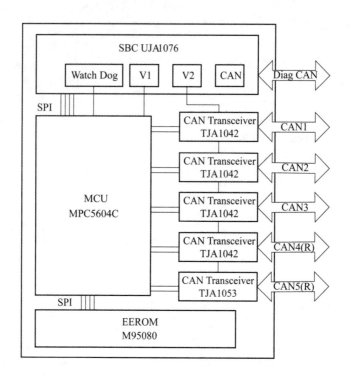

图 7-16 网关控制器硬件设计系统框图

数据转发路由表的更新。

网关控制器功能验证诊断设备配置网关控制器 EEPROM 存储的 CAN 通道配置参数和数据转发路由表，网关控制器按照更新后状态实现数据转发功能。

上述方式实现了网关控制器转发数据的动态更新，增加了网关控制器功能实现的灵活性，实现了不同车型上网关控制器的通用性，有效地降低了整车开发成本，缩短了整车开发和验证周期。

小　　结

本章主要介绍了 CAN 诊断技术的功能及体系结构，主要详细介绍了网络层、UDS 诊断服务、应用层定时参数以及 Flash BootLoader。最后举例介绍了诊断设备的开发。

思考题

1. 车辆诊断系统架构有哪几种？用图说明一下。
2. 图示说明车辆安全访问过程。

第8章
CAN 总线控制器设计

前面介绍了汽车总线的概念和应用情况以及 CAN 的规范。本章以片上 1 通道的 CAN（控制器局部网）控制器为例进行介绍，它遵守 ISO 11898 中规定的 CAN 协议。

在 CAN 的网络层次结构中，数据链路层和物理层是保证通信质量至关重要、不可缺少的部分，也是网络协议中最复杂的部分。CAN 控制器是以一块可编程电路的组合来实现这些功能，对外提供了与微处理器的物理线路的接口。通过它的编程，CPU 可以设置它的工作方式，控制它的工作状态，进行数据的发送和接收，把应用层建立在它的基础之上。

目前，许多知名的半导体厂家都生产了 CAN 控制芯片。其类型一种是独立的，一种是与微处理器集成在一起的，在第 7 章已经进行过描述。在实际应用中只要掌握了其中的一种，其余的就可以触类旁通，这也是 CAN 能够迅速推广的原因。本章以瑞萨公司的微控制器 78k0 片上 1 通道的 CAN（控制器局部网）控制器为例进行介绍。另外，独立的 CAN 控制器有 Philips 公司的 SJA1000，西门子公司生产的 Infineon82C900 芯片是独立双 CAN 控制器，Intel 公司提供的 Intel82527 是多缓存的控制器，等等。由于篇幅有限，本书不予介绍。

CAN 总线驱动器提供了 CAN 控制器与物理总线之间的接口，是影响系统网络性能的关键因素之一。在实际应用中采用何种总线驱动器？如何设计接口电路？如何配置总线终端？影响总线长度和节点数的因素有哪些？本章将以 Philips 公司的 CAN 总线驱动器为例，对这些问题进行讨论。

第一节 CAN 控制器

瑞萨的 CAN 模块叫做 AFCAN，它是 Advance Full CAN 的缩写。这个模块在 FCAN 的基础上将一些软件处理上比较烦琐的功能用硬件的方式解决，降低了软件的复杂度。例如，在 FCAN 中一般为 5 个接收 Buffer，3 个发送 Buffer。并且 MASK 的使用很死板，只能在固定的模块上使用。而 AFCAN 将 CAN 模块复杂化，一个 AFCAN 中有 16~64 个独立的微型 CAN 模块，微型模块可以设置 MASK，可以设置自己的中断响应，还可以设置是发送还是接收。另外，当大量报文发送和接收时，可以很容易地查询报文的先后顺序。CAN 模块框图如图 8-1 所示。

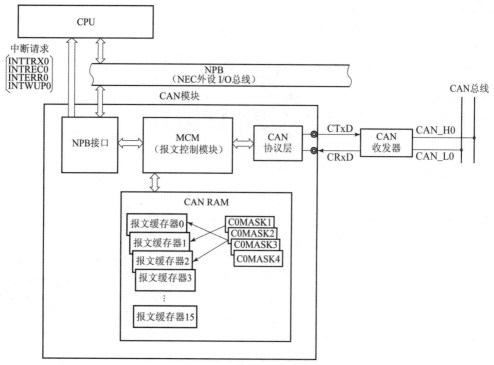

图 8-1　CAN 模块框图

该微控制器包含一个必须使用外部收发器与 CAN 总线进行连接的 CAN，如图 8-2 所示。

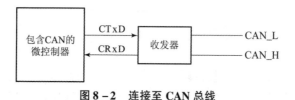

图 8-2　连接至 CAN 总线

一、CAN 控制器的内部寄存器

瑞萨的 AFCAN 模块设计相对复杂，但从使用上来说还是很简单的，下面着重介绍其某些特殊的读取与写入寄存器的方法，而对于每个寄存器的含义，由于篇幅有限无法一一罗列，请读者自行参考用户手册。

CAN 控制寄存器包含可通过 CPU 或 CAN 接口进行位设置或位清除的寄存器。对于每个 CAN 缓冲区设置的寄存器，设置方法和其他模块的设置方法一样，而对于下列寄存器，如果直接写入则会发生操作错误。不能通过位操作、读取/修改/写入任何值，也不能通过目标值的直接来写入任何值。

- CAN 全局控制寄存器（C0GMCTRL）；
- CAN 全局自动块传输控制寄存器（C0GMABT）；
- CAN 模块控制寄存器（C0CTRL）；
- CAN 模块中断使能寄存器（C0IE）；

- CAN 模块中断状态寄存器（C0INTS）；
- CAN 模块接收记录列表寄存器（C0RGPT）；
- CAN 模块发送记录列表寄存器（C0TGPT）；
- CAN 模块时间标记寄存器（C0TS）；
- CAN 报文控制寄存器（C0MCTRLm）。

备注：$m = 0 \sim 15$

以上寄存器的 16 位都可以使用通常方式读取。使用图 8-3 中说明的步骤来设置或清除这些寄存器中的低 8 位。

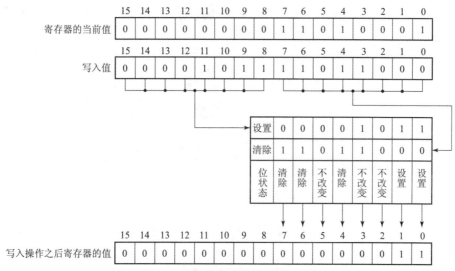

图 8-3 位设置/清除操作的示例

以上寄存器低 8 位的设置或清除与高 8 位结合进行（参见图 8-4 中写入操作后的 16 位数据）。图 8-3 显示了对应寄存器中与设置/清除/不改变操作相关的设置位或清除位的值。

设置n	清除n	位设置/清除操作后的位n的状态
0	0	不改变
0	1	0
1	0	1
1	1	不改变

备注：$n=0\sim7$

图 8-4 写入操作期间的 16 位数据

二、功能介绍

本节将简要介绍 AFCAN 的各个功能，由于涉及一些寄存器的名称和控制位，请参考手册学习本节。

1. 报文发送

在所有操作模式中，如果将满足以下条件的报文缓存器的 TRQ 位设为 1，那么就查找将要发送报文的报文缓存器：

（1）用作报文缓存器（C0MCONF*m* 寄存器的 MA0 位设为 1B）。

（2）设置为发送报文缓存器（C0MCONF*m* 寄存器的 MT［2:0］位设为 000B）。

（3）准备发送（C0MCTRL*m* 寄存器的 RDY 位设为 1）。

CAN 系统是多主机通信系统。像这样的系统中，报文发送的优先级基于报文标识符（ID）来决定。在有多个报文等候发送时，为了便于使用软件进行发送处理，CAN 模块使用硬件检查具有最高优先级的报文的 ID 并自动识别此报文（图 8-5）。这样就不再需要基于软件的优先级控制。

发送优先级由标识符（ID）控制。

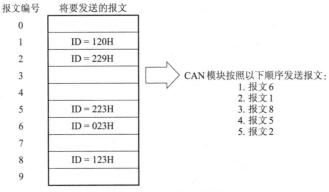

图 8-5 报文处理举例

查找发送报文之后，发送其请求被挂起的发送报文缓存器（预先将其 TRQ 位设为 1 的报文缓存器）中优先级最高的发送报文。

如果设定新的发送请求，则将具有新发送请求的发送报文缓存器与请求被挂起的发送报文缓存器进行比较。如果新发送请求有较高的优先级，则将其发送，除非是已开始了具有低优先级的报文发送。如果低优先级的报文已经开始发送，则新的发送请求会稍后发送。为了解决优先级反转的影响，软件可为低优先级的报文执行发送中止请求。依照表 8-1 所示规则决定最高的优先级。

表 8-1 报文优先级规则

优先级	条件	说明
1（高）	ID 的前 11 位的值［ID28～ID18］:	首先发送用 ID 的前 11 位表示的具有最低值的报文帧。如果 11 位标准 ID 的值小于或等于 29 位扩展 ID 的前 11 位的值，11 位标准 ID 相对于具有 29 位 ID 的报文，有较高的优先级
2	帧类型	相对于具有标准 ID 的远程帧和扩展 ID 的报文帧，11 位标准 ID 的数据帧（RTR 位清为 0）有较高的优先级

续表

优先级	条件	说明
3	ID 类型	具有标准 ID 的报文帧（IDE 位清为 0）相对于扩展 ID 的报文帧有较高的优先级
4	ID 的低 18 位的值 [ID17~ID0]：	如果一个或更多发送被挂起的扩展 ID 报文帧，其 ID 的前 11 位值相等，并具有相同的帧类型（等于 RTR 位的值），那么首先发送其扩展 ID 前 18 位值最低的报文帧
5（低）	报文缓存器编号	如果两个或更多的报文缓存器请求发送具有相同 ID 的报文，那么首先发送来自具有最低报文缓存器编号的报文缓存器中的报文

2. 报文接收

在所有操作模式下分析全部的报文缓存区域，以定位适于存储新接收的报文的缓存器。

(1) 用作报文缓存器（COMCONFm 寄存器的 MA0 位设为 1B）。

(2) 设置为接收报文缓存器（COMCONFm 的 MT [2：0] 位设为 001B、010B、011B、100B 或 101B）。

(3) 准备接收。（COMCTRLm 寄存器的 RDY 位设为 1）。

当 CAN 模块的两个或更多报文缓存器接收同一个报文时，该报文按照表 8-2 说明的优先级存储。通常报文不存储在低优先级的报文缓存器中，而是存储在具有最高优先级的报文缓存器中。例如，当非屏蔽接收报文缓存器和连接至屏蔽 1 的接收报文缓存器具有相同的 ID 时，即使该报文缓存器未接收到报文且非屏蔽接收报文寄存器已接收了报文，接收到的报文也不会存储在连接至屏蔽 1 的报文缓存器中。换言之，当设置具有不同优先级的两个或更多的报文缓存器为接收一个报文的状态时，报文总是存储在具有最高优先级的报文缓存器中，而不存储在具有较低优先级的报文缓存器中。这同样适用于具有最高优先级的报文缓存器不能接收并存储报文的情况（例如，DN 位 =1 时表明已经接收了报文，但是由于 OWS 位 =0 而禁止重写的情况）。这种情况下，实际上报文既不被接收并存储在具有最高优先级的候选缓存器中，也不存储在具有较低优先级的缓存器中。

表 8-2 报文接收缓存区优先级规则

优先级		设置相同 ID 时的存储状态
1（高）	非屏蔽报文缓存器	DN = 0
		DN = 1 且 OWS = 1
2	连接至屏蔽 1 的报文缓存器	DN = 0
		DN = 1 且 OWS = 1
3	连接至屏蔽 2 的报文缓存器	DN = 0
		DN = 1 且 OWS = 1
4	连接至屏蔽 3 的报文缓存器	DN = 0
		DN = 1 且 OWS = 1
5（低）	连接至屏蔽 4 的报文缓存器	DN = 0
		DN = 1 且 OWS = 1

3. 接收记录列表功能

当接收到大量报文时，最让人头痛的就是判断报文的先后顺序。而 AFCAN 提供了接收记录列表功能，它使用了类似指针数组的设计，使得读取报文更加方便快捷。具体的原理如下：AFCAN 使用 LIPT 寄存器作为末尾指针，它存储的是最后一个报文存储的消息缓存器编号，而在 RGPT 寄存器中存储的是最近一个未读取的消息缓存器编号，如图 8-6 所示。每读取一次 RGPT，它便自动更新到下一个未读取的消息缓存器，并把当前记录清空。当 LIPT 与 RGPT 中的值相同时，认为数组为空，没有未读的消息缓存器。数组存储区总共能存储 24 个缓存器编号，如果数组存储区已满，便会发生溢出，LIPT-1 的位置将会被新的消息缓存器编号替代，同时 ROVF 位会标记。

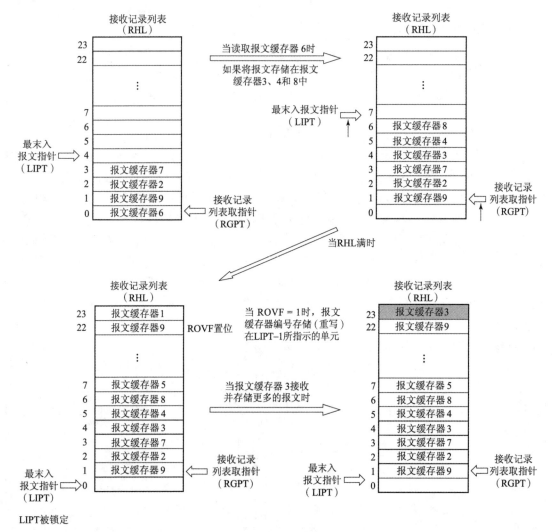

图 8-6 接收记录列表

4. 屏蔽功能

对于任何一个不用于接收的报文缓存器，可以选择将其指定为 4 个全局接收屏蔽（或无屏蔽）之一。通过使用屏蔽功能，可通过屏蔽位缩短报文 ID 比较，从而允许将若干不同 ID

的报文接收到一个缓存器中。当屏蔽功能有效时，接收报文中通过屏蔽被定义为"1"的标识符位不与报文缓存器中对应的标识符位进行比较。但是，任何通过屏蔽将值定义为 0 的位都要进行比较。

例如，假设具有标准 ID（位 ID27～ID25 为"0"，位 ID24～ID22 为"1"）的报文全部都要存储至报文缓存器 14 中。该示例的步骤如下：

<1>将存储在报文缓存器中的标识符

ID28	ID27	ID26	ID25	ID24	ID23	ID22	ID21	ID20	ID19	ID18
x	0	0	0	1	x	1	x	x	x	x

x = 忽略

<2>将在报文缓存器 14 中进行配置的标识符（示例）
（使用 CANn 报文 ID 寄存器 L14 和 H14（C0MIDL14 和 C0MIDH14））

ID28	ID27	ID26	ID25	ID24	ID23	ID22	ID21	ID20	ID19	ID18
x	0	0	0	1	x	1	x	x	x	x

ID17	ID16	ID15	ID14	ID13	ID12	ID11	ID10	ID9	ID8	ID7
x	x	x	x	x	x	x	x	x	x	x

ID6	ID5	ID4	ID3	ID2	ID1	ID0
x	x	x	x	x	x	x

将 ID27～ID25 清为 0 且 ID24 和 ID22 设为 1 的 ID 记录（初始化）至报文缓存器 14。

<3>CAN 模块 1 的屏蔽设置（屏蔽 1）（示例）
（使用 CAN1 地址屏蔽 1 寄存器 L 和 H（C1MASKL1 和 C1MASKH1））

CMID28	CMID27	CMID26	CMID25	CMID24	CMID23	CMID22	CMID21	CMID20	CMID19	CMID18
1	0	0	0	0	1	0	1	1	1	1

CMID17	CMID16	CMID15	CMID14	CMID13	CMID12	CMID11	CMID10	CMID9	CMID8	CMID7
1	1	1	1	1	1	1	1	1	1	1

CMID6	CMID5	CMID4	CMID3	CMID2	CMID1	CMID0
1	1	1	1	1	1	1

1：未比较（屏蔽）
0：已比较

CMID27～CMID24 以及 CMID22 位被清为 0，且 CMID28、CMID23 以及 CMID21 至 CMID0 位被设为 1。

5. 多缓存接收块功能

多缓存器接收（MBRB）功能用于不与 CPU 交互时，通过将相同的 ID 设置给有相同类型的两个或更多的报文缓存器，在两个或更多的报文缓存器中连续存储数据块。

例如，假设给 5 个报义缓存器（报文缓存器 10～14），设置相同的报文缓存器类型，且给各个报文缓存器设置相同的 ID。如果接收到其 ID 与报文缓存器 ID 匹配的第 1 个报文，则将它存储在报文缓存器 10。此刻，报文缓存器 10 的 DN 位置位，以禁止当接收下一个报文时重写报文缓存器。

如果接收到具有匹配 ID 的下一个报文，则将其接收并存入报文缓存器 11。每接收到一次 ID 匹配的报文，都将它依次（按照升序）存储于报文缓存器 12、13 和 14，等等。即使接收由多个报文组成的数据块时，也可在不重写先前接收的 ID 匹配的数据而存储和接收报文。通过设置各报文缓存器的 C0MCTRLm 寄存器的 IE 位，可检查数据块是否已被接收并存储。例如，如果数据块由 k 个报文、k 个已初始化的用于接收数据块的报文缓存器组成。将报文缓存器 $0\sim(k-2)$ 中的 IE 位清 0（中断禁止），而将报文缓存器 $k-1$ 的 IE 位设为 1（中断使能）。这种情况下，当报文缓存器 $k-1$ 接收并存储报文时产生接收完成中断，表示 MBRB 已满。通过清除报文缓存器 $0\sim k-3$ 的 IE 位或设置报文缓存器 $k-2$ 的 IE 位，二者选一，可产生 MBRB 将要溢出的警告。每一个 MBRB 报文缓存器中存储接收数据的基本条件与单个报文缓存器中的数据存储条件相同。

6. 远程帧接收

接收远程帧时，在所有操作模式下，从所有满足下列条件的缓存器中查找用于存储远程帧的报文缓存器。

(1) 用作报文缓存器（C0MCONFm 寄存器的 MA0 位设为 1B）。
(2) 设置为发送报文缓存器（C0MCONFm 寄存器的 MT[2:0] 位设为 000B）。
(3) 准备接收（C0MCTRLm 寄存器的 RDY 位设为 1）。
(4) 设置发送报文（C0MCONFm 寄存器的 RTR 位清为 0）。
(5) 未设置发送请求（C0MCTRLm 寄存器的 TRQ 位设为 1）。

当接收远程帧时，如果接收到的远程帧的 ID 与满足以上条件的报文缓存器的 ID 匹配，则执行以下操作：

(1) C0MDLCm 寄存器中的 MDLC[3:0] 位串存储接收到的 DLC 值。
(2) 数据区域中的 C0MDATA0m 至 C0MDATA7m 不更新（保存接收之前的数据）。
(3) C0MCTRLm 寄存器的 DN 位被设为 1。
(4) C0INTS 寄存器的 CINTS1 位设为 1（如果接收并存储帧的报文缓存器的 C0MCTRLm 寄存器的 IE 位被设为 1）。
(5) 输出接收完成中断（INTC0REC）（如果将接收并存储帧的报文缓存器的 C0MCTRLm 寄存器的 IE 位设为 1 且将 C0IE 寄存器的 CIE1 位设为 1）。
(6) 将报文缓存器编号记录在接收记录列表中。

7. 自动块传输（ABT）

自动块传输（ABT）功能用于不与 CPU 交互时连续发送两个或更多的数据帧。赋予 ABT 功能的发送报文缓存器的最大数目为 8（报文缓存器编号 0～7）。

通过将 CnCTRL 寄存器的 OPMODE[2:0] 位设为 010B，可选择"使用自动块传输功能的正常操作模式"（此后称之为 ABT 模式）。

要产生 ABT 发送请求，首先通过软件定义报文缓存器。在所有 ABT 用到的报文缓存器中将 MA0 位置为 1，并通过将 MT［2：0］位设为 000B 把所有的缓存器定义为发送报文缓存器。即使当 ID 正在用于所有的报文缓存器时，也务必给 ABT 所使用的各个报文缓存器设置 ID。使用 CnMIDLm 和 CnMIDHm 寄存器设置各个报文缓存器的 ID，以便使用两个或更多的 ID。在产生 ABT 的发送请求之前设置 CnMDLCm 和 CnMDATA0m 至 CnMDATA7m 寄存器。

完成用于 ABT 的报文缓存器的初始化之后，需要将 RDY 位置为 1。在 ABT 模式下，不必通过软件操作 TRQ 位。

ABT 报文缓存器的数据准备好之后，将 ABTTRG 位设为 1，然后开始自动块传输。当开始 ABT 时，第 1 个报文缓存器（报文缓存器 0）中的 TRQ 位自动置 1。报文缓存器 0 的数据传输完成之后，下一个报文缓存器，即报文缓存器 1 的 TRQ 位自动置位。如此这般，连续进行传输。

执行连续发送期间，可通过程序在发送请求（TRQ）自动置位的间隔中插入延迟时间。要插入的延迟时间由 CnGMABTD 寄存器定义。延迟时间的单位是 DBT（数据位时间）。DBT 取决于 CnBRP 和 CnBTR 寄存器的设置。

在 ABT 区域内的发送目标之间，未计算发送 ID 的优先级。连续发送报文缓存器 0～7 的数据。当来自报文缓存器 7 的数据帧发送完成时，ABTTRG 位自动清为 0 并结束 ABT 操作。

如果 ABT 期间将 ABT 报文缓存器的 RDY 位清除，则该缓存器不发送数据帧，ABT 停止且 ABTTRG 位被清除。此后，通过用软件将 RDY 和 ABTTRG 位置 1，可将发送从 ABT 停止的报文缓存器处恢复。

若不从 ABT 停止的报文缓存器处恢复发送，可在 ABT 模式停止时将 C0GMABT. ABTCLR 位置为 1 并将 ABTTRG 位清为 0，使得内部 ABT 引擎复位。这种情况下，如果 ABTCLR 清为 0 之后将 ABTTRG 位置 1，则发送从报文缓存器 0 开始。

可使用中断来检查所有用于 ABT 的报文缓存器的数据帧是否已经发送。要这么做，要将除了最末一个报文缓存器之外的各个报文缓存器的 CnMCTRLm 的 IE 位清除（0）。

如果将非 ABT 功能的报文缓存器（报文缓存器 8～15）分配至一个发送报文缓存器，则下一个将要发送的报文由当前发送被挂起的 ABT 报文缓存器的发送 ID 以及非 ABT 功能的报文缓存器的发送 ID 的优先级所决定。

发送来自 ABT 报文缓存器的数据帧不记录在发送记录列表（THL）中。

8. 只收模式

只收模式用于监控接收报文而不对 CAN 总线引起任何干扰，可用于 CAN 总线分析节点。

例如，此模式可用于自动波特率检测。CAN 模块中的波特率在检测到"有效接收"之后才发生变化，因此使得模块中的波特率匹配（"有效接收"指连接到 CAN 总线的节点间使用适当的 ACK，完成 CAN 协议层面上报文帧的无差错接收）。有效接收不需要将报文帧存储到接收报文缓存器（数据帧）或发送报文缓存器（远程帧）中。有效接收事件通过 C0CTRL 寄存器的 VALID 位置位（1）表示。只收模式中 CAN 模块的末端连接如图 8-7 所示。

只收模式中，CAN 模块不发送报文到 CAN 总线。将报文缓存器定义位发送报文缓存器的发送请求挂起。

在只收模式中，CAN 模块中的 CAN 发送引脚（CTxD）固定为隐性电平。因此，即使在报文帧接收期间检测到 CAN 总线错误，也不能将生成错误标志从 CAN 模块发送至 CAN 总线。因为 CAN 模块没有产生发送，所以发送错误计数器不更新。因此，CAN 模块在只收模式下不进入掉线状态。

此外，该模式中当报文帧有效接收时也不返回 ACK 至 CAN 总线。在内部，本地节点认为其已经发送了 ACK。不能将过载帧发送至 CAN 总线。

9. 单次模式

在单次模式下，切断 CAN 协议中所定义的自动重传（根据 CAN 协议，必须不通过软件控制重复由于仲裁失败或错误产生而中止的报文帧发送）。单次模式的所有其他操作与正常操作模式下相同。单次模式的功能不能与使用 ABT 的正常操作模式结合使用。

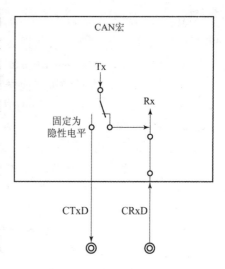

图 8-7 只收模式中 CAN 模块的末端连接

单次模式根据 C0CTRL 寄存器的 AL 位的设置禁止已中止报文帧传输的重传。当将 AL 位清为 0 时，禁止基于仲裁失败和基于错误发生的重传。如果将 AL 位设为 1，禁止基于错误产生的重传，但是允许基于仲裁失败的重传。因而，定义为发送报文缓存器的报文缓存器的 TRQ 位通过以下事件被清为 0：

(1) 报文帧的成功发送。
(2) 发送报文帧期间仲裁失败。
(3) 发送报文帧期间发送错误。

事件仲裁失败和错误产生可分别通过检查 C0INTS 寄存器的 CINTS4 和 CINTS3 位来区分，而错误类型可通过读取 C0LEC 寄存器的 LEC [2:0] 位识别。

当成功发送报文帧时，将 C0INTS 寄存器的发送完成中断位 CINTS0 设为 1。如果同时将 C0IE 寄存器的 CIE0 位设为 1，则输出中断请求信号。

单次模式可用来仿真定时触发通信方式（例如，TTCAN 等级 1）。

10. 自检模式

自检模式下，可在 CAN 节点不与 CAN 总线连接或不影响 CAN 总线的情况下，对报文帧发送和报文帧接收进行检测。

自检模式下，CAN 模块与 CAN 总线完全断开，但是发送和接收在内部循环。CAN 发送引脚（CTxD）固定为隐性电平，如图 8-8 所示。

如果 CAN 模块从自检模式进入 CAN 睡眠模式后，在 CAN 接收引脚（CRxD）上检测到下降沿，模块从

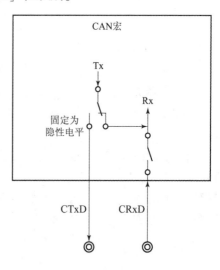

图 8-8 自检模式下 CAN 模块的末端连接

CAN 睡眠模式解除时的方法与从其他操作模式解除时相同。为了使模块保持在 CAN 睡眠模式，将 CAN 接收引脚（CRxD）用作端口引脚。

11. 各个操作模式下的接收/发送操作

表 8-3 显示了在各个操作模式下接收/发送操作的概况。

表 8-3　各个操作模式下接收/发送操作的概况

操作模式	数据帧/远程帧的发送	ACK 发送	错误帧/过载帧的发送	发送重试	自动块传输（ABT）	VALID 位的设置	将数据存储至报文缓存器
初始化模式	否	否	否	否	否	否	否
正常操作模式	是	是	是	是	否	是	是
使用 ABT 的正常操作模式	是	是	是	是	是	是	是
只收模式	否	否	否	否	否	是	是
单次模式	是	是	是	否①	否	是	是
自检模式	是②	是②	是②	是②	否	是②	是②

注：①当发送仲裁失败时，可通过 C0CTRL 寄存器的 AL 位控制重传。
　　②各信号不对外部产生，而是产生至 CAN 模块。

三、波特率设置

进行 CAN 模块波特率设置首先是时钟的设置，如图 8-9 所示，其中 f_{CAN} 为 CAN 的供应时钟（fPRS），f_{CANMOD} 为 CAN 模块系统时钟，f_{TQ} 为 CAN 协议层基础系统时钟。其中每一个数据位分为如图 8-10 所示的 4 个部分，通过设置 SPT 来确定采样点所在的位置，采样点的位置一般根据速率、现场干扰程度、线的长度来综合判断。一个数据位时间（DBT）也就是 CAN 发送一个字所需要的时间，它与波特率为倒数关系。

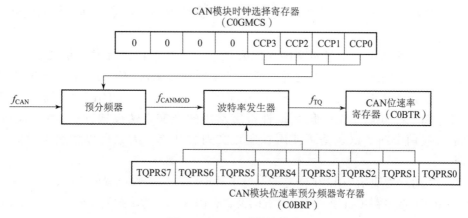

图 8-9　CAN 波特率设置

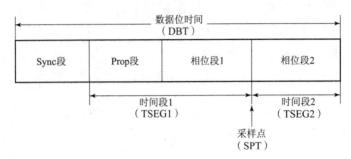

图 8-10　CAN 位时间组成

具体的 DBT 计算方式如下，务必使设置处于如下限定值范围之内，以确保 CAN 控制器正确工作。其中 $TQ = 1/f_{TQ}$。f_{TQ} 是 CAN 协议层基础系统时钟。

(a) $5TQ \leqslant SPT(采样点) \leqslant 17\ TQ$
$SPT = TSEG1 + 1$
(b) $8\ TQ \leqslant DBT(数据位时间) \leqslant 25\ TQ$
$DBT = TSEG1 + TSEG2 + 1TQ = TSEG2 + SPT$
(c) $1\ TQ \leqslant SJW(同步跳转宽度) \leqslant 4TQ$
$SJW \leqslant DBT - SPT$
(d) $4 \leqslant TSEG1 \leqslant 16\ [3(TSEG1[3:0]的设置值 \leqslant 15]$
(e) $1 \leqslant TSEG2 \leqslant 8[0(TSEG2[2:0]的设置值 \leqslant 7]$

详细设置例子可参阅手册。

四、CAN 控制器的操作

本节主要介绍初始化以及接收发送的流程，由于篇幅有限，每种方式不做详细的文字说明，请查阅随书的大型实验的源代码，其他功能的流程请查阅手册。

初始化主要用来设置 CAN 模块的波特率、掩码、中断等各报文缓存器公用的部分。详细步骤请参考图 8-11。

报文缓存器初始化主要包括报文的 ID 以及报文缓存器的中断等功能，如图 8-12 所示。初始化完成后接下来就是报文的收发处理了，下面给出三种发送报文方式的流程：图 8-13 所示为报文发送的基本设置，图 8-14 所示为采用中断方式使用 C0LOPT 寄存器进行报文发送的方式，图 8-15 所示为采用中断方式使用 C0TGPT 寄存器进行报文发送的方式，图 8-16 所示为一般周期性报文常用的报文发送设置方法，它们主要的区别在于是否使用中断，以及是否使用发送报文列表功能，大家可以参照下面的设置方法发送报文。

图 8-17 所示为使用 C0LIPT 寄存器通过中断进行报文接收设置的流程，图 8-18 所示为使用 C0RGPT 寄存器进行报文接收设置的流程，图 8-19 所示为通过软件查询报文接收设置的流程。

第 8 章　CAN 总线控制器设计

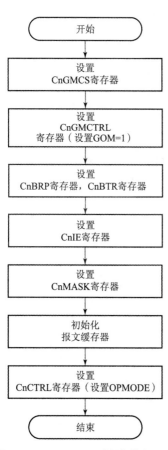

图 8-11　初始化

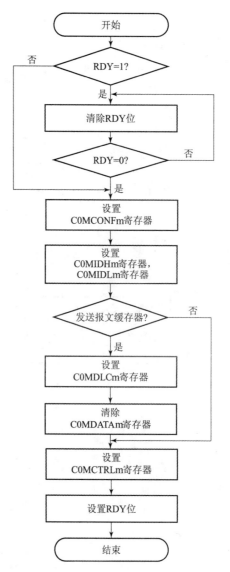

图 8-12　报文缓存器的初始化

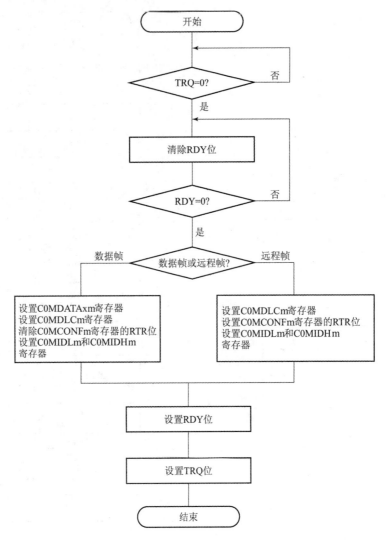

注意事项: 1.应在设置RDY位之后设置TRQ位。
2.不应同时设置RDY位和TRQ位。

图8-13 报文发送处理

第 8 章 CAN 总线控制器设计

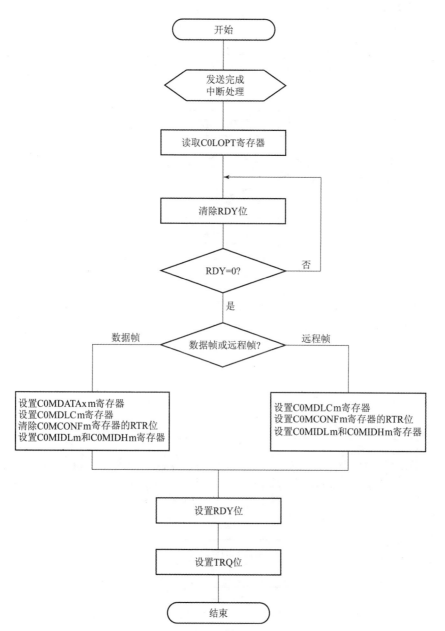

图 8-14 通过中断发送（使用 C0LOPT 寄存器）

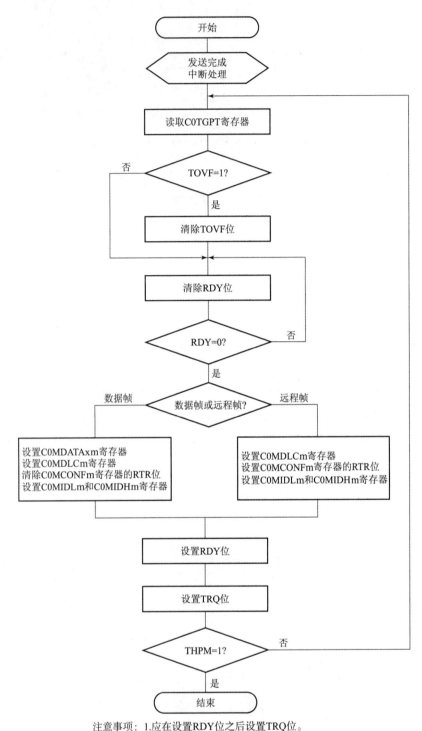

图 8-15 通过中断发送（使用 C0TGPT 寄存器）

第 8 章 CAN 总线控制器设计

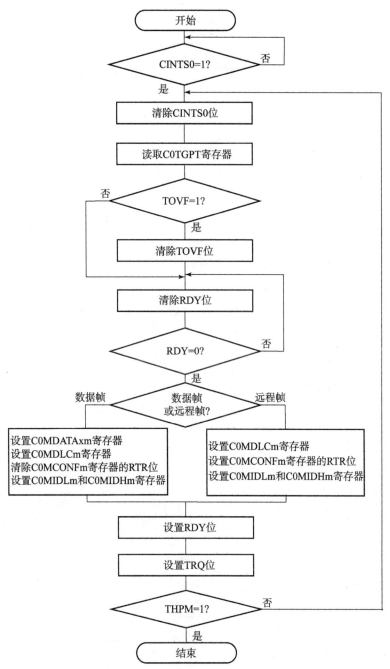

注意事项：1.应在设置RDY位之后设置TRQ位。
2.不应同时设置RDY位和TRQ位。

图 8-16 通过软件查询发送

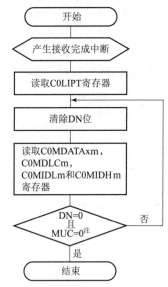

注：通过一个读取访问检查MUC和DN位。

图 8-17 通过中断接收（使用 C0LIPT 寄存器）

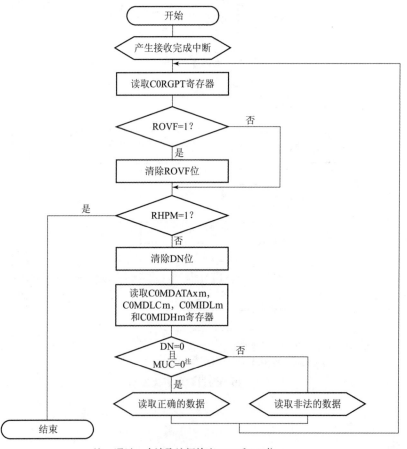

注：通过一个读取访问检查MUC和DN位。

图 8-18 通过中断接收（使用 C0RGPT 寄存器）

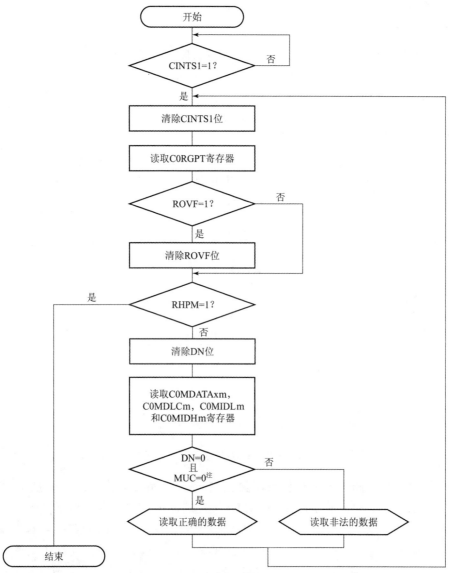

注：通过一个读取访问检查MUC和DN位。

图 8-19 通过软件查询接收

第二节 CAN 节点主要芯片的选择

构成 CAN 节点硬件的半导体器件主要有以下几类：

1. 独立式 CAN 控制器（Stand-alone CAN Controller）

这是一种集成有 CAN 协议控制模块的微控制器，它所有的处理器资源全都用于实现并管理 CAN 的协议规范所制定的通信功能，如 PHILIPS 的 SJA1000 是一种在市场上比较常见的产品。

2. CAN 微控制器（CAN Microcontroller）

这是一种不仅嵌有 CAN 协议控制模块，还能完成其他控制任务的通用型微控制器，如

Motorola 的 MC68HC908GZ 系列、NEC 的 78K0S 系列和 Philips 的 P87C591 等。

3. CAN 收发器（Transceiver）

这是 CAN 的物理层接口芯片。由于绝大多数微控制器都无法直接识别或处理 CAN 的总线信号，所以必须用收发器来在 CMOS 电平与差分电压之间实现信号形式的转换。鉴于 CAN 的物理层有高低速之别，CAN 收发器也相应分成两种。高速 CAN 通常使用 Philips 的 PCA82V250，这种芯片的市场供应相当丰富。低速容错 CAN 则可以使用 Motorola 的 MC33388，它在市面上比较少见。

一般像"CAN 微控制器 + CAN 收发器"或"通用型微控制器 + 独立式 CAN 控制器 + CAN 收发器"这样的组合，配以适当的外部电路就构成一个完整的 CAN 节点，节点之间再经导线简单连接便形成"CAN 网络"，如图 8-20 所示。

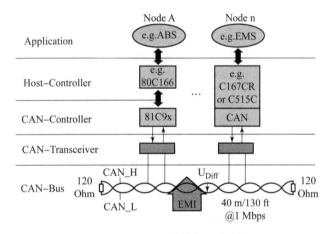

图 8-20 CAN 的基本硬件结构

近年来 CAN 微控制器的市场份额比独立式 CAN 控制器大许多，采用 CAN 微控制器设计 CAN 节点是用户普遍采取的做法。CAN 微控制器可以看成是通用型微控制器与独立式 CAN 控制器的整合。而且在嵌入了 CAN 协议控制模块后，CAN 微控制器相应增设了一些状态与控制寄存器，使用户可以很方便地对收发进程施加控制，或对协议事件进行管理。因此，"CAN 微控制器 + CAN 收发器"的节点构型在软硬件上的集成度比较高。

选用 CAN 微控制器突出的问题是与通用型微控制器相比，可供用户选择的型号要少很多。

第三节 CAN 驱动器 82C250

一、总述

82C250 是 CAN 控制器与物理总线之间的接口，它最初是为汽车中的高速应用（达 1 Mb/s）而设计的。器件可以提供对总线的差动发送和接收功能。82C250 的主要特性如下：

（1）与 ISO 11898 标准完全兼容。

（2）高速率（高达 1 Mb/s）。

(3) 具有抗汽车环境下的瞬间干扰、保护总线能力。
(4) 采用斜率控制（Slope Control），降低射频干扰（RFI）。
(5) 过热保护。
(6) 在 24 V 系统中防止电池对地的短路。
(7) 低电流待机模式。
(8) 未上电节点不会干扰总线。
(9) 总线至少可连接 110 个节点。

二、82C250 功能框图

82C250 的功能框图如图 8-21 所示，其基本性能参数和引脚功能如表 8-4 和表 8-5 所示。

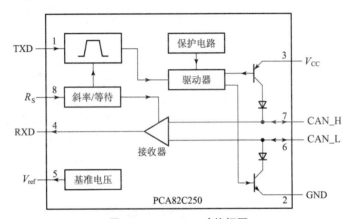

图 8-21 82C250 功能框图

表 8-4 82C250 基本性能参数

符号	参数	条件	最小值	典型值	最大值	单位
V_{CC}	电源电压		4.5	—	5.5	V
I_{CC}	电源电流	显性位，$V_1 = 1$ V	—	—	70	mA
		隐性位，$V_1 = 4$ V	—	—	14	mA
		待机模式	—	100	170	μA
V_{CAN}	CAN_H，CAN_L 脚直流电压	$0 < V_{CC} < 5.5$ V	-8	—	+18	V
ΔV	差动总线电压	$V_1 = 1$ V	1.5	—	3.0	V
$V_{diff(r)}$	差动输入电压（隐性值）	非待机模式	-1.0	—	0.4	V
$V_{diff(d)}$	差动输入电压（显性值）	非待机模式	1.0	—	5.0	V
γ_d	传播延迟	高速模式	—	—	50	ns
T_{amb}	工作环境温度		-40	—	+125	℃

表 8-5 82C250 引脚功能

标记	引脚	功能描述
TXD	1	发送数据输入
GND	2	接地
V_{CC}	3	电源
RXD	4	接收数据输入
V_{ref}	5	参考电压输出
CAN_L	6	低电平 CAN 电压输入/输出
CAN_H	7	高电平 CAN 电压输入/输出
R_S	8	斜率电阻输入

三、功能描述

82C250 驱动电路内部具有有限流电路，可防止发送输出级对电源、地或负载短路。虽然短路出现时功耗增加，但是可以避免输出级损坏。若结温超过 160 ℃，则两个发送器输出端极限电流将减小，由于发送器是功耗的主要部分，因而限制了芯片的温升。器件的其他部分将继续工作。82C250 采用双线差分驱动，有助于抑制汽车在恶劣电气环境下的瞬变干扰。

引脚 8（R_S）用于选定 82C250 的工作模式。有三种不同的工作模式可供选择：高速、斜率控制和待机模式，如表 8-6 所示。

表 8-6 引脚 R_S 的用法

在 R_S 管脚上强制条件	模式	在 R_S 管脚上得到的电压或电流
$V_{RS} > 0.75 V_{CC}$	待机	$-I_{RS} < 10\ \mu A$
$10\ \mu A < -I_{RS} < 200\ \mu A$	斜率控制	$0.4 V_{CC} < V_{RS} < 0.6 V_{CC}$
$V_{RS} < 0.3 V_{CC}$	高速	$-I_{RS} < 500\ \mu A$

在高速工作模式下，发送器输出级晶体管将以尽可能快的速度开闭。在这种模式下，不采取任何措施限制上升和下降的斜率。建议使用屏蔽电缆以避免射频干扰（RFI）问题。管脚 8 接地可选择高速模式。

斜率控制模式允许使用非屏蔽双绞线或平行线作为总线。为降低射频干扰，应限制上升和下降的斜率。上升和下降的斜率可通过由管脚 8 接至地的连接电阻进行控制。斜率正比于管脚 8 的电流输出。

如果向管脚 8 加高电平，则电路进入低电流待机模式。在这种模式下，发送器被关闭，而接收器转至低电流。若在总线上检测到显性位（差动总线电压 >0.9 V），RXD 将变为低电平。微控制器应通过将收发器切换至正常工作状态（通过管脚 8），对此信号作出响应。由于在待机方式下接收器是慢速的，因此，当位速率很高时，第一个报文将丢失。82C250 真值表如表 8-7 所示。

表 8-7 CAN 驱动器真值表

V_{CC}/V	TXD	CAN_H	CAN_L	总线状态	RXD
4.5~5.5	0	高	低	显性	0
4.5~5.5	1（或悬空）	悬空	悬空	隐性	1[②]
4.5 < V_{CC} < 5.5	X[①]	若 V_{Rs} > 0.75V_{CC} 则悬空	若 V_{Rs} > 0.75V_{CC} 则悬空	悬空	1[②]
0 < V_{CC} < 4.5 V	悬空	悬空	悬空	悬空	X[①]

注：①X = 任意值；

②如果其他总线节点正在发送一个显性位，那么 RXD 是逻辑 0。

利用 82C250 还可以方便地在 CAN 控制器与驱动器之间建立光电隔离，以实现总线上各节点之间的电气隔离。

第四节 CAN 驱动器 TJA1050

一、总述

TJA1050 由 Philips 公司生产，是 82C250 高速 CAN 收发器的后继产品。该器件提供了 CAN 控制器与物理总线之间的接口以及对 CAN 总线的差动发送和接收功能。TJA1050 在以下方面作了重要改进：

(1) CAN_H 和 CAN_L 理想配合，使电磁辐射降到更低。

(2) 在有不上电节点时，性能有所改进。

TJA1050 的主要特征如下：

(1) 与 ISO 11898 标准完全兼容。

(2) 速度高（最高可达 1 Mb/s）。

(3) 低电磁辐射（EME）。

(4) 具带有宽输入范围的差动接收器，可抗电磁干扰（EMI）。

(5) 没有上电的节点不会对总线造成干扰。

(6) 发送数据（TXD）控制超时功能。

(7) 发送禁能时的待机模式。

(8) 在暂态时自动对总线引脚进行保护。

(9) 输入级与 3.3 V 装置兼容。

(10) 热保护。

(11) 对电源和地的防短路功能。

(12) 可以连接至少 110 个节点。

二、TJA1050 功能框图

TJA1050 的功能框图如图 8-22 所示，其各引脚功能如表 8-8 所示。

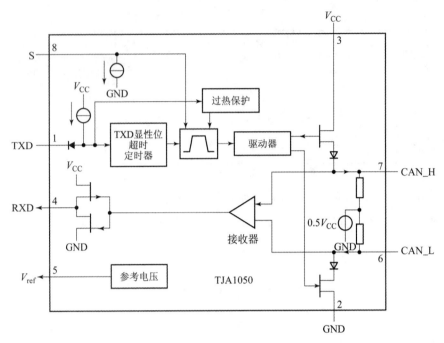

图 8-22 TJA1050 功能框图

表 8-8 TJA1050 引脚功能

标记	引脚	功能描述
TXD	1	发送数据输入，从 CAN 总线控制器中输入发送到总线上的数据
GND	2	接地
V_{CC}	3	电源
RXD	4	接收数据输入，将从总线上接收的数据发送给 CAN 总线控制器
V_{ref}	5	参考电压输出
CAN_L	6	低电平 CAN 电压输入/输出
CAN_H	7	高电平 CAN 电压输入/输出
S	8	选择进入高速模式还是待机模式

三、功能描述

TJA1050 是 CAN 协议控制器和物理总线之间的接口。它最初是应用在波特率范围在 60 kb/s ~ 1 Mb/s 的高速自动化应用中。TJA1050 可以为总线提供不同的发送性能，为 CAN 控制器提供不同的接收性能，而且它与 ISO 11898 标准完全兼容。TJA1050 具有与 82C250 相同的电流限制电路，保护发送器的输出级，使由正或负电源电压意外造成的短路不会对 TJA1050 造成损坏（此时的功率消耗增加）。其过热保护措施与 82C250 也大致相同，当与发送器的连接点的温度超过 165 ℃ 时，会断开与发送器的连接。因为发送器消耗了大部分的功率，因而限制了芯片的温升，器件的其他功能仍然继续保持。当引脚 TXD 变高（电平）时，发送器由关闭状态复位。当总线短路时，尤其需要温度保护电路。

在汽车通电的瞬间，引脚 CAN_H 和 CAN_L 也受到保护（根据 ISO 7637）。

通过引脚 S 可以选择两种工作模式：高速模式和待机模式。

高速模式就是正常工作模式，将引脚 S 接地可以进入这种模式。由于引脚 S 有内部下拉功能，所以当它没有连接时，高速模式也是默认的工作模式。在高速模式中，总线输出信号没有固定的斜率，并且以尽量快的速度切换。高速模式适合用于最大的位速率和最大的总线长度，而且此时它的收发器循环延迟最小。在待机模式中，发送器是禁能的，所以它不管 TXD 的输入信号，但器件的其他功能可以继续工作。因此，收发器运行在非发送状态中，此时消耗的电源电流和隐性状态的一样。将 S 引脚连接到 V_{CC} 可以进入这个模式。待机模式可以防止 CAN 控制器不受控制时对网络通信造成堵塞。

在 TJA1050 中设计了一个超时定时器，用以对 TXD 端的低电位（此时 CAN 总线上为显性位）进行监视。该功能可以避免由于系统硬件或软件故障而造成 TXD 端长时间为低电位时，总线上所有其他节点也将无法进行通信的情况出现。这也是 TJA1050 与 82C250 比较改进较大的地方之一。TXD 端信号的下降沿可启动该定时器。当 TXD 端低电位持续的时间超过了定时器的内部定时时间时，将关闭发送器，使 CAN 总线回到隐性电位状态。而在 TXD 端信号的上升沿定时器将被复位，使 TJA1050 恢复正常工作。定时器的典型定时时间为 450 μs。TJA1050 的真值表如表 8 – 9 所示。

表 8 – 9 CAN 驱动器真值表

V_{CC}/V	TXD	S	CAN_H	CAN_L	总线状态	RXD
4.75 ~ 5.25	0	0（或悬空）	高	低	显性	0
4.75 ~ 5.25	X	1	$0.5V_{CC}$	$0.5V_{CC}$	隐性	1
4.75 ~ 5.25	1（或悬空）	X	$0.5V_{CC}$	$0.5V_{CC}$	隐性	1
<2（未上电）	X	X	$0<V_{CAN\_H}<V_{CC}$	$0<V_{CAN\_L}<V_{CC}$	隐性	X
$2<V_{CC}<4.75$	>2 V	X	$0<V_{CAN\_H}<V_{CC}$	$0<V_{CAN\_L}<V_{CC}$	隐性	X

注：X = 不考虑。

第五节 PCA82C250/251 与 TJA1040、TJA1050 的比较和升级

Philips 公司提供的 CAN 总线驱动器件种类繁多，各适用于不同的场合，这种情况为实际应用带来了一定的难度。本节将对 82C250/251 与 TJA1040、TJA1050 做一个较为详细的比较，同时就它们的升级互用进行一些讨论。

一、简介

TJA1040 像 TJA1050 和 C250/251 一样，是一个遵从 ISO 11898 的高速 CAN 驱动器，可以在汽车和工厂现场控制中使用。

TJA1050 的设计使用了最新的 EMC 技术。它采用了先进的绝缘硅（Silicon – on – Insulator，SOI）技术进行处理。这样，TJA1050 比 C250/251（使用分离终端）的抗电磁干扰性能

提高了 20 dB。TJA1050 不提供待机模式。特别要注意的是器件在不上电环境下的无源特性。TJA1040 是以 TJA1050 的设计为基础。由于使用了相同的 SOI 技术，TJA1040 具有和 TJA1050 一样出色的 EMC 特性。与 TJA1050 不同的是，TJA1040 与 C250/251 一样有待机模式，可以通过总线远程唤醒。这样，TJA1040 可以认为是 C250/251 的功能上的后继者。TJA1040 还具有和 C250/251 一样的收发器引脚和功能，所以 TJA1040 可以与 C250/251 兼容，并简单地替代 C250/251。特别是 TJA1040 还首次提供在不上电环境下理想的无源特性。

TJA1040 相比 C250/251 有以下改进：

（1）如果不上电，在总线上完全无源（如果 V_{CC} 关闭，总线上看不到）。
（2）在待机模式时，电流消耗非常低（最大 15 μA）。
（3）改进的电磁辐射（EME）性能。
（4）改进的电磁抗干扰（EMI）性能。
（5）SPLIT 引脚（代替 V_{ref} 引脚）对总线的 DC 稳压很有效。

TJA1040 可以向下兼容 C250/251，并且可以在很多已有的 C250/251 应用中使用，而硬件和软件不需要作任何修改。

二、C250/251、TJA1050 和 TJA1040 之间的区别

表 8-10 从应用的角度列出了 C250/251、TJA1050 和 TJA1040 之间的区别。

表 8-10 C250/251、TJA1050 和 TJA1040 之间的主要区别

特征	PCA82C250	PCA82C251	TJA1050	TJA1040
电压范围/V	4.5~5.5	4.5~5.5	4.75~5.25	4.75~5.25
总线引脚（6、7）的最大 DC 电压/V	-8~+18	-36~+36	-27~+40	-27~+40
循环延迟（TXD→RXD）/ns	(R_S=0) 190 (R_S=24 kΩ) 320	(R_S=0) 190	250	255
有远程唤醒的待机模式	<170 μA	<275 μA	不支持	<15 μA
斜率控制	可变	可变	EMC 优化	EMC 优化
没上电的无源特征（V_{CC}=0 时的总线引脚漏电流）	<1 mA ($V_{CAN\_H/L}$=7 V)	<2 mA ($V_{CAN\_H/L}$=7 V)	0 ($V_{CAN\_H/L}$=5 V)	0 ($V_{CAN\_H/L}$=7 V)
共模电压的 DC 稳定性	无	无	无	有

三、引脚

图 8-23 显示了 C250/251、TJA1050 和 TJA1040 的引脚。除了两个重新命名的引脚外，这三个总线驱动器相同。

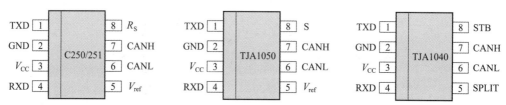

图 8-23 C250/251、TJA1050 和 TJA1040 的引脚图

1. 模式控制引脚（引脚 8）

收发器的引脚 8 是用于控制收发器的工作模式。这个引脚在 TJA1040 上的助记符是 "STB"，是指待机模式；在 C250/251 上的助记符是 "R_s"，是指斜率控制电阻；在 TJA1050 上的助记符是 "S"，是指静音模式。虽然它们有不同的助记符，但模式控制是相同的，也就是说，普通模式或高速模式是通过在引脚 8 置低电平进入。如果将这个引脚置高电平，收发器会进入待机（C250/251，TJA1040）或静音模式（TJA1050）。

2. 参考电压引脚（引脚 5）

总线驱动器的引脚 5 提供了一个 $V_{CC}/2$ 的输出电压。C250/251 和 TJA1050 引脚 5 的助记符是 "V_{ref}"。它是为了给前面 CAN 控制器的模拟比较器提供一个参考电压，使比较器能够准确地读出总线上的位流信号。现在的 CAN 控制器通常有一个 RXD 信号的数字式输入，引脚 V_{ref} 使用越来越少了。

TJA1040 引脚 5 的助记符是 "SPLIT"。这个引脚提供了 $V_{CC}/2$ 的电压。这个电源相关的低阻抗（典型值 600 Ω）可以将共模电压稳定到额定的 $V_{CC}/2$。所以引脚 SPLIT 要被连接到分离终端的中间分接头。这样，即使由于未上电节点造成从总线到 GND 有很大的漏电流，共模电压仍能够维持在接近额定值的 $V_{CC}/2$。

四、工作模式

如前面所说，收发器的工作模式是由引脚 8 控制的。表 8-11 列出了相关工作模式以及提供的功能和引脚 8 相应的设置。

表 8-11 工作模式和引脚 8 相应的设置

工作模式	工作模式所提供的功能	引脚 8 的信号电平		
		TJA1040	C250/251	TJA1050
正常 （高速）	发送功能 接收功能	低	低或悬空	低或悬空
待机	减少电流 远程唤醒 "Babbling Idiot" 保护	高或悬空	高	—
斜率控制	可变斜率	—	通过 10 kΩ≤180 kΩ 连接 GND	—

续表

工作模式	工作模式所提供的特征	引脚8的信号电平		
		TJA1040	C250/251	TJA1050
静音	"Babbling Idiot"保护 "只听"特征	—	—	高

下面对不同的工作模式和所提供的功能进行简单描述，可以发现TJA1040基本上提供了和C250/251相同的功能。由于TJA1050和TJA1040的CAN信号都有良好的对称性，所以不需要一个专门的斜率控制模式。

1. 正常高速模式

对于这里所有总线驱动器而言，正常（高速）模式都是相同的，用于正常的CAN通信。从TXD输入的数字位流，被转换成相应的模拟总线信号。同时，总线驱动器监控总线，将模拟的总线信号转换成相应的数字位流，从RXD输出。

2. 待机模式

C250/251和TJA1040提供了一个专用的待机模式。在这种模式中，电流消耗降到最低（如：TJA1040最大<15 μA，C250最大<170 μA）。专用的低功耗总线驱动器确保了通过总线进行远程唤醒的功能。在待机模式中TJA1040和C250/251发送器不管TXD上的信号，完全禁能。这样TJA1040和C250/251提供了与Babbling Idiot节点一致的静音功能。TJA1040和C250/251在这个模式下最大的区别是总线的偏压。C250/251将总线偏压维持在$V_{CC}/2$上，而TJA1040将总线拉到GND，因此TJA1040在低功耗工作环境下的电流消耗会非常低。

3. 斜率控制模式

只有C250/251提供斜率控制模式。它通过在R_s引脚和GND电平之间连接电阻来调整斜率。由于TJA1050和TJA1040有优良的对称性，所以不需要斜率控制。它们都有一个固定的斜率，通过调整可以优化EMC性能和减少循环延迟。使用这个固定的斜率，TJA1050和TJA1040的抗电磁干扰性比C250/251提高了20 dB，这样TJA1050和TJA1040就有摆脱共模扼流的可能性。

4. 静音模式

TJA1050提供一个专用的静音模式。这个模式中发送器完全禁能，这样就保证了没有信号能够从TXD发送到总线上。像TJA1040在待机模式一样，这个静音模式可以建立一个"Babbling Idiot"保护。静音模式中，接收器保持激活的状态，因此可以执行"只听"功能。

五、互操作性

由于C250/251、TJA1050和TJA1040、TJA1041都符合ISO 11898标准，就保证了在正常模式下的互操作性。在低功耗模式工作时它们有不同的总线偏压，因此要更详细地考虑。表8-12显示了在不同工作模式和不上电情况下的总线偏压。当有不同的总线偏压时，系统会得到一个稳定的偏压补偿电流，补偿电流的大小由共模输入阻抗决定。图8-24显示了包含TJA1040和C250节点总线处于隐性状态的补偿电路。由于共模输入阻抗很大，当一部分网络工作在低功耗模式而其他节点已经开始通信时,CAN 的通信不会受到影响,而且降低辐射的性能非常好。

表 8 – 12 不同工作模式的总线偏压

条件	C250/251		TJA1050		TJA1040	
	模式	总线偏压	模式	总线偏压	模式	总线偏压
低(引脚8)	正常	$V_{CC}/2$	正常	$V_{CC}/2$	正常	$V_{CC}/2$
高(引脚8)	待机	$V_{CC}/2$	静音	$V_{CC}/2$	待机	GND
悬空(引脚8)	正常	$V_{CC}/2$	正常	$V_{CC}/2$	待机	GND
不上电	—	GND	—	GND	—	悬空

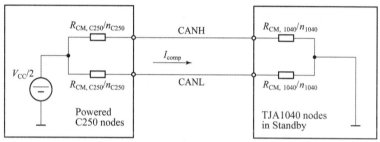

图 8 – 24 TJA1040 节点处于待机模式、C250 节点上电(普通或待机模式)混合系统等效电路

下面的公式计算了 TJA1040 和 C250 节点混合系统的整个偏压补偿电流:

$$I_{comp,max} = \frac{V_{CC}/2}{R_{CM}(250)/2n_{C250} + R_{CM}(TJA1040)/2n_{TJA1040}} \tag{8-1}$$

式中,n_{C250} 为上电的 C250 节点数目;$n_{TJA1040}$ 为处于待机/睡眠模式的 TJA1040 节点数目;$R_{CM,min}$(C250) = 5 kΩ,表示 C250 在引脚 CAN_H/L 上最小的共模输入阻抗;$R_{CM,min}$(TJA1040) = 15 kΩ,表示 TJA1040 在引脚 CAN_H/L 上最小的共模输入阻抗。

1. TJA1040 和 C250/C251/TJA1050 混合使用

表 8 – 13 显示了导致不同的总线偏压和补偿电流的情况。当 TJA1040 节点处于正常(高速)模式而其他 C250/C251/TJA1050 节点没有上电时,会产生补偿电流。当 TJA1040 处于待机模式而其他 C250/C251/TJA1050 节点处于任何保持上电状态的工作模式时,也会产生补偿电流。尽管有补偿电流,处于待机模式的 TJA1040 还是比处于待机模式的 C250/251 节电。当这个混合系统中 C250/C251/TJA1050 节点处于不上电状态而 TJA1040 节点处于待机模式时,就会使用这个最低的电流消耗。

表 8 – 13 导致总线偏压补偿电流的情况

TJA1040 \ C250/251/1050	所有模式	不上电
普通/高速	—	×
待机	×	—
不上电	—	—

注:×表示偏压补偿电流;—表示没有偏压补偿电流。

2. TJA1040 和 TJA1041 节点混合使用

表 8-14 显示了 TJA1040 和 TJA1041 节点的混合系统,该混合系统不希望出现有不同总线偏压的情况。在低功耗模式中,TJA1040 和 TJA1041 对 GND 都显示成一个"弱终端"。因此,当所有节点都处于待机或睡眠模式时总线掉电,不会出现偏压补偿电流。在正常的 CAN 工作状态中,当所有节点都处于正常(高速)或有诊断功能的 Pwon/只听模式,总线会正确地偏压到 $V_{CC}/2$,不会出现偏压补偿电流。

表 8-14 TJA1040 和 TJA1041 工作模式的结合

TJA1040 \ C250/251/1050	普通/高速	Pwon/只听	待机	睡眠	不上电
普通/高速	—	—	×	×	×
待机	×	×	—	—	—
不上电	—	—	—	—	—

注:×表示偏压补偿电流;—表示没有偏压补偿电流。

六、硬件问题

图 8-25 和图 8-26 所示分别为 C250/251 和 TJA1050 的典型应用电路。图 8-27 所示为 TJA1040 的等价电路。

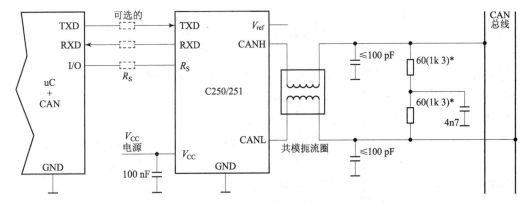

注:*由于端节点,根据辐射"弱"终端提高了系统的 EMC 性能

图 8-25 C250/251 的典型应用电路

1. C250/251 用 TJA1050 代替的硬件检查注意事项

比较图 8-25 和图 8-26 的应用电路,当用 TJA1050 代替 C250/251 时,要注意检查以下事项:

(1) 如果 C250 的模式控制引脚 8 接有一个斜率控制电阻 R_s 控制斜率,要将这个电阻去掉。TJA1040 相应的引脚(引脚"STB")要直接连接到微控制器的输出端口。

(2) 由于 TJA1050 的对称性能非常好,所以不需要共模扼流圈。然而,为了确保电磁辐射最低,推荐使用分离终端,特别是在 AM 波段。

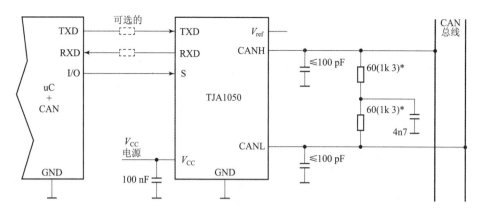

注：*由于端节点，根据辐射"弱"终端提高了系统的EMC性能

图 8 – 26　TJA1050 的典型应用电路

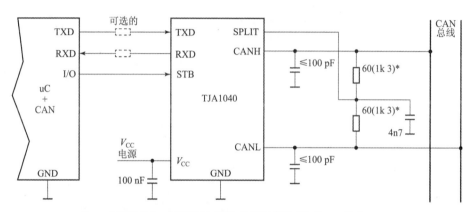

注：*由于端节点，根据辐射"弱"终端提高了系统的EMC性能

图 8 – 27　TJA1040 的典型应用电路

2. C250/251 用 TJA1040 代替的硬件检查注意事项

比较图 8 – 25 和图 8 – 27 的应用电路，当用 TJA1040 代替 C250/251 时，要注意检查以下事项：

（1）如果引脚 SPLIT 要用于共模电压的 DC 稳压，那么这个 SPLIT 引脚（对应于 C250/251 的 V_{ref} 引脚）要连接到分离终端的中间分接头。如果 SPLIT 不使用，只要保持开路就可以了。

（2）如果 C250 的模式控制引脚 8 接有一个斜率控制电阻 R_s 控制斜率，要将这个电阻去掉。TJA1040 相应的引脚（引脚 STB）要直接连接到微控制器的输出端口。

TJA1040 不需要共模扼流圈。然而，为了确保电磁辐射最低，推荐使用分离终端，特别是在 AM 波段。

小　结

CAN 控制器设计的主要是 CAN 控制器和总线驱动器，本章以瑞萨单片机微控制器 78k0 集成的 CAN 控制器介绍了设计要点，同时介绍了三种总线驱动器的各自特点、功能和它们之间的区别。

 思考题

1. AFCAN 与其他公司的 CAN 模块有什么不同?
2. 如何设置 AFCAN 的寄存器?
3. 如何设置 AFCAN 的波特率?
4. 简述 82C250 的主要功能。
5. 试述 PCA82C250/251 与 TJA1040、TJA1050 的主要区别。

第 9 章
CAN FD 总线技术规范

CAN FD (CAN with Flexible Data – rate) 是传统 CAN 网络的升级版,在通信速度、数据场长度和 CRC 校验等方面作了改进,有效地提高了总线的速度和可靠性,并降低了总线的负载率。下面介绍 CAN FD 的相关内容。

第一节 CAN FD 简介

随着工业测控技术和生产自动化技术的不断进步,现场总线逐步在制造业、交通业等方面得到重视和发展,其中,CAN 总线因为其高性能和高可靠性而被广泛应用于各个自动化控制系统中。

CAN 总线采用双线串行通信协议,基于非破坏性仲裁技术、分布式实时控制、可靠的错误处理和检测机制使 CAN 总线有很高的安全性。但在汽车领域,电动汽车和无人驾驶汽车快速发展,高级驾驶辅助系统和人机交互技术的增加,都使得系统复杂性和通信量增加,CAN 总线带宽和数据场长度却受到制约。因此,传统 CAN 总线难以满足发展和市场应用的需求。为了进一步提高数据传输速率,增强总线传输信息的可靠性,弥补 CAN 总线带宽和数据场长度的制约,对 CAN 总线提出了更高的要求,CAN FD 应运而生。

从 2012 年第 13 届 ICC 大会上发布,到 2015 年提交国际标准化 ISO 11898 系列,CAN FD 正在步入快速发展时期。

为了缩小 CAN 网络 (Max.1 Mb/s) 与 FlexRay 网络的 (Max.10 Mb/s) 带宽差距,2011 年 Bosch 公司公开了白皮书 (1.1 版)。2012 年,Bosch 公司提出了 CAN FD 技术作为现有 CAN 网络中增加数据传输量的解决方案。同年,在第 13 届 ICC 大会上正式发布 CAN FD,并正式向国际标准委员会提出国际标准授权申请 (CAN FD)。2014 年,第一款嵌入了非国际标准 CAN FD 模块的微控制器发布;同年,CAN FD 改进了 CRC 部分。2015 年,提交 ISO 11898 – 1,第一个基于国际标准 CAN FD 实现,年底首次发布 CiA 601 和 CiA 602 系列,提交 SAE J1939 协议。2016 年年初,发布 CiA 602 系列 (CAN FD 与重型车辆),并且上线了基于 CAN FD 的应用层协议。

在国外,Kvaser 公司很早就开始介入 CAN FD 的研发,并且还嵌入了 CAN FD 逻辑控制器,所以可以利用其提供 CAN 比特率的配置信息来优化现有 CAN 网络时间设置并且在现有线缆的情况下确定 CAN FD 的最大速率。它的 CAN FD IP 核技术已经在 C&S 里通过 ISO 16845 – 1 的测试认证。在 Altera 的 FPGA 平台上研发了自己的 CAN FD 控制器,该核心技术同时也被 MicroChip 采纳使用在他们的半导体芯片上。

在车载应用领域，已经有多家设备、工具厂商支持 CAN FD 总线协议。国外厂商以 Vector 为代表，它的工具体系完整地支持 CAN FD 的开发、测试、网络分析等全部功能。另外，其 GL 系列总线记录仪也已支持 CAN FD 协议。

国内对 CAN FD 技术的研究和应用较少，还处于初步阶段。广州致远电子公司 2009 年加入 CIA 协会，其自主研发的 ZDS2024Plus 示波器是一款标配 CAN FD 协议解码的示波器。

CAN FD 在近十年中迅速发展，Bosch 公司最先开始对于 CAN FD 的研究工作；之后，国外许多企业对 CAN FD 及其相关工具和器件进行了开发和应用，并且取得不错的成果。国内对于 CAN FD 的研究现在还处于起步阶段，仅仅对国外制定的 CAN FD 标准进行了学习了解。

第二节　CAN FD 的通信机理

CAN FD 是一种串行通信协议，它高效地支持分布式实时控制，并且有很高的安全等级。CAN FD 协议能让应用程序功能的实现更方便，这数据的速率超过 1 Mb/s 并且每一帧的有效载荷超过了 8 个字节。相对比传统 CAN 总线，CAN FD 总线在数据场长度、数据传输速率和错误检测方面作出了改进。

一、CAN FD 总线协议概述

CAN FD 继承了 CAN 总线的主要特性。支持 CAN FD 协议的节点能够完全兼容传统 CAN 协议，也就是说，CAN FD 节点既可以收发 CAN FD 报文也可以收发传统 CAN 报文。但是，只支持传统 CAN 协议的节点不能兼容 CAN FD 协议，也就是说，传统 CAN 节点只能收发传统 CAN 报文，不能收发 CAN FD 报文。在 ISO/OSI 七层模型中，CAN FD 总线和 CAN 总线一样，拥有其中的物理层、数据链路层和应用层三层。

在物理层上，CAN FD 总线的物理层协议与 CAN2.0 中的物理层协议完全相同。物理层处理比特位并且定义了信号如何发送、如何处理比特定时、比特位的译码和同步的类型。在 CAN FD 总线协议中，物理层的电驱动器和电接收器的特性没有定义，这是为了能根据具体应用场景优化传送媒介的总线信号。当然，在一个网络中，物理层对于所有节点来说必须一样。但是，在物理层的选择上有很多自由空间。

CAN FD 总线协议的数据链路层分为逻辑链路控制（LLC）和介质访问控制（MAC）两个子层。逻辑链路控制子层对应于节点的主机控制器接口并且与信息过滤、过载通知、恢复管理有关，包括：是否接收通过 MAC 子层接收到的信息、为数据传送和远程数据请求服务、为 MAC 子层提供传输的信息和提供恢复管理与过载通知的方法等功能。介质访问控制子层负责的是信息框架、仲裁、确认、错误检测和错误信号。它由一个称为故障限制的管理实体监控，故障限制是一种用于区分短期干扰和永久故障的自我检查机制。介质访问控制子层代表了 CAN FD 协议的核心。介质访问控制子层的性质不是可自由修改的。依据 ISO/OSI 参考模式，CAN FD 的层结构形式如图 9-1 所示。

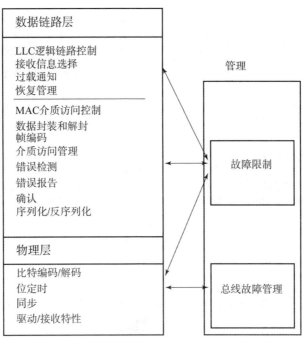

图 9-1　CAN FD 的层结构

二、CAN FD 与传统 CAN 协议的主要区别

CAN FD 总线与 CAN 总线的区别主要在可变速率、新的数据场长度以及新的 CRC 校验方法等方面。CAN FD 协议的这些改进可以有效地降低总线负载率并提高总线的可靠性。

1. 可变速率

为了在不显著改变现有 CAN 通信技术的情况下显著提高数据的传输速率，一条 CAN FD 数据帧可以采用两种不同的比特率，用于控制命令的"仲裁字段"（包括仲裁、报文类型、终端检测和验证器）的速率取决于传播速度和网络扩展，用于数据内容和数据安全性的"数据场"速率，现在已经有支持 5 Mb/s 数据场速率的收发器芯片。

CAN FD 具有灵活的可变数据波特率，理论上可以在数据段中实现高达 15 Mb/s 的通信波特率，BRS 位和 CRC 分界符中间的位以变化后的高速率传输，其余部分以原 CAN 总线的速率传输。这两个数据速率中的每一个都有一组定义位时间的寄存器，可以由 CAN FD 控制器中的两个位定时寄存器单独设置。通过在协议中添加的两个新的控制位，可以完成相互之间的转换。除了每个位时间所包含的时间量子 Tq 的数量不同之外，每个位时间的传播段、相位缓冲段和相位缓冲段 2 的分配比例也可以不同。添加的第一位（FDF 位）用作"扩展数据长度"位。当这一位是隐性电平时，代表发送到的是 CAN FD 报文；当这一位是显性电平时，代表发送到的是 CAN 报文。同时，CAN FD 在原始 CAN 总线帧格式的保留位 r0 之后添加了位速率切换位 BRS。当 BRS 为 1 时，切换位速率，在 CRC 分界符之后，比特率切换回正常的 CAN 总线速率，并且在 CRC 分界符位比特值采样点之后进行切换。如果发现错误，则以传统 CAN 总线比特率传送错误帧。CAN FD 数据帧的帧格式如图 9-2 所示。

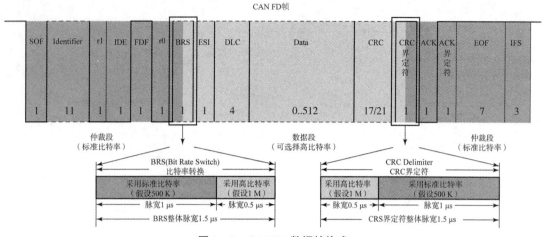

图 9 – 2 CANFD 数据帧格式

2. 数据帧扩展

传统 CAN 总线基本数据格式的 8 个数据字节，已无法满足实时传输越来越多数据的要求。例如，在某电动车的 BMS 网络内，BMS 主控需要接收来自 10 个从控节点的报文。每个从控需要发送 8 条传统 CAN 报文才能把所有信息反馈给主控，报文总数多达 80 条，使得总线的负载率超过 40%。这在很大程度上影响了 CAN 网络的实时性、安全性和扩展性。CAN FD 的数据场长度超过 8 个字节，最多可达到 64 字节的有效数据。仅使用一帧 CAN FD 报文就能够发送完从控的所有数据，这减少了使用数据服务传输协议的重复次数，从而有效提高了数据的传输效率。CAN FD 将多个独立的数据包组合成单独的报文，使得数据管理更容易，因为这些数据是在同一帧报文发送的。对于节点信号处理来说，关联信号的同步性更好。与传统 CAN 相比，CAN FD 传输的数据量（64 字节）可以更快地传输更大的数据包，是传统 8 字节 CAN 报文的 8 倍。通过这种方式，可以更快地传输高优先级的报文，同时提高总线的实时性。除了快速传输数据字段外，CAN FD 还可显著提高可有效使用的数据速率，并大大缩短周期时间。

CAN FD 中数据场长度由控制位场 DLC（4 位）决定，其增长是非线性的，具体情况如表 9 – 1 所示。

表 9 – 1 CAN 与 CANFD 数据长度代码

	数据位数	数据长度代码			
		DLC_3	DLC_2	DLC_1	DLC_0
CAN 和 CAN FD 格式中的代码	0	0	0	0	0
	1	0	0	0	1
	2	0	0	1	0
	3	0	0	1	1
	4	0	1	0	0
	5	0	1	0	1
	6	0	1	1	0
	7	0	1	1	1

续表

数据位数		数据长度代码			
		DLC_3	DLC_2	DLC_1	DLC_0
CAN 格式	8	1	0/1	0/1	0/1
CAN FD 格式代码	8	1	0	0	0
	12	1	0	0	1
	16	1	0	1	0
	20	1	0	1	1
	24	1	1	0	0
	32	1	1	0	1
	48	1	1	1	0
	64	1	1	1	1

在每一 CAN FD 帧中打包更多的数据可以提高数据传输效率。从表 9-2 可以看出，CAN FD 与传统 CAN 相比，数据传输效率要高很多。CAN FD 帧的字节数从 8 字节增加到 64 字节，效率从 44% 提高到 86%。（说明：由于 CAN/CAN FD 数据帧部分，除 CAN FD 的 CRC 序列采用固定位填充，其他部分的位填充是不确定的，所以采用最小位填充个数。）

表 9-2 传统 CAN 与 CAN FD 数据传输效率对比

DLC 码	传统 CAN CRC 编码	传统 CAN 帧字节数	CAN FD 字节数	CAN FD CRC 编码	传统 CAN 效率/%	CAN FD 效率/%
0	CRC-15	0	0	CRC-17	0	0
1	CRC-15	1	1	CRC-17	11	9
2	CRC-15	2	2	CRC-17	19	17
3	CRC-15	3	3	CRC-17	26	23
4	CRC-15	4	4	CRC-17	32	29
5	CRC-15	5	5	CRC-17	37	33
6	CRC-15	6	6	CRC-17	42	38
7	CRC-15	7	7	CRC-17	46	41
8	CRC-15	8	8	CRC-17	49	44
9	CRC-15	8	12	CRC-17	—	55
10	CRC-15	8	16	CRC-17	—	62
11	CRC-15	8	20	CRC-21	—	65
12	CRC-15	8	24	CRC-21	—	69
13	CRC-15	8	32	CRC-21	—	75
14	CRC-15	8	48	CRC-21	—	82
15	CRC-15	8	64	CRC-21	—	86

注：传输效率等于数据场传输的比特位数与整个数据帧传输的比特位数的比值。在一条数据帧中，传输效率代表有效数据占整个数据帧数据的比例。这个比例越高，说明有效数据的传输效率越高。

3. 新的 CRC 算法

与传统 CAN 相比，CAN FD 增加了数据包的大小，也满足了数据安全要求，这是通过使用更长的 CRC 校验码实现的。CAN FD 的 CRC 场扩展到 16 位以上，可扩展到 17/21 位。不同的数据场长度采用不同长度的 CRC 校验码。CAN 格式的报文采用 CRC – 15；CAN FD 格式的报文根据数据长度，数据场长度不超过 16 个字节采用 CRC – 17，超过 16 个字节采用 CRC – 21。具体的多项式如表 9 – 3 所示。

表 9 – 3 CRC 校验

数据长度	CRC 长度	CRC 多项式
CAN（0~8 字节）	15	$x^{16}+x^{14}+x^{10}+x^8+x^7+x^4+x^3+1$
CAN FD（0~16 字节）	17	$x^{17}+x^{16}+x^{14}+x^{13}+x^{11}+x^6+x^4+x^3+x^1+1$
CAN FD（17~64 字节）	21	$x^{21}+x^{20}+x^{13}+x^{11}+x^7+x^4+x^3+1$

为了提高数据的安全性，CAN FD 报文中的 CRC 采用固定位填充，并加入了 Stuff Count Bits（表 9 – 4）。CRC 校验序列开始插入一个填充位，之后插入 5 位 Bit added to FD frame format，再之后是校验码，并且每 4 位后插入一个填充位（未超出 CRC 场之前），填充位的值是前一位的反码。可以用如下方式表示：

CRC17：SXXXXXCCCSCCCCSCCCCSCCCCSC

CRC21：SXXXXXCCCSCCCCSCCCCSCCCCSCCCCSC

其中，S 为填充位，C 为 CRC 校验码，X 为上表中的"Bits added to FD frame format"。对从 SOF 到 CRC 场之前的填充位数进行模 8 计算，即"Gray – code value"。

表 9 – 4 CAN FD 总线 CRC 场的 Stuff Count Bits

Stuff bit count modulo 8	Bits added to FD frame format		
	Gray – coded value	Parity Bit	Fixed stuff bit
0	000	0	1
1	001	1	0
2	011	0	1
3	010	1	0
4	110	0	1
5	110	1	0
6	111	0	1
7	100	1	0

综上所述，CAN FD 的 CRC 校验方法与传统 CAN 相比，主要有三点区别：①CAN FD 在计算 CRC 值时计算的位流包括了之前的填充位，而传统 CAN 则是去掉填充位之后，用其余的位流进行 CRC 计算；②CAN FD 的 CRC 场本身的位填充是在固定的位置，而传统 CAN 的 CRC 场的填充位还是按照正常的位填充规则；③多项式不同，CAN FD 总线的数

据场在 16 字节以内用 CRC - 17，数据场在 17~64 的用 CRC - 21，而传统 CAN 总线用的是 CRC - 15。

4. 帧结构变化

CAN FD 数据帧在控制场新添加 EDL 位、BRS 位、ESI 位，采用了新的 DLC 编码方式。EDL 位可以表示 CAN 报文还是 CAN FD 报文；BRS 表示位速率转换，该位为隐性；从 BRS 位到 CRC 界定符使用转换速率传输，其他位场使用标准位速率，该位为显性，以正常 CAN FD 总线速率传输；通过添加 ESI 位，可以方便得知当前发送节点所处的状态。

图 9 - 3 所示为 CAN 与 CAN FD 帧结构的比较。

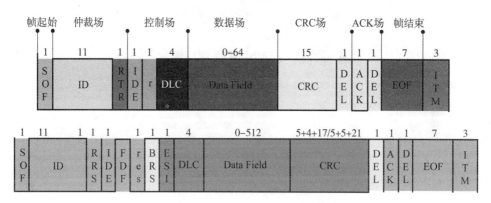

图 9 - 3 CAN 与 CANFD 帧格式对比

（1）EDL 位（Extended Data Length），原 CAN 数据帧中的保留位 r1，该位功能为：
隐性：表示 CAN FD 报文（采用新的 DLC 编码和 CRC 算法）。
显性：表示 CAN 报文。
（2）BRS 位（Bit Rate Switch），该位功能为：
隐性：表示转换可变速率。
显性：表示不转换速率。
（3）ESI（Error State Indicator），该位的功能为：
隐性：表示发送节点处于被动错误状态（Error Passive）。
显性：表示发送节点处于主动错误状态（Error Active）。

三、CAN FD 的优势

CAN FD 与传统的 CAN 相比，具有很高的安全性能，且 CAN 与 CAN FD 在平台中可以兼容，故不必更新设备适应 CAN FD。

1. 数据安全

和传统的 CAN 相比，CAN FD 增加了数据包的大小，但它同样能满足数据安全的要求，可以通过拥有适配算法的更长 CRC 校验码来实现。CAN FD 的 CRC 场扩展到 16 位以上，可扩展到 17/21 位。由于数据场长度有很大变化区间，所以要根据 DLC 大小应用不同的 CRC 生成多项式。CAN 格式的报文采用 CRC - 15，CAN FD 格式的报文根据数据长度，数据场长度不超过 16 个字节采用 CRC - 17，超过 16 个字节采用 CRC - 21。为了提高数据的安全性，

CAN FD 报文中的 CRC 采用固定位填充，在开始插入一个填充位，CRC 要校验的序列也是每 4 位后插入一个填充位，填充位的值是前一位的反码。

2. CAN 与 CAN FD 兼容性问题

目前有三种方式应对同一个平台中两者的兼容问题：

（1）同一个平台采用 CAN FD 和 CAN 两种硬件通道。

（2）同一个平台保持 CAN 处理器不变，使用具有 CAN FD Shield 模式的收发器，在接收到 CAN FD 帧时收发器会过滤掉 CAN FD 帧，防止传统 CAN 节点发出错误帧。

（3）传统 CAN 和 CAN FD 节点采用具有选择性唤醒功能的收发器，在进行 CAN FD 通信时，让传统 CAN 节点进入休眠状态，防止传统 CAN 节点发出错误帧。

第三节　CAN FD 的收发器

一、简介

支持 CAN FD 功能的收发器。

二、总体描述

TCAN33x 系列 CAN 收发器与 ISO 11898 – 2 高速 CAN（控制器局域网）物理层标准兼容。这些收发器设计为 CAN 差分总线与 CAN 协议控制器之间的接口。

1. 特性

（1）3.3 V 单电源运行。

（2）数据传输速率高达 5 Mb/s（TCAN33xG 器件）。

（3）符合 ISO 11898 – 2 标准。

（4）小外形尺寸集成电路（SOIC）– 8 和小外形尺寸晶体管（SOT）– 23 封装选项。

（5）工作模式：

①正常模式（所有器件）。

②具有唤醒功能的低功耗待机模式（TCAN334）。

③静音模式（TCAN330、TCAN337）。

④关断模式（TCAN330、TCAN334）。

（6）±12 V 的宽共模工作电压范围。

（7）±14 V 的总线引脚故障保护。

（8）总环路延迟 <135 ns。

（9）宽工作环境温度范围：−40 ~ 125 ℃。

（10）未上电时的优化特性：

①总线和逻辑引脚处于高阻态（无负载运行总线或应用）。

②加电/断电无毛刺脉冲运行。

（11）出色的电磁兼容性（EMC）。

（12）保护特性：

① 总线引脚的静电放电（ESD）保护。
② 人体模型（HBM）ESD 保护超过 ±25 kV。
③ IEC61000-4-2 ESD 接触放电保护超过 ±12 kV。
④ 驱动器显性超时（TXD DTO）。
⑤ 接收器显性超时（RXD DTO）。
⑥ 故障输出引脚（仅 TCAN337）。
⑦ V_{CC} 欠压保护。
⑧ 热关断保护。
⑨ 总线引脚限流。

2. 原理框图

TCAN33x 的原理框图如图 9-4 所示。

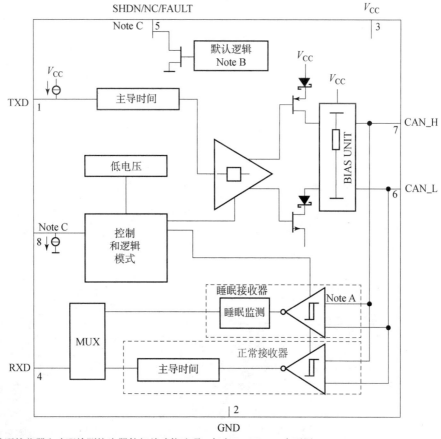

A. 休眠接收器和唤醒检测均为器件相关功能选项，仅在 TCAND334 中可用。
B. 故障逻辑仅在 TCAND337 中可用。
C. 引脚5和8的功能取决于具体器件。请参见器件比较。

图 9-4　TCAN33x 原理框图

3. 工作模式

1) CAN 总线状态

CAN 总线在运行期间有两种逻辑状态：隐性和显性。

在隐性总线状态下，每个节点接收器的高阻值内部输入电阻会对总线进行偏置，从而使总线端接电阻两端的共模电压达到 1.85 V 左右。隐性状态等效于逻辑高电平，通常在总线上表现为 0 差分电压。隐性状态也是空闲状态。

在显性总线状态下，总线由一个或多个驱动器差分驱动。引起的电流会通过端接电阻在总线上产生一个差分电压。显性状态等效于逻辑低电平，在总线上表现为高于 CAN 显性状态最小阈值的差分电压。显性状态会覆盖隐性状态。

在仲裁阶段，多个 CAN 节点可能同时发送一个显性位。在这种情况下，总线的差分电压可能高于单个驱动器的差分电压。

CAN 节点的主机微处理器将使用 TXD 引脚来驱动总线，并在 RXD 引脚上接收总线数据。

具有低功耗待机模式的收发器有第三种总线状态，在这种状态下，总线引脚通过接收器的高阻值内部电阻弱偏置到接地端。参见图 9-5 和图 9-6。

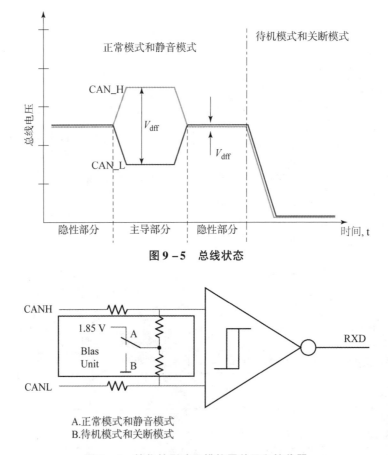

图 9-5 总线状态

A. 正常模式和静音模式
B. 待机模式和关断模式

图 9-6 简化的影响工模偏置单元和接收器

2) TCAN33x 工作模式

此器件有四种主要的运行模式，其中两种如表 9-5 所示：

(1) 正常模式（所有器件）。

(2) 静音模式（TCAN330、TCAN337），具有静音模式的收发器。

表 9-5 TCAN33x 工作模式（一）

S	器件模式	驱动器	接收器	RXD 引脚
高电平	低功耗静音（监听）模式	禁用（关闭）	使能（开启）	反映总线状态
LOW/NC	正常模式	使能（开启）	使能（开启）	

（3）具有唤醒功能的待机模式（TCAN334），见表 9-6。

表 9-6 TCAN33x 工作模式（二）

STB	器件模式	驱动器	接收器	RXD 引脚
高电平	超低电流待机模式	禁用（关闭）	低功耗接收器和总线监视器使能（ON）	高电平（隐性）持续到 WUP，然后反映已过滤总线状态
LOW/NC	正常模式	使能（开启）	使能（开启）	反映总线状态

（4）关断模式（TCAN330、TCAN334），见表 9-7。

表 9-7 TCAN33x 工作模式（三）

SHDN	器件模式	驱动器	接收器	RXD 引脚
高电平	最低电流	禁用（关闭）	禁用（关闭）	高电平（隐性）
LOW/NC	正常模式	使能（开启）	使能（开启）	反应总线状态

4. 引脚配置和功能

引脚功能如图 9-7 所示，各引脚说明如表 9-8 所示。

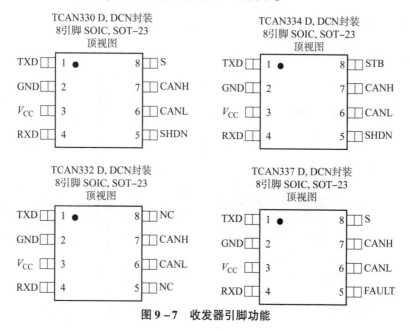

图 9-7 收发器引脚功能

表9-8 各引脚说明

名称	引脚				I/O	说明
	TCAN330	TCAN332	TCAN334	TCAN337		
TXD	1	1	1	1	I	
GND	2	2	2	2	GND	
V_{CC}	3	3	3	3	电源	
RXD	4	4	4	4	O	
SHDN	5	—	5	—	I	
NC	—	5	—	—	NC	
FAULT	—	—	—	5	O	
CAN_L	6	6	6	6	I/O	
CAN_H	7	7	7	7		
S	8	—	—	8		
NC	—	8	—	—		
STB	—	—	8	—		

第四节 CAN FD 的应用

2011年春，应OEM厂商的要求，Bosch公司开展了CAN FD项目，并成功发布且在世界范围内得以推广应用。从2012年第13届ICC大会上发布，到2015年提交国际标准化ISO 11898系列，CAN FD（CAN with Flexible Data rate）正在步入快速发展时期。

一、CAN FD在汽车上的应用

CAN FD应用如图9-8所示。

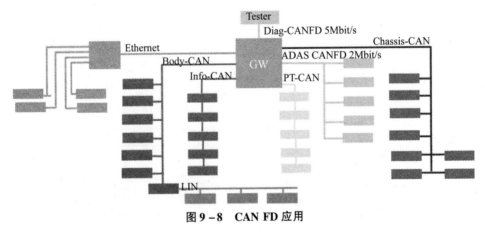

图9-8 CAN FD应用

CAN FD的应用提高了数据传输速率，增加了总线传输信息的可靠性，弥补了CAN总线带宽和数据场长度的制约。因此在电动汽车和无人驾驶汽车等需要大量实时数据传输的场景中得到广泛应用。高级驾驶辅助系统和人机交互技术，复杂的系统与大量通信信息的存在使得汽车中的 CAN 节点向 CAN FD 升级。

在应用过程中，由于 CAN FD 可以并且大多与标准 CAN 混用，原车的 CAN 节点逐渐升级为 CAN FD 节点，并且通过 CAN shield 技术，可避免标准 CAN 节点将 FD 报文识别为错误帧的情况。

二、CAN FD 在汽车上的应用规范

为了缩小 CAN 网络（Max.1 MBit/s）与 FlexRay 网络的（Max.10 Mbit/s）带宽差距，2011 年 Bosch 公司公开了白皮书（1.1 版）。2012 年，Bosch 提出了 CAN FD 技术作为现有 CAN 网络中增加数据传输量的解决方案。同年，在第 13 届 ICC 大会上正式发布 CAN FD，并正式向国际标准委员会提出国际标准授权申请（CAN FD）。2014 年，第一款嵌入了非国际标准 CAN FD 模块的微控制器发布；同年，CAN FD 改进了 CRC 部分。2015 年，提交 ISO 11898-1，第一个基于国际标准的 CAN FD 实现，年底首次发布 CiA 601 和 CiA 602 系列，提交 SAE J1939 协议。2016 年年初，发布 CiA602 系列（CAN FD 与重型车辆），并且上线了基于 CAN FD 的应用层协议。

小　　结

本章在前面章节 CAN 技术规范的基础上介绍了 CANFD 规范，并介绍了 CAN FD 收发器的使用要点。

思 考 题

CANFD 与 CAN 技术规范上有什么不同？有何优势？

第10章
FlexRay 总线技术规范

随着汽车电子技术的发展和线控系统（X – by – wire）的增加，对于车载网络通信系统的要求也在不断提高。被广泛应用的一些基于事件触发的总线系统，如控制器局域网 CAN，不能适应高通信速率的需要，不能满足分布式控制系统对于同步和延时的要求。在这样的背景下，产生了一些基于时间触发、传输速率高、通信延时小且固定的总线，其中就包括 FlexRay 总线。本章将对 FlexRay 产生的背景、技术特点、通信原理及应用等方面进行介绍。

第一节　FlexRay 简介

1995 年，宝马汽车公司（BMW）和罗伯特·博世有限公司（Robert Bosch GmbH）开始探索"线控"。1999 年，宝马和戴姆勒 – 克莱斯勒公司（Daimler Chrysler）开始进行 FlexRay 研究。2000 年 9 月，宝马、戴姆勒 – 克莱斯勒、Motorola 公司（Motorola）（后来成为飞思卡尔公司）和 Philips 公司（Philips）（后来成为恩智浦半导体公司）一起签署了一个"联盟协议"，成立了 FlexRay 联盟（FlexRay Consortium）。Flex 取自 Flexibility，意为"灵活的"，Ray 指联盟的标志——鳐鱼。稍后，博世、通用汽车公司（General Motors）、大众汽车公司（Volkswagen）也加入进来，这 7 家公司是 FlexRay 联盟的核心成员，他们负责制定 FlexRay 需求定义，开发 FlexRay 通信协议，定义数据链路层，提供支持 FlexRay 的控制器，开发物理层规范。2001 年，提出了硬件解决方案，出现了第一个收发器原型。2004 年 6 月，公布名为"FlexRay 2.0"的扩展协议规范。2005 年 5 月，公布名为"FlexRay 2.1"的扩展协议规范。2005 年 11 月，推出第一个内置 FlexRay 2.1 通信控制器的微控制器。2006 年 1 月，Vector、Decomsys 等面向 FlexRay 的开发工具上市。2006 年 9 月，BMW X5 车中主动式阻尼控制系统采用了 FlexRay，这标志着 FlexRay 开始进入整车实际应用阶段。2008 年，宝马 7 系中全面应用了 FlexRay。此时，已经应用了 FlexRay 的车型包括：奥迪 A6 和 A8，宝马 X5、7 系、5 系，宾利慕尚，劳斯莱斯幽灵等。此后，奔驰、兰博基尼、路虎、沃尔沃等汽车制造商也逐渐上市配备有 FlexRay 的车型。

随着 FlexRay 通信协议逐步发展成熟，几乎所有核心的汽车制造商、电子和半导体公司都加入了该联盟。FlexRay 成员分为 4 个等级，分别是核心成员、重要联系成员、联系成员和开发成员。截至 2009 年 9 月，该联盟共有 28 个重要联系成员和 60 多个联系成员。2009 年年底，为了开放式发展，FlexRay 协议被提交至国际标准化组织（ISO），随后该联盟解散。

FlexRay 协议已被国际标准化组织纳入标准体系中，2010 年 6 月公布了 ISO 10681 – 1： 2010 – 通用信息和用例定义，ISO 10681 – 2：2010 – 通信层服务。2013 年 2 月公布了 ISO 17458 – 1：2013 到 ISO 17458 – 5：2013，分别为：通用信息和用例定义、数据链路层规范、数据链路层一致性测试规范、电气物理层规范、电气物理层一致性测试规范。ISO 14229 统一诊断标准中定义了会话层和应用层中相关的规范。FlexRay 的分层结构如图 10 – 1 所示。

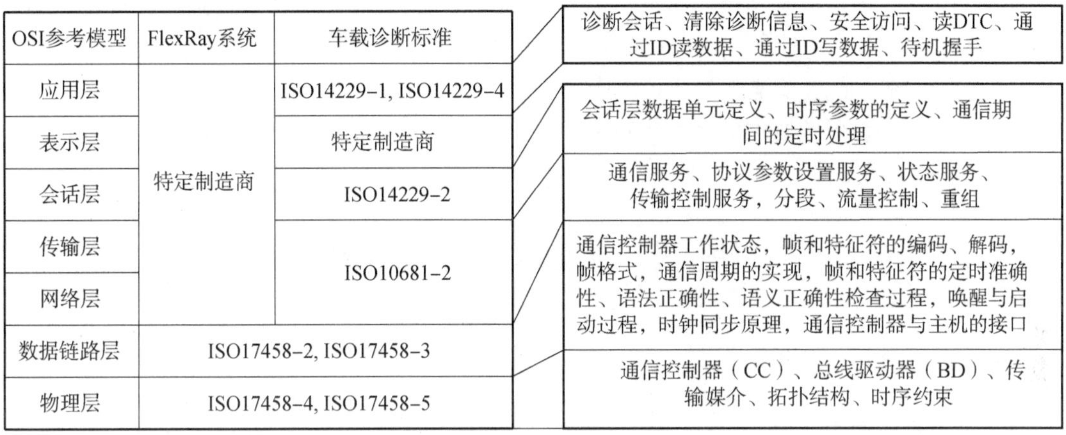

OSI 参考模型	FlexRay 系统	车载诊断标准	
应用层	特定制造商	ISO14229-1, ISO14229-4	诊断会话、清除诊断信息、安全访问、读DTC、通过ID读数据、通过ID写数据、待机握手
表示层		特定制造商	会话层数据单元定义、时序参数的定义、通信期间的定时处理
会话层		ISO14229-2	通信服务、协议参数设置服务、状态服务、传输控制服务、分段、流量控制、重组
传输层		ISO10681-2	通信控制器工作状态、帧和特征符的编码、解码、帧格式、通信周期的实现、帧和特征符的定时准确性、语法正确性、语义正确性检查过程、唤醒与启动过程、时钟同步原理、通信控制器与主机的接口
网络层			
数据链路层		ISO17458-2, ISO17458-3	通信控制器（CC）、总线驱动器（BD）、传输媒介、拓扑结构、时序约束
物理层		ISO17458-4, ISO17458-5	

图 10 – 1　FlexRay 的分层结构

第二节　FlexRay 技术特点

FlexRay 作为新一代汽车总线技术，为满足未来通信系统的需要，具有一系列先进特性，其主要特点如下：

（1）高传输速率。FlexRay 总线支持两个通信信道，可在单通道上支持 10 Mb/s 的通信。当两个通道传输相同信息时，具有冗余容错能力；当两个通道传输不同信息时，总通信速率最高可达到 20 Mb/s，远高于 CAN 总线。

（2）时间确定性。FlexRay 通信是以循环通信周期为基础的，在一个通信周期中采用两种媒体访问方法，分别为时分多址（Time Division Multiple Access，TDMA）和柔性时分多址（Flexible Time Division Multiple Access，FTDMA），周期性发送的消息在通信周期中拥有固定的时隙，从而确保了消息发送行为的确定性。

（3）分布式时钟同步。FlexRay 的访问方法是基于同步时基的，同步时基通过协议自动建立和纠偏，时基的精确度介于 0.5 ~ 10 μs，一般取值为 1 ~ 2 μs。根据这个同步时基，网络中的所有节点都可以达到同步，并能预知消息到来的时间。

（4）容错数据传输。FlexRay 总线具有专用决定性故障容错协议，支持多级别容错能力。此外，FlexRay 具有双通道冗余通信能力，可实现两通道间硬件功能的完全复制，并进行进度监测，进一步提高网络容错能力。

（5）灵活性。FlexRay 总线支持总线型、星型及混合型等多种拓扑；采用两种媒体访问方式，既具有时间触发的确定性，也具有事件触发的灵活性；支持两个通信信道，既能用于冗余容错，也能用于增加总线带宽（并行通信方式）；且提供大量可配置的参数供用户进行系统调整、扩展，以满足不同的需求。

基于上述特点，FlexRay 具有广泛的应用领域。

（1）替代 CAN 总线。在数据速率要求超过 CAN 的应用中，会采用两条或多条 CAN 来实现，FlexRay 的数据传输速率远高于 CAN，可以替代这种多总线解决方案。

（2）用作"数据主干网"。FlexRay 具有很高的数据速率，且支持多种拓扑结构，非常适合作为车辆骨干网络，用于连接多个独立子网络。

（3）用于分布式控制系统。分布式控制系统用户要求确切知道消息到达的时间，且消息周期偏差非常小，这使得 FlexRay 成为具有严格实时要求的分布式控制系统的首选手段，可用于动力系统、底盘系统的集成控制中。

（4）用于高安全性要求的系统。FlexRay 具备很强的容错冗余能力，可以支持面向安全的 X – by – wire 系统设计。

第三节 FlexRay 通信原理

一、FlexRay 物理层

1. 节点基本结构

FlexRay 节点的基本结构如图 10 – 2 所示，主要由电源系统（Power Supply）、主机（Host，也称为主控制器）、通信控制器（Communication Controller，CC）、总线驱动器（Bus Driver，BD）和可选的总线监控器（Bus Guardian，BG）组成。

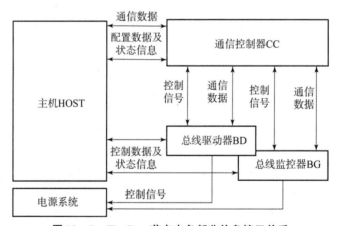

图 10 – 2　FlexRay 节点内各部分信息接口关系

节点的通信过程如下：

（1）发送数据：主机将有效数据传送给通信控制器 CC，在 CC 中进行编码，形成数据位流后由总线驱动器 BD 发送到相应的通道上。

（2）接收数据：由总线驱动器 BD 接收总线信号，将数据位流传送到 CC 进行解码，将数据部分传送给主机。

FlexRay 电气物理层提供了一种差分电压连接方式，差分电压通过测量总线正（BP）和总线负（BM）的信号线得到。任何两个节点之间的双向连接都需要一个发送器电路和一个接收器电路，它们被整合到一起称为总线驱动器（BD）。FlexRay 总线原理如图 10 – 3、图

10-4、图10-5 所示。

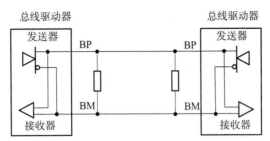

图10-3 差分电压连接的基本原理

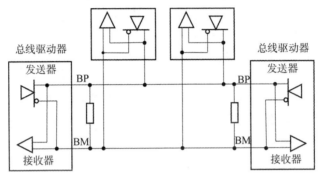

图10-4 总线型无源总线基本原理

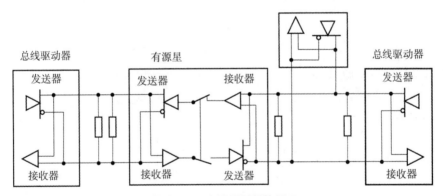

图10-5 有源星型网络原理

2. 网络拓扑

FlexRay 网络既支持星型拓扑，也支持总线型及混合型拓扑，并且 FlexRay 具备双通道，因此网络的拓扑结构非常灵活。

3. 点对点连接

点对点连接是两个节点之间的最简单连接，可作为更复杂的总线的基本元素。点对点连接如图10-6 所示。考虑到传播时间等因素，两个节点之间的最大总线长度不超过 24 m。

FlexRay 线路的两端需要配置终端电阻以抑制反射波，终端电阻分离端接的方法可以达到更好的电磁兼容性能。

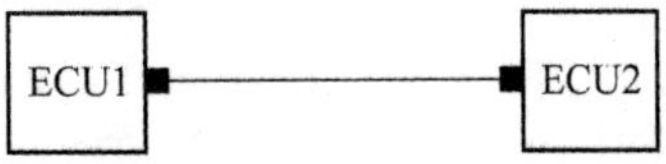

图10-6 点对点连接

黑色小方块表示总线末端安装了终端电阻，白色小方块表示没有安装终端电阻。

4. 无源星型拓扑（Passive Star）和总线型拓扑（Linear Passive Bus）

连接两个以上 ECU 时可以采用无源星型拓扑或者总线型拓扑，其拓扑结构如图 10-7 和图 10-8 所示。无源星型拓扑是总线型拓扑的一种特殊情况，它的所有 ECU 都连接到一个分支节点上。终端电阻可端接在距离最远的两个节点上，其他节点采用高阻抗的分离端接方法。

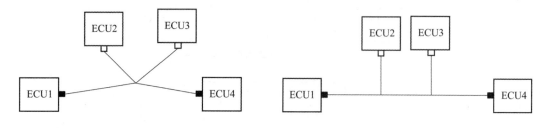

图 10-7　无源星型拓扑　　　　图 10-8　总线型拓扑

5. 有源星型拓扑（Active Star Network）和有源星级联（Cascaded Active Stars）

有源星型拓扑是在有源星型设备（Active Star）和 ECU 之间建立点对点连接，如图 10-9 所示。有源星型设备可以将一个分支的数据流传输到其他分支，并且具有故障抑制功能。有源星可以级联，但是协议不建议继续扩展，两个节点之间最多两个有源星型设备，如图 10-10 所示。

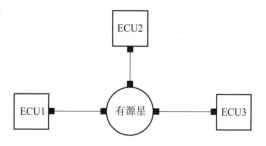

图 10-9　有源星型拓扑

6. 混合型拓扑和双通道拓扑

有源星型网络的每个分支是独立的，分支可以采用无源星型网络或总线型网络形成混合型拓扑，如图 10-11 所示。

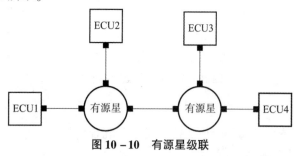

图 10-10　有源星级联

FlexRay 通信模块提供了组成双通道的能力，每个节点可以连接到一个或两个通道，每个通道可以按不同的拓扑连接，图 10-12 所示为一些双通道拓扑的示例。

7. 电气信号

与 CAN 总线协议一样，FlexRay 协议中没有明确定义传输媒介。FlexRay 协议中，波特率的标称值是 10 Mb/s，但是也支持其他的传输速率。被传输的数据是由逻辑"1"和逻辑"0"组成的。位编码描述了逻辑"1"和逻辑"0"的理论表示方法。FlexRay 采用不归零编码（Non-Return to Zero，NRZ）。

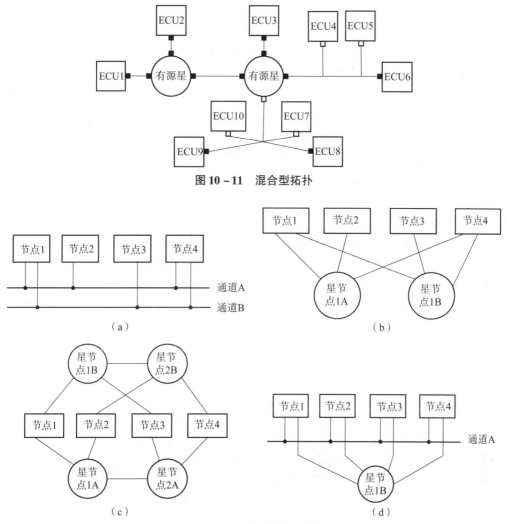

图 10-11 混合型拓扑

图 10-12 双通道拓扑示例

(a) 双通道总线型；(b) 双通道星型；(c) 双通道星级联；(d) 双通道混合型

FlexRay 位的物理形式以总线上的差分电压来表示。总线的两条总线线缆分别表示为 BP 和 BM，线上电压分别表示为 uBP 和 uBM，总线上的差分电压定义为 uBus = uBP - uBM。根据线上电压可将总线表述为 4 种不同的总线状态，分别为 Idle_LP、Idle、Data_1、Data_0，如图 10-13 所示。

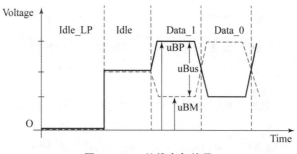

图 10-13 总线电气信号

281

Idle_LP 状态：低功率状态。总线上没有驱动电流，BP 和 BD 都通过下拉电阻接地。
Idle 状态：空闲状态。总线上没有驱动电流，BP 和 BD 均被拉偏到一确定电压。
Data_1 状态：总线驱动器在 BP 和 BM 之间建立正差分电压。
Data_0 状态：总线驱动器在 BP 和 BM 之间建立负差分电压。

二、协议运行控制

FlexRay 旨在提供一个可在一个或两个通信信道上运行的，且不存在媒体访问冲突的通信系统，这意味着，在正常通信时，没有冲突发生（协议的启动阶段除外）。FlexRay 网络通信过程的完成，是协议规定的各个通信操作的核心机制的有序执行。FlexRay 网络的基本协议包括四种核心机制：媒体访问控制（Media Access Control Process，MAC）、编码和解码、帧和特征符处理、时钟同步。

如图 10-14 所示，FlexRay 网络的协议运行控制（Protocol Operation Control，POC）描述了各核心机制之间的关系和有序操作过程。由于 FlexRay 支持两个通道，每个通道都具有时钟同步启动、媒体访问控制、帧和特征符处理、编码和解码机制，图中用虚线表示通道 B。本节后续将介绍通道 A 的通信原理，通道 B 与通道 A 本质上是一致的。

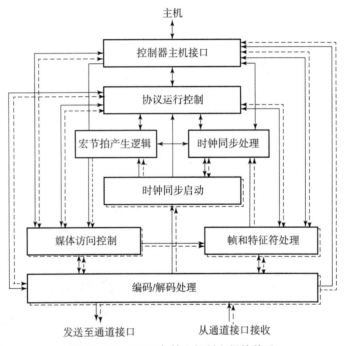

图 10-14　POC 与核心机制之间的关系

FlexRay 网络的协议运行控制过程中，网络的状态转换过程如图 10-15 所示。

三、媒体访问控制

FlexRay 的媒体访问控制（MAC）基于循环通信周期实现。在一个通信周期中，FlexRay 协议提供两种媒体访问方式：一种是静态时分多址（Time Division Multiple Address，TDMA），另一种是基于动态微时隙（mini-slotting）的柔性时分多址（Flexible Time Division

Multiple Access，FTDMA)。

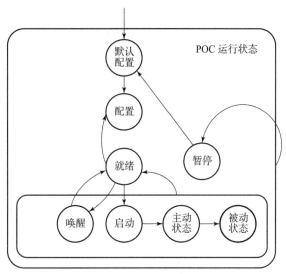

图 10 – 15 POC 状态转换关系

1. 通信周期的时间分层

FlexRay 通信周期分为 4 个时间层次，如图 10 – 16 所示。

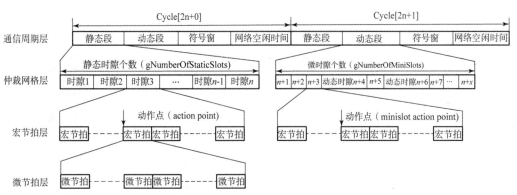

图 10 – 16 FlexRay 通信周期的时间分层

最上层为通信周期层（Communication Cycle Level）。每个通信周期分为静态段（Static Segment，ST）、动态段（Dynamic Segment，DYN）、符号窗（Symbol Window，SW）、网络空闲时间（Network Idle Time，NIT）。其中，动态段和符号窗是可选的。

下一层是仲裁网格层（Arbitration Grid Leve）。在这一层，静态段被分为一组连续的静态时隙（Static Slot），动态段被分为一组连续的微时隙（Minislot）。静态段和动态段的使用基于节点的帧标识符（Frame Identifier，ID）。节点对应的 ID 分配就是时隙分配，因此，对于确定的节点簇，节点需要发送的数据占用的时隙、时隙位于周期中的哪个段、节点发送的顺序都是确定的，因此不存在真正的冲突（协议启动阶段除外）。

仲裁网格层的下一层为宏节拍层（Macrotick Level，MT）。仲裁网格层定义的静态时隙、微时隙、符号窗和网络空闲时间由若干个宏节拍分别组成。在每个通信周期中，各个节点所包含的宏节拍数量是恒定的。某些宏节拍的边界被指定为动作点（Action Point），其指示节点开始发送数据的时间。静态段的动作点也作为时间同步的主要参考点。

最低层次为微节拍层（Microtick Level，μT）。若干个微节拍组成一个宏节拍，但是由于各个节点的时钟不同，每个节点一个宏节拍所包含的微节拍数量不一定相同。并且经过时钟同步之后，一个节点在不同时刻的宏节拍所包含的微节拍数量也不一定相同。一个微节拍由整数个采样节拍组成。

2. 静态段

静态段采用 TDMA 机制进行数据传输。静态段的所有静态时隙的时间长度是固定且相同的，其时间长度线下配置，在静态段中所有传输的帧长度也是固定且相同的，其长度也可线下配置。静态段的数据传输具有时间确定性，适合传输周期性的消息。

为了规划数据传输的时间，每个节点用两个时隙计数器来记录通道 A 和 B 的时隙数，时隙计数器从 1 开始计数，并在每个静态时隙结束时加 1。当节点的时隙计数器计数到与其分配的 ID 匹配时，该节点获得总线访问权，并在动作点开始传输数据。

对于确定的节点簇，静态时隙的数量、每个静态时隙的宏节拍数量、每个静态时隙动作点距静态时隙起始点的偏移均为全局常量。

3. 动态段

动态段采用 FTDMA 机制进行数据传输。动态时隙的时间长度是变化可调的，因此，能够满足不同长度的数据帧，适合传输事件触发性的消息。

为了规划动态段数据传输的时间，每个节点仍然采用时隙计数器来记录时隙数，但是时隙的时间长度不再是固定的，而是根据通道上是否发生通信进行动态调整。当通道上没有通信发生时，动态时隙的持续时间为一个微时隙，该微时隙结束时计数器加 1。当通道上有通信发生时，该动态时隙由多个微时隙组成，在通信结束、动态时隙结束时计数器加 1。

动态时隙的准确开始时刻既与其分配的 ID 有关，也与在其前面传输的报文的持续时间有关。动态时隙计数器并不一定能计数到最大值，对于 ID 较大、优先级较低的节点，在一个周期中可能不能进行传输，而要等到下一个周期再尽力尝试。

对于确定的节点簇，动态段的微时隙数量、每个微时隙的宏节拍数量、微时隙的动作点偏移为全局常量。但是每个动态时隙的时间长度可以不同。

4. 符号窗和网络空闲时间

符号窗是一个可选字段，在符号窗内可以发送一个媒体访问测试符（Media access Test Symbol，MTS）或者一个运行期唤醒模式（Wake - Up During Operation Pattern，WUDOP）。MTS 用来验证总线监控器是否正常工作，其结构为 30 个低电平位。紧随 MTS 之后的是一个通道空闲界定符（Channel Idle Delimiter，CID），CID 为 11 位高电平位。WUDOP 是在 FlexRay 协议 3.0 版中添加的特征符。它可以使节点能够在正常运行期间发送唤醒模式，远程唤醒处于低功耗模式的节点。符号窗的计时与静态时隙相似，符号窗内的宏节拍数量是固定且线下可配置的，符号窗的动作点偏移与静态时隙的动作点偏移相同。

网络空闲时间内没有通信发生即总线处于空闲状态，但是网络空闲时间是不可缺少的。在这段时间，所有节点要进行时钟同步的计算和相位校正，或者完成与通信周期相关的任务。

四、帧格式

FlexRay 通信帧分为静态帧和动态帧，二者结构相似，仅在帧头部分的有效数据前导指示位具有不同的含义。一个数据帧由帧头（Header Segment）、有效数据段（Payload Segment）和帧尾（Trailer Segment）三部分组成。FlexRay 数据帧格式如图 10 – 17 所示。

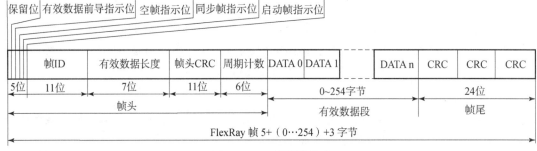

图 10 – 17　数据帧格式

1. 帧头部分

FlexRay 帧头由 5 个字节组成，包括 1 位保留位、1 位有效数据前导指示位、1 位空帧指示位、1 位同步帧指示位、1 位启动帧指示位、11 位帧 ID、7 位有效数据长度、11 位帧头 CRC 校验码和 6 位周期计数。

保留位以备将来扩展使用，不能被应用功能使用。发送时把这一位置为逻辑 0，接收时忽略保留位。

有效数据前导指示位指示出数据帧的有效数据段内是否包含可选向量。其值为 1 时，对于在静态段传输的数据帧，表示在数据部分的开始位置有一个网络管理向量（Network Management Vector，NMVector）；对于在动态段传输的数据帧，表示数据段的最开始位置为信息的 ID。其值为 0 时，表示数据部分没有这些可选向量。

空帧指示位指示该数据帧是否为空帧。空帧指示位为 1 时，表示本数据帧包含有效数据。空帧指示位为 0 时，表示有效数据段不包含有效数据，有效数据段所有字节都将被设置为 0，但接收节点仍将进行 CRC 校验，以便验证其合法性。

同步帧指示位指示该数据帧是否为同步帧。其值为 1 时，表示该帧为同步帧，接收节点将利用该帧进行时钟同步。其值为 0 时，表示该帧为非同步帧。

启动帧指示位指示该数据帧是否为启动帧。其值为 1 时，表示该帧为启动帧。其值为 0 时，表示该帧为非启动帧。只有冷启动节点（Coldstart Node）允许发送启动帧。冷启动节点的同步帧必须是启动帧，并且冷启动节点只能将同步帧设置为启动帧。

帧 ID 定义了该帧在哪一个时隙中传输，帧 ID 即时隙号。在一个节点簇中每个数据帧都被分配了一个帧 ID，帧 ID 的范围是 1 ~ 2 047。

有效数据长度用来表明有效数据段的大小，其单位为字，即 16 位。对于在静态段发送的数据帧，其有效数据长度都应配置为固定且相同的；对于在动态段传输的数据帧，其有效数据长度可以各不相同，也可以是变化的。

帧头 CRC 包含一个循环冗余校验码。该校验码通过对同步帧指示位、启动帧指示位、帧 ID、有效数据长度计算得到。发送节点的通信控制器不计算帧头 CRC，这个值是由主控制器（用户计算）配置给通信控制器的，接收节点的通信控制器会用这个值进行校验计算。帧头 CRC 的计算多项式如下：

$$x^{11} + x^9 + x^8 + x^7 + x^2 + 1 = (x+1) \cdot (x^5 + x^3 + 1) \cdot (x^5 + x^4 + x^3 + x + 1)$$

周期计数位表明了发送该数据帧时的周期计数器计数值，计数周期为 0 ~ 63。

2. 有效数据段

FlexRay 有效数据段可以包含 0 ~ 127 字的数据。对于在静态段中传输的数据帧，有效数据段的前 0 ~ 12 个字节可配置为网络管理向量，一个簇中所有节点的网络管理向量是一致的。对于在动态段传输的数据帧，有效数据的前两个字节可作为消息 ID。一个数据帧是否包含网络管理向量或消息 ID 是由帧头部分的有效数据前导指示位确定的。

3. FlexRay 帧尾

FlexRay 帧尾只有一个字段，即 24 位的 CRC 校验码。这个校验码由帧头和有效数据段两个部分计算得到。CRC 的计算多项式如下：

$$x^{24} + x^{22} + x^{20} + x^{19} + x^{18} + x^{16} + x^{14} + x^{13} + x^{11} + x^{10} + x^8 + x^7 + x^6 + x^3 + x + 1$$
$$= (x+1)^2 \cdot (x^{11} + x^9 + x^8 + x^7 + x^5 + x^3 + x^2 + x + 1) \cdot (x^{11} + x^9 + x^8 + x^7 + x^6 + x^3 + 1)$$

五、编码与解码

编码与解码的过程主要发生在通信控制器和总线驱动器之间。CC 和 BD 之间有三个接口信号：TxD（Transmit Data Signal from CC）、RxD（Receive Data Signal from Bus Driver）和 TxEN（Transmit Data Enable Not signal from CC），如图 10 - 18 所示。

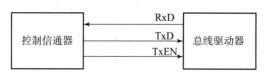

图 10 - 18　CC 与 BD 接口信号

其中，TxD 为发送信号，RxD 为接收信号，TxEN 表示 TxD 上的数据是否有效。由于 FlexRay 协议独立于底部物理层，本节相关描述都使用二进制形式，信号分为高电平和低电平，由这两种电平生成的数据位流称为通信元（Communication Element，CE）。对数据位流进行编码和解码时，节点采用不归零（Non - Return to Zero，NRZ）编码方式。

1. 帧编码和特征符编码

为了发送一个数据帧，发送节点将帧数据组建为一个数据位流，具体步骤为：

（1）将帧数据拆解为各单字节。

（2）在数据位流的起始添加一个传输起始序列（Transmission Start Sequence，TSS）。

（3）在 TSS 结束后添加一个帧起始序列（Frame Start Sequence，FSS）。

（4）将帧数据转换为扩展字节序列，即在每个帧数据字节前添加一个字节起始序列（Byte Start Sequence，BSS）。

（5）将帧数据组建为一个连续的数据位流。

（6）计算数据帧 CRC，并将其转换为扩展字节序列。

（7）在数据位流的结尾添加一个帧结束序列（Frame End Sequence，FES）。

(8) 如果数据帧是在动态段发送的，则在 FES 后再添加一个动态尾部序列（Dynamic Trailing Sequence，DTS）。

TSS 用于发起网络通信连接。发送节点生成的 TSS 由 3~15 位连续的低电平组成。

FSS 用于补偿 TSS 后第一个 BSS 可能出现的量化的误差。FSS 由 1 位高电平组成。

BSS 用于向接收节点提供数据位流的定时信息。每个帧数据字节之前都有一个 BSS，BSS 由 1 位高电平和 1 位低电平组成。

FES 用于标识数据帧最后一个字节序列的结束。FES 由 1 位低电平和 1 位高电平组成。对于在静态段发送的数据帧，FES 的第二位为数据位流的最后一位，这一位结束时发送节点将 TxEN 信号置为高电平。

DTS 只有在动态段发送的数据帧才使用。动态时隙的持续时间与通道上是否发生通信有关，DTS 用于指示发送器微时隙动作点（Minislot Action Point）的精确时间点，并防止接收器过早地检测通道空闲状态。DTS 由一段持续时间可变的低电平和 1 位高电平组成，低电平持续时间最小为一个位时间，一个位时间之后，TxD 一直输出低电平直到下一个微时隙动作点，TxD 切换为高电平，再过一个位时间之后发送节点将 TxEN 信号置为高电平。

静态段和动态段的数据帧编码如图 10-19 和图 10-20 所示。

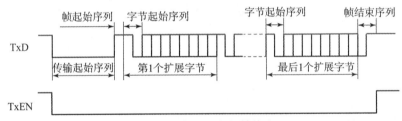

图 10-19　静态段数据帧的编码

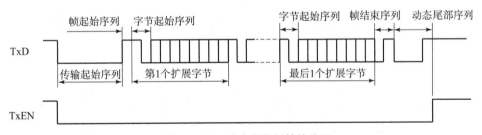

图 10-20　动态段数据帧的编码

FlexRay 通信协议定义了三种类型的特征符：

（1）冲突避免符（Collision Avoidance Symbol，CAS）和媒体访问测试符（Media Access Test Symbol，MTS）。

（2）唤醒特征符（Wakeup Symbol，WUS）。

（3）运行间唤醒特征符（Wakeup During Operation Pattern，WUDOP）。

其中，CAS 和 MTS 均为持续 30 个位时间的低电平，发送时先发送 TSS，随后发送特征符，发送结束后将 TxEN 置为高电平。唤醒特征符由数量可配置（15~60 位）的低电平位（Data_0）和数量可配置（45~180 位）的空闲位（Idle）组成，节点通过重复发送 2~63 次 WUS，生成一个唤醒模式（Wakeup Pattern，WUP）。WUDOP 由数量可配置（15~60 位）

的低电平 – 高电平 – 低电平 – 高电平 – 低电平序列和 1 位高电平组成。

2. 位采样与位同步

接收节点的通信控制器 CC 会对输入信号 RxD 进行采样,每个位时间包含 8 个采样周期,但是解码时不直接使用 RxD 输入信号,而是要进行多数表决(Majority Voting)。该操作的目的是对信号进行滤波。节点会存储最近的 5 次采样信号,表决信号(zVotedVal)为其中的多数采样值,根据这种机制,持续时间小于 3 个采样周期的干扰或噪声会被抑制。

一个采样计数器会对表决信号的采样点进行计数,计数范围为 1 ~ 8。当计数值为 5 时表决信号的值被作为当前位的实际值,这一动作称为位选通(Bit Strobing)。每次选通一个高电平位,节点就会使能位同步检测。当表决信号从高电平转为低电平时,位同步被使能,在下一次采样时将采样计数器设置为 2。位同步机制如图 10 – 21 所示。

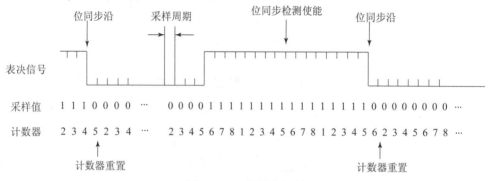

图 10 – 21 位同步机制

3. 帧和特征符解码

节点需要对通道进行空闲检测,当检测到通道空闲界定符(Channel Idle Delimiter,CID)即连续的 11 位高电平时,认为通道处于空闲状态。接收节点对 RxD 接收信号进行解码时,前一个通信元的最后一位与下一个通信元的第一位之间,间距大于或等于 11 个位时间,才能对多个连续的通信元成功解码。

数据流从发送节点到接收节点之间会有传播延迟。由于传输介质的影响,还会导致数据帧的第一个下降沿(TSS 的下降沿),会比同一帧其他信号沿的延迟时间更长,从而使 RxD 信号的 TSS 比实际发送的 TSS 更短,这一效应称为 TSS 截断效应。接收节点进行解码时,只要检测到低电平持续时间大于一个位时间,并且小于设置的 TSS 位数加一个位时间,就认为是合法的 TSS。TSS 开始的时间是用于时钟同步的主要时间参照点,但是由于传播延迟和 TSS 截断效应的影响,接收节点无法知道开始接收 TSS 与发送节点开始发送 TSS 之间的时间差,所以定义数据帧的第一个 BSS 的下降沿作为次级时间参照点,并减去一个固定偏移量和一个延迟补偿项作为 TSS 的接收时刻。

冲突避免符 CAS 和媒体访问测试符 MTS 的编码都是 TSS 后接 30 位低电平。事实上,接收节点无法检测出具体的持续时间,只要检测到的低电平持续时间在一定范围内,就认为是合法的特征符。

唤醒模式 WUP 或 WUDOP 至少由两个 WUS 组成,节点进行解码时,若检测到一段高 – 低 – 高 – 低 – 高的序列,每段电平的持续时间不小于设定值,且从检测到设定时间的低电平序列开始,在一定的时间窗内检测到后三段电平,则认为 WUP 或 WUDOP 有效。(注:不同版本的协议中,这些参数的可配置范围可能不同。)

六、时钟同步

对于时间触发系统,一个基本的要求是簇内每个节点都有几乎相同的时间观,即要求任意两个节点的全局时间观之间的差异在可容忍的界限之内。但是在一个分布式通信系统中,每个节点都有其自身的时钟,由于温度变化、电压波动的影响及时钟源的差异,即使所有节点在开始时内部时基是同步的,一段时间后也会相互偏离。

FlexRay 协议采用分布式时钟同步方式,在该机制中没有一个绝对的全局时间节点。每个节点都通过其他节点发送的同步帧观测它们的时钟计时,从而将自己与节点簇同步。时基的精确度介于 0.5~10 μs,一般取值为 1~2 μs。

1. 唤醒和启动阶段

当节点处于睡眠模式时,只有总线驱动器 BD 一直供电。当 BD 接收到唤醒模式(WUP)时,它能够唤醒本节点的其他组成部分。当唤醒一簇节点时,至少一个节点先进行本地唤醒,该节点被唤醒后会在通道上发送唤醒模式,进而实现簇内其他节点的唤醒。为了防止错误节点同时干扰两个通道,唤醒模式特征符不能同时在两个通道上传输,并且一个节点只能唤醒一个通道,另一个通道由其他节点唤醒。

在启动阶段所有节点进行初始化、实现同步,并且建立全局时钟。只有有限数量的节点有权发起簇的启动,称为冷启动节点(Coldstart Node)。完成启动过程至少需要两个冷启动节点之间建立起稳定通信,在节点数量不少于 3 个的簇中,应至少设置 3 个节点为冷启动节点,这样当一个节点故障时簇仍然能启动。

节点有三种方式进入通信,如图 10-22 所示。

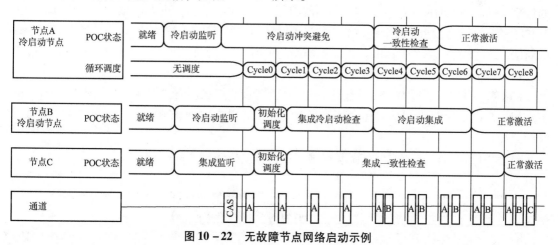

图 10-22 无故障节点网络启动示例

1) 冷启动

冷启动节点进入启动程序后,会对通道进行监听,确认通道空闲后开始冷启动尝试,并发送一个冲突避免符(CAS),并在接下来的 4 个通信周期内发送启动帧。发起冷启动的节点称为主导冷启动节点(Leading Coldstart Node),其余冷启动节点称为跟随冷启动节点(Following Coldstart Nodes)。

由于每个冷启动节点都有权发起节点簇的启动，可能会出现多个节点同时发送 CAS，在最开始的 4 个通信周期内，一旦发起冷启动尝试的节点接收到一个 CAS 或者数据帧的帧头，则该节点转为跟随冷启动节点，重新进入监听状态。图 10-22 中，节点 A 为最终剩下的那一个主导冷启动节点。

从周期 4 开始，其他冷启动节点开始发送启动帧，如果主导冷启动节点接收到至少一个有效启动帧对（一个偶-奇循环对中的启动帧），且时钟校正没有错误，则主导冷启动节点完成启动。

2）集成冷启动

冷启动节点在监听通道时如果接收到有效通信，会成为跟随冷启动节点，并尝试集成到正在通信的冷启动节点中。图 10-22 中节点 B 采用这种方式。跟随冷启动节点尝试接收有效启动帧并从中获取自己的时间表。

节点会收集所有同步帧并在接下来的两个通信周期内进行时钟校正。如果时钟校正没有出错，将在下一个通信周期中开始发送启动帧。在接下来的三个通信周期内，如果时钟校正没有出错，且节点簇内至少还集成了另一个冷启动节点，该节点完成启动。

3）非冷启动

非冷启动节点无权发起簇的启动，只能集成到冷启动节点中，图 10-22 中节点 C 采用这种方式。非冷启动节点进入启动程序后会监听通道，尝试接收一个有效启动帧对，并从中获取自己的时间表。

节点接收到不少于两个冷启动节点发送的有效启动帧对，并且时钟校正没有出错，则该节点完成启动。

2. 时钟校正

在启动阶段，虽然各个节点的本地时钟略有不同，但是它们都能自然地产生接近 10 Mb/s 的传输速率。随着时间的推移，各个节点的内部时基会相互偏离。时基的偏离包含相位上的偏差和频率上的偏差，相位的偏差指节点的本地时间值之间的差异，频率的偏差指各节点一个通信周期持续时间的差异。FlexRay 使用频率校正和相位校正来实现节点之间的同步。

1）时间的测量

FlexRay 中最多可以有 15 个同步节点，每个同步节点在静态段发送一个同步帧。所有的节点根据自己的时间窗观察和测量其他节点的动作，以本地的微节拍 μT 为单位量化所有的时间差异。

对于相位上的偏移，节点只需要观测同步帧开始传输的实际时刻，并与自己期望的开始时刻相比较，就能得到与自身的相对偏差。对于频率上的偏差，节点需要观测同步帧在连续两个周期开始时刻的时间间隔。虽然任意两个连续的通信循环都可以用来测量频率的偏差，但是协议考虑采用偶-奇循环对，以编号为偶数的循环作为开始。

2）校正值的计算

FlexRay 协议采用容错中值算法（Fault-Tolerant Midpoint Algorithm，FTM）进行相位和频率校正值的计算。该算法根据测量的节点自身与其他节点之间的相位偏差和频率偏差，舍掉 k 个最大值和 k 个最小值，剩余数值中取最大数和最小数求平均，如果有小数则舍去，计算的结果作为校正值。当同步节点数量小于 3 个时 k 取 0，同步节点为 3~7 个时 k 取 1，当同步节点大于 7 个时 k 取 2。

3) 时钟的校正

校正值计算完之后用来改变本地时钟，使其与节点簇同步。在每个通信周期中，所有节点包含的宏节拍数量是相同的，偏差的测量和计算是以节点本地的微节拍为单位。节点通过调整自身各个宏节拍中的微节拍数量来实现同步。其中，相位偏差虽然在每个周期中都测量和计算，但是校正只在每个奇数循环的网络空闲时间中进行，频率偏差的校正在接下来的一个偶-奇循环对中进行。

FlexRay 时钟同步机制如图 10-23 所示。

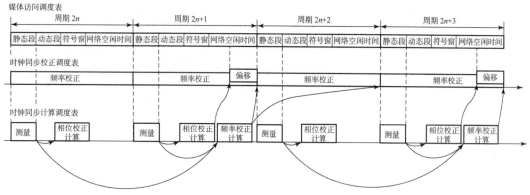

图 10-23 FlexRay 时钟同步机制

第四节 FlexRay 的应用

在车载网络系统设计方面，目前业界普遍采用的是基于"V 模式"的开发流程。V 模式将系统开发过程分为两个大的阶段：第一阶段由上至下，根据用户需求分步骤完成系统的模块设计；第二阶段由下至上，将已开发的单元进行整合、测试。V 模式提供了一个规范化的步骤。对于 FlexRay 系统的开发，V 模式开发流程分为 5 步，如图 10-24 所示。

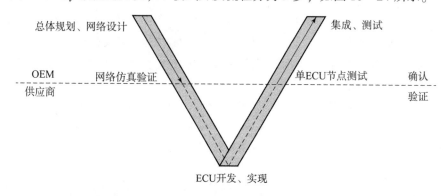

图 10-24 基于 V 模式的 FlexRay 系统开发流程

一、总体规划、网络设计

在此阶段，根据整车网络的任务要求，规划网络拓扑和 ECU 分布，并界定 ECU 节点的功能任务。在总体规划与网络设计阶段，需要完成：

（1）定义全局参数。FlexRay 协议定义了 39 个全局参数，全局参数可以根据任务需求进行配置，但是这些参数之间存在制约关系，并且节点簇内所有节点都需要配置为相同值。

（2）定义节点参数。由于不同节点在功能设置、硬件和软件方案上可能存在较大差别，FlexRay 协议规定了节点参数来兼容这些差别。不同节点之间的节点参数虽然可以不同，但仍需要满足一定的约束条件。

（3）定义信号。根据网络信息交换的要求，定义好信号的具体细节，如长度、范围、传输精度、偏移量和比例因子等。

（4）定义数据帧及收发关系。根据定义好的信号内容和网络信息交换需求，确定每个节点发送和接收的数据帧，定义好数据帧的参数。

（5）定义数据帧和信号对应关系。进一步明确信号与数据帧的对应关系，定义每个信号属于哪个数据帧、位于数据帧内第几个字节及第几位等。

（6）定义数据帧调度表。根据帧的传输要求，定义帧的传输频率和所属周期，定义每个帧的发送时隙。

二、网络仿真验证

根据整车的信息规划和节点的信息交换接口，在计算机软件环境下建立整车网络通信仿真模型，对设计的信息交换内容进行仿真验证，确认信息、数据帧、数据帧调度关系的合理性，以帮助设计者事先对系统响应、延迟、不同步、丢包、多包传输等情况进行评估，从而提前发现设计中的问题。许多汽车总线工具开发商都开发了总线仿真工具，其中，CANoe.FlexRay 软件就是一款优秀的 FlexRay 总线仿真验证工具。

三、ECU 开发、实现

节点是网络通信的基础，也是应用功能的载体。ECU 节点的开发包括硬件设计和软件设计。一个基本的 FlexRay 节点由 MCU、CC、BD 组成，CC 可以集成到 MCU 中。很多主流半导体商已经推出了各种支持 FlexRay 节点所需的主控芯片、通信控制器以及总线驱动器，如飞思卡尔的 S12XF 系列、56F8 xxx、MPC55 xx、MAC 7x00 等系列的控制器，Philips 的 SJA 20xx、SJA 25xx 系列的通信控制器，英飞凌的 CIC 310 通信控制器，恩智浦的 SJA 2510 通信控制器和 TJA 1080 总线驱动器等。

节点的软件部分主要包括 FlexRay 通信驱动程序以及节点的应用功能程序，软件部分依据应用有较大区别。飞思卡尔公司开发的 FlexRay 统一驱动，通过定义的 API 将硬件特殊的功能性实现于一系列驱动函数中，并使上层的应用独立于硬件。

四、ECU 节点测试

在 ECU 节点测试阶段，每个节点虽然已经具有硬件实物和软件程序，但是功能是否正常还没有经过验证，需要借助外部的调试和验证手段对节点的软、硬件功能进行调试和确认。最直接的方法就是连接一个功能正确性已经验证过的节点进行通信，也可以连接至建立的网络通信仿真模型，并测试该节点在各种工况下的功能和稳定性。

五、集成测试

完成 ECU 节点测试之后，要逐步地将 ECU 节点实物集成在一起进行系统集成测试，验证兼容性。通过集成测试之后再装配到实车进行道路测试，直至最后出厂。

实际应用中，基于 V 模式的开发流程可通过分工实现，首先由整车制造商完成分布式车载总线系统的网络规范，设计通信调度表，经过仿真验证后以网络描述文件（如 FlexRay 支持的 FIBEX 文件）分发给零部件供应商；由零部件供应商完成 ECU 节点的软、硬件开发和功能验证；最后由整车制造商实现系统的集成和测试。

小　　结

本章首先简要介绍了 FlexRay 的发展历程与技术特点；然后介绍了 FlexRay 的通信原理，包括物理层和数据链路层的协议；最后简要介绍了 FlexRay 系统的开发流程。

思 考 题

1. FlexRay 协议的主要技术特点是什么？
2. 简述通信循环的组成部分及各部分的功能。
3. TDMA 和 FTDMA 两种媒体访问方式有什么不同？
4. 解释静态时隙、动态时隙、微时隙、帧 ID 的概念。
5. 解释通信周期、宏节拍、微节拍、采样节拍、位时间的概念。
6. FlexRay 时钟同步中的频率校正和相位校正有什么作用？分别是怎么实现的？

第 11 章
车载以太网

车载以太网是用于连接汽车内各种电气设备的一种物理网络，它是在传统以太网协议的基础上，改变了物理接口的电气特性，并结合车辆应用需求定制的一些新标准。与其他类型网络相比，车载以太网具有低成本和高带宽的优点，其使用非屏蔽单对双绞线满足车载 EMC 要求，可减少高达 80% 的线束成本和高达 30% 的线束质量；同时，车载以太网的 100 Mb/s 乃至将来 Gb/s 级的传输带宽带来了高传输速率，可以满足车联网或智能驾驶领域大批量数据传输的需求。

第一节 车载以太网简介

如图 11-1 所示，车载以太网的历史可以追溯到 2004 年，宝马公司为加速汽车故障诊断的软件刷写过程，选择并发起使用标准的 100BASE-TX 以太网来解决此问题的研究。2008 年，宝马采用 100BASE-TX 技术，即采用两对非屏蔽双绞线（UTP）电缆和以太网 RJ45 连接器与车内 OBD 连接器相连，用于解决故障诊断和程序刷写问题。此外，这项技术也在 2008 年用于宝马量产车（SOP）的高端后座娱乐系统的头部（HU-RSE）导航数据传输问题，但为了满足车辆 EMC 要求，物理链路需要屏蔽，造价高昂。随后为解决成本问题，满足在非屏蔽线缆上使用 100BASE-TX 的电磁兼容性（EMC）要求。2008 年 1 月，博通公司提出的 BroadR-Reach 技术进入宝马 EMC 实验室，测量结果显示其具有超越许多传统网络技术的 EMC 性能，并证实了在汽车环境中可以使用单对非屏蔽线缆以 100 Mb/s 传输以太网数据包。2013 年，宝马发布首款搭载车载以太网 100BASE-T1/OABR 的 BMW X5 车型，将其用于环视系统（SVS）中摄像头数据到环视 ECU 的传输信道。2015 年，宝马 7 系将车载以太网用作信息娱乐系统与辅助驾驶系统的系统总线。2016 年，三家汽车制造商（宝马、JLR 和拥有众多品牌的大众）公开声明他们已上路的量产车上支持汽车以太网，可见车载以太网行业接受度良好。

在车载以太网的发展与应用进程中，为解决阻碍车载以太网推广应用的问题，2011 年 11 月，NXP、博通和宝马成立了单线对以太网（OPEN）联盟，旨在推广基于 BroadR-Reach 的工业标准以太网规范用于汽车应用。BroadR-Reach 起初是一个专有解决方案，OPEN 联盟确保了它成为一个开放技术。此外，IEEE 组织和 AVNU 联盟也在不同方面推动者车载以太网的发展。其中，IEEE 分别于 2015 年 10 月和 2016 年 6 月发布 100BASE-T1 和 1000BASE-T1 标准。1000BASE-T1 用于传输 1 Gb/s 的单对双绞线标准——IEEE802.3bp，

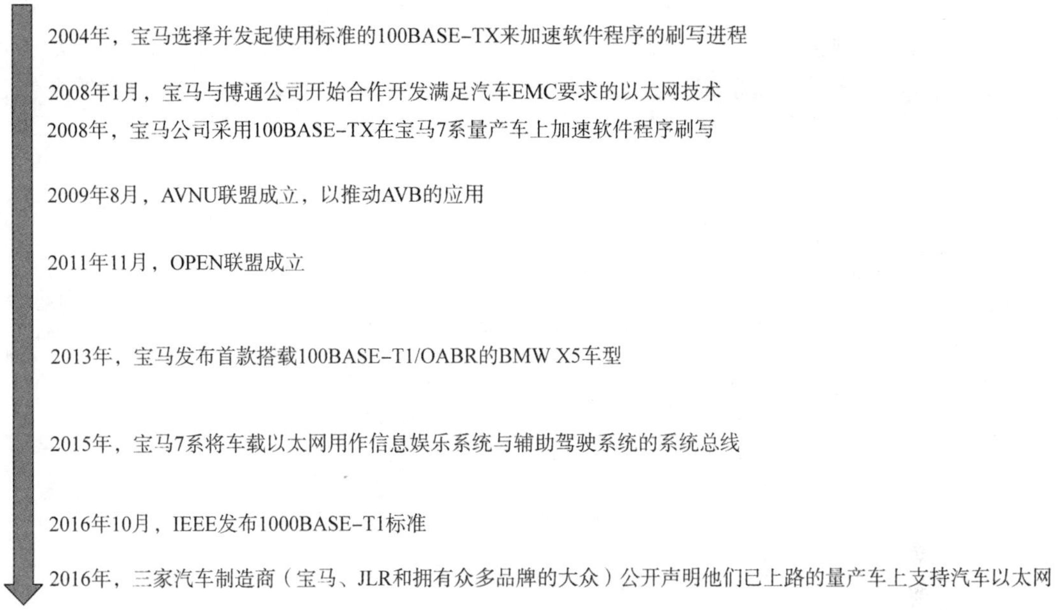

2004年，宝马选择并发起使用标准的100BASE-TX来加速软件程序的刷写进程

2008年1月，宝马与博通公司开始合作开发满足汽车EMC要求的以太网技术

2008年，宝马公司采用100BASE-TX在宝马7系量产车上加速软件程序刷写

2009年8月，AVNU联盟成立，以推动AVB的应用

2011年11月，OPEN联盟成立

2013年，宝马发布首款搭载100BASE-T1/OABR的BMW X5车型

2015年，宝马7系将车载以太网用作信息娱乐系统与辅助驾驶系统的系统总线

2016年10月，IEEE发布1000BASE-T1标准

2016年，三家汽车制造商（宝马、JLR和拥有众多品牌的大众）公开声明他们已上路的量产车上支持汽车以太网

图 11-1　车载以太网发展简史

基于该标准，OPEN联盟开发出了TC9与TC12规范，其中TC9已于2018年1月正式发布，用于规范1000BASE-T1（UTP）的通道与元件的开发；TC12标准用于规范PHY、EMC、PMA、IOP等的开发及验证；至于ECU级的测试规范，将与100BASE-T1参照的TC8测试规范保持一致。AVNU联盟成立于2009年8月，成员主要有博通、哈曼、英特尔和思科等，目的是促进新型的IEEE 802.1音视频桥接（AVB）以及相关的IEEE 1722和1733标准，推动AVB/TSN（Time-Sensitive Network，时间敏感网络）在汽车领域的应用，以及可用于各应用的音频/视频的QoS机制。

随着汽车智能化、网联化的发展，汽车以太网在先进辅助驾驶系统领域获得了极大成功，被广泛用于激光雷达、机器视觉等数据的传输。车载以太网从开始时应用于外部访问汽车ECU的诊断和固件程序刷新阶段，逐渐发展到作为汽车网关的重要附件用于连接摄像机或多媒体组件，目前正在向着用车载以太网骨干网方向快速发展。

第二节　车载以太网技术特点

车载以太网主要具有以下技术特点：

（1）高带宽、低时延和低成本。相比于CAN总线的1 Mb/s，车载以太网的100 Mb/s乃至Gb/s级的网络带宽，显示了其具有高带宽的特点。高带宽带来了网络的低时延特性，从AVB乃至TSN等协议族标准也可以看出，以太网在汽车上应用时其延时缩短远小于1 ms的量级，尤其是对于功能安全相关的信号传输，其传输时延的要求更是相当严格，由此可以看出其具有低时延的特点。同时，由于BroadR-Reach物理层技术采用非屏蔽单对双绞线作为传输媒介，节省线束，使占整车成本很大比例的线束成本得以大幅降低。

（2）采用星型拓扑结构，节点之间的连接需要通过交换机作为通信中介来完成。星型拓扑网络通过增加交换机数目可以很容易实现网络中通信节点的添加,但由于交换机端口数目的限制,因此星型拓扑结构甚至会进化为树型拓扑网络结构,如图 11-2 所示。可以看出,与 CAN 总线型网络相比,由于交换机的存在使得车载以太网拓扑结构的伸缩性较差。

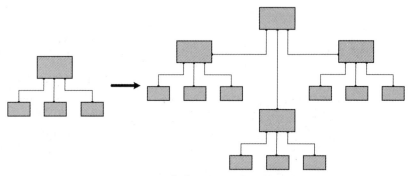

图 11-2 车载以太网网络拓扑结构

(3) 采用点对点的全双工通信链路,这意味着两个相连的设备可以同时发送和接收。与 CAN 总线网络相比,主要有三个优点:①这意味着两个设备可以立即发送和接收,而不是需要通过非破坏性仲裁方式获得总线的使用权,节点通信过程中没有冲突发生,无须媒体访问控制协议;②意味着更大的总带宽,在 100 Mb/s 的 BroadR - Reach 技术情况下,在考虑数据的发送和接收时,理论上可以具有最大 200 Mb/s 的总吞吐量(实际上,通常不会在两个方向上拥有完全饱和的链路);③全双工操作为不同设备对之间的同步对话以及 AVB 等高级功能铺平了道路。这种点对点的通信方式为车载通信架构开辟了新的可能性。例如,总线通常需要系统内所有节点采用统一的数据传输速率且分享最大传输带宽。相反,交换网络允许每个链路上具有不同数据传输速率或者均为最大数据速率。如果需要,还可以基于质量、位置或空间的要求来进行优化。这样还可能会放松线束制造的设计和限制。

(4) 采用分组交换技术,将通信数据分成若干分组,以太网中称这些分组为帧。这些帧可以在节点间的物理链路上发送,允许多个设备间同时实现数据分组交换。现代交换机内部,电路可以实现将来自不同发送方的帧数据发送到各自的接收方,因此可以实现网络内部多个设备之间数据的同时交换。如图 11-3 所示,考虑一个简单的 BroadR - Reach 分组交换网络,某一时刻,中央处理单元与传感器之间在某一方向上有 100 Mb/s 的传输速率,控制器和显示仪之间情况类似。可以看出,如果所有的网络链路均工作在最大传输速率,即使 BroadR - Reach 的传输速率为 100 Mb/s,实际网络的理论吞吐量为 400 Mb/s。

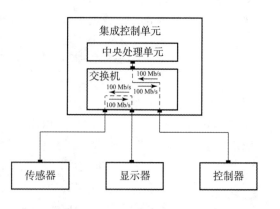

图 11-3 BroadR - Reach 分组交换网络流量示意图

(5) 基于以太网的车载网络的另一个根

本性变革,是现有 ISO/OSI 分层技术资源的复用和灵活性。各种物理层技术,包括不同速率等级或不同媒介的技术(如铜线或光传输甚至无线传输),都可以通过交换机被应用层采用。十多年前,电子车载网络系统被光学系统所取代。当时人们认为电气通信系统无法支持汽车环境中需要的 Mb/s 量级的数据传输。而到了 2016 年,大家正在讨论 Gb/s 量级以太网的电气传输。这种"知识"的追赶为全双工通信(而不是固定带宽的环结构)交换网络的成本优化奠定了基础。

第三节 车载以太网通信原理

网络协议是网络上所有设备(网络服务器、计算机及交换机、路由器、防火墙等)之间通信规则的集合,它规定了通信时信息必须采用的格式和这些格式的意义。大多数网络都采用分层的体系结构,每一层既建立在它的下层之上,又向它的上一层提供一定的服务,而把如何实现这一服务的细节对上一层加以屏蔽。例如,一台设备上的第 N 层与另一台设备上的第 N 层进行通信的规则就是第 N 层协议。在网络的各层中存在着许多协议,接收方和发送方同层的协议必须一致,否则一方将无法识别另一方发出的信息。网络协议使网络上各种设备能够相互交换信息。

车载以太网协议是一组多个不同层次上的协议簇,包括传统以太网协议和汽车专用以太网协议。传统以太网协议主要指 TCP/IP 协议族,汽车专用以太网协议包括 AVB 协议和 TSN 协议。车载以太网协议通常认为是一个 5 层协议系统:应用层、传输层、网络层、数据链路层和物理层,每一层具有不同的功能。5 层结构对应于 OSI 参考模型,并且提供了各种协议框架下形成的协议簇及高层应用程序,车载以太网及其支持的上层协议的技术架构如图 11-4 所示。

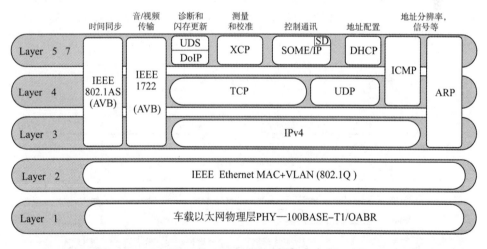

图 11-4 车载以太网网络协议架构

一、以太网物理层 PHY

车载以太网物理层 100BASE-T1:
(1)理论吞吐量:100 Mb/s。

(2) 传输带宽：33.33 MHz。

(3) 线缆和接口：单对非屏蔽双绞线（Cat-3/5 线缆），最长距离为 15 m，电阻标称值为 100 Ω，线缆中间最多可有 4 个直插式连接器；线缆机械接口采用 2 针连接器或多针连接器的 2 个针脚，具体电气特性要求详见 IEEE 802.3 标准。

(4) 特点：100BASE-T1 采用博通公司 BroadR-Reach 技术，可以实现单对非屏蔽双绞线完成全双工通信，从而节省线束、节约成本；另外，100BASE-T1 不支持自动协商机制；其较低的信号带宽可改善回波损耗，降低串扰，并确保了此汽车以太网标准符合严格的汽车电磁辐射要求。

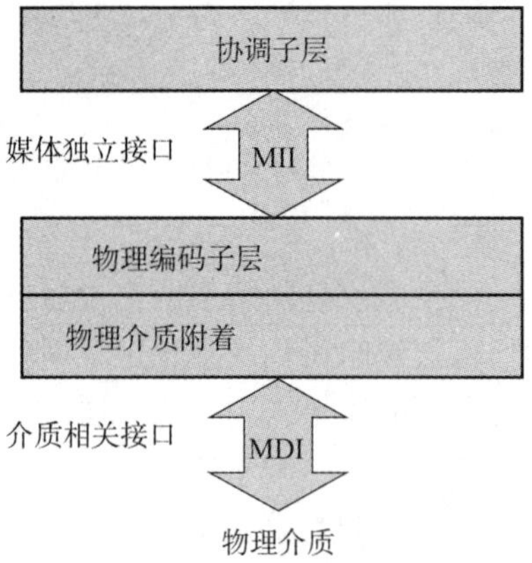

物理层 PHY 架构如图 11-5 所示。由图可知，100BASE-T1 物理层的两个主要模块是 PCS 模块和 PMA 模块。下面就结合这两个主要模块阐述 BroadR-Reach 技术的主要工作过程。

图 11-5　100BASE-T1 物理层架构

1. PCS 模块

以下是 BR-PCS 在数据发送过程中所采取的处理步骤的说明，在数据接收过程中，这个过程是逆向的。

1) 通过 MII 与 MAC 子层的接口

PCS 模块通过 100 Mb/s 媒体独立接口 MII 与以太网 MAC 子层"对话"。标准 MII 在每个时钟周期传递 4 个比特位数据，并以 25 MHz 的速度运行。

2) 4B3B 时钟转换

PCS 模块首先调用 4B3B 的转换。"4B3B"是一个时钟转换，其中由 MII 以 25 MHz（40 ns 时钟周期）发送的 4 位块被转换为 3 位块，时钟速率为 100/3 MHz（30 nm/周期）。其过程如图 11-6 所示。

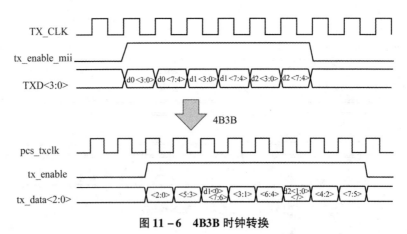

图 11-6　4B3B 时钟转换

出现这一步骤的原因是 PCS 模块中的实际块编码技术一次使用 3 个比特位，而不是 4 个比特。

3) 3B/2T 块编码

最后，给定标称值 -1, 0 和 +1，每组 3 比特被编码为一对三元符号。由于 3 位可以有 8 个可能的值，而 2 个三进制符号可以有 9 位，这是一个很好的拟合，只留下一个未使用的符号对。表 11-1 所示为 BroadR-Reach PCS 模块中用于数据的 3B/2T 编码映射。

表 11-1 BroadR-Reach 3B/2T 码元转换

数值	三元符号 A	三元符号 B
000	-1	-1
001	-1	0
010	-1	+1
011	0	-1
100	0	+1
101	+1	-1
110	+1	0
111	+1	+1

2. PMA 模块

发送数据时，由 PCS 模块创建的每个三元符号对被传递到 BroadR-Reach 物理媒体附件子层（PMA 模块）以进行传输；接收数据时，过程相反。每一个三元符号以低电压、零电压或高电压电平发送，对应于来自 PCS 模块的 -1, 0 和 +1 值，这是一种 3 级脉冲幅度调制技术，称为 PAM3。

每组 3 个比特位需要 2 个三进制符号，但 BroadR-Reach 只有一对双绞线用于传输数据，因此必须按顺序发送。为了达到 100 Mb/s 的目标标称吞吐量，需要每秒发送 33.33 个三比特数据组，这意味着每秒有 66.67 组三进制符号，时钟频率 66.67 MHz。由于数据的处理和传输方式，这种 66.67 Mbaud（符号率）信号的带宽仅为 33.33 MHz 左右。这很重要，因为它允许 100BASE-T1 在频谱的最佳频段运行，从而降低对电磁干扰和其他信号劣化问题的敏感性。PMA 模块还负责实施 100BASE-T1 所需的众多其他低级功能，包括实现同时全双工操作所必需的链路监控、时钟同步、滤波和数字信号处理技术。

100BASE-T1 汽车以太网标准实现了在单对电缆上同时发送和接收（即全双工）操作。为了更好地解码相关信号，与 100BASE-TX 中使用的扰码器相比，数字信号处理器（DSP）使用高度优化的扰码器。这提供了汽车应用所需的稳健且有效的信号方案。100BASE-T1 汽车以太网标准使用的信号方案具有比 100BASE-TX 更高的频谱效率，将汽车以太网 100BASE-T1 的信号带宽限制在 33.33 MHz，大约是 100BASE-TX 带宽的一半。较低的信号带宽可改善回波损耗，降低串扰，并确保 100BASE-T1 汽车以太网标准符合严格的汽车电磁辐射要求。

3. 车载以太网供电

工程中，车载网络节点至少需要两个连接：一个连接到车载网络，一个连接到电源。汽车工业中，由于不断强调减轻质量和降低成本，因此将功率传输和数据交互在同一条线缆上实现的能力尤其具有吸引力。削减电缆相当于直接从汽车的物料清单中删除物品，具有降低成本的优势；同时，更少的电缆意味着更轻的质量，这有助于提高燃油效率。

为了满足这些需求，以太网工程师开始研究一种巧妙的方法，通过承载网络数据的以太网电缆传输直流电源，这项技术称为以太网供电（PoE）。PoE 的一种变体技术称为 PoDL，专门用于汽车以太网应用，其原理比较简单，对于 100BASE-T1 而言，数据的差分传输是通过一个阻塞电流直流部分的电容来实现的。为了供电，共模电流在经过特定电路后耦合到发送侧的电缆上，并在接收端解耦合。

PoDL 不仅可以节省线束和降低成本，还可以进一步优化系统抗电磁干扰性能。电源线始终是电磁干扰的来源之一。通过正确的端接和数据线良好的平衡性，电流可以闭合回到电源。在这种情况下，仅需使用同一地就可以避免车内不同位置部件地的偏移。图 11-7 所示为汽车以太网的 PoDL 的原理。

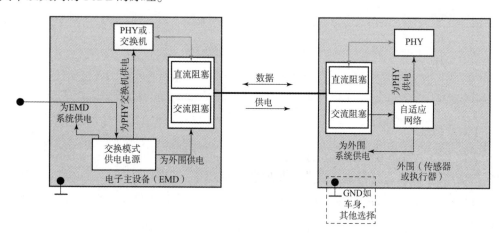

图 11-7　车内部署 PoDL 实例

二、TCP/IP 协议族

TCP/IP 协议族是因特网和类似于因特网的计算机网络中使用的概念模型和通信协议集，其基础协议是 TCP 协议和 IP 协议。这种网络的发展是由美国国防部通过 DARPA 项目资助的。

TCP/IP 提供端到端数据通信，指定如何对数据进行打包、寻址、传输、路由和接收。根据所涉及的网络范围对所有相关协议进行分类，该协议功能被划分为 5 个抽象分层，由低到高包括物理层、数据链路层、网络层、传输层和应用层，其中针对本书中的以太网物理层技术已在上一小节介绍，在此不再赘述。

链路层定义了本地网络连接范围内主机间的网络通信方法，用于在同一链路上的两个不同主机的网络接口之间传输数据包。在某一给定链路上收发数据分组的过程，可以由网卡的驱动程序、固件或专用芯片组来控制，它们执行给数据包添加帧头的数据链接功能，然后通过物理媒介传输帧。TCP/IP 中包括了将 IP 协议中使用的网络地址转换为链路层 MAC 地址的标准规范。

网络层负责将数据包从源网络路由至目标网络。网络层的主要协议是 IP 协议，其主要功能是：主机寻址与识别；数据包路由。它通过将传输层数据报转发到适当的下一跳路由器以进一步中继到其目的地，为主机之间提供不可靠的数据报传输服务。另外，IP 协议定义了两种寻址方式来识别位于 IP 网络内的主机系统，分别是 IPv4 和 IPv6，两者最大的不同是 IPv4 使用 32 比特的 IP 地址，IPv6 使用 128 比特的 IP 地址。

传输层建立了主机到主机的连接，也就是说它提供了端到端的数据传输服务。该层的协议可以提供差错纠正、数据分段、流量控制和拥塞控制等服务。该层的协议主要是 TCP 和 UDP。TCP 是提供一种可靠、面向连接、字节流、传输层的服务，这些服务通过许多技术构建，诸如流量控制、拥塞控制、超时与重传。UDP 是基本的传输层协议，与 IP 协议一样，提供尽力而为的不可靠的无连接数据流服务，通过使用校验和算法的错误检测来解决数据传输的可靠性。UDP 通常用于流媒体（音频、视频等）之类的应用，因为这类应用中按时到达比可靠性更重要。

应用层实现了应用程序或进程创建用户数据，并将此数据传递给另一个或同一主机上的其他应用程序的功能。传输层提供了稳定的网络连接，应用层通常知道传输层连接的关键参数，例如端设备 IP 地址和端口数字，但应用层协议仍通常将传输层（和更低）协议视为黑盒。除此之外，应用层协议通常与特定的客户端–服务器应用相关联。值得注意的是，车载领域应用较多的应用层协议主要包括故障诊断 UDS 协议、测量标定 XCP 协议等。

在此我们只是对 TCP/IP 协议栈做大概介绍，读者如果想进一步了解和学习 TCP/IP 协议，请参阅相关书籍。

三、音视频传输（Audio Video Bridging，AVB）

为了提高网络处理音视频数据的服务质量（QoS），AVB 作为 IEEE 802 开放标准（包括 IEEE 802.3 以太网）的增强版被开发出来。在汽车环境中，它可以用于满足网络的低时延要求，使单一网络同时解决娱乐信息处理、驾驶员辅助以及关键安全功能成为可能。

AVB 是一系列开放的 IEEE 标准，主要包括 IEEE 802.1Qav、IEEE 802.1Qat、IEEE 802.1AS 和 IEEE 802.1BA，其核心技术提供基于优先级的数据处理、流预留、流量整形和时钟同步功能，确保其所构建的网络可以满足汽车行业严苛的可预测性与可靠性要求。时间敏感流的转发和排队增强（FQTSS）是这种可预测性的关键。它在整个网络中调度高优先级流量，确保低优先级数据不会干扰时间敏感的数据内容。IEEE 802.1Qat——流预留协议（SRP），在音视频流启动之前，允许保留端设备之间网络路径上的端到端带宽可用性，直到通信流路径被明确释放。

汽车 AVB 网络的总体目标是，通过允许在端设备中实时地重建 A/V 流来向用户提供高质量的收听和观看体验。基于这个总体目标，不难看出实现这一目标要求的关键是网络节点的时钟同步。从技术上讲，时钟同步有两个主要目的。首先，它提供了一个公共时基，用于在源设备处对数据进行采样，并在一个或多个目标设备上以相同的相对时序呈现该数据。其次，它允许多个流彼此同步，例如前后音频。AVB 通过 IEEE 802.1AS 实现了这一目标，IEEE 802.1AS 定义了通用精确时间协议（gPTP）。gPTP 为网络上的所有节点提供公共时间参考基础。

1. IEEE 802.1AS：基于精确时钟协议的时间同步

IEEE 802.1 AS 被称为广义的时钟同步协议（gPTP），旨在让 AVB 网络中所有节点与一个共同的参考时间同步。该标准要求间隔不超过 7 个 AVB 节点的两个终端节点间的时间精度为 ±500 ns，因此相邻的终端节点时间精度在 ns 级。

IEEE 802.1 AS 的时间同步方法中，首先选定一个通信节点作为"Grandmaster"，其时钟作为标准时基，之后所有非 Grandmaster 的时钟需与标准时基同步。因此，该标准主要解决了两个问题：如何选择 Grandmaster；如何在 AVB 网络中正确同步该时钟。

Grandmaster 的选取基于 BCMA（Best Master Clock Algorithm）算法。BCMA 是一个分布式算法：每一个 Grandmaster 备选节点会收到一条 announce 消息，用以比较它们与现有 Grandmaster 的时钟指标。如果某一备选节点的 8 个相关指标全部优于现有的 Grandmaster，则宣布自己成为新的 Grandmaster。上述过程一直持续，直到找到网络中真正的 Grandmaster。需要指出的是，announce 消息是周期性发送的。

为了实现 AVB 网络中各节点时钟与 Grandmasters 时钟同步，需要明确信息在传输路径上产生的延时。此标准采用"pDelay"测量方法来计算 AVB 网络中相邻节点的传输延时。测试 pDelay 的重要工具为时间戳：在 IEEE 802.1 AS 中规定，IEEE 802.1 AS 的以太网类型字段（0x88F7）分别触发来自 MAC 层精准时钟协议（Precise Time Protocol，PTP）消息的接收和发送的本地时钟进行采样。最后，需要整个时间同步网络知会主时钟的时钟信息，通过"sync"和"follow_up"消息来实现。时钟同步机制的大致过程如图 11-8 所示。

图 11-8 IEEE 802.1AS 中的时序图

2. IEEE 802.1Qat：流预留协议

IEEE 802.1 Qat 流预留协议（SRP）规定可以为 AVB 网络内的应用或数据分配特定的带宽资源。实现的主要方式：Talkers 将持有的数据资源通告 AVB 网络内的所有节点，Listener 接收的来自 Talker 的数据所需要的带宽，将由经过的所有交换机来统计。如果该带宽是可以使用的，那么数据传输则可以得到保证；反之，流预留的请求被驳回。需要特别注意的是，在汽车应用场景中不接受流预留请求的驳回。一般而言，最高达 75% 的空闲带宽是可以用于预留的，系统设计者可以根据需求来调整这一数值。如果在一个系统内，最高有 50% 的带宽可以用于 Class A 流的预留，然而实际只有 30% 被 Class A 占用，那么 Class B 流在可用带宽不足的情况下，可以使用没有被 A 占用的 20%。

IEEE 802.1 Qat 同样使用了特殊的以太网数据类型：0x22EA 类型用于"多流预留协议"（MSRP）的数据流预留；0x88F5（MVRP）和 0x88F6（MMRP）类型为带有注册和相关必

要信息的控制数据包。

在数据流预留过程中需要使用特定的流 ID 和数据流质量信息，前者由 Talker 的 MAC 地址和 Talker 分配的 16 bit 数字构成，前者包括数据流等级、帧速率以及每个数据包的长度。可以由相关标准得出无压缩立体声音频数据在 Class A、Class B 和新的流等级 Class C 等级需要的数据流带宽。Class C 用于满足如今 DSP 和 DMA 的典型 32 或 64 个采样点音频样本的处理速率，即 44.1 kHz 或 48 kHz。使用最初定义的 IEC 61883 – 6 数据包格式传输音频样本比使用较新的 AVTF 音频格式（AAF）消耗更大的带宽。因此，AVNU 汽车配置文件推荐使用 AAF，且不支持 IEC61883 – 6。

如今的以太网设备主要支持 100 Mb/s 或更高的全双工操作，由于这种以太网链路上的总可用带宽是已知且恒定的，因此在那些以太网链路上的 AVB 预留与适当的流量整形相结合确保了对于预留流的分组的吞吐量和传送等待时间参数。由于使用集线器的共享 CSMA/CD 以太网中的两个设备之间无法保证带宽和传送时序，因此 AVB 不支持这些旧技术。

3. IEEE 802.1Qav：转发、排队和流量整形

IEEE 802.1 Qav 通过保证不同数据流的数据包之间固定的传输间隔来提高 AV 信号的传输质量，其做法是在 Talker 处作相应处理以保证数据包发送的频率。不同数据包的发送频率取决于该数据流所属的流等级，故在 Talker 处只要保证相应等级流的发送间隔即可：Class A 发送间隔为 125 μs，Class B 发送间隔为 250 μs，Class C 发送间隔为 1 ms；对于相机、传声器接收的实时数据或像 CD 一类持续产生的数据流，只需按照固定频率将数据流进行封装即可。对于已经存储好的数据，固定的发送频率还有助于网络 AV 信号的传输质量，降低网络负担以及因数据溢出而丢包的风险。

对于交换机而言，数据处理过程更加复杂，需同时处理优先级较高的 AV 数据和非 AVB 节点产生的流量。交换机对于后者的处理方式如下：在 AVB 网络中，根据 IEEE 802.1p 的规定，流预留（SR）等级与 8 个不同的优先级相对应。Class A 默认为第 3 优先级，Class B 默认为第 2 优先级。非 AVB 节点在经过 AVB 设备时也许使用优先级设置，在离开 AVB 设备后恢复。

交换机仅通过分析以太网帧的头部来决定数据的转发端口和数据所在转发端口的优先级序列。转发具体规则如下：同一转发端口，相同优先级的数据排在同一队列，并根据"先进先出"（FIFO）的原则进行发送（与数据源无关）。流预留（SR）数据的优先级均高于非预留（non – SR）数据，且只能对 SR 数据进行整形操作。

图 11 – 9 展示了 credit – based 的 AVB 流量整形过程。如果一个 SR 数据所在端口的优先级队列非常繁忙，那么该优先级队列增加一定的信用值（该信用值等于预留的带宽）。在该端口空闲且积攒的信用值大于或等于 0 时，该交换机转发该队列的数据。在发送数据的过程中，信用值将以一定的"发送速率"下降（数据的发送速率与空闲传输速率的差），如果此数据传输完毕后，队列的信用值仍然等于或大于 0，那么交换机将会转发同一优先级队列的其他数据。若没有其他数据待传输，那么该队列的信用值归零。反之，在一优先级队列的信用值小于 0 时，交换机不会转发此队列的数据。

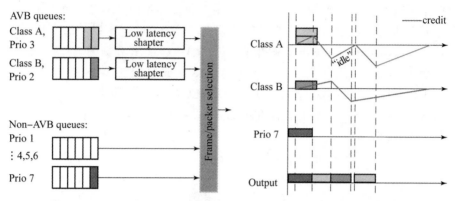

图 11-9　IEEE 802.1Qav 中的 credit-based 的流量整形和排队示例

对于 IEEE 802.1Qav 而言,汽车内功能安全相关控制信息的传输显然比 AV 信号的传输更为关键。使用 SR 最高优先级 Class A 并不能满足这一需求,因为 SR 流量的整形会延迟安全相关信息的传输。控制信息使用非 AVB 信息的最高优先级虽然能保证平均 20% 或甚至更高的吞吐量(取决于 AVB 数据预留的带宽),但 AVB 数据在预留带宽范围内始终被优先转发,因而控制信息的传输仍然可能延迟。可见,安全相关控制数据的传输没有简单的解决方案,因此 TSN 标准对其进行了详细的要求。

4. IEEE 802.1BA:参与设备的识别

由于整个 AVB 方案取决于 Talker 和 Listener 之间所有设备的参与,因此必须识别和标记任何不支持 AVB 的网络设备。IEEE 802.1BA "dio Video Bridging Systems" 标准中描述了执行此操作的过程,该标准指定了网络中 AVB 设备的默认配置。对于以太网,802.1BA 中指定了用于确定对等端设备是否具有 AVB 能力的方法,它是 802.3 链路能力(在以太网链路建立期间确定)和由 IEEE 802.1AS 完成的链路延迟测量的组合。如果其具有以下特征,具有 AVB 功能的以太网端口使用 AVB:

(1) 链路传输速率是全双工 100 Mb/s 或更高。

(2) 802.1AS 协议只发现一个对等体。

(3) 响应 AVB 设备的往返延迟不超过最坏情况下的线路延迟(根据 IEEE 802.1AS "pDelay" 交换机计算)。注意:最坏情况下的线路延迟小于非 AVB 交换机的线路延迟。

(4) 在端口上收到 SRP 预留请求或确认。

其他第 2 层连接将具有其自己的特定方法来识别相互协作的对等体。即使可以为 AVB 操作启用端口,也可能无法对启用 AVB 的另一个端点设备进行完整的端到端 AVB 连接。只有在使用 SRP 成功预留并且 SRP 请求消息不会由非 AVB 交换机传播的情况下才能确保 AVB 连接。

AVB 协议以太网帧格式具体如图 11-10 所示。

四、时间敏感网络(Time-Sensitive Networking,TSN)

时间敏感网络(TSN)是由 IEEE 802.1 中的时间敏感网络任务组开发的一组标准。TSN 任务组于 2012 年 11 月成立,重新命名了现有的音频/视频桥接任务组并继续其工作。由于

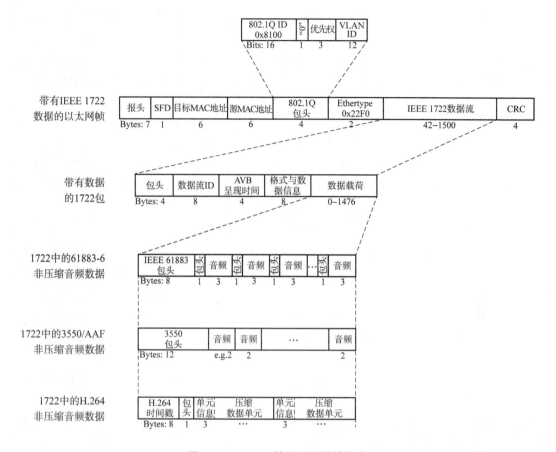

图 11-10 AVB 协议以太网帧格式

标准化组工作区域的扩展,名称发生了变化。这些标准定义了通过以太网进行数据时间敏感传输的机制。

大多数项目定义了 IEEE 802.1Q 的扩展-VLAN。这些扩展特别解决了低时延和高可用性的问题。可能的应用包括具有实时音频/视频流的融合网络和用于汽车或工业控制设施的实时控制流。目前,AVNU 联盟专门创建的工业组织正在开展工作,以确定 TSN 网络元素的合规性和互操作性要求。

由 IEEE 802.1 标准化的 TSN 文档集可以划分为三个基本类别,这三个组别是实现完整实时通信解决方案所必需的。每个标准规范都可以单独使用,但是只有在协同使用的情况下,TSN 作为通信系统标准才能充分发挥其潜力。三个基本组成部分是:

(1) 时钟同步:参与实时通信的所有设备都需要对时间有一致的认知。

(2) 调度和流量整形:参与实时通信的所有设备在处理和转发通信数据包时都遵循相同的规则。

(3) 选择通信路径,路径预留和容错:参与实时通信的所有设备在选择通信路径以及保留带宽和时隙时遵循相同的规则。

1. 时钟同步

与根据 IEEE 802.3 的标准以太网和根据 IEEE 802.1Q 的以太网桥接相比,时钟同步在

TSN 网络中起着重要作用。对于具有低传输时延的实时通信来说，该网络中的所有设备需要具有公共时间参考，因此需要使它们的时钟彼此同步。这不仅适用于通信网络的终端设备，也适用于其中的网络组件，例如以太网交换机。只有通过同步时钟，所有网络设备才能同时运行并在所需的时间点执行所需的操作。TSN 网络中的时钟同步可以通过不同的技术实现，但由于实际工程应用中的限制，TSN 网络中的时间通常直接通过网络本身从一个中央时间源分配的方案来实现时钟同步。在大多数情况下，这是通过使用 IEEE 1588 精确时间协议完成的，该协议利用以太网帧来分配时间同步信息。除了普遍适用的 IEEE 1588 规范之外，IEEE 802.1 委员会的时间敏感任务组已经指定了 IEEE 1588 的升级版本，称为 IEEE 802.1AS。此配置文件背后的想法是将不同 IEEE 1588 选项的大量列表缩小到可管理的几个关键选项，这些选项适用于汽车或工业自动化环境中的家庭网络或网络。

2. 调度和流量整形

调度和流量整形允许在同一网络上具有不同优先级的不同流量类共存，其中每个流量类对可用带宽和端到端延迟具有不同的要求。根据 IEEE 802.1q 的标准桥接使用了 8 个不同的优先级的实现方案。根据协议规定，这些优先级在标准以太网帧的 802.1Q VLAN 标记中可见，优先级的使用可以实现重要程度不同的网络流量，但即使对于 8 个优先级中的最高优先级，网络也不能给出端到端交付时间的绝对保证，其原因是以太网交换机内部的缓冲效果。如果交换机已开始在其中一个端口上传输以太网帧，则即使是最高优先级的帧也必须在交换机缓冲区内等待此传输完成，使用以太网交换无法避免这种非确定性。但在工业自动化和汽车环境中，如果闭环控制或安全应用正在使用以太网网络，那么可靠且及时的交付是至关重要的。对于车辆或工业自动化环境中使用的以太网，需要提升 IEEE 802.1Q 的优先级调度机制。

TSN 通过添加额外控制机制的方式来提升以太网通信效果，以确保不同的实时性要求。它保留了了 8 个 VLAN 优先级的机制，以确保完全兼容非 TSN 以太网。在进一步开发以太网时，这始终是 IEEE 802 小组的设计原则之一，即保持向后的兼容性以保持与现有基础架构的互操作性，也可以实现无缝迁移到新技术的要求。

TSN 的典型用例是可编程逻辑控制器（PLC）通过以太网与工业机器人的通信。为了实现具有保证的端到端延迟的传输时间，且该传输时间延迟可以支持在 PLC 和机器人之间运行的闭环控制，可以将 8 个以太网优先级中的一个或几个分配给 IEEE 802.1Qbv 中带有时间感知功能的调度器。该调度器将以太网网络通信过程划分成具有固定长度且重复的通信时间周期。在这些周期内，可以配置不同的时间片，这些时间片可以分配给 8 个以太网优先级中的一个或几个，这种实现方式允许那些需要传输保证的流量类别在有限时隙内对于传输媒介的独占式使用。其基本想法是时分多址（TDMA）方案，通过在特定时间段内建立虚拟通信信道，可以将时间敏感与其他类别的通信流量分开。通过确保时间敏感类通信流量对传输介质和设备的独占使用权，可以避免以太网交换机中传输缓冲器的缓冲效应，并且可以在没有非确定性中断的情况下传输时间敏感的流量类别。

例如，当以太网接口已经开始将帧传输到传输介质时，下一次传输必须等待此次传输完成后方可启动。以太网的这一固有特性给 IEEE 802.1Qbv 调度器的 TDMA 方案带来了巨大挑战。总结来说，假如第 n 个周期的最后一个时间分片中，发生了"尽力而为"的数据传输而导致最后一个以太网帧 A 过晚发送，从而导致了这样一个后果：以太网帧 A 占用了第 $n+$

1个周期内时间敏感类的通信流量的发送时间,这是无法容许的。IEEE 802.1Qbv 采用了一种方式来避免此种情况的发生:在承载时间敏感类数据的时间分片前放置一个保护时隙带,以确保时间敏感类数据发送时以太网接口不忙于其他数据的传输。在该保护时隙带所表征的时间期间内,可以不启动新的以太网帧传输,仅可以完成已经在进行的传输。该保护时隙带的持续时间至少要与传输最大尺寸帧的时间一样长。

虽然保护时隙带可以保护承载时间敏感类流量的时间分片不被侵犯,但是它也有以下缺点:

(1) 保护带消耗的一定的数据时间,它不能用于传输任何数据,因为以太网端口需要保持静默。因此,丢失的时间直接转换为该特定以太网链路上通信流量的带宽丢失。

(2) 单个时间片的长度不会被设置成小于保护时隙带的大小,这对可实现的最低时间分片长度和周期时间具有负面影响,特别是在低速以太网连接以及保护时隙带长度不断增长的背景下。

为了减轻保护频带的负面影响,IEEE 802.1 和 802.3 工作组联合规定了帧抢占技术。帧抢占总是在纯链路的基础上运行,并且只有从一个以太网交换机到下一个以太网交换机的片段,其中帧被重新组装。在"尽力而为"发送以太网帧的过程中,MAC 在保护时隙带开始之前中断帧传输。此时,帧的一部分用 CRC 验证码结尾,并存储在下一个交换机中,等待帧的第二部分到达。在下一周期中承载时间敏感的通信流量的时间分片已经过去,并且切换回承载中断帧的时间分片之后,恢复中断的帧传输。帧预占可以显著减少保护带。保护带的长度取决于帧预占机制的精度。IEEE 802.3br 规定了该机制的最佳精度是 64 字节(由于这是有效的以太网帧的最小尺寸)。在这种情况下,保护时隙带可以减少到总共 127 字节:64 字节(最小帧) + 63 字节(不能预占的剩余长度)。所有较大的帧都可以再次被抢占,因此,不需要使用保护时隙带来防止这种尺寸。

IEEE 802.1Qbv 调度器和帧抢占的组合已经构成了一组有效的标准,可用于保证网络上不同业务类别的共存,同时还提供端到端延迟保证。随着新的 IEEE 802.1 规范(例如 802.1Qch)的最终确定,这项功能将得到进一步增强。

3. 选择通信路径,预留和容错

TSN 协议技术,特别是根据 IEEE 802.1Qbv 中带有时间感知功能的调度器,已经开发用于执行关键任务的网络环境中。在这些网络中,不仅需要保证严格的时钟,而且容错也是如此。必须保护支持安全相关控制回路或车辆自动驾驶等应用的网络,以防止硬件或网络介质中的故障。TSN 任务组目前正在为此目的指定容错协议 IEEE 802.1CB。除了该协议之外,还可以使用现有的高可用性协议,例如 IEC 62439-3 中规定的 HSR 或 PRP。

要在网络中注册容错通信流,可以使用 IEEE 802.1Qca,手动配置或特定于供应商的解决方案中指定的路径控制和预留。

第四节 车载以太网应用

传统汽车网络架构主要由 CAN 总线组成,车内各个节点按照功能划分成动力总成、车身控制和辅助驾驶等总线域;车窗、车灯和天窗等则通过 LIN 总线接入 CAN 网络。CAN 是总线式通信,具有高实时性、传输距离远、抗电磁干扰能力强、成本低等优点,能很好地适应传统车载 ECU 间的控制数据传输需求，是现役车载网络应用最为广泛的通信标准，最大传输速度为 1 Mb/s。可以说兴起于 20 世纪 90 年代的控制器局域网（CAN）革命，对于整个汽车电子行业发展的推动作用是巨大的。经过数十年的发展，今天的汽车行业 CAN 在车载网络领域占据着绝对的优势，CAN 已经形成了完善的标准体系，这意味着 CAN 有着高度的兼容性、完善的开发工具链体系、更大的供应商选择余地和更低的采购成本（这对于整车开发是极其重要的）。

摩尔定律告诉我们，微处理器上的晶体管数目每两年就会增加一倍，这一定律似乎同样适合汽车行业。在智能网联汽车时代浪潮下，随着处理器运算能力和硬件水平的高速发展，使得许多创新在汽车环境下得到迅速推进，汽车电子产品在整车中所占比例也与日俱增，连接 ECU 的网络带宽需求也相应增大，这一需求将远远超出 CAN 总线等传统车载网络的容量极限。此外，伴随着车辆网联化、智能化的推进，以及高级驾驶辅助系统（ADAS）的普及，构筑新的车载网络平台已经成为新一代汽车的必然任务。如图 11-11 所示，传统的汽车电子电气架构在不久的未来将面临通信带宽不足、计算能力有限等一系列问题，不足以应对智能网联汽车背景下网络数据流量的增长问题，也无法提供数据计算与传输的实时性与可靠性保证。

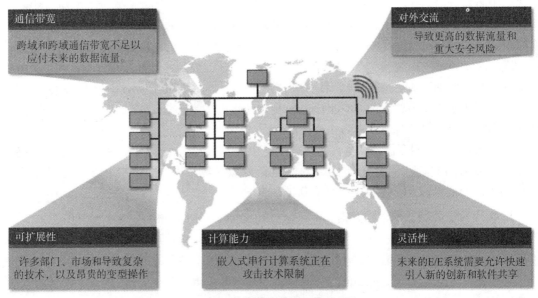

图 11-11 传统汽车电子电气架构

在这种行业发展背景下，以太网作为解决这些问题的重要方案进入汽车行业。车载以太网被定义为下一代车载局域网络技术，短期内无法全部取代现有车载网络，其在汽车行业上的应用需要一个循序渐进的过程。依据车载以太网在汽车网络上的应用过程，大致可分为三个阶段：局部网络阶段、子网络阶段、多子网络阶段，如图 11-12 所示。

（1）局部网络阶段，可单独在某个子系统上应用车载以太网技术，实现子系统功能，如基于 DoIP 协议的 OBD 诊断、使用 IP 协议的摄像头等。

（2）子网络阶段，可将某几个子系统进行整合，构建车载以太网子系统，实现各子系统的功能，如基于 AVB 协议的多媒体娱乐及显示系统、ADAS 系统等。

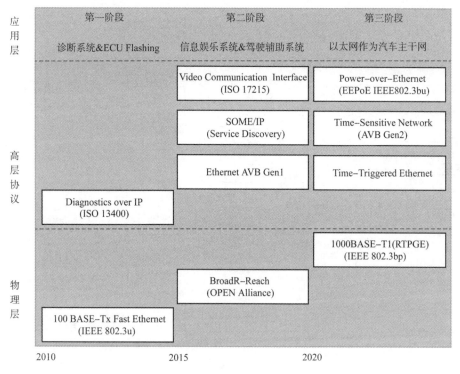

图 11-12　车载以太网应用进程简图

（3）多子网络阶段，将多个子网络进行整合，车载以太网作为车载骨干网，集成动力、底盘、车身、娱乐等整车各个域的功能，形成整车级车载以太网络架构，实现车载以太网在车载局域网络上的全面应用。

第一阶段：基于 DoIP 标准的车载诊断系统（OBD）和 ECU 软件刷新。以 ECU 软件刷新为例，和原有的 CAN（1 Mb/s）相比，刷新时间将缩短为原来的 1%，该应用将大大提升诊断和刷新效率，节省时间、生产及服务成本。

第二阶段：车载以太网在信息娱乐系统和驾驶员辅助系统的使用，伴随着 BroadR-Reach 技术的日益成熟和标准化的不断推进，基于 AVB，SOME/IP 等技术将逐步推广使用，车载以太网将以单节点或多个节点的形式进行搭载，如使用高分辨率 IP 摄像头的全景泊车等驾驶辅助系统、多屏互动的高清信息娱乐系统等进入人们的视野。

图 11-13 所示为某智能车的智能驾驶系统架构，车载以太网将激光雷达、摄像头等系统组件通过交换机相连，采用 UDP 传输协议实现数据的交换传输。相较于 TCP 可靠传输协议，UDP 协议提供基于流的数据传输，由于无须连接建立阶段的握手机制，其传输速率更快，更适合车辆应用场景。随着 AVB 解决方案的进一步成熟，相信在音视频信息娱乐系统、全景视频传输等应用领域 AVB 将实现实时性和可靠性更好的音视频数据传输。

第三阶段：前两个阶段专注于一个特定的应用领域，在经历过前两个阶段的积累和磨练后，第三阶段将使用以太网为车载网络骨干，集成动力总成、底盘、车身、多媒体、辅助驾驶，真正形成一个域级别的汽车网络。

汽车电子发展的趋势似乎表明以太网将取代 CAN 成为骨干网，而子网将是由若干域控制器（Domain Controller）组成的车载网络结构。如图 11-14 所示，该车载网络以高速以太

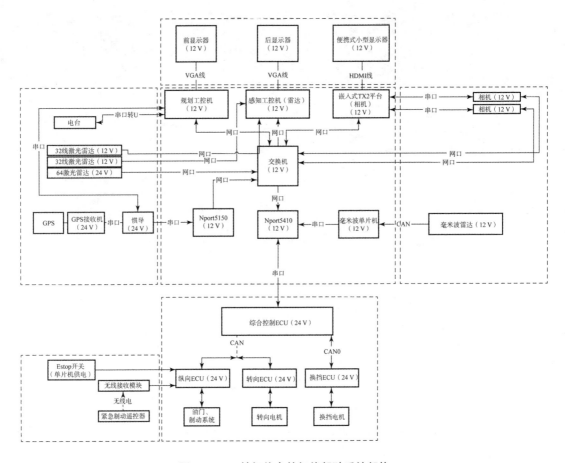

图 11-13 某智能车的智能驾驶系统架构

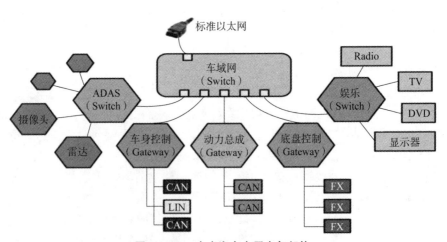

图 11-14 未来汽车电子电气架构

网作为骨干,将 5 个核心域控制器(动力总成、底盘控制、车身、娱乐、ADAS)连接在一起。各个域控制器在实现专用的控制功能的同时,还提供强大的网关功能。这种基于域控制器的架构改变了传统的车载网络中 ECU 到 ECU 的点到点通信方式,如:在车身控制域内部,各部件通过 CAN、LIN 沟通实现数据共享(类似于传统车载网络架构),在娱乐子网中，娱乐域控制器与其子部件的通信将通过以太网实现；当一个域需要与其他域交换信息时则经由网关、以太网路由实现。

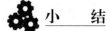
小　　结

　　本章首先介绍了车载以太网的发展历史和技术特点，然后从 OSI 分层模型的角度针对车载以太网的通信原理进行了叙述，其中对车载以太网物理层标准 100BASE – T1 和上层协议 AVB/TSN 进行了重点讲解，最后对车载以太网的应用情况进行了介绍。

思 考 题

1. 试简要阐述车载以太网产生的时代技术背景和发展现状。
2. 试写出 100BASE – T1 物理层的主要电气参数。
3. 画出基于 OSI 通信分层模型的车载以太网协议架构。
4. 解释说明 AVB 协议中 CBS（Credit Based Shaper）整流的具体原理。

第 12 章

LIN 技术规范及其应用

LIN（Local Interconnect Network）是低成本网络中的汽车通信协议标准，它的使用范围是带单主机节点和一组从机节点的 A 类多点总线。LIN 总线在各种汽车总线中的地位在第 4 章中已有介绍，本章重点介绍 LIN 总线的有关细节知识。

第一节　简介

LIN 是一种低成本的串行通信网络，用于实现汽车中的分布式电子系统控制。LIN 网络通过将价格低廉的 LIN 收发器挂在普通串行口，再配以 LIN 驱动软件就可以构成 LIN 节点。LIN 总线为单主节点/多从节点模式。从节点无须价格较高的石英或瓷片振荡器。物理总线为低成本的单线。典型的 LIN 总线应用是汽车中的联合装配单元控制，如车门、方向盘、座椅、空调、照明灯、温度传感器和交流发电机等。LIN 总线是一种辅助的总线网络，在不需要 CAN 总线的带宽和多功能的场合，比如智能传感器和制动装置之间的通信，使用 LIN 总线可大大节省成本。

LIN 的主要特性如下：

（1）低成本，基于通用 UART 接口，几乎所有微控制器都具备 LIN 必需的硬件。
（2）极少的信号线即可实现国际标准 ISO 9141 规定。
（3）传输速率最高可达 20 kb/s。
（4）单主控器/多从设备模式，无须仲裁机制。
（5）从节点无须晶振或陶瓷振荡器就能实现自同步，节省了从设备的硬件成本。
（6）保证信号传输的延迟时间。
（7）不需要改变 LIN 从节点的硬件和软件就可以在网络上增加节点。
（8）通常一个 LIN 网络上节点数目小于 12 个，共有 64 个标志符。

这种低成本的串行通信模式和相应的开发环境已经由 LIN 协会制定成标准。制定 LIN 规范的目的是根据 ISO/OSI 参考模型的数据链路层和物理层实现任何两个 LIN 设备的互相兼容。LIN 的标准化将为汽车制造商以及供应商在研发、应用、操作系统上降低成本。LIN 协议标准目前已经经过了若干个版本，如 LIN1.2、LIN1.3、LIN2.0。

LIN 标准包括传输协议规范、传输媒体规范、开发工具接口规范和用于软件编程的接口。LIN 在硬件和软件上保证了网络节点的互操作性并有可预测 EMC 的功能。

这个规范包括了三个主要部分：

（1）LIN 协议规范部分介绍了 LIN 的物理层和数据链路层。

（2）LIN 配置语言描述部分介绍了 LIN 配置文件的格式，LIN 配置文件用于配置整个网络并作为 OEM 和不同网络节点的供应商之间的通用接口，同时可作为开发和分析工具的一个输入。

（3）LIN API 部分介绍了网络和应用程序之间的接口。

这个概念可以实现开发和设计工具之间的无缝连接，并提高了开发的速度，增强了网络的可靠性。LIN 规范的范围如图 12-1 中的虚线框部分所示。本书只对 LIN 的协议规范进行详细介绍，LIN 配置语言描述和 API 由于篇幅有限，不进行详细展开介绍，感兴趣的读者可以参考相关手册。

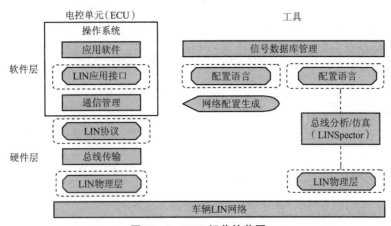

图 12-1 LIN 规范的范围

虽然 LIN 最初的设计目的是用于汽车电子控制系统，但在工业自动化传感器总线、大众消费电子产品中也有着广泛的应用市场。

LIN 协议规范目的：根据 ISO/OSI 参考模型的数据链路层和物理层，实现任何两个 LIN 设备的互相兼容（图 12-2）。使用这个规范的任何设备都受到知识产权法规保护。

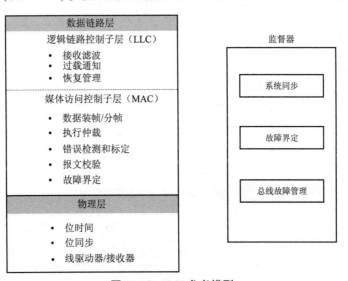

图 12-2 OSI 参考模型

LIN 是一个值得投资的总线通信，它不要求有 CAN 的带宽和多功能性。线驱动器接收器的规范遵从 ISO 9141 标准，而且 EMI 性能有所提高。

第二节　基本概念

LIN 协议具有以下特性：
（1）单主机多从机组织，即没有总线仲裁。
（2）保证信号传输的延迟时间。
（3）可选的报文帧长度（2、4 和 8 字节）。
（4）配置的灵活性。
（5）带时间同步的多点广播接收，从机节点无须石英或陶瓷谐振器。
（6）数据校验和的安全性和错误检测。
（7）检测网络中的故障节点。
（8）使用最小成本的半导体元件小型贴片单芯片系统。

根据 OSI 参考模型的 LIN 分层结构在图 12 - 2 中显示。
（1）物理层定义了信号如何在总线媒体上传输。本规范中定义了物理层的驱动器/接收器特性。
（2）MAC（媒体访问控制子层）是 LIN 协议的核心。它管理从 LLC 子层接收到的报文，也管理发送到 LLC 子层的报文。MAC 子层由故障界定这个管理实体监控。
（3）LLC（逻辑链路控制子层）涉及报文滤波和恢复管理的功能。

1. 报文

在总线上发送的信息，有长度可选的固定格式（见第三节）。每个报文帧都包含 2、4 或 8 字节的数据以及 3 字节的控制、安全信息。总线的通信由单个主机控制。每个报文帧都用一个分隔信号起始，接着是一个同步场和一个标识符场，这些都由主机任务发送。从机任务则是发回数据场和校验场（图 12 - 3）。

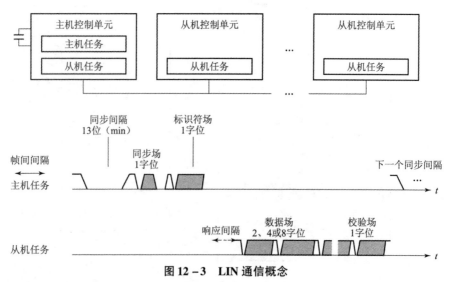

图 12 - 3　LIN 通信概念

通过主机控制单元中的从机任务，数据可以被主机控制单元发送到任何从机控制单元。相应的主机报文 ID 可以触发从机 – 从机的通信。

2. 信息路由

LIN 系统中，除了单主机节点的命名，节点不使用有关系统配置的任何信息。

系统灵活性：不需要改变任何其他从机节点的软件或硬件，就可以在 LIN 网络中直接添加节点。

报文路由：报文的内容由识别符命名。识别符不指出报文的目的地，但解释数据的含义。最大的标识符数量是 64，其中 4 个保留用于专用的通信，譬如软件升级或诊断。

多播：由于引入了报文滤波的概念，任何数目的节点都可以同时接收报文，并同时对此报文做出反应。

3. 位速率

最大的波特率是 20 kb/s，它是由单线传输媒体的 EMI 限制决定。最小的波特率是 1 kb/s，可以避免和实际设备的超时周期冲突。

为使用低成本的 LIN 器件，建议使用表 12 – 1 所示的位速率。

表 12 – 1 建议的位速率

低速	中速	高速
2 400 b/s	9 600 b/s	19 200 b/s

4. 单主机无仲裁

只有包含主机任务的控制器节点可以传输报文头，一个从机任务对这个报文头做出响应。由于没有仲裁过程，如果多于一个从机回应，则将产生错误。这种情况下的错误界定可由用户按照应用要求指定。

5. 安全性

错误检测：

（1）监控，发送器比较总线"应当"的值和"现在"的值。

（2）数据场的校验和以 256 为模并取反，将 MSB 的进位加到 LSB 上。

（3）标识符场的双重奇偶校验保护。

错误检测的性能：

（1）发送器可以检测到所有的本地错误。

（2）对整个协议的错误有很高的错误检出率。

6. 错误标定和恢复时间

单主机的概念中不允许进行直接的错误标定。错误在本地被检测到，并用诊断的形式请求（见第六节）。

7. 故障界定

LIN 节点可以区分短时扰动和永久故障，还能对故障做出合适的本地诊断和采取合适的行动（见第七节）。

8. 连接

LIN 网络节点的最大数量不仅由标识符的数量限制（见上面的信息路由），也由总线的物理特性限制。

建议：LIN 网络的节点数量不应超过 16。否则，节点增加将减少网络阻抗，会导致环境条件变差，禁止无错误的通信。每一个增加的节点都可以减少约 3 kΩ 的网络阻抗（1～30 kΩ）。

网络中总的"电"线（通信导线）长度应少于或等于 40 m。

主机节点的总线端电阻典型值是 1 kΩ，从机节点是 30 kΩ。

9. 单通道

总线有一个传送位的单通道，从这里数据可以获得数据的重新同步信息。

10. 物理层

物理层是一条单线，每个节点通过上拉电阻线与总线，电源从汽车电源网络获得（VBAT），和上拉电阻串联的二极管可以防止电子控制单元（ECU）在本地电池掉电的情况下通过总线上电（图 12-4）。

信号的波形由 EMI 和时钟同步的要求定义。

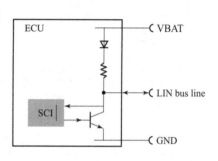

图 12-4 LIN 物理层示意图

11. 总线值

总线有两个互补的逻辑值："显性"或"隐性"。相应的位值和电压值如表 12-2 所示。

表 12-2 逻辑和物理总线值

逻辑值	位值	总线电压
显性	0	地
隐性	1	电池

12. 应答

正确接收报文后的应答过程在 LIN 协议中没有定义。主机控制单元检查由主机任务初始化的报文和由它自己从机任务接收的报文的一致性。如果不一致（如丢失从机响应、校验和不正确等等），主机任务可以改变报文的进度表。

如果从机检测到不一致，从机控制器将保存这个信息并将它用诊断信息的形式向主机控制单元请求。诊断信息可按普通报文帧的形式进行发送。

13. 命令帧和扩展帧

4 个 8 字节响应的标识符被保留用作特殊的报文帧：两个命令帧和两个扩展帧。

两个命令帧都包括 8 字节响应，可以用于从主机向从机节点（或相反）上传和下载数据。这个特征用于软件升级、网络配置和诊断。帧的结构和普通的报文相同。响应场包含用户定义的命令场而不是数据场，例子，命令场可以使从机节点进入服务模式或睡眠模式。

保留两个扩展帧标识符,用于将用户定义的报文格式和以后的 LIN 格式嵌入现在的 LIN 协议中,而不需要改变当前的 LIN 规范。这就保证了 LIN 从机向上兼容以后的 LIN 协议修订版。扩展帧标识符向所有的总线成员声明了一个未定义的帧格式。标识符后面紧跟着的是 LIN 字节场的仲裁号码。接收到这个标识符的从机必须忽略后面的字节场,直到出现下一个同步间隔(synchronization break)。

14. 睡眠模式/唤醒

为了减少系统的功耗,LIN 节点可以进入没有任何内部活动和被动总线驱动器的睡眠模式。用于广播睡眠模式的报文是一个专用的命令,在第三节中定义。睡眠模式时,总线呈隐性。

任何总线活动或任何总线节点的内部条件都将结束(唤醒)睡眠模式。一旦节点被内部唤醒,基于唤醒信号的过程将给主机通报这一消息,唤醒帧是一个不变的显性位序列,参见第三节。

唤醒后内部的活动将重新启动,MAC 子层将等待系统振荡器稳定。从机节点则在重新参与总线通信前等待,直到(自己)和总线活动同步(等待显性的同步间隔)。

15. 时钟恢复和 SCI 同步

每个报文帧都由一个同步间隔起始,接着是同步场,这个同步场在几倍的位定时长度中包含了 5 个下降沿(即"隐性"到"显性"的转换)。这个长度可以测量(即通过定时器的捕获功能),而且可以用于计算从机节点内部定时。

同步间隔帧将使能丢失了同步的从机节点识别同步场。

16. 振荡器容差

位定时的要求允许在有容差的从机节点上使用预设定的在片振荡器(参见表 12 – 7)。主机节点的时钟由石英或陶瓷谐振器发生,而且是"频率中心点"。

第三节 报文传输

一、报文帧

报文传输是由报文帧的格式形成和控制的。报文帧由主机任务向从机任务传送同步和标识符信息,并将一个从机任务的信息传送到所有其他从机任务。主机任务位于主机节点内部,它负责报文的进度表、发送报文头(HEADER)。从机任务位于所有的(即主机和从机)节点中,其中一个(主机节点或从机节点)发送报文的响应(RESPONSE)。

一个报文帧(图 12 – 5)是由一个主机节点发送的报文头和一个主机或从机节点发送的响应组成。报文帧的报文头包括一个同步间隔场(SYNCH BREAK FIELD)、一个同步场(SYNCH FIELD)和一个标识符场。报文帧的响应(RESPONSE)则由 3~9 个字节场组成:2、4 或 8 字节的数据场(DATA FIELD)和一个校验和场(CHECKSUM FIELD)。字节场由字节间空间分隔,报文帧的报文头和响应是由一个帧内响应空间分隔。最小的字节间空间和帧内响应空间是 0。这些空间的最大长度由报文帧的最大长度 T_{FRAME_MAX} 限制,这个长度在表 12 – 5 中指出。

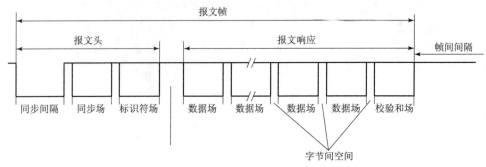

图 12-5 LIN 报文帧

1. 字节场（BYTE fields）

字节场的格式（图 12-6）就是通常的"SCI"或"UART"串行数据格式（8N1 编码）。每个字节场的长度是 10 个位定时（BIT TIME）。起始位（START BIT）是一个"显性"位，它标志着字节场的开始。接着是 8 个数据位，首先发送最低位，停止位（STOP BIT）是一个"隐性"位，它标志着字节场的结束。

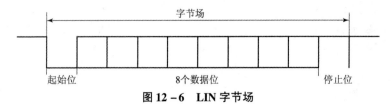

图 12-6 LIN 字节场

2. 报文头场（HEADER fields）

1）同步间隔（SYNCHRONISATION BREAK）

为了能清楚识别报文帧的开始，报文帧的第一个场是一个同步间隔（SYNCH BREAK）。同步间隔场是由主机任务发送的，它使所有的从机任务与总线时钟信号同步。

同步间隔场有两个不同的部分（图 12-7）。第一个部分是一个持续 T_{SYNBRK} 或更长时间（即最小是 T_{SYNBR}，不需要很严格）的显性总线电平。接着的第二部分是最少持续 T_{SYNDEL} 时间的隐性电平作为同步界定符。第二个场允许用来检测下一个同步场（SYNCH FIELD）的起始位。

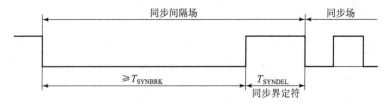

图 12-7 同步间隔场

最大的间隔和界定符时间没有精确的定义，但必须符合整个报文头 T_{HEADER_MAX} 的总体时间预算，T_{HEADER_MAX} 在表 12-5 中定义。

同步间隔场（SYNCH BREAK FIELD）的位定时规范以及从机控制单元对此的估计值是考虑 LIN 网络中允许的时钟容差而得出的结果（表 12-7）。如果显性电平持续的时间比在协议中定义的普通显性位序列（这里是 0x00 场有 9 个显性位）还要长，此时认为这是一个同步间隔场（SYNCH BREAK FIELD）。如果这个间隔超出了用从机位定时测量的间隔 T_{SBRKTS}，则从机节点将检测到一个间隔（表 12-3）。这个阈值是由从机节点的最大本地时钟频率得出的。基于精确的本地时基，阈值 T_{SBRKTS} 被指定了两个值。

表 12-3 同步间隔场（SYNCH BREAK FIELD）的定时

同步间隔场	逻辑	名字	最小值 [Tbit]	通常值 [Tbit]	最大值 [Tbit]
同步间隔低相位	显性	T_{SYNBRK}	13[a]		
同步间隔界定符	隐形	T_{SYNDEL}	1[a]		
同步间隔从机阈值	显性	T_{SBRKTS}		11[b]	
				9[c]	

注：a. 这个位定时基于主机的时基。

b. 这个位定时基于本地从机的位时基。它对时钟容差低于 $F_{TOL\_UNSYNCH}$ 的节点有效（表 12-7），例如有 RC 振荡器的从机节点。

c. 和 b 一样，但对时钟容差低于 F_{TOL_SYNCH} 的节点有效，譬如带石英晶振或陶瓷谐振器的从机节点（表 12-7）。

同步间隔场（SYNCH BREAK FIELD）的显性电平长度至少为 T_{SYNBRK}（可以更长），这个时间是用主机位定时来测量的。最小值应根据连接从机节点指定的最小本地时钟频率所要求的阈值而得出（表 12-7）。

2）同步场（SYNCH FIELD）

同步场包含了时钟的同步信息，同步场的格式是"0x55"，表现在 8 个位定时中有 5 个下降沿（即"隐性"跳变到"显性"的边沿）（图 12-8）。同步的过程在第八节中定义。

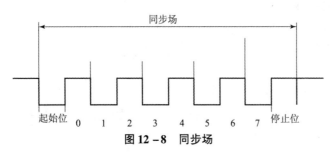

图 12-8 同步场

3）标识符场（IDENTIFIER FIELD）

标识符场定义了报文的内容和长度。其中，内容由 6 个标识符位和 2 个 ID 奇偶校验位（ID PARITY bit）表示，如图 12-9 所示。标识符位的第 4 和第 5 位（ID4 和 ID5）定义了报文的数据场数量 N_{DATA}（表 12-4）。因此把 64 个标识符分成 4 个小组，每组 16 个标识符，这些标识符分别有 2、4 和 8 个数据场。

标识符有同样的 ID 位 ID0~ID3，但有不同的长度代码 ID4、ID5，可以表示不同的报文。

表 12 – 4 在报文帧中控制数据场数量

ID5	ID4	N_{DATA}（数据场的数量）[字节]
0	0	2
0	1	2
1	0	4
1	1	8

注意：如果在对此有严格的技术问题（譬如：在气象系统中）的系统中，报文的长度代码可以和表 12 – 4 中规定的不同。此时，数据字节的数量可以在 0~8 任意选择而和标识符无关。

标识符的奇偶校验位通过下面的混合奇偶算法计算：

$$P0 = ID0 \oplus ID1 \oplus ID2 \oplus ID4（奇校验） \tag{12-1}$$

$$P1 = \overline{ID1 \oplus ID3 \oplus ID4 \oplus ID5}（偶校验） \tag{12-2}$$

这种情况下，不可能所有的位都是隐性或显性。

标识符 0x3C、0x3D、0x3E 和 0x3F 以及它们各自的标识符场 0x3C、0x7D、0xFE 和 0xBF（所有 8 字节报文）都保留用于命令帧（如睡眠模式）和扩展帧（见第三节）。

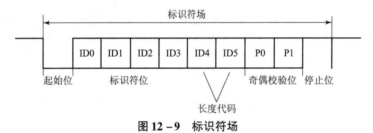

图 12 – 9 标识符场

3. 响应场（RESPONSE FIELD）

根据应用，如果信息和控制单元无关，则报文的响应场（数据、校验和）可以不需要处理，比如不知道或错误的标识符。在这种情况下，校验和的计算可以忽略（参见附录 A.5）。

1）数据场（DATA FIELD）

数据场通过报文帧传输，由多个 8 位数据的字节场组成。传输由 LSB 开始，如图 12 – 10 所示。

图 12 – 10 数据场

2）校验和场（CHECKSUM FIELD）

校验和场是数据场所有字节的和的反码，如图 12 – 11 所示。和按"带进位加"（ADDC）方式计算，每个进位都被加到本次结果的最低位（LSB），这样就保证了数据字节的可靠性。所有数据字节的和的补码与校验和字节之加的和必须是"0xFF"。

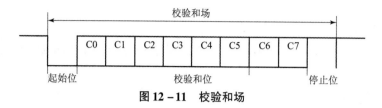

图 12-11 校验和场

二、保留的标识符

1. 命令帧标识符（COMMAND FRAME IDENTIFIER）

保留的两个命令帧标识符用于主机向所有总线成员为服务广播普通命令请求。它的帧结构和普通的 8 位报文帧（见图 12-12）相同，只由保留的标识符来区别。

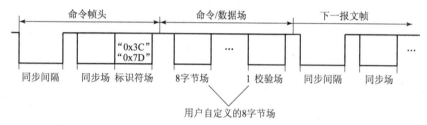

图 12-12 LIN 命令帧

"0x3C" ID 场 =0x3C；ID0，1，6，7 =0；ID 2，3，4，5 =1 是一个主机请求帧；
"0x3D" ID 场 =0x7D；ID1，7 =0；ID 0，2，3，4，5，6 =1 是一个从机响应帧。可参见附录 A2。

标识符"0x3C"是一个"主机请求帧"（MasterReq），它可以从主机向从机节点发送命令和数据。标识符"0x3D"是一个"从机响应帧"（SlaveResp），它触发一个从机节点（由一个优先的下载帧编址）向主机节点发送数据。

保留第一个数据场为 0x00 ~ 0x7F 的命令帧，其用法由 LIN 协会定义。用户可以分配剩下的命令帧。

命令帧的第一个数据字节：D7 位 =0，保留使用；D7 位 =1，自由使用。

2. 睡眠模式命令

睡眠模式命令用于将睡眠模式广播到所有的总线节点。在完成这个报文后，一直到总线上出现唤醒信号结束睡眠模式前，将没有总线活动（见第四节）。睡眠模式命令是第一个数据字节是 0x00 的下载命令帧。

3. 扩展帧标识符

保留的两个扩展帧标识符允许在不改变现有 LIN 规范的情况下，在 LIN 协议中嵌入用户定义的报文格式或以后的 LIN 格式。这样就保证了 LIN 从机可以向上兼容以后的 LIN 协议修订版。

扩展帧用保留的标识符场区别：

"0x3E" ID 场 =0xFE；ID0 =0；ID1，2，3，4，5，6，7 =1 是用户定义的扩展帧；

"0x3F" ID 场 = 0xBF；ID6 = 0；ID 0，1，2，3，4，5，7 = 1 是以后的 LIN 扩展帧（参见附录 A2）。

标识符"0x3E"（标识符场 = "0xFE"）表示一个用户定义的扩展帧，它可自由使用。标识符"0x3F"（标识符场 = "0xBE"）直接保留给以后的 LIN 扩展版本，现在还不能使用。

标识符后面可以跟随任意数量的 LIN 字节场（图 12-13）。这里没有定义帧的长度、通信概念和数据内容。ID 场的长度编码对这两个帧不起作用。

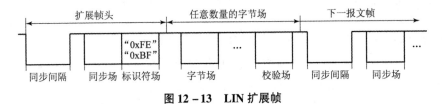

图 12-13 LIN 扩展帧

从机接收扩展帧标识符，但如果不使用它的内容，则必须忽略所有的后续 LIN 字节区直到接收到下一个同步间隔（SYNCH BREAK）。

三、报文帧的长度和总线睡眠检测

报文帧用一个同步间隔场作为起始，用校验和场作为结束。报文帧中的字节场用字节间空间和帧内响应空间分隔。字节间空间和帧内响应空间的长度没有定义，只限制了整个报文帧的长度。最小的帧长度 T_{FRAME_MIN} 是传输一个帧所需要的最小时间（字节间空间和帧间响应空间是 0）。最大的帧长度 T_{FRAME_MAX} 是允许传输一个帧的最大时间。时间值如表 12-5 所示，它们由数据场字节 N_{DATA} 的数量决定，并不包括系统固有的（如物理上）信号延时。

表 12-5 报文帧的定时

时间	名字	时间 [T_{bit}]
最小报文帧长度	T_{FRAME_MIN}	$10 * N_{DATA} + 44$
最小报头长度	T_{HEADER_MIN}	34
最大报头长度	T_{HEADER_MAX}	$(T_{HEADER\_MIN} + 1^a) * 1.4$
最大报文帧长度	T_{FRAME_MAX}	$(T_{FRAME\_MIN} + 1^a) * 1.4$
总线空闲超时	T_{TIME_OUT}	25 000

注：a. "+1"的条件使 T_{HEADER_MIN} 和 T_{FRAME_MAX} 是一个整数值。

如果从机检测到总线在 T_{TIME_OUT} 中没有活动，它会假设总线处于睡眠模式。这也可能是由于睡眠报文被破坏。

四、唤醒信号

总线的睡眠模式可以通过任何节点发生一个唤醒信号来中止。唤醒信号可以通过任何从机任务发送，但只有总线以前处于睡眠模式且节点内部请求被挂起时才有效。

唤醒信号是字符"0x80"。当从机不和主机节点同步时，信号可以比精确的时钟源信号拉长 15% 或缩短 15%。主机可以检测到字符"0x80"，并作为一个有效的数据字节，"0xC0""0x80"或"0x00"都可以。第一个场由 T_{WUSIG} 的显性位序列给出，即 8 个显性位（包括起始位）。接着的第二个场是持续了至少 T_{WUDEL} 的隐性唤醒界定符，即至少 4 个位定时（包括停止位和一个隐性暂停位），如图 12 – 14 所示。

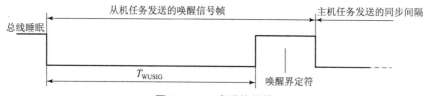

图 12 – 14　唤醒信号帧

在唤醒信号发送到总线上后，所有的节点都运行启动过程，并等待主机任务发送一个同步间隔场和同步场。如果在唤醒信号超时（Time – out After Wakeup Signal）时间内没有检测到同步场，请求第一个唤醒信号的节点将再一次发送一个新的唤醒信号。但这种情况不超过 3 次。然后唤醒信号的传输将被 3 个间隔超时（Time – out After Three Breaks）挂起，详细情况请看表 12 – 6 和附录 A.1。只有有内部唤醒请求挂起的节点才允许重新发送唤醒信号。在 3 个间隔超时后再重新发送 3 个唤醒信号，此后就可以决定是否要停止重新发送。

表 12 – 6　唤醒信号定时

唤醒	逻辑	名字	最小值 [T_{bit}]	通常值 [T_{bit}]	最大值 [T_{bit}]
唤醒信号	显性	T_{WUSIG}		8[a]	
唤醒信号界定符	隐性	T_{WUDEL}	4[b]		64
唤醒信号超时	隐性	T_{TOBRK}			128
3 个间隔超时	隐性	T_{T3BRK}	15 000		

注：a. 这个位定时是基于各自的从机时钟。
　　b. 要检查这个唤醒时间对所有网络节点是否足够。
　　如果没有其他的节点，位定时 T_{bit} 参照主机节点的 SCI 波特率见第九节。

第四节　报文滤波

报文滤波是基于整个标识符，必须通过网络配置来确认：每一个从机任务对应一个传送标识符。

第五节　报文确认

如果直到帧的结尾都没有检测到错误，这个报文对发送器和接收器都有效。
如果报文发生错误，则主机和从机任务都认为报文没有发送。

注意：

主机和从机任务在发送和接收到一个错误报文时所采取的行动并没有在协议规范中定义。像主机重新发送或从机的后退操作都由应用的要求来决定，而且要在应用层中说明。

在总线上传送的事件信息也可能丢失，而且这个丢失不能被检测到。

第六节 错误和异常处理

一、错误检测

这里共定义了 5 个不同的报文错误类型。产生错误的原因列在附录 A.4。

1. 位错误

向总线发送一个位的单元同时也在监控总线。当监控到的位的值和发送的位的值不同时，则在这个位定时检测到一个位错误。

2. 校验和错误

所有数据字节的和的补码与校验和字节之加的和不是"0xFF"时则检测到一个校验和错误（见第三节校验和场）。

3. 标识符奇偶错误

标识符的奇偶错误（即错误的标识符）不会被标出。通常，LIN 从机应用不能区分一个未知但有效的标识符和一个错误的标识符。然而，所有的从机节点都能区分 ID 场中 8 位都已知的标识符和一个已知但错误的标识符。

4. 从机不响应错误

如果任何从机任务在发送 SYNCH 和标识符场时，在最大长度时间 T_{FRAME_MAX}（见第三节）中没有完成报文帧的发送，则产生一个不响应错误。

5. 同步场不一致错误

当从机检测到同步场的边沿在给出的容差外，则检测到一个同步场不一致错误（见第八节）。

6. 没有总线活动

如果在接收到最后一个有效信息后，在 $T_{TIMEOUT}$（见第三节）的时间内没有检测到有效的同步间隔场或字节场，则检测到一个没有总线活动条件。

二、错误标定

LIN 协议不标定检测到的错误。错误由每个总线节点标记而且可以被故障界定过程访问。

第七节 故障界定

故障界定主要定位于使主机节点可以处理尽量多的错误检测、错误恢复和诊断。故障界定主要基于系统的要求，它除了一些很小的特征外都不是 LIN 协议的一部分。可能的错误原因请参看附录 A.4，附录 A.5 是建议的故障界定过程。

1. 主机控制单元

主机控制单元要检测下面的错误状况：

（1）主机任务发送：当回读自己的发送时，在同步或标识符字节检测到一个位错误或标识符奇偶错误。

（2）主机控制单元中的从机任务接收：当从总线期望或读一个数据时，检测到一个从机不响应错误或校验和错误。

2. 从机控制单元

任何从机控制单元要检测以下的错误情况：

（1）从机任务发送：当回读自己的发送时，在数据或校验和场有位错误。

（2）从机任务接收：当从总线读值时，检测到一个标识符奇偶错误和一个校验和错误。当从总线上读值时，会检测到一个从机不响应错误。

当一个从机期望从另外一个从机（由标识符决定）接收报文但在报文帧的最大长度 T_{FRAME_MAX}（表 12 - 5）的时间内总线上没有有效的报文，则产生错误，而且这个错误类型会被检测到。但当从机不准备接收报文（由标识符决定），它就不需要检测到这个错误。

当在给出的容差（见第八节）中没有检测到同步场的边沿，则检测到一个同步字节不一致错误。

第八节　振荡器容差

在片时钟发生器使用内部校准时可以使频率容差比 ±15% 更好，这个精度足以在报文流中检测到同步间隔。使用同步场的精细校准可以确保适当地接收和发送报文。在考虑操作中的温度影响以及电压漂移的情况下，振荡器要在其余报文中保持稳定。振荡器容差如表 12 - 7 所示。

表 12 - 7　振荡器容差

时钟容差	名字	$\Delta F/F_{master}$
主机节点	$F_{TOL\_RES\_MASTER}$	< ±0.5%
带石英晶振或陶瓷谐振器的从机节点（不需要同步）	$F_{TOL\_RES\_SLAVE}$	< ±1.5%
没有谐振器的从机，丢失同步	$F_{TOL\_UNSYNCH}$	< ±15%
没有谐振器的从机，同步并有完整的信息	F_{TOL_SYNCH}	< ±2%

第九节　位定时要求和同步过程

一、位定时要求

如果没有其他情况，本文档中的所有位时间都参考主机节点的位定时。

二、同步过程

同步场的模式是 "0x55"。同步过程是基于模式下降沿之间的时间量度。下降沿在 2、4、6 和 8 位时间有效,可以简单地计算基本位时间 T_{bit},如图 12-15 所示。

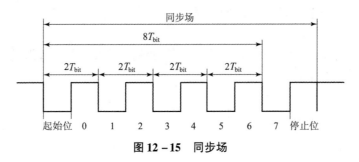

图 12-15 同步场

建议测量起始位和第 7 位下降沿之间的时间,并将得到的值除 8。将结果除 8 是将二进制的定时器值向 LSB 右移 3 位,将最低位四舍五入,校正即得到结果。

第十节 总线驱动器/接收器

一、总体配置

总线驱动器/接收器是一个 ISO 9141 标准的增强设备。它包括双向 LIN 总线,这个双向总线连接每个节点的驱动器/接收器,并通过一个终端电阻和一个二极管连接到电池节点的正极 V_{BAT}(图 12-16)。二极管可以在 "丢失电池"(掉电)的情况下,阻止 ECU 从总线不受控制地上电。

注意:LIN 规范将 ECU 的外部电气连接电压作为参考电压,而不是将 ECU 内部电压作为参考电压。当设计 LIN 的收发器电路时,特别要考虑二极管的反向极性寄生电压降。

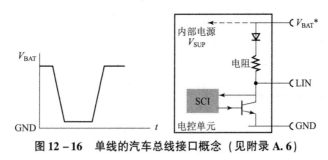

图 12-16 单线的汽车总线接口概念(见附录 A.6)

二、信号规范

总线的上电压电平如图 12-17 所示。

LIN 物理层的电气直流参数和端电阻的值分别列在表 12-8 和表 12-9。注意,由于在一个集成的电阻/二极管网络中没有寄生的电流通路,所以要在总线和 ECU 内部电压(V_{SUP})之间形成一条寄生电流通道,如通过 ESD 元件。

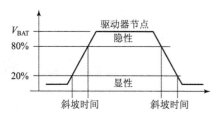 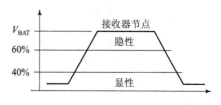

图 12-17 总线上的电压电平

表 12-8 LIN 收发器的电子直流参数

参数	最小值	典型值	最大值	单位	备注
V_{BAT} [a]	8		18	V	工作电压范围
$V_{BAT\_NON\_OP}$	-0.3		40	V	器件不被破坏的电压范围
I_{BUS} [b] @ V_{BUS} = 1.2 V	40		200	mA	显性状态（驱动器启动）[c]
I_{BUS}		$-1.1 * V_{BAT}/R$			显性状态（驱动器关闭） R：在表 12-9 中定义的上拉阻抗
I_{BUS} @ V_{BUS} = V_{BAT} 8 V < V_{BAT} < 18 V			20	μA	隐性状态。当 V_{BUS} > V_{BAT} 也可以应用
I_{BUS} @ -12 V < V_{BUS} < 0 V 控制单元没有对地连接	-1		1	mA	丢失本地接地必须不影响剩下的网络通信
I_{BUS} @ -18 V < V_{BUS} < -12 V 控制单元没有对地连接					节点要维持这种情况下的电流，总线必须在这种情况下可工作
V_{BUSdom}	-8		$0.4 * V_{BAT}$	V	接收器显性状态
V_{BUSrec}	$0.6 * V_{BAT}$		18	V	接收器隐性状态

注：a. V_{BAT} 表示控制单元连接器的电源电压，它可能和供给电子器件的内部电源 V_{SUP} 不一样（见附录 A.6）；

b. IBUS：流进节点的电流；

c. 收发器必须可以下拉电流至少 40 mA。流入节点的最大电流不能超过 200 mA，以避免可能的损坏。

表 12-9 上拉电阻的参数

参数	最小值	典型值	最大值	单位	备注
R_{master}	900	1 000	1 100	Ω	必须有串联二极管（图 12-17）
R_{slaver}	20	30	47	KΩ	必须有串联二极管

LIN 物理层的电气 AC 交流参数在表 12-10 列出，定时参数在图 12-18 定义。时序图如图 12-18 所示。

表 12-10 LIN 物理层的电气 AC 交流参数

参数	最小值	典型值	最大值	单位	备注
$\|dV/dt\|$ 上升和下降沿（旋转率）	1	2	3	V/μs	LIN 总线的 EMI 特性由信号的旋转率决定，如 di/dt 和 d^2V/dt^2 是因素之一。旋转率的值要接近 2 V/μs，一方面可以减少辐射，另一方面允许传输速率高达 20 kb/s
$t_{\text{trans\_pd}}$ 发送器的传输延时			4	μs	见图 12-18 $t_{\text{trans\_pd}} = \max(t_{\text{trans\_pdr}}, t_{\text{trans\_pdf}})$
$t_{\text{rec\_pd}}$ 接收器的传输延时			6	μs	见图 12-18 $t_{\text{rec\_pd}} = \max(t_{\text{rec\_pdr}}, t_{\text{rec\_pdf}})$
$t_{\text{rec\_sym}}$ 接收器传输延时的上升沿和下降沿的对称度	-2		2	μs	见图 12-18 $t_{\text{rec\_sym}} = t_{\text{rec\_pdf}} - t_{\text{rec\_pdr}}$
$t_{\text{trans\_sym}}$ 发送器传输延时的上升沿和下降沿的对称度	-2		2	μs	见图 12-18 $t_{\text{trans\_sym}} = t_{\text{trans\_pdf}} - t_{\text{trans\_pdr}}$
t_{therm} 短路恢复时间	1.5			ms	在检测到短路后，发送器必须可以再次冷却。因此发送器电路此时不能启动

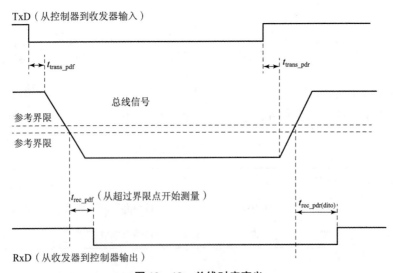

图 12-18 总线时序定义

三、线的特性

总线信号上升和下降的最大旋转率实际上由典型总线收发器控制的旋转率限制。上升信号的最小旋转率由 RC 时间常数给定。因此,总线的电容应保持非常低,使波形有大的非对称性。主机模块选择的电容要比从机模块大,这样可以作为不同数量的节点网络变量的"缓冲器"。整个总线的电容 C_{BUS} 可以用下式算出:

$$C_{BUS} = C_{MASTER} + n \cdot C_{SLAVE} + \overline{C}_{LINE} \cdot LEN_{BUS} \qquad (12-3)$$

考虑表 12-11 给出的参数。

表 12-11 线的特性和参数

名字		典型值	最大值	单位
总线的整个长度	LEN_{BUS}		40	m
包括从机的主机电容的整个总线电容量	C_{BUS}	4	10	nF
主机节点的电容量	C_{MASTER}	220	2 500	pF
从机节点的电容量	C_{SLAVE}	220	250	pF
线电容	$\overline{C}_{LINE}$	100	150	pF/m

四、ESD/EMI 的符合条件

半导体物理层设备必须遵守根据 IEC1000-4-2:1995 的要求,保护不受人体放电损坏最小的放电电压级是 2 000 V。

注意:在 ECU 连接器的汽车应用中,要求的 ESD 电压级可达 ±8 000 V。

第十一节 LIN 收发器 TJA1020

LIN 总线是一个低速的(最高 20 kb/s)A 类串行总线协议。LIN 的子总线可以用于座椅、门、控制板和方向盘等模块。它的作用是将开关、执行元件和传感器从子总线连接到主总线(如 CAN 总线)。

LIN 协议采用 8N1 编码字节区的 UART/SCI 串行数据链路格式。LIN 网络包括一个主机节点和一个或多个从机节点;主机节点控制媒体访问。这样一个单主机多从机的网络如图 12-19 所示。

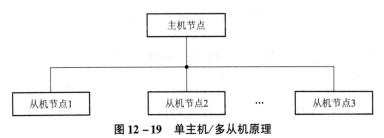

图 12-19 单主机/多从机原理

LIN 的物理层在 ISO 9141 标准中定义,而且为了符合汽车环境中的特殊应用(如 EMC、

ESD 等），还作了一定的提高。

本节将讲述 TJA1020 在 LIN 中作为物理媒体连接工具的技术实现。典型的 LIN ECU 如图 12-20 所示。

一、总体描述

TJA1020 收发器是一个物理媒体连接（Physical Medium Attachment），它是 LIN 主机/从机协议控制器和 LIN 传输媒体之间的接口。协议控制器输入引脚 TXD 的发送数据流被 LIN 收发器转换成总线信号，而且电平翻转速率和波形都受到限制，以减少电磁辐射（EME）。TJA1020 的接收器检测到 LIN 总线上的数据流并通过 RXD 引脚将它传送到协议控制器。

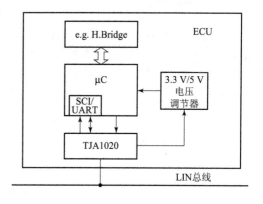

图 12-20 典型的 LIN ECU

收发器有低功耗管理模式，它在睡眠模式中几乎不消耗电流，并在错误模式中减少功率消耗。

TJA1020 适合用于最高 20 kb/s 的 LIN 传输速率，网络中的节点数可多达 16 个。

1. 特征

TJA1020 的主要特征是：

（1）波特率高达 20 kb/s。

（2）修整输出波形以使电磁辐射（EME）非常低。

（3）高抗电磁干扰性（EMI）。

（4）在低速应用中（<10 kb/s）使用低斜率模式以进一步减少 EME。

（5）睡眠模式中的电流消耗极低。

（6）在 LIN 对 GND 短路时电池受到放电保护。

（7）传输数据（TXD）显性超时功能。

（8）电池的工作范围广，可以从电压降（5 V）到跳变启动情况（27 V）。

（9）控制输入电平和 3.3 V 以及 5 V 的器件兼容。

（10）LIN 从机应用时集成端电阻。

（11）睡眠模式下本地和远程唤醒。

（12）唤醒源的识别（本地或远程）。

（13）不上电情况下的自动防故障保护，没有反向电流通路。

（14）总线终端可防止短路和汽车环境下的瞬变。

（15）直接的电池操作，可以防止负载断电、跳跃启动和瞬态。

（16）不需要 5 V 电源。

（17）温度保护。

2. 方框图

TJA1020 的方框图如图 12-21 所示。

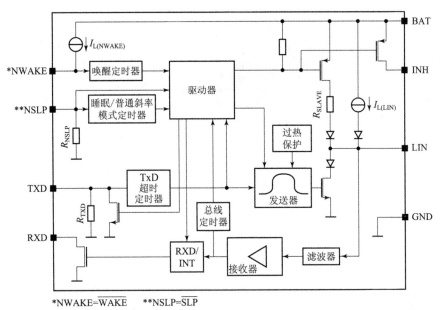

*NWAKE=$\overline{\text{WAKE}}$　　**NSLP=$\overline{\text{SLP}}$

图 12-21　TJA1020 方框图

3. 工作模式

TJA1020 共有 4 种工作模式，分别是普通斜率模式、低斜率模式、准备模式和睡眠模式。这些操作模式的详细情况如表 12-12 和图 12-22 所示。

表 12-12　TJA1020 工作模式

模式	NSLP	TXD	RXD	INH	发送器	R_{SLAVE}	备注
睡眠	0	弱下拉	悬空	悬空	关闭	电流源	未检测到唤醒请求
准备[①]	0	远程唤醒：弱下拉 本地唤醒：强下拉[②]	低[③]	高（V_{BAT}）	关闭	30 kΩ	检测到唤醒请求后，由微控制器读出唤醒源：远程或本地
低斜率	1	弱下拉	高：隐性状态 低：显性状态	高（V_{BAT}）	启动	30 kΩ	注[②③⑤]
普通斜率	1	弱下拉	高：隐性状态 低：显性状态	高（V_{BAT}）	启动	30 kΩ	注[②③④]

注：①在睡眠模式下，任何本地或远程唤醒之后首先自动进入准备模式。引脚 INH 和 LIN 上的 30 kΩ 电阻接通。

②当进入普通斜率模式或低斜率模式后（NSLP 变高），内部唤醒源标志（如果发生本地唤醒则置位并反馈到引脚 TXD）复位。

③当进入普通斜率模式或低斜率模式后（NSLP 变高），释放唤醒中断（引脚 RXD）。

④如果在 NSLP 高电平时 TXD 保持为高电平（由微控制器设置为隐性），则进入普通斜率模式。当引脚 TXD 对地短路时，发送器禁能。

⑤如果在 NSLP 高电平时 TXD 保持为低电平（由微控制器设置为显性或由于 TXD 的故障），则进入低斜率模式。

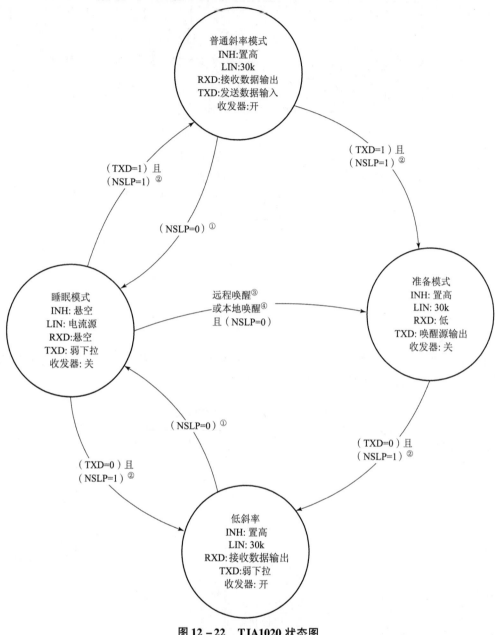

图 12-22 TJA1020 状态图

注：① $t_{(NSLP=0)} > t_{gotosleep}$。
② $t_{(NSLP=1)} > t_{gotonorm}$。
③ 当 $t_{(LIN=0)} > t_{BUS}$ 时，LIN 呈显性。
④ 当 $t_{(NWAKE=0)} > t_{NWAKE}$ 时，NWAKE 被拉低。

1) 睡眠模式

TJA1020 的睡眠模式使 LIN ECU 的功耗非常低。这是由于收发器本身的电流消耗非常低，而且通过 INH 输出关断了外部电压调节器造成的。因此，睡眠模式中，INH 引脚悬空。

尽管功率的消耗极低，但 TJA1020 仍能识别 LIN 引脚的远程唤醒和 NWAKE 引脚的本地唤醒并将模式切换到准备模式。TJA1020 还可以通过引脚 NSLP 直接激活普通或低斜率模式，这对于微控制器的电源不是由 INH 输出控制的应用非常有用。

TJA1020 收发器在接收器（LIN）的输入、本地唤醒输入（NWAKE）和睡眠控制输入（NSLP）使用滤波器和/或定时器，以防止由汽车瞬态或 EMI 造成的不必要的唤醒。因此，所有的唤醒时间都要维持一段时间（t_{BUS}，t_{WAKE}，$t_{gotonorm}$）。

如果睡眠输入引脚 NSLP 的低电平维持了至少 $t_{gotonorm}$（图 12 – 23），而且这段时间内没有发生唤醒事件，则 TJA1020 进入睡眠模式。这段滤波时间可以防止 TJA1020 由于 EMI 产生的不必要的瞬态而进入睡眠模式。如果引脚 LIN 和/或 NWAKE 连接到地，也可以激活睡眠模式，如对地短路。

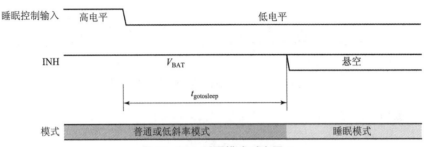

图 12 – 23　睡眠模式时序图

睡眠模式中，连接引脚 LIN 和 BAT 的内部从机端电阻 R_{SLAVE} 禁能；可以将它看作一个弱电流源。当 LIN 总线对地短路时，它将电流的消耗降到最低。

2）准备模式

准备模式是一个中间模式，只有当 TJA1020 在睡眠模式时产生远程和本地唤醒时才会进入准备模式。准备模式中，INH 引脚输出电池高电平，将外部电压调节器激活。另外，连接引脚 LIN 和 BAT 的内部从机端电阻 R_{SLAVE} 激活（接通）。

TJA1020 用 RXD 引脚的低电平来标志准备模式，它也可以作为微控制器的唤醒中断请求。另外，唤醒源可以用引脚 TXD 的下拉来标志。远程唤醒事件会在引脚 TXD 产生弱下拉，而本地唤醒事件将在 TXD 引脚产生强下拉。外部的上拉电阻由所使用的微控制器决定。

图 12 – 24 和图 12 – 25 所示为远程和本地唤醒的时序图以及在引脚 RXD 和 TXD 的特定输出。如果 LIN 总线在一个隐性总线电平之后的显性电平至少持续 t_{BUS}，则可以通过 LIN 总线检测到远程唤醒。如果低电平持续了至少 t_{NWAKE}，则 NWAKE 引脚的下降沿将引起本地唤醒。

3）普通斜率模式

普通斜率模式用于通过 LIN 总线发送和接收数据。总线数据流由接收器转换成数字位流并在 RXD 引脚输出到微控制器。RXD 引脚的高电平表示 LIN 总线是隐性电平，而低电平表示 LIN 总线是显性电平。TJA1020 的发送器将在 TXD 输入的微控制器数据流转换成 LIN 总线信号波形，并加以修整，使 EME 达到最小。TXD 输入的低电平会使 LIN 总线是显性电平，而高电平性则使 LIN 总线是隐性电平。

普通斜率模式中，内部从机端电阻 R_{SLAVE} 将 LIN 总线引脚拉高。引脚 INH 的电池高电平使外部电压调节器保持接通。

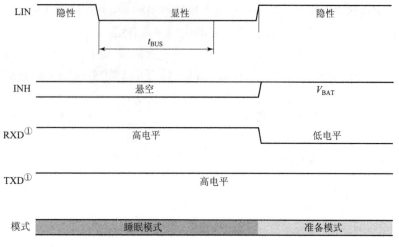

注：①仅在总线唤醒挂起时

图 12-24　远程唤醒的准备模式时序图

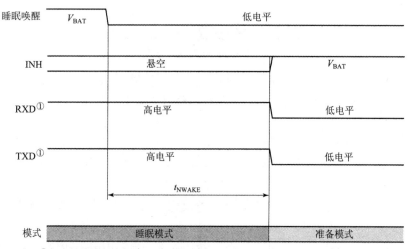

注：①仅在总线唤醒挂起时

图 12-25　本地唤醒的准备模式时序图

将引脚 NSLP 和 TXD 置高电平，并持续至少 $t_{gotonorm,max}$，也可以进入普通斜率模式。当 $t_{gotonorm}$ 超时后会执行模式转换。图 12-26 所示为从睡眠模式或准备模式转换成普通斜率模式的时序图。

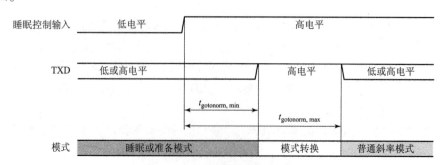

图 12-26　普通斜率模式时序图

4）低斜率模式

如果 LIN 系统的速率低于 10 kb/s，可以使用低斜率模式。它和普通斜率模式相比可以进一步减少（普通斜率模式中）已经非常低的 EME。因此，它和普通斜率模式的唯一不同点是总线信号的过渡时间（transition time）。低斜率模式的过渡时间是普通斜率过渡时间的 2 倍，如图 12 - 27 所示。

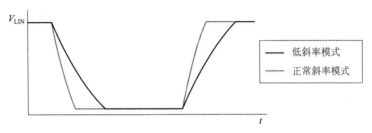

图 12 - 27　低斜率模式减少 LIN 总线斜率

低斜率模式只能通过睡眠或准备模式进入，不可能直接从普通斜率模式直接转换成低斜率模式。

当引脚 TXD 的低电平和引脚 NSLP 的高电平维持了至少 $t_{\text{gotonorm,max}}$，TJA1020 进入低斜率模式。当 t_{gotonorm} 超时后会执行模式转换。图 12 - 28 所示为从睡眠模式或准备模式转换成低斜率模式的时序图。

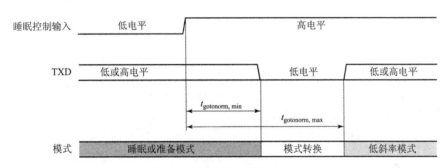

图 12 - 28　低斜率模式时序图

4. 和 3.3 V 器件兼容

TJA1020 被设计成用于日益增长的汽车低电压（< 5 V）应用。它的引脚 TXD 和 NSLP 减小了输入阈值，输出引脚 RXD 和 TXD 为漏极开路。因此，它可以和使用 3.3 V 或 5 V 电源的微控制器兼容。这样，TJA1020 和主微控制器之间不需要 5 V 的转换接口，而且收发器本身不需要额外的 V_{CC} 电源。

为使引脚 RXD 和 TXD 达到高电平，当微控制器的端口引脚没有集成上拉电阻时，要加外部上拉电阻。

5. TJA1020 特性

1）限制值

根据绝对最大等级系统（IEC 60134），所有电压都参考引脚 GND。限制值如表 12 - 13 所示。

表 12 - 13 限制值

助记符	参数	条件	最小值	最大值	单位
V_{BAT}	引脚 BAT 的电压		-0.3	+40	V
V_{TXD}, V_{RXD}, V_{NSLP}	引脚 TXD、RXD 和 NSLP 的直流电压		-0.3	+7	V
V_{LIN}	引脚 LIN 的直流电压		-27	+40	V
V_{NWAKE}	引脚 NWAKE 的直流电压		-1	+40	V
I_{NWAKE}	引脚 NWAKE 的电流（只当 V_{NWAKE} < V_{GND} -0.3 V 时相关；电流将流到引脚 GND）		-15	1	mA
V_{INH}	引脚 INH 的直流电压		-0.3	V_{BAT} +0.3	V
I_{INH}	引脚 INH 的输出电流		-50	+15	mA
$V_{trt(LIN)}$	引脚 LIN 的瞬态电压（ISO 7637）		-150	+100	V
T_{vj}	虚拟连接点温度		-40	+150	℃
T_{stg}	存储温度		-55	+150	℃
$V_{esd(HBM)}$	静电放电电压；人体模型引脚 NWAKE、LIN 和 BAT 引脚 RXD、NSLP、TXD 和 INH	注①	-4 -2	+4 +2	kV kV
$V_{esd(MM)}$	静电放电电压；机器模型；所有引脚	注②	-200	+200	V

注：①相当于一个 100 pF 电容通过一个 1.5 kΩ 电阻放电。

②相当于一个 200 pF 电容通过一个 10 Ω 电阻和一个 0.75 μH 电感放电。在引脚 INH 向引脚 BAT 放电时，-150 V < $V_{esd(MM)}$ < +150 V。

2）温度特性

根据 IEC747 - 1 TJA1020 的温度特性如表 12 - 14 所示。

表 12 - 14 TJA1020 温度特性

助记符	参数	条件	值	单位
$R_{th(j-a)}$	SO8 封装的连接点和环境之间的温度阻抗	空气中	145	K/W
$R_{th(j-a)}$ base	连接点和裸片下层的温度阻抗	空气中	tbf	K/W

3）特征

TJA1020 的特征如表 12 - 15 所示。V_{BAT} = 5 ~ 27 V；T_{vj} = -40 ~ +150 ℃；R_L（LIN - BAT）= 500 Ω；所有电压根据地定义；流入 IC 的是正向电流；典型值是在 V_{BAT} = 12 V 的情况下得出；除了特别的声明：注①和②。

表 12−15　TJA1020 特征

助记符	参数	条件	最小值	典型值	最大值	单位
IBAT	引脚 BAT 的电源电流	睡眠模式 ($V_{LIN} = V_{BAT}$； $V_{NWAKE} = V_{BAT}$； $V_{TXD} = 0$；$V_{NSLP} = 0$)	1	3	8	μA
		准备模式；总线隐性 ($V_{INH} = V_{BAT}$； $V_{LIN} = V_{BAT}$； $V_{NWAKE} = V_{BAT}$； $V_{TXD} = 0$；$V_{NSLP} = 0$)	100	400	1 000	μA
		准备模式；总线显性 ($V_{BAT} = 12$ V； $V_{INH} = 12$ V；$V_{LIN} = 0$； $V_{NWAKE} = 12$ V； $V_{TXD} = 0$； $V_{NSLP} = 0$)③	300	900	2 000	μA
		低斜率模式；总线隐性 ($V_{INH} = V_{BAT}$； $V_{LIN} = V_{BAT}$； $V_{NWAKE} = V_{BAT}$； $V_{TXD} = 5$ V；$V_{NSLP} = 5$ V)	100	400	1 000	μA
		普通斜率模式；总线隐性 ($V_{INH} = V_{BAT}$； $V_{LIN} = V_{BAT}$； $V_{NWAKE} = V_{BAT}$； $V_{TXD} = 5$ V；$V_{NSLP} = 5$ V)	100	400	1 000	μA
		低斜率模式；总线显性 ($V_{BAT} = 12$ V； $V_{INH} = 12$ V； $V_{NWAKE} = 12$ V； $V_{TXD} = 0$； $V_{NSLP} = 3$ V)③	1	3.5	8	mA

续表

助记符	参数	条件	最小值	典型值	最大值	单位
电源						
IBAT	引脚 BAT 的电源电流	普通斜率模式；总线显性 ($V_{BAT}=12$ V, $V_{INH}=12$ V, $V_{NWAKE}=12$ V, $V_{TXD}=0$, $V_{NSLP}=5$ V)③	1	3.5	8	mA
引脚 TXD						
V_{IH}	高电平输入电压		2	—	7	V
V_{IL}	低电平输入电压		-0.3	—	+0.8	V
V_{hys}	TXD 滞后电压		0.03	—	0.5	V
R_{TXD}	TXD 下拉电阻	$V_{TXD}=5$ V	125	350	800	kΩ
I_{IL}	低电平输入电流	$V_{TXD}=0$	-5	0	+5	μA
I_{OL}	低电平输入电流（本地唤醒请求）	准备模式；$V_{NWAKE}=0$；$V_{LIN}=V_{BAT}$；$V_{TXD}=0.4$ V	1.5	3	—	mA
引脚 NSLP						
V_{IH}	高电平输入电压		2	—	7	V
V_{IL}	低电平输入电压		-0.3	—	+0.8	V
V_{hys}	NSLP 滞后电压		0.03	—	0.5	V
R_{NSLP}	NSLP 下拉电阻	$V_{NSLP}=5$ V	125	350	800	kΩ
I_{IL}	低电平输入电流	$V_{NSLP}=0$	-5	0	+5	μA
引脚 RXD（开漏极）						
I_{OL}	低电平输出电流	普通斜率模式：$V_{LIN}=0$；$V_{RXD}=0.4$ V	1.5	3.5	—	mA
I_{LH}	高电平漏电流	普通斜率模式：$V_{LIN}=V_{BAT}$；$V_{RXD}=5$ V	-5	0	+5	μA
引脚 NWAKE						
V_{IH}	高电平输入电压		$V_{BAT}-1$	—	$V_{BAT}+3$	V
V_{IL}	低电平输入电压		-0.3	—	$V_{BAT}-3.3$	V
I_{IH}	NWAKE 上拉电流	$V_{NWAKE}=0$	-30	-10	-3	μA
I_{LH}	高电平漏电流	$V_{NWAKE}=27$ V；$V_{BAT}=27$ V	-5	0	+5	μA

续表

助记符	参数	条件	最小值	典型值	最大值	单位
引脚 INH						
$R_{sw(INH)}$	引脚 BAT 和 INH 之间的接通电阻	准备低斜率或普通斜率模式；$I_{INH} = -15$ mA；$V_{BAT} = 12$ V	—	30	50	Ω
I_{LH}	高电平漏电流	睡眠模式；$V_{INH} = 27$ V；$V_{BAT} = 27$ V	−5	0	+5	μA
引脚 LIN						
$V_{o(reces)}$	LIN 隐性输出电压	$V_{TXD} = 5$ V；$I_{LIN} = 0$	$0.9V_{BAT}$	—	V_{BAT}	V
$V_{o(dom)}$	LIN 显性输出电压	$V_{TXD} = 0$；$V_{BAT} = 7.3 \sim 27$ V	0	—	$0.15V_{BAT}$	V
I_{LH}	高电平漏电流	$V_{LIN} = V_{BAT}$	−1	0	+1	μA
I_{IL}	LIN 上拉电流	睡眠模式；$V_{LIN} = 0$；$V_{NSLP} = 0$	−2	−5	−10	μA
R_{SLAVE}	引脚 BAT 的从机端电阻	准备、低斜率或普通斜率模式；$V_{LIN} = 0$；$V_{BAT} = 12$ V	20	30	47	kΩ
$I_{o(sc)}$	短路输出电流	$V_{LIN} = V_{BAT} = 12$ V；$V_{TXD} = 0$；$t < t_{dom}$	25	40	60	mA
		$V_{LIN} = V_{BAT} = 27$ V；$V_{TXD} = 0$；$t < t_{dom}$	55	90	125	mA
$V_{th(rx)}$	接收器阈值电压	$V_{BAT} = 7.3 \sim 27$ V	$0.4V_{BAT}$	—	$0.6V_{BAT}$	V
$V_{cntr(rx)}$	接收器中央电压	$V_{BAT} = 7.3 \sim 27$ V	$0.475V_{BAT}$		$0.525V_{BAT}$	V
$V_{thr(hys)}$	接收器滞后电压阈值	$V_{BAT} = 7.3 \sim 27$ V	$0.145V_{BAT}$	$0.16V_{BAT}$	$0.175V_{BAT}$	V

注：①所有参数在模拟接点温度下得到保证，除了有特别声明外，晶片级的电路板 100% 在 125 ℃ 的环境温度下经过测试，其他的 100% 在 25 ℃ 的环境温度下测试。

②当裸片背极连接到地时，所有的参数得到保证。

③如果 $V_{BAT} > 12$ V，电池电流会因内部 LIN 的端电阻而升高。这个电阻的最小值是 20 kΩ。因此最大的电流上升是：$I_{BAT(increase)} = \dfrac{V_{BAT} - 12 \text{ V}}{20 \text{ k}\Omega}$。

二、从机应用

1. 结构

图 12-29 所示为 LIN 收发器 TJA1020 的从机应用。微控制器通过 UART/SCI 接口或标准 I/O 口引脚连接到 LIN 收发器。TJA1020 的 TXD 引脚是发送数据输入，RXD 引脚是

接收数据输出。LIN 收发器的睡眠控制输入 NSLP 可以通过微控制器的端口引脚来控制。TJA1020 还有一个内部从机端电阻。因此，从机应用不需要外部的 LIN 总线端电阻。推荐使用图 12-29 中的电容 CSLAVE，以提高 LIN 系统的 EME 和 EMI 性能。

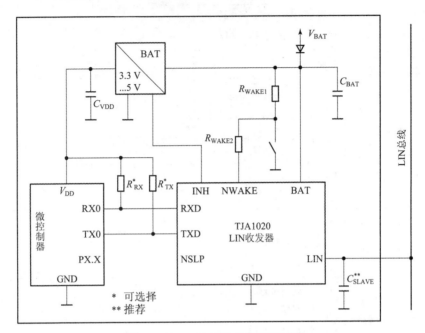

图 12-29 TJA1020 从机应用举例

2. 详细的引脚描述

1) NSLP 引脚

睡眠控制引脚 NSLP 有内部下拉电阻 RSLP，当发生开路故障时，仍能保持一个固定的输入电平。NSLP 的低电平使 TJA1020 进入睡眠模式，并将功率的消耗降到最小。器件电源的输入阈值范围是 5 V 和 3.3 V。典型的 NSLP 引脚应用如图 12-30 所示。

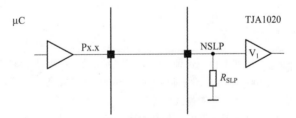

图 12-30 典型的 NSLP 引脚应用

微控制器端口引脚对 NSLP 引脚的最小驱动能力可以用下面的方程计算：

当 $V_{uC} > V_{IH(SLP),min}$ 时，端口在最小高电平时的引脚输出能力为

$$I_{HIGH(uC),min} = \frac{V_{IH(SLP),min}}{R_{SLP,min}} + I_{IL(SLP),max} \quad (12-4)$$

式中，$V_{IH(SLP),min}$ 为 NSLP 高电平输入电压的最小值；$R_{SLP,min}$ 为 NSLP 下拉电阻的最小值；$I_{IL(SLP),max}$ 为 NSLP 低电平输入电流的最大值。

2) TXD 引脚

TXD 引脚是一个双向引脚。在普通斜率模式和低斜率模式中,它作为发送数据输入,而在准备模式中用于标志唤醒源。TXD 引脚的低电平输出表明在 NWAKE 引脚发生本地唤醒事件。如果 NWAKE 引脚被用作本地唤醒源,TXD 引脚要被上拉。这个上拉可以用两种方法执行:

①微控制器的端口引脚有集成的上拉电阻 $R_{TX(uC)}$ [图 12-31 (a)];
②将外部上拉电阻 $R_{TX(ext)}$ 连接到本地 V_{CC} [图 12-31 (b)]。

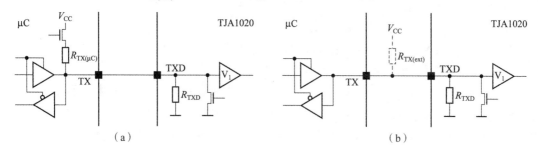

图 12-31 典型的 TXD 引脚应用

(a) 微控制器内部集成可编程的上拉电阻;(b) 微控制器没有集成上拉电阻

如果没有本地唤醒源(NWAKE 不使用),不需要外部上拉电阻。TXD 不会被 TJA1020 强下拉至低电平。如果 TJA1020 使用本地唤醒特征,外部上拉电阻 R_{TX} 要求的上拉能力由下面的条件定义:

①当发生本地唤醒事件时,集成的唤醒源晶体管具有拉引脚 TXD 到低的驱动能力。
②TJA1020 的集成 TXD 下拉电阻 R_{TXD}。

微控制器端口引脚的能力以及上拉电阻 R_{TX} 的值可以用下面的方程算出:

在 $V_{TX(uC)} > V_{IH(TXD),min}$ 时的最小高电平上拉电流

$$I_{HIGH(RTX),min} = \frac{V_{IH(TXD),min}}{R_{TXD,min}} + I_{IL(TXD),max} \tag{12-5}$$

当 $V_{TX(uC)} < V_{IH(TXD),max}$ 时的最大低电平上拉电流

$$I_{LOW(RTX),max} = \frac{V_{IL(TXD),max}}{V_{TXD}} I_{OL(TXD),min} \tag{12-6}$$

式中,$V_{TXD} = 0.4\ V$。

上拉电阻的阻值范围:$R_{TX,min} < R_{TX} < R_{TX,max}$。

$$\begin{cases} R_{TX,min} = \dfrac{V_{CCmax} - V_{IL(TXD),max}}{I_{LOW(RTX),max}} \\ R_{TX,max} = \dfrac{V_{CCmin} - V_{IH(TXD),min}}{I_{HIGH(RTX),min}} \end{cases} \tag{12-7}$$

式中,$V_{IH(TXD),min}$ 为 TXD 高电平输入的最小电压;$V_{IL(TXD),max}$ 为 TXD 低电平输入的最大电压;$R_{TXD,min}$ 为 TXD 下拉电阻的最小阻值;$I_{IL(TXD),max}$ 为 TXD 低电平输入的最大电流;$I_{OL(TXD),min}$ 为 TXD 低电平输出的最小电流。

注意:由于 TXD 引脚的 LIN 信号在上升和下降的过程对称,因此它对整个系统的容差有影响。所以建议 TXD 输入的 RC (负载) 时间常数尽量小。

例:如果微控制器的电源电压 ($V_{CC} = V_{CCmin} = V_{CCmax}$) 为 5 V,则上拉电阻 R_{TX} 的阻值范

围是

$$R_{TX,min} = \frac{V_{CCmax} - V_{IL(TXD),max}}{I_{LOW(RTX),max}} = 1.4 \text{ k}\Omega, \text{ 其中 } I_{LOW(RTX),max} = \frac{V_{IL(TXD),max}}{V_{TXD}} I_{OL(TXD),min} = 3 \text{ mA}$$

$$R_{TX,max} = \frac{V_{CCmin} - V_{IH(TXD),min}}{I_{HIGH(RTX),min}} \approx 156 \text{ k}\Omega$$

式中，$I_{HIGH(RTX),min} = \frac{V_{IH(TXD),min}}{R_{TXD,min}} + I_{IL(TXD),max} \approx 19.3 \text{ μA}$

建议上拉电阻 RTX 的阻值是 2.2 kΩ。

开漏输出以及 $VIN_{(TXD)}$ 的最大输入阈值被设计用于支持 3.3 V 和 5 V 的微控制器。因此，3.3 V 的微控制器可以直接连接 TJA1020 而不需要 5 V 的兼容接口。

引脚 TXD 有一个内部弱下拉电阻 R_{TXD}，它可以保证在出现开路故障时还能维持定义的输入电平。TXD 的输入电平是显性，TXD 控制超时功能可以防止 LIN 总线被箝位在显性电平而禁能发送器，而且弱下拉可以提供一个输出电平来释放 TXD 引脚。

3) RXD 引脚

接收数据输出 RXD 提供了一个开漏特性以获得和微控制器电源电压适配的输出电平。因此，3.3 V 的微控制器可以在不用兼容接口时使用。如果微控制器没有集成的上拉电阻，则要加上连接到微控制器电源电压 V_{CC} 的外部上拉电阻。图 12-32 为所示典型的 RXD 应用。

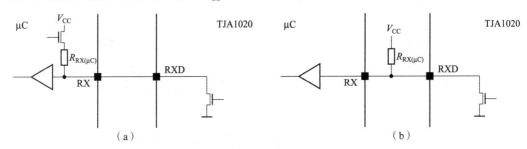

图 12-32 典型的 RXD 引脚应用

(a) 微控制器内部集成可编程的上拉电阻；(b) 微控制器没有集成上拉电阻

上拉电阻 R_{RX} 的阻值由 TJA1020 的 RXD 输出引脚的驱动能力确定，可以通过下式计算：

上拉电阻的阻值范围：$R_{RX,min} < R_{RX} < R_{RX,max}$

其中，

$$R_{RX,min} = \frac{V_{CCmax} - V_{LOW(RX),max}}{V_{LOW(RX),max}} \cdot \frac{V_{RXD}}{I_{OL(RXD),min}}, \quad V_{RXD} = 0.4 \text{ V}$$

$$R_{RX,max} = \frac{V_{CCmin} - V_{HIGH(RX),min}}{I_{LH(RX),max}} \tag{12-8}$$

式中：$I_{LH(RXD),max}$ 为最大的 RXD 高电平漏电流；$I_{OL(RXD),min}$ 为最小的 RXD 低电平漏电流；$V_{HIGH(RX),min}$ 为微控制器端口引脚（RX）最小的高电平输入电压；$V_{LOW(RX),max}$ 为微控制器端口引脚（RX）最大的低电平输入电压；

注意：由于 RXD 引脚的 LIN 信号在上升和下降的过程对称，因此它对整个系统的容差有影响。所以建议 RXD 输出的 RC（负载）时间常数尽量小，但上拉电阻 R_{RX} 不应当低于 1 kΩ。

实例：如果微控制器的电源电压（$V_{CC} = V_{CCmin} = V_{CCmax}$）为 5 V，微控制器端口输入的最

小阈值电压是从 $V_{\text{LOW(RX),max}} = 0.8\text{ V}$ 到 $V_{\text{HIGH(RX),min}} = 2\text{ V}$,则上拉电阻 R_{TX} 的阻值范围是

$$R_{\text{RX,min}} = \frac{V_{\text{CCmax}} - V_{\text{LOW(RX),max}}}{V_{\text{LOW(RX),max}}} \cdot \frac{V_{\text{RXD}}}{I_{\text{OL(RXD),min}}} = 1.4\text{ k}\Omega$$

$$R_{\text{RX,max}} = \frac{V_{\text{CCmin}} - V_{\text{HIGH(RX),min}}}{I_{\text{LH(RX),max}}} \approx 600\text{ k}\Omega$$

建议上拉电阻 R_{RX} 的阻值是 2.2 kΩ。

4) NWAKE 引脚

可以通过本地唤醒输入引脚 NWAKE 的下降沿检测本地唤醒事件。在下降沿后必须有维持至少 t_{NWAKE} 的低电平以保证最基本的 EMI 滤波。NWAKE 引脚有一个电流流向电池的内部弱下拉电流源 $I_{\text{IL(NWAKE)}}$,它在开路故障时可以定义一个引脚高电平。建议连接一个外部上拉电阻 R_{WAKE1} 为外部唤醒开关或晶体管提供足够的电流。如果 NWAKE 的唤醒源(开关或晶体管)和 TJA1020 的接地通路不同,建议在 NWAKE 引脚和唤醒源之间连接一个串联电阻 R_{WAKE2}。如果在唤醒源仍然连接到地而 ECU 丢失了地时,串联电阻 R_{WAKE2} 可以通过 NWAKE 的内部保护二极管保护 ECU 不会有反向电流。图 12-33 所示为一个典型的 NWAKE 引脚应用,它通过外部开关进行本地唤醒。

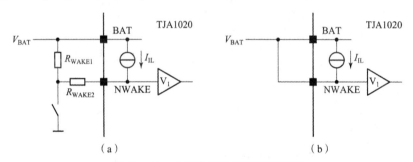

图 12-33 典型的 NWAKE 引脚应用
(a) 通过外部开关进行本地唤醒;(b) 上电后自动唤醒

上拉电阻 RWAKE1 只由唤醒源(开关或晶体管)要求的电流决定,而串联电阻 RWAKE2 主要由应用中的 ECU 和外部唤醒源的电平偏移决定。用下式计算建议的串联电阻阻值:

串联电阻的阻值范围:$R_{\text{WAKE2,min}} < R_{\text{WAKE2}} < R_{\text{WAKE2,max}}$

其中,

$$R_{\text{WAKE2,min}} = \frac{V_{\text{BAT,max}}}{I_{\text{NWAKE,min}}}$$

$$R_{\text{WAKE2,max}} = \frac{V_{\text{IL(NWAKE),max}} - |V_{\text{GND-shift}}|}{I_{\text{IL(NWAKE),min}}} \quad (12-9)$$

式中,$V_{\text{GND-shift}} = 1.5\text{ V}$;$V_{\text{IL(NWAKE),max}}$ 为最大的 NWAKE 低电平输入电压;$I_{\text{IL(NWAKE),min}}$ 为最小的 NWAKE 上拉电流;$I_{\text{NWAKE,min}}$ 为最小的 NWAKE 输出电流限值。

实例:如果最大的对地漂移 $V_{\text{GND-shift}} = 1.5\text{ V}$,电池电压范围是 $V_{\text{BAT}} = 5\sim27\text{ V}$,则 R_{WAKE2} 的阻值范围是

$$R_{\text{WAKE2,min}} = \frac{V_{\text{BAT,max}}}{I_{\text{NWAKE,min}}} = 1.8\text{ k}\Omega$$

$$R_{\text{WAKE2,max}} = \frac{V_{\text{IL(NWAKE),max}} - |V_{\text{GND-shift}}|}{I_{\text{IL(NWAKE),min}}} \approx 6.6 \text{ k}\Omega$$

串联电阻 R_{WAKE2} 的典型值是 3 kΩ。

由于 NWAKE 引脚有内部上拉电阻和滤波特性，因此当应用不需要本地唤醒时，NWAKE 要保持开路。建议将 NWAKE 引脚直接连接到 BAT 引脚。

对于其他引脚 3 是 V_{CC} 电源输入而不是本地唤醒输入的 LIN 收发器，TJA1020 也可以在硬件上兼容。因此，NWAKE 输入的唤醒阈值被定义为高于 5 V。这样，这个引脚可以直接连接到应用的 V_{CC} 电源，而且当 V_{CC} 下降时（如系统的睡眠模式）也不会产生唤醒事件。不过，此方式将引起系统有小的额外电流消耗 $I_{\text{IL(NWAKE)}}$（内部弱电流源）。

上电后的唤醒。TJA1020 在上电后会直接进入睡眠模式使 INH 保持悬空，因此 LIN 节点的电源禁能。这个特性将减少 LIN 子系统上电时的整体峰值电流。

但在一些应用中，要求 LIN 节点在上电后会自动唤醒。这个功能可以用 NWAKE 引脚上的 RC 电路来实现（见图 12 - 34（b））。上电期间，这个 RC 电路可以将 NWAKE 的输入电压 V_{NWAKE} 维持在 $V_{\text{IL(NWAKE),max}}$ 至少 $t_{\text{NWAKE,max}}$ 时间，以产生一个本地唤醒。

图 12 - 34（a）的电路提供了两种解决方案，分别是通过外部开关进行本地唤醒和在上电后自动唤醒。其中，R_{WAKE1} 和 R_{WAKE2} 的校准可参看前述。

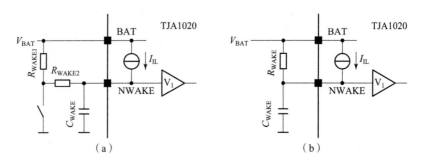

图 12 - 34 典型的 NWAKE 引脚应用 - 上电唤醒
(a) 通过外部开关进行本地唤醒；(b) 上电后自动唤醒

图 12 - 35 所示为电池电压 V_{BAT} 和在上电期间的 NWAKE 电压 V_{NWAKE}，它显示了唤醒 TJA1020 的限制。RC 电路可以通过下面的法则计算：

上电后唤醒的 RC 时间常数

$$R_{\text{WAKE}} C_{\text{WAKE}} = t_{\text{BAT-ON,max}} > 2 t_{\text{NWAKE,max}} \quad (12-10)$$

式中，$t_{\text{NWAKE,max}}$ 为通过 NWAKE 唤醒的最大显性时间；$t_{\text{BAT-ON,max}}$ 为 VBAT 的最大上电斜坡上升时间。

实例：假设最大的上电斜坡上升时间 $t_{\text{BAT-ON,max}}$ 是 1 ms，上拉电阻 R_{WAKE} 是 10 kΩ，则

$$C_{\text{WAKE}} = \frac{t_{\text{BAT-ON,max}}}{R_{\text{WAKE}}} = 100 \text{ nF}$$

式中，$t_{\text{BAT-ON,max}} = 1 \text{ ms} > 2 t_{\text{NWAKE,max}} = 100 \text{ μs}$。

5) INH 引脚

(1) INH 控制的电压调节器。INH 输出引脚是一个连接着 BAT 引脚的开漏输出，它可以控制一个外部电压调节器。因此，必须有一个连接到地的外部下拉电阻 R_{INH}。这个下拉通

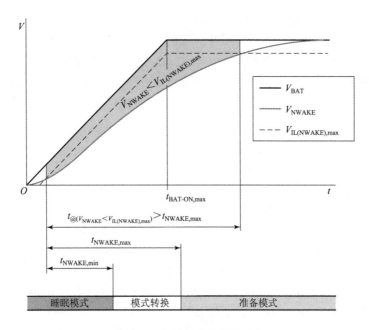

图 12-35 上电后唤醒的时序

常由电压调节器本身集成。典型的 INH 引脚应用如图 12-36（a）所示。

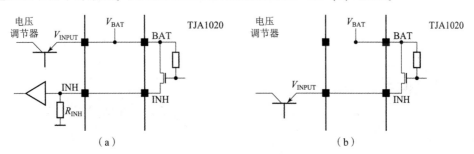

图 12-36 典型的 INH 引脚应用

(a) 带有限制输入的电压调节器；(b) 不带限制输入的电压调节器

下拉电阻 R_{INH} 的阻值范围可以用下面的方程来计算：

$$R_{INH,min} < R_{INH} < R_{INH,max}$$

$$R_{INH,min} = \frac{V_{BAT,max}}{I_{INH,max}}$$

$$R_{INH,max} = \frac{V_{LOW(VoltReg),max}}{I_{LH(INH),max}} \tag{12-11}$$

式中，$I_{LH(INH),max}$ 为最大 INH 高电平漏电流；$V_{LOW(VoltReg),max}$ 为最大限制低电平输入电压（电压调节器）。

（2）直接的电压调节器电源。由于 INH 具有驱动能力，TJA1020 可以直接给电压调节器供电。

INH 引脚到电压调节器的最大电源电流 $I_{INH,max}$ 和最大的电压降 V_{DROP} 可以用下面的方程来计算：

引脚 INH 的最大电压调节器电源电流是

$$I_{\text{INH,max}} = \sqrt{\frac{P_{\max} - P_{Q,\max} - P_{\text{TX,max}}}{R_{\text{SW(INH),max}}}}$$

其中，$I_{\text{INH,max}} \leqslant 50 \text{ mA}$。

$$P_{\max} = \frac{T_{\text{vj,max}} - T_{\text{amb,max}}}{R_{\text{th(j-a)}}} \quad (12-12)$$

INH 引脚的最大电压降

$$V_{\text{DROP}} = R_{\text{SW(INH),max}} \cdot I_{\text{INH,max}} \quad (12-13)$$

式中，$P_{Q,\max}$ 为最大的静止功率消耗（普通斜率模式，总线隐性，$V_{\text{INH}} = V_{\text{BAT}}$），$P_{\text{TX,max}}$ 为最大的发送器功率消耗（普通斜率模式，发送占空比 =50%，$V_{\text{INH}} = V_{\text{BAT}}$）；$R_{\text{SW(INH),max}}$ 为 BAT 和 INH 的最大开关阻抗；$T_{\text{vj,max}}$ 为最大的虚拟连接点温度（K）；$T_{\text{amb,max}}$ 为最大的环境温度（K）；$R_{\text{th(j-a)}}$ 为温度阻抗（K/W）。

注意：与上面的计算无关，INH 引脚的电流 I_{INH} 不能超过 50 mA。

功率的消耗由电源电压 V_{BAT} 和波特率确定。图 12-37 显示了静态功率消耗 PQ 和 TJA1020 的发送器功率消耗 P_{TX} 都是电源电压 V_{BAT} 的函数。图 12-37 的发送器功率消耗 P_{TX} 是在占空比是 50%、LIN 总线负载（$R_L = 500\ \Omega$，$C_L = 10\ \text{nF}$）的情况下测出的。

温度阻抗 $R_{\text{th(j-a)}}$ 是在典型的空气条件下，IC 封装向周围环境传导热的能力。在实际的应用中，通常会将大面积覆铜连接到引脚 GND，以减少温度阻抗和增加最大的 INH 电流 $I_{\text{INH,max}}$。

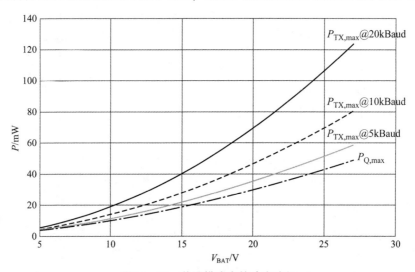

图 12-37 普通模式中的功率消耗

6）LIN 引脚

LIN 引脚用于在 LIN 总线上发送和接收数据。发送是由一个控制波形的下方开关管（Low side switch）来执行，而接收是由接收器执行。接收器的阈值 $V_{\text{th(rx)}}$ 和 BAT 引脚电压有关，并滞后 $V_{\text{thr(hys)}}$。

LIN 引脚具有弱上拉电流源 $I_{\text{IL(LIN)}}$ 和一个与 BAT 并联的从机端电阻 R_{SLAVE}。从机端电阻、电流源以及下方开关管（Low side switch）都有一个保护电流二极管，因此不需要外部元件。在 LIN 总线上使用一个电容负载可以改善 EME 和 EMI 特性。

由于从机端电阻 R_{SLAVE} 在睡眠模式中关断,电流源 $I_{IL(LIN)}$ 可以作为一个额外的弱上拉。因此,当 LIN 对地短路时,转换到睡眠模式将减少电流消耗。

三、主机应用

主机应用和从机应用的最大不同点是主机应用要有一个额外的主机端电阻 R_{MASTER}。为了提高 EME 以及 EMI,建议连接一个电容负载 C_{MASTER}。下面将介绍 TJA1020 的几个主机应用解决方案。

1. 主机终端直接连接到 BAT

如图 12-38 所示,主机应用通过在 LIN 和 BAT 引脚之间串联的反向电流二极管和电阻 R_{MASTER} 实现。

这样的主机应用解决方案在 LIN 总线错误地对地短路时并不提供自动防故障功能。短路电流不能被关断,所以电池将持续放电。

2. 主机终端连接到 INH

为了实现自动防故障,JA1020 支持使用 INH 引脚驱动主机终端电阻 R_{MASTER} 的高级应用解决方案。如图 12-39 所示,主机端电阻和反向电流二极管串联连接到 INH 引脚而不是 BAT 引脚。这个解决方案的优点是可以通过切换到睡眠模式来关断主机终端,这样就解决了上面提到的 LIN 对地短路。

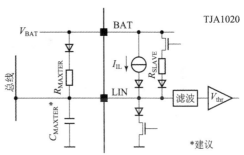

图 12-38 典型的主机终端

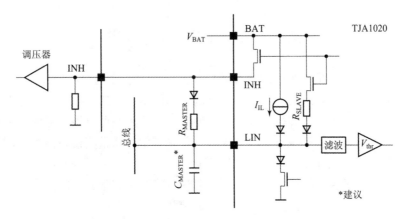

图 12-39 INH 的高级主机终端

当应用中,微控制器检测到由于 LIN 总线对地短路而产生的持续显性电平后,微控制器可以通过选择睡眠模式来减少功率消耗。切换到睡眠模式可以关断外部电压调节器、主机终端 R_{MASTER} 和内部的从机端电阻 R_{SLAVE}。内部的弱上拉电流源 $I_{IL(LIN)}$ 和 TJA1020 的内部电流消耗决定了 LIN 节点在这个故障情况下的电流消耗。

3. INH 和 BAT 的主机终端分离

由于前面提到的高级主机终端提供了一个自动防故障系统而且睡眠模式中有高的 LIN 总

线阻抗,如果 LIN 总线可以容忍高的短路电流,则可以选择结合第一、二节的终端概念(图 12-40)。

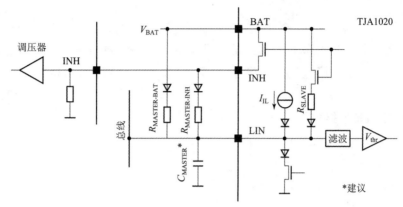

图 12-40 平衡的主机应用

当 TJA1020 在准备、普通斜率或低斜率模式中时,并联的电阻 $R_{MASTER-BAT}$ 和 $R_{MASTER-INH}$ 决定主机的终端。睡眠模式中,主机终端由 $R_{MASTER-BAT}$ 决定。因此,最大的 LIN 总线短路电流 $I_{SC,max}$ 可以用 $R_{MASTER-BAT}$ 来平衡:

$$R_{MASTER-BAT} = \frac{V_{BAT,max}}{I_{SC,max}}$$

$$R_{MASTER-INH} = \frac{R_{MASTER-BAT} \cdot R_{MASTER}}{R_{MASTER-BAT} - R_{MASTER}}$$

其中, $R_{MASTER} = 1 \text{ k}\Omega$。 (12-14)

第十二节 LIN 总线应用

典型的 LIN 总线应用是汽车中的联合装配单元,如门、方向盘、座椅、空调、照明灯、湿度传感器、交流发电机等。对于这些成本比较敏感的单元,LIN 可以使那些机械元件,如智能传感器、制动器或光敏器件得到较广泛的使用。这些元件可以很容易地连接到汽车网络中,并得到十分方便的维护和服务。在 LIN 实现的系统中,通常将模拟信号量用数字信号量所替换,这将使总线性能优化。

在以下的汽车电子控制系统中使用 LIN 来实现,将得到非常完美的效果。

车顶:湿度传感器、光敏传感器、信号灯控制和汽车顶篷。

车门:车窗玻璃、中枢锁、车窗玻璃开关和吊窗提手。

车头:传感器和小电机。

方向盘:方向控制开关、挡风玻璃上的擦拭装置、方向灯、无线电、空调、座椅、座椅控制电机和转速传感器。

尽管 LIN 最初的设计目的是用于汽车电子控制系统,但 LIN 也可广泛应用于工业自动化传感器总线、大众消费电子产品中。

图 12-41 所示为 Philips 半导体公司基于 CAN/LIN 总线提出的汽车车身网络层解决方案。从图中可以看到,蓝色较粗线代表 CAN 总线,它连接了传动装置控制单元、灯控单元、

门控单元、座椅控制单元以及仪表盘控制单元；等等，红色较细线代表 LIN 总线，由 LIN 总线构成的 LIN 网络作为 CAN 网络的辅助网络，连接了车窗控制单元、雨刷控制单元、天窗控制单元等低速设备。

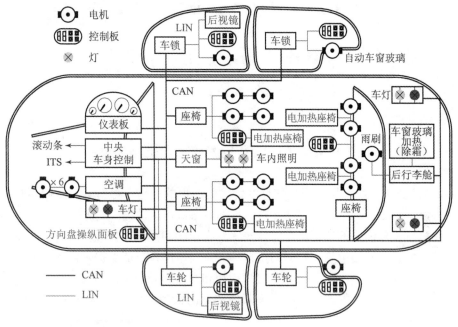

图 12-41　汽车车身网络层解决方案（见彩插）

小　　结

在本章主要介绍 LIN 总线规范，为节约篇幅，主要详细讲述了 LIN 的协议规范，对 LIN 配置语言描述和 API 没有进行介绍。同时介绍了 LIN 总线收发器 TJA1020 的特征、功能和工作模式，并详细讲述了它在 LIN 的主节点和从节点的设计中的一些要点。

思　考　题

1. 简述 LIN 总线的特点、与 CAN 总线的区别以及在汽车总线中的位置。
2. 简述 LIN 的分层结构以及各层的主要功能。
3. 详细介绍 LIN 的报文帧的组成以及各部分的结构。
4. LIN 的报文帧有 4 个字节：Data0 = 0x4A，Data1 = 0x55，Data2 = 0x93 和 Data3 = 0xE5，计算校验和场的值。
5. 简述 TJA1020 的主要特点和功能。
6. TJA1020 有哪几种工作模式？各有什么特点？
7. 如果微控制器的电源电压（$V_{CC} = V_{CCmin} = V_{CCmax}$）为 3.3 V，微控制器端口输入的最小阈值电压是从 VLOW（RX），max = 0.8 V 到 VHIGH（RX），min = 2 V，试求上拉电阻 R_{TX} 的阻值范围。

第 13 章
MOST 与 LVDS 协议

第一节 MOST 总线的起源与发展

MOST 总线是为解决车用多媒体信息的传输而产生的，是一种新型的面向多媒体的高速传输通信协议。MOST（Media Oriented System Transport）全称为面向媒体的传输，是汽车行业多媒体和信息娱乐网络的技术标准。该技术可在连接到汽车恶劣环境的任何设备之间传输音频、视频、数据和控制信息。它的同步特性允许简单的设备能够提供内容，而其他设备则可以用最少的硬件来呈现内容。同时，它为音频和视频服务的传输提供独特的服务质量。虽然它的根源在汽车行业，但 MOST 可用于其他领域的应用，如其他运输应用、音视频网络、安全和工业应用。

伴随着人们对车载娱乐功能、信息服务功能、通信功能需求的不断提高，越来越多的多媒体和信息通信技术被应用到汽车领域，典型的收音机被语音系统、音频放大器和 CD 播放器取代，与此同时，许多全新的功能，如导航、视频播放和语音输入等被引入汽车中来。信息娱乐系统的发展对车载网络提出了新的要求，但是现有的 CAN、LIN 等总线标准都不足以用来传递实时性很强、传输带宽高的车用多媒体信息，MOST 总线便应运而生。MOST 网络的发展可追溯到 1996 年，BMW 和 Harman/Becker 公司与 OASIS Slicion Systems 公司（多媒体设备芯片商，现在已被 SMSC 公司收购）合作，开始对 MOST 进行讨论，并且决定和其他汽车生产商共同进行开发。1998 年，宝马、奔驰、别克和 OASIS Slicion Systemy 以德国民法合伙人（GbR）方式成立了 MOST 合作组织（MOST Cooperation），之后奥迪很快也加入该组织。值得一提的是，MOST 合作组织的目标是定义通用的多媒体网络协议和应用对象模型，并且由于他们的努力，MOST 技术已成为实现汽车多媒体网络当前和未来需求的全球标准。2000 年，在都灵举办的 ITS 世界代表大会上，一些汽车制造商将 MOST 合作发展的技术进行了一次世界公演。起初，MOST 总线只应用在高级汽车中，随着技术的发展与成本的降低，以及人们对车载信息娱乐功能需求的不断提高，MOST 技术在中低档车上也将得到广泛应用。如今，MOST 技术几乎用于全球所有汽车品牌，包括奥迪、宝马、通用、本田、现代、捷豹和沃尔沃。

MOST 技术的发展经历了三个阶段：
（1）第一代 MOST——MOST25，是首个用于车内信息娱乐应用的光纤宽带网络，首次实现数据及娱乐信息高速和可靠的无缝连接。
（2）第二代 MOST——MOST50，2006 年推出 MOST50，采用屏蔽双绞铜线，速度可达

50 Mb/s，这就为汽车制造商利用基于插件和组件方法设计车载网络带来更大的灵活性。

（3）第三代 MOST——MOST150，2010 年 10 月 19 日，MOST 联盟宣布采用光纤宽带网络，MOST150 首次被成功地应用在奥迪 A3 新车型上，接下来 VW 将在其他车型上进行推广。总体而言，第三代 MOST150 代表着 MOST 技术的前景和应用方向。

第二节 MOST 系统结构概述

一、MOST 分层模型

开发 MOST 系统时，汽车制造商对这种娱乐总线系统的功能有两个基本的要求：面向功能的简单系统设计；能够传输流数据、包数据和控制信息数据。

为满足面向功能的简单系统设计要求，对 MOST 系统的开发以功能块作为核心部分。功能块继承了所有 MOST 设备所必需的属性和方法，通过应用层协议与这些功能块进行通信。

第二个要求通过帧的结构来实现。帧能够同步地传送多媒体数据，能够在不影响同步数据传输的情况下，在第二个时间片域传送异步数据，并且与应用层协议一样，为控制命令和状态消息提供一个传输信道。数据帧的同步传输以数据链路层为基础，由 MOST 网络接口控制器实现。物理层可以采用光纤，也可以采用铜线电缆。图 13 - 1 所示为 OSI 分层模型与 MOST 节点模型的对应关系。

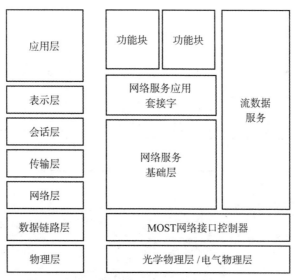

图 13 - 1　OSI 分层与 MOST 节点模型对应关系

二、MOST 物理层

MOST 25 标准中使用光学物理层，数据流的传输速率大约是 25 Mb/s。准确的数据传输速率依赖于系统的采样频率。MOST 25 的帧长为 512 bit，MOST 50 的帧长为 1 024 bit，同样的采样频率下数据传输速率是 MOST 25 的 2 倍。MOST 50 可以使用光学物理层和电气物理层。表 13 - 1 所示为物理层中最重要的参数，特别要注意的是，第一代网络接口控制器

(Network Interface Controllers，NIC）只能用于 MOST 25，第二代智能网络接口控制器（Intelligent Network Interface Controllers，INIC）可用于 MOST 25 和 MOST 50。

表 13-1 物理层的主要参数

标准	MOST 25	MOST 50
传输速率	circa 25 Mb/s	circa 50 Mb/s
物理层	光学	电学/光学
NIC	OS8104；OS8104 A	—
INIC	OS8105	OS8102

MOST 使用塑料光纤作为物理层光学传输介质，具有很好的电磁兼容性。电气介质物理层是 MOST 50 的附加规范。

MOST 网线连接常采用环型拓扑，在更严苛的传控应用上也允许采用星型或双环型的连接组态。无论是在环型、星型以及任意组合型结构中，都要遵守一个节点向下一个节点发送数据流的准则。

三、MOST 数据链路层

数据链路层定义了 MOST 总线的基本传输机制，包括具体的数据帧结构的定义，还包括时间主节点和时间从节点的功能。

在 MOST 网络中存在着三种类型的数据传输：控制信息数据的传输；非时效性数据包的传输（异步信息）；实时性数据流的传输（同步信息）。MOST 帧用来完成以上三种类型数据的传输。一个 MOST 帧由一个同步数据区域、一个异步数据区域和一个控制数据区域组成，其基本结构如图 13-2 所示。

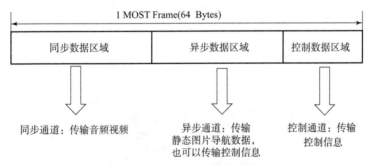

图 13-2 MOST 帧的基本结构

MOST 系统的时钟同步是基于时间主节点与时间从节点之间信息交互来完成的。为准确传输数据，以便接收端复现接收数据，必须对系统内各节点时钟进行同步。由于 MOST 系统是一点对多点的系统（即系统的流数据只有一个源节点，却有多个目的节点），系统内所有设备共享一个由数据流衍生出来的系统时钟脉冲，据此它们彼此协调，实现同步数据的传输。这也是信号缓冲和冗余处理的基础。

在 MOST 中，系统时钟由某一节点发出，这一节点称为时间主节点，其他的所有节点通过 PLL 与这一系统时钟保持同步，其他节点称为时间从节点。如图 13-3 所示，当时间主节点在 MOST 环网的末端接收到帧，它通过 PLL 连接的方式收回信号，随后发出下一帧。如果时间从节点的输入端接收到一个信号并与 PLL 同步，那么它进入"锁"状态；如果没有同步，它处于"解锁"状态。如果时间主节点能够从环的末端接收到返回的信号，那么它将处于"锁"状态。

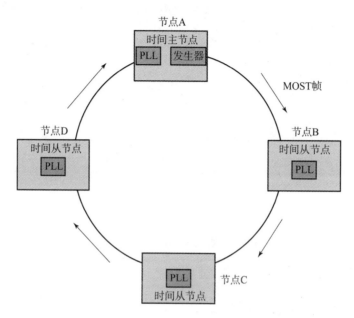

图 13-3　带有一个时间主节点和时间从节点的 MOST 环

四、网络服务

网络服务是 MOST 标准化协议栈的一部分，覆盖 OSI 模型的第 3~7 层。网络服务由 MOST 网络接口控制器（MOST Network Interface Controller）完成，并为具体应用提供了由功能块构成的可编程接口。

网络服务包括在异步时间片内传输包数据的组件和通过控制信道控制网络的组件。网络服务在外部主控制器（External Host Controller，EHC）上实现。

五、应用层架构

应用层架构的核心是功能块以及它们的动态特性。功能块用来控制特定的功能。有的功能块用于控制具体应用，例如 CD 机和音频放大器，还有的功能块用于网络管理。功能块提供了一个综合工具来完成复杂的音频功能。它们使得功能设计工程师在高度抽象层次上，相对容易地实现相关的音频应用功能。

功能块定义了与那些被控制的应用层的接口，它由"属性"（property）和"方法"（Method）构成。属性用于描述或改变被控制功能的状态，方法用于执行动作，应用时在一个指定的时间后得到结果。图 13-4 显示了从 CD 播放器（音频播放器）的功能块中提取的"属性"和"方法"的例子。

MOST 规范从相互关系上把功能块分为三个层次，如图 13-5 所示。

图 13-4 CD 播放器功能块

（1）人机接口（HMI）功能块。人机接口功能块是对 MOST 系统用户接口功能高度抽象的描述。

（2）控制器（Controller）功能块。控制器功能块是对 MOST 控制单元功能的高度抽象描述。

（3）被控设备（Slave）功能块。被控设备是 MOST 系统中的设备，受控制器的控制，它通过自身功能块的"属性"和"方法"实现功能的高度抽象描述。

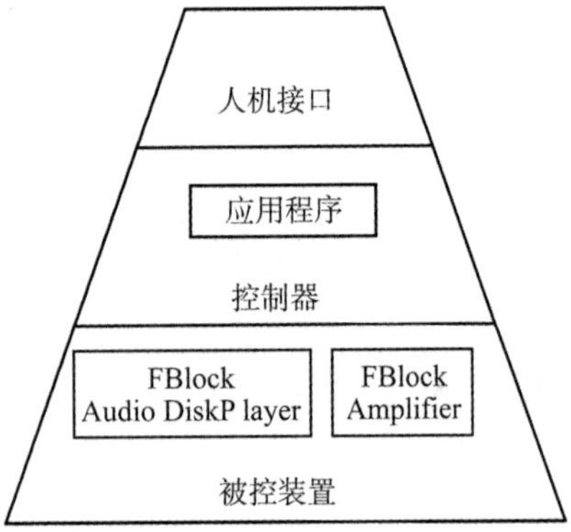

六、MOST 特性总结

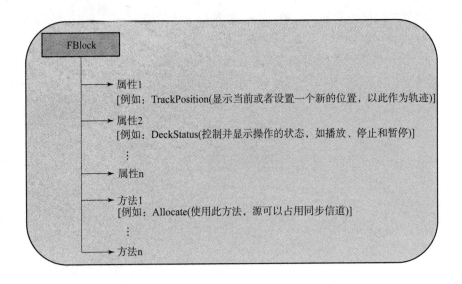

图 13-5 MOST 系统功能块层次

根据上文对 MOST 总线通信原理的介绍，不难看出 MOST 总线的若干特性，其可以保证低成本的条件下拥有高的数据传输速度，根据不同的 MOST 总线标准，其传输速率可达 25 Mb/s、50 Mb/s 或 150 Mb/s；其使用的物理传输介质塑料光纤不仅可以优化信息传送质量，降低车身质量，还可以增加网络的抗干扰能力，符合车辆严格的 EMC 要求。除此之外，它还支持声音和压缩图像的实时处理，支持多种网络连接方式（如环型、星型）。

第三节 MOST 的应用

MOST 技术在汽车领域取得了巨大成功，得到了广泛应用。2001 年，MOST 技术首次量产应用在 BMW 7 系列车型上。2003 年，MOST 技术逐步扩展，至少有 10 种欧洲量产车采用了 MOST 技术，包括德国的保时捷、奥迪、奔驰、宝马，瑞典的富豪、绅宝，意大利的菲亚特、兰吉雅，法国的雪铁龙、标致等。目前全球已经有上百种车型采用了 MOST 技术。不到 10 年时间，全球就已有近 12% 的汽车采纳了 MOST 技术，而且这个数字还在不断增长中。

在 MOST 技术应用日益广泛的同时，MOST 联盟也在不断地发展壮大。目前，MOST 联盟的核心合作伙伴有奥迪（Audi）、宝马（BMW）、戴姆勒（Daimler）、HARMAN 和 SMSC 公司。另外，还有 16 家国际级汽车制造商和 60 多家关键汽车组件供应商。这些企业联手协作，共同推动 MOST 技术的发展与创新。

MOST 总线技术在新兴前沿技术领域同样扮演着重要角色。众所周知，驾驶员辅助系统在汽车市场中占据着越来越大的比例。据相关数据显示，2005—2013 年间，其市场年增长率已达到 900 万~6 200 万辆。在当前和未来的车辆中，驾驶员辅助功能正在开始完善，并扩展了传统信息娱乐系统的功能集。除了导航系统、交通信息和功能警告等信息功能外，具有驾驶员辅助功能（如摄像系统、距离控制或车道偏离警告）的车辆数量将迅速增加。在这个应用领域，通信故障成为一个严重的问题，因为它们可能导致严重损坏物体甚至人员伤亡，因此正在研究对 MOST 技术进行必要的改进，并且最近的研究表明，MOST 也可能能够支持安全相关的关键应用。

MOST 的现有版本主要针对信息娱乐进行开发，可能只能用于非常有限的驾驶员辅助应用用例。为了满足汽车行业安全标准 ISO 26262 的要求，MOST 合作组织正在进行调查，以确定必须采取哪些措施优化 MOST 技术。

关于物理层，若仅有环型拓扑结构对于驾驶员辅助应用将具有太多限制，因此正在开发替代拓扑结构，如星型或菊花链。

在线束方面，光纤可能不适合所有应用场景，与此同时 MOST50 的 UTP 物理层可能受限于带宽扩展，或者在混合动力或电动汽车的 EMC 环境中不具有足够的鲁棒性，因此，低成本、高鲁棒性的替代方案，例如基于同轴电缆的物理层被不断提出。

作为协议方面的解决方案，面向安全相关应用，已经提出了新增一个安全层的架构。安全层使用安全代码和可靠的服务在 MOST 网络上提供安全通信，以便通过 MOST 网络传输与功能安全相关的应用数据。

展望未来，第五代 MOST 系统的一个实现可能是在信息娱乐和驾驶辅助领域中使用，由不同的拓扑和不同的物理层支持。

第四节 LVDS 简介

LVDS（Low – Voltage Differential Signaling）即低压差分信号，是美国国家半导体公司 1994 年提出的一种高速数据传输的通用接口标准，又称为 RS – 644 总线接口。这种技术的核心是采用极低的电压摆幅高速差动传输数据，可以实现点对点或一点对多点的连接，具有低功耗、低误码率、低串扰和低辐射等特点（低电压摆幅、低电流驱动）。其传输介质可以是铜质的 PCB 连线，也可以是平衡电缆。LVDS 在对信号完整性、低抖动及共模特性要求较高的系统中得到了广泛的应用。根据 OSI 参考模型，LVDS 只是物理层规范，其他的数据通信标准和应用程序可以使用它，并在其基础上添加其他层的定义。

LVDS 是一个差分信号系统，它通过一对导线上的差分电压来传输消息；LVDS 信号传输一般由三部分组成，即驱动器、平衡互连介质、负载，负载包括终端电阻和接收器。接收器会比较两条导线上的电压。在典型的实施方式中，驱动器将 3.5 mA 的恒定电流注入导线，电流方向决定数字逻辑电平。电流通过接收端的终端电阻之后由另一根导线折回，终端电阻的阻值为 100~120 Ω，电压摆幅为 350~420 mV。

LVDS 具有很高的传输速率和低功耗、低误码率、低串扰和低辐射等特点，特别适用于以下场合：

(1) 数据信号传输速率超过 RS-422、RS-485、RS612 接口能力的场合。

(2) 平衡互连介质暴露于外来噪声源的场合。

(3) 需要减少电磁辐射和对其他信号的干扰的场合。

LVDS 在 20 世纪 90 年代中期开始流行。在此之前，计算机显示器的分辨率还不足以满足如此快速的图形和视频数据速率。1992 年，苹果公司和美国国家半导体公司创建了快速环 (QuickRing)，这是第一个 LVDS 集成电路，快速环是一种用于视频数据的高速辅助总线。LVDS 第一个商业应用是美国国家半导体公司在笔记本中，使用平板显示器链接 (Flat Panel Display Link，FPD-Link)，将视频数据从图形处理单元传输到平板显示器。FPD-Link 在 20 世纪 90 年代后期成为这种笔记本应用的事实上的开放标准。随着屏幕分辨率和颜色深度的增加，LVDS 的应用扩展到了消费类电视的平板显示器。另一个成功的 LVDS 应用是相机链路 (Camera Link)，这是一个为计算机视觉应用设计的串行通信协议。

随着汽车内部整合的安全和辅助电子设备的增加，汽车领域对高速互连的需求急剧增长，主要集中在用于驾驶支持（电子后视镜、导航系统、泊车距离控制、超视距显示、仰视显示）的视频显示系统，车载娱乐系统（电视和 DVD 播放器）等，这些应用要求高速数据传输，以满足图像传递的要求。LVDS 非常适合汽车应用。汽车内部存在众多的电磁辐射源，因此，抗干扰能力是汽车电子设计基本的要求。另外，考虑到 LVDS 传输线自身的低辐射优势，对系统的其他设施几乎不产生额外干扰。LVDS 传输只需要简单的电阻连接，简化了电路布局，线路连接也非常简单（采用双绞铜质电缆）。LVDS 兼容于各种总线拓扑：点到点拓扑（一个驱动器，一个接收器）、多分支拓扑（一个驱动器，多个接收器）、多点拓扑（多个驱动器，多个接收器）

LVDS 技术规范有两个标准：一个是 1995 年以美国国家半导体公司为主推出的 TIA/EIA-644 标准，即 Electrical Characteristics of Low Voltage Differential Signaling (LVDS) Interface Circuits；另一个是 1996 年公布的 IEEE 1596.3 标准。这两个标准着重于对 LVDS 接口的电特性、互连与线路端接等方面的规范，对于生产工艺、传输介质和供电电压等则没有明确规定。2002 年，为了满足多点应用对通用、高速、平衡的需求，一个新的标准发布了——TIA/EIA-899 标准，即 Electrical Characteristics of Multipoint-Low-Voltage Differential Signaling (M-LVDS)，该标准介绍了 LVDS 和 M-LVDS 的区别以及不同标准在不同拓扑中的适用性。

第五节　LVDS 通信原理

一、电气特性

如图 13-6 所示，LVDS 接口电路由三部分组成：驱动器、平衡互连介质和负载。

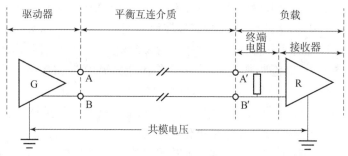

图 13-6　LVDS 电路接口

其中，驱动器由一个驱动差分线对的恒流源组成，通常电流为 3.5 mA，其将非平衡传输的 TTL 信号转换成平衡传输的 LVDS 信号。平衡互连介质可以选择电缆或 PCB 走线。负载由终端电阻和接收器组成，终端电阻的典型值为 100 Ω，接收器将平衡传输的 LVDS 信号转换成非平衡传输的 TTL 信号，接收器的输入阻抗很高，因此电流大部分都流过终端电阻，并在接收器的输入端产生约 350 mV 的电压，驱动器通过改变电流的方向来产生有效的逻辑 1 和逻辑 0 状态，如图 13-7 所示。

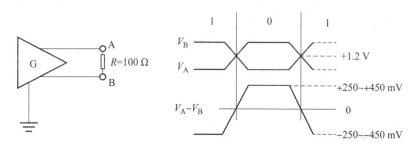

图 13-7　LVDS 电气信号

LVDS 是一个差分信号系统，这意味着其有着很好的抗噪声性能。LVDS 的接收器可以承受 ±1 V 的驱动器和接收器之间地的电压变化，驱动器典型的偏置电压为 +1.2 V。地的电压变化、驱动器的偏置电压以及耦合的噪声，在接收器的输入端表现为共模电压，干扰将被抑制，这个共模电压的范围是 +0.2 ~ +2.2 V，通常接收器的输入电压范围为 0 ~ +2.4 V。

LVDS 的低电压摆幅也使其能够具有很高的传输速率，信号的转换是需要时间的，减小逻辑电压摆幅能够满足更高数据传输速率的要求。

同时，LVDS 使用 3.5 mA 的恒流源，不仅减小了功耗，而且电磁辐射小，对其他设备产生的干扰小，并且不依赖于特定的供电电压，因此很容易迁移到低压供电的系统中去而不改变性能。

二、LVDS 的数据传输速率

LVDS 的传输速率一般在 155.5 Mb/s 以上，其最大数据传输速率由信号转换时间、传输介质、传输距离和所需信号的质量决定，一般最大数据传输速率可由以下经验公式确定：

$$\text{Max\_signaling\_rate} = \frac{0.5}{t_r, t_f}$$

式中,t_r 和 t_f 分别为信号的上升沿时间和下降沿时间。TIA/EIA-644-A 标准中没有规定实际应用的最大速率,根据不超过 260 ps 的信号转换时间和无失真的介质,理论极限速率为 1.923 Mb/s。标准中推荐的实际应用的最大速率为 655 Mb/s。这个推荐值的假设条件为:选用电缆介质,其在 5 m 的传输距离时上升时间失真的典型值为 500 ps,信号转换时间为 260 ps,并采用 0.5 倍约束,得到 1.52 ns 的最小单位间隔。近年来,最新的 LVDS 产品已经能够实现高达 3 Gb/s 以上的数据传输速率,并且保持低功耗和抗噪声性能。

快速转换需要注意互连的设计,以最小化短截线、连接器的阻抗适配。一般准则为短截线尽可能短,具体为短截线的传播延迟要小于信号转换时间的 30%,信号转换时间为 260 ps 时,意味着短截线应小于 0.5 in 的 PCB 走线。但是在 M-LVDS 中,短截线可能很常见,M-LVDS 标准规定信号转换时间最小为 1 ns,此时最高数据传输速率为 500 Mb/s,短截线长度可以有约 2 in。

三、网络拓扑

1. 点对点拓扑(Point-to-Point)

点对点拓扑是最简单也是典型的应用模式,如图 13-8 所示。在这种拓扑中,只有一个驱动器和一个接收器。点对点连接支持数据传输的单工通信,不需要短截线,不连续性被避免,可以达到最好的信号质量,并且可以达到最高预测数据传输速率。

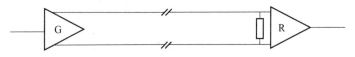

图 13-8 点对点拓扑

2. 多分支拓扑(Multidrop)

如图 13-9 所示,多分支拓扑是 LVDS 多点应用中的一种,由一个驱动器和多个位于同一传输线上的接收器组成,用于传输相同的数据给多个接收器。在这种拓扑结构中,只使用一个终端电阻,且位于电缆的最远端。LVDS 接收器的阻抗很高,在只有一个接收器时,差分输入漏电流可以忽略。但在多分支结构中,总负载会随着接收器数量的增加而减小,导致驱动器的输出电压减小,MLVDS 标准规定在这种结构中一个驱动器最多驱动 32 个接收器。

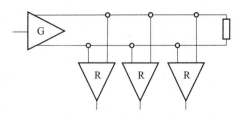

图 13-9 多分支拓扑

3. 多点互连拓扑(Multipoint)

如图 13-10 所示,在这种结构中,可能存在多个驱动器和多个接收器,因此需要使用双端接。同时,为了驱动多个端接电阻,驱动器增加了电流输出。多点互连结构可以进行半双工通信,这种情况产生了点对点拓扑和多分支拓扑不需要考虑的总线竞争问题,在任意时刻只能有一个驱动器工作，发送的优先权和仲裁需要根据应用场合选择通信协议。

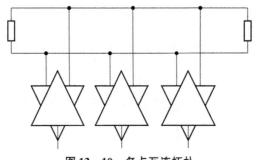

图 13-10　多点互连拓扑

小　　结

本章简要介绍了 MOST 和 LVDS 两种通信协议的发展历程、技术特点通信原理、拓扑结构及应用。

思考题

1. 简述 MOST 总线的技术特点。
2. 试简要描述 MOST 帧结构及其特点。
3. LVDS 为什么使用低压供电而不使用常见的 5 V 供电？
4. LVDS 的传输速率与什么有关？标准中推荐的最大速率和理论极限速率如何计算？
5. 简述 LVDS 常用的拓扑结构种类及其区别。

第 14 章
汽车电子控制系统实例

第一节 概述

汽车电子技术在汽车技术进步的过程中始终走在前列：汽油机电控喷射技术结合三元催化器、柴油机燃油喷射系统、自动变速器（Automatic Transmission）、智能可变气门正时和升程技术（i-VTEC）、混合动力技术（HPS）等许多机、电、液紧密结合的技术使汽车的性能指标日益提高，特别是电子控制技术伴随着微电子工业的迅猛发展而迅速提高。随着智能网联的发展，T-BOX 逐渐登上历史舞台。

汽油机电子控制最基本的控制内容包括点火系统的电子控制、燃油系统的电子控制。首先是从汽油机的电子控制开始的，最早出现的是晶体管辅助触点点火系统。这种点火系统仍采用断电触点产生的电流脉冲，但是通过触点的只是晶体管的控制电流，这一电流经功率晶体管放大后作为点火线圈的初级电流。后来在这种点火系统的基础上，断电触点被霍尔或磁电式的传感器所取代，出现了无触点电子点火系统，这种点火系统的控制单元中往往还具有对初级回路闭合角控制的硬件电路。在晶体管点火系统中分电器分电作用和点火提前角的控制机构仍然存在。随后出现了微处理器控制的点火系统，控制器除接收汽油机点火的触发信号外，还同时接收汽油机进气压力、转速、冷却水温、负荷等多个信号，并根据这些信号控制点火提前角和闭合时间。随着汽油机电控技术的发展，出现了无分电器的点火系统 DIS。这种点火系统取消了任何机械装置，没有任何运动件，直接由点火控制器输出多个脉冲电流，驱动几个点火线圈直接向各气缸火花塞输出高压电脉冲。这种点火系统目前在汽车上得到了广泛的应用。而汽车的其他系统如底盘、悬挂和车身等系统的电控技术，也像发动机的电控技术一样随半导体和微电子技术似的飞速发展而进步。

第二节 汽车发动机的电子控制

电子控制燃油喷射系统是在早期的军用飞机的汽油喷射技术的基础上发展起来的，它的发展大致经历了三个阶段。第一阶段，从 20 世纪 60—70 年代末，是电控燃油喷射技术的形成和初步发展的时期。电控燃油喷射的设想首先是由 Bendix 公司于 1957 年提出的，德国的 Bosch 公司在 1967 年第一个研制成功 D-jetronic 电子控制汽油喷射系统，装备在大众汽车公司 VW-1100 型轿车上，率先达到了美国加州排放法规的要求，进入美国市场。这一开创性的工作拉开了汽车电子化的序幕，对以后汽油机的电子控制的产业化产生了深远的影响。

1973年在D-jetronic的基础上Bosch公司又成功地开发了L-jetronic系统，进一步发展又形成了LH-jetronic数字式汽油机综合控制系统，1979年Bosch公司开始生产集电子点火和电控汽油喷射于一体的Motronic数字式汽油机综合控制系统。与此同时，美国和日本各大汽车公司也竞相研制成功与各自车型配合的数字式电控汽油喷射系统。例如，GM的DEFI系统、Ford的EEC-Ⅲ系统以及日本日产ECCS系统、丰田公司的TCCS等。

进入20世纪80年代以后，尤其是20世纪80年代中期以后，由于电子技术的飞速发展，电子控制系统的控制功能不断完善，成本不断降低，而且由于世界范围内排放法规的日趋严格，使以EFI为核心的汽油机电子控制技术的应用得到飞速发展。同时控制系统本身也不断得到提高和完善。在这一阶段中最显著的特征就是为满足严格的排放法规的要求，三元催化转换器（TWC）和以氧传感器（EGO）为反馈信号的闭环控制系统得到广泛的应用，而且在控制方法方面出现了自适应和自学习的控制方法。

进入20世纪90年代后，汽油机电控技术迎来了其发展的第三个阶段。由于排放法规更加严格，而且排放控制的步伐也越来越快。排放法规的日趋严格对汽油机电控系统提出了更严格的要求，这些要求不仅使汽油机电子控制系统的结构组成、控制功能发生变化，而且也促进了控制系统的内在变化，即控制方法、控制策略的变革，现代控制理论和智能控制理论得到应用。

柴油机自19世纪末期发明以来，以其良好的动力性和经济性一直是卡车、轮船和发电机组的主要动力。在经历了20世纪20年代采用机械泵式燃油喷射系统，50年代发明增压技术，70年代电子控制技术的引入三个阶段后，已经使其各项性能指标达到了较高的水平。从发展来看，柴油机电控技术要比汽油机电控技术滞后约10年，这主要是因为在执行机构——燃油喷射系统中存在技术难点，即面对喷油系统很高的压力，无论是元件的制造技术还是机构的可靠性及控制技术都面临严峻的挑战。进入20世纪80年代，随着工业技术的进步，柴油机电控技术有了很大的发展，国外以德国博世（Bosch）、日本电装（Denso）及美国卡特彼勒（Caterpillar）公司为代表的许多公司和研究机构开始推出各有特色的产品，并全面引发了这一领域的技术进步。到20世纪末，由于排放法规日益严格，对汽车排放物的限值在大幅度下降，柴油车的主要排放物氮氧化物和微粒都在成倍减少，到了Euro V已经达到（2，0.02）g/(kW·h)的极高水平，因而对于柴油车特别是重载柴油车采用技术更先进的燃油喷射系统是大势所趋。另外，采用了先进燃油系统并且融合了更多技术内容的新型柴油机的性能又达到一个全新的水平，许多公司的产品完全可以应对欧Ⅲ、欧Ⅳ排放法规的要求。柴油机的应用领域又有所拓展——向轿车上发展，在欧洲每三辆轿车中就有一辆是柴油车。随着时间的推移，又有许多新技术如均质压燃HCCI系统、排气后处理等使柴油机技术的进一步发展成为可能。柴油机电控喷射系统从控制方式上分为位置控制式和时间控制式，从发展顺序上看位置控制式在先，时间控制式在后。位置控制式的喷油系统多装备在直列泵和分配泵上。这类产品的特点是保留原有喷油系统的泵-管-嘴的基本机构以及齿条、柱塞偶件等要素，喷油量的控制通过ECU控制齿杆或滑套的位移实现，喷油正时通过液压控制喷油角提前器或者采用可变预行程技术。在直列泵上采用位置式控制的喷射系统主要有日本Zexel公司的COPEC系统、德国博世公司的EDR系统以及美国Caterpillar公司的PEEC系统等。在分配泵上实施位置式控制比较有代表性的喷射系统有日本电装公司的ECD-V1系统、英国Lucas公司的EPIC系统等。时间控制式电控喷射系统利用柱塞泵可承载高压的特性为喷射系统建立供油压力,用高速电磁阀的开闭控制实现对喷油量和喷油正时的控制,其中电磁阀作用时间的长短确定了供油量的大小,电磁阀起作用的时刻控制喷油正时,这种控制方式使燃油的计量成为时间的函数,与汽油机电控喷射系统有一定的相似之处。时间控制式的喷射系统通常包括电控分配泵、电控泵喷嘴(单体泵)以及各种共轨系统。典型的分配泵时间控制式喷射系统有日本 Zexel 公司的 Model-1 系统、美国 Stanadyne 公司的 DS 系统以及德国博世公司的 VP44 系统。电控泵喷嘴系统有美国底特律柴油机公司的 DDEC 系统、Lucas 公司和 DELPHI 公司的 EUI 系统,单体泵系统方面德国博世公司的产品已经为许多柴油机公司采用。近些年,很多学者将共轨系统做了进一步的划分,称之为第三代电控喷射系统,因为共轨系统的控制因素除了时间外,还有油路的压力。共轨系统的结构很多,一般通过高压共轨、蓄压或液力增压来建立油压,有代表性的系统有日本电装公司的 ECU-U2 高压共轨喷射系统、美国 BKM 公司的 Servojet 蓄压共轨喷射系统以及 Caterpillar 公司的 HEUI 的液压式中压共轨系统等。

一、汽油机的电子控制

目前汽油机电控系统一般包括三大部分:传感器部分、电子控制单元(ECU)和执行器部分,如图 14-1 所示。以 ECU 为中心,包括前置的 A/D 转换器、数字信号缓冲器以及后置的信号放大器等。微机运算速度快,精度高,能实时控制,并具备多中断响应等功能。目前除了 8 位、16 位微机外,32 位,特别是 64 位微机已开始逐步使用。而且,不仅有通用型微机和单片机,专用的汽车微机也已研制出来。正是微机技术突飞猛进的发展促进了汽车电控技术的不断完善。可以说,当前 ECU 的发展总趋势是从单系统单机控制向多系统集中控制过渡。不久以后,汽车电控系统将采用计算机网络技术,把发动机电控系统、车身电控系统、底盘电控系统及信息与通信系统等各系统的 ECU 相联结,形成机内分布式计算机网络,实现汽车电子综合控制。传感器汽车传感器的工作条件极为恶劣,因此,传感器能否精确可靠地工作至关重要。近年来在该领域中,理论研究及材料应用发展较为迅速,半导体和金属膜技术、陶瓷烧结技术等迅猛发展。毋庸置疑,智能化、集成化和数字化将是传感器的未来发展趋势。执行器用来精确无误地执行 ECU 发出的命令信号。因此,执行器工作的精确与否将最终影响电控的成败,正因如此,其工作可靠性和精确性一直作为研究重点而备受关注。目前,汽车电控系统的执行器类型繁多,有电磁阀、电动机、压电元件、点火器、电磁继电器、热电偶等,结构与功能不尽相同。执行器的发展方向是智能化执行器和固态智能动力装置。发动机电控技术可分为电控汽油喷射、电子点火、急速控制、排气再循环控制、增压控制、故障自诊断、故障保险、备用控制以及其他控制技术。

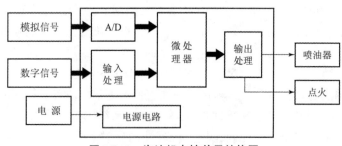

图 14-1 汽油机电控单元结构图

电控汽油喷射（EFI）系统：电控汽油喷射系统较之早期普遍使用的化油器供油系统，其突出优点在于空燃比的控制更为精确，可实现最佳空燃比，而且电喷技术提高了汽油的雾化、蒸发性能，加速性能更好，发动机功率和扭矩显著升高。目前，电喷系统主要采用开环与闭环控制（反馈控制）相结合的方式。对诸如暖机、怠速等需要供给浓混合气的工况采取开环控制，此外则通过排气管中设置的氧传感器，测量实际空燃比来进行反馈控制。系统控制的原理是：由空气流量计或进气歧管绝对压力传感器和转速传感器测量进气空气量，由ECU根据冷却水温、进气温度、氧传感器信号等确定合适的空燃比，计算所需喷油量，进而对执行器（喷油器和电路断开继电器）进行控制。按照喷油器的安装位置的不同，电喷系统可分为三种型式：单点喷射（SPI）、多点喷射（MPI）和缸内直接喷射。单点喷射用1～2个喷油器安装在进气管节气门处。多点喷射将各个喷油器分别安装在各缸的进气歧管中，使各缸混合气分配较均匀，故而在轿车中应用较广。并且，按照其喷油时序的不同，多点喷射又可细分为同时喷射、分组喷射和顺序喷射三种，其中顺序喷射使喷油器能按各缸的点火顺序进行喷油，每循环喷一次，该种方式较前两种应用效果更好。缸内直喷特别是四冲程汽油机缸内直喷是当前轿车汽油喷射中的前沿技术，最早由日本三菱公司研制开发，其喷油器安装在气缸盖上，工作时直接将汽油喷入气缸内进行混合燃烧。直喷技术的实现大大降低了汽油机的油耗，动力性能也较多点喷射更为优越；同时，配合其他机构，使得高空燃比稀燃技术得以实现。

电子点火控制系统：早在20世纪初，点火系统在汽车发动机上已开始应用，从有触点式、普通无触点式、集成电路式，发展到现今的微机控制电子点火系统。微机控制电子点火系统可控制并维持发动机点火提前角（ESA）在最佳范围以内，使汽油机的点火时刻更接近于理想状态，进一步挖掘发动机的潜能。在微机控制点火系统中，目前出现了一种无分电器点火（DLI）系统，它取消了普通微机控制点火系统中的分电器，改由ECU内部控制各缸配电。这样点火线圈产生的高压电，无须经过分电器分配，直接就送至火花塞发生点火。无分电器点火系统可消除分火头与分电器盖边电极的火花放电现象，减少电磁干扰。无分电器点火系统根据点火顺序的不同，有两缸同时点火和各缸独立点火两种。在两缸同时点火方式中，每两缸一组，合用一个点火线圈，所有缸体分成若干组按组依次进行点火；在各缸独立点火方式中，每缸的火花塞都设有单独的点火线圈（特别是随着超小型塑料包装的点火线圈的出现，使之与火花塞合为一体），这样各缸可依次轮流点火。在发动机的点火控制中，同样采用了开环和闭环相结合的控制形式。起动阶段的点火时刻由ECU中的专门信号进行开环控制；正常运行期间，则通过增设爆震传感器进行爆震反馈控制，根据爆震传感器的反馈信号调整点火时刻使发动机在临界爆震状态。

采用燃油多点顺序喷射方法实现发动机的燃油供给。ECU根据各传感器采集的信号判别发动机的工况，计算出目标空燃比及实现目标空燃比所需的喷油脉宽，然后依此控制喷油器，将定量的燃油喷入进气道形成油气混合气。为了保证较好的排放性能，本系统采用了空燃比闭环控制，通过闭环控制结合三元催化的方法来降低排放。采用的质量式空气流量计特性曲线。ECU按照一定采样频率采入MAF信号，并经数字滤波后可以换算出发动机的各缸循环充气质量。根据发动机的运行情况，空燃比控制可以分为启动和运行两大工况。其中启动工况又可以分为正常启动和清除溢油两种工况。运行工况包括发动机冷机运行工况、暖机运行工况、闭环控制工况和功率加浓工况。对点火闭合期的控制是为了保证在不同的发动机转速下点火系统能够提供足够的点火能量。在启动工况采用固定闭合期的方法以适应启动过程中转速的快速变化。点火提前角的控制分为开环控制和闭环控制,当发动机发生爆震时,控制系统将进入爆震闭环控制,直至爆震现象消失为止。这种开环结合闭环控制的方法在实际系统中既提高了发动机的效率又保证了软件执行的速度。

怠速控制(ISC)系统怠速性能的好坏是评价发动机性能优越与否的重要指标,怠速性能差将导致油耗增加,排污严重,因此,需进行必要的控制。现代轿车中一般设有怠速控制系统,由ECU控制并维持发动机怠速在某一稳定转速范围内。因此,怠速控制通常是指怠速转速控制,其实质就是对怠速工况时的进气量进行调节(同时配合喷油量及点火提前角的控制)。怠速控制的基本原理是ECU根据冷却水温、空调负荷、空挡信号等计算目标转速,并与实际转速相比较,同时检测节气门全关信号及车速信号,判断是否处于怠速状态,确认后则按目标转速与实际转速之间的差值来驱动执行器调整控制进气量。目前,除了怠速转速的稳定性控制之外,怠速控制还可以实现起动控制、暖机控制以及负荷变化控制等功能,这样多种功能的集中,不仅简化了机构,而且也提高了怠速控制的精确性。怠速控制系统根据进气量控制方式的不同可分为节气门直动式和旁通空气式两种,后者的应用较广,其中的执行器——怠速控制阀的发展较快,相应有步进电机型、旋转电磁阀型、占空比型和开关控制型等,各自在怠速控制中有不同程度的应用。

二、柴油机的电子控制

随着时代的发展,位置控制式的电控系统将逐渐被淘汰。本书介绍时间控制式的柴油机电控系统的控制方法。在芯片上采用了32位的处理器,这种模块化设计的MCU,每一个模块都有其较为独立的功能。这些模块包括中央处理器单元(CPU32)、定时处理器(TPU)、队列式A/D转换模块(QADC)、队列串行模块(QSM)、系统集成模块(SIM)以及片内存储器(SRAM)。这些模块通过内部总线(IMB)相连,外扩的存储器通过外部总线接口(EBI)与SIM模块相连。在前向通道中,通过接口电路模拟信号进入QADC模块,数字信号进入TPU。在后向通道中,TPU输出各种执行机构的控制信号,通过驱动电路作用于执行元件上;监控模块通过QSM对整个ECU进行在线监控。在控制系统中,可以运行各种功能专一的程序,也可以加载具有更高性能的实时操作系统(RTOS)。柴油机电控单元结构如图14-2所示。

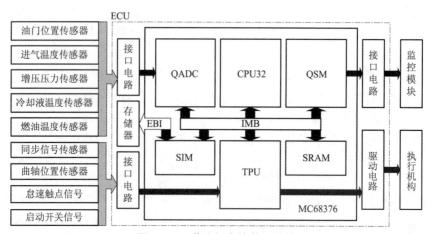

图14-2　柴油机电控单元结构

柴油机的输出功率的大小由每循环供入气缸内的主要由燃油量来控制，因而燃油量的控制是 ECU 最为核心的任务，在发动机运行过程中，根据不同的工况，依据一定的控制逻辑向系统供油，这种逻辑关系如图 14-3 所示。ECU 根据转速和油门位置在预设的调速特性中获取需要的油量，若为冷车则直接在查表前添加油门偏移量再去查表，若为怠速工况则根据实际转速与目标转速的差在调速特性获得的油量基础上加一个修正量，此油量与根据转速、进气压力和进气温度算得的冒烟极限油量相比较取小值，这一数值经过油泵特性换算得到喷油持续角，这里用到的油泵特性的形式是，通过发动机的转速和循环供油量来查取供油角度，并加上依据转速查取的供油延迟角，得到最终的控制输出量。当发动机起动时，由于系统的不确定性很强，则 ECU 短路以上过程，通过选通开关直接获取依据冷却液温度查取的油量和正时供给系统。清晰的控制逻辑设计是 ECU 软件设计的框架，也是发动机运转过程平顺、各工况衔接顺畅的保证。喷油正时的控制逻辑相对简单，当 ECU 算得系统的供油量后，根据这一数值和发动机的转速在供油正时的 MAP 中查取基本的供油提前角，再根据冷却液温度和进气压力进行修正，获得最终的供油提前角。同样在起动工况，则 ECU 直接根据冷却液的温度向系统提供起动时的供油正时。由于研究采用等速凸轮，供油提前角与油量没有直接的关系，因而油量控制的逻辑与正时控制的逻辑的影响关系是单向的，即通过油量查取正时，但反之没有对应关系。

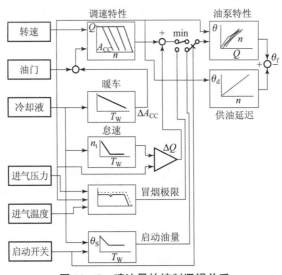

图 14-3 喷油量的控制逻辑关系

柴油机的起动状态有冷起动和热起动两种。冷车起动特别是低温冷起动比较困难，这主要是因为低温时燃油雾化不好，壁面温度较低，同时机油黏度大，曲轴转动阻力矩相对较大等。柴油机电控单元对起动过程采用一定的控制策略。通常采用的控制策略是开环控制，以发动机的冷却液信号表示环境状态和机器本身的状态，以发动机的转速信号表征起动控制的进程。冷车起动时燃油的雾化不好，所以需要喷入相对较多的燃油，随冷却液温度的升高，这种情况有所改善，油量降低。另外，压缩温度较低导致燃烧滞燃期较长，需要适当地增加喷油提前角。喷油量从发动机起动到点火，最终转速稳定一直保持在较高的水平，从转速稳定点开始逐渐减少进入暖车工况。

发动机冷车起动成功后，其工作的环境处于十分不利的状况，控制单元需要给发动机提供额外的油量，保证发动机在这种运行工况下不熄灭，使之尽快离开这种工作状况。暖车控制在发动机的基本供油量的基础上附加暖车修正系数，实际对应的是油门的附加量，冷却水温度为参考量查取暖车修正系数，随发动机冷却水温度的提高，暖车修正量逐渐减小，当冷却水温达到某一值时，暖车过程结束，不再向发动机提供额外的供油量，并进入怠速工况。

对于车用柴油机而言，怠速工况无疑是一个重要的环节，采用的控制策略是开环的前馈控制结合闭环的 PID 调节和各缸均匀性控制。首先根据发动机的状态确定目标怠速转速，这里考虑的是水温低时让怠速转速稍高一些，反之则低一点。根据目标转速获取基本油量提供给发动机，再将发动机的转速信号引回，比较与目标转速的差值，随后进行增量式的 PID 调节。

对油量的限制工况有两种情况，一种是用户自己定义的外特性曲线，另一种就是各个工况点的冒烟极限油量。发动机可以达到的运行区域内可以根据使用场合的不同自己定义外特性曲线。而冒烟极限油量的限制一般发生在发动机的低速大负荷区或者是瞬态工况。对于外特性限制油量往往在标定工作结束后就确定下来，但如果需要，在具体使用过程中仍然可以实时修改。冒烟极限油量的确定有两种方法，其中一种是采用基于模型的控制，认为冒烟极限油量与发动机的转速和进气压力存在直接关系或者通过查表获得。

发动机在调试过程中以及实际运行中都会出现一些意外情况，比如负载的突卸导致转速升高、机油的泄漏或消耗导致压力过低等，这时操作人员往往来不及做出什么动作，发动机已经进入一种非常恶劣的状况，所以在 ECU 的设计过程中需要将保护工况考虑在内。通常的保护有以下几种：超速保护、机油压力过低的保护、冷却液温度过高的保护以及因增压器超速而引起的增压压力过高的保护。其他工况下按照预先设计的调速特性来执行。对于不同的调速特性也有不同的控制方法，在这里不详述。另外，柴油机的动态过程控制也很重要，在其他的专著里有这方面的探讨。

第三节 电子控制自动变速器

一、概述

汽车自动变速器的研究和应用可以追溯到 20 世纪 30 年代。1939 年，美国通用汽车公司首先在其生产的 OLDSMOBILE 轿车上采用了液力变矩器—行星齿轮组成自动变速器。自动变速器采用电子控制系统始于 20 世纪 60 年代中期。法国雷诺公司于 1968 年率先在自动变速器上使用电子元件。1981 年起，美国、日本等一些汽车公司相继开发出各种微机控制的自动变速系统。电子控制自动变速器的真正飞跃发展在 1982 年，这一年丰田公司将微机技术应用于电子控制变速器系统，实现了自动变速器的智能控制。首先应用于豪华型皇冠牌轿车上，有最佳的换挡规律，换挡精确性好，具有良好的燃料经济性、动力性和良好的排放效果。

自动变速器种类很多，主要有液力自动变速器（AT）、电控机械式自动变速器（AMT）、无级自动变速器（CVT）。液力自动变速器是将发动机的机械能平稳地传给车轮的一种液力机械装置，以其良好的乘坐舒适性、方便的操纵性、优越的动力性、良好的安全性奠定了在汽车工业的主导地位。通常 AT 均由液力变矩器、辅助变速器与自动换挡控制系统这三大部分组成。液力变矩器通过工作轮叶片的相互作用，引起机械能与液体能的相互转换来传递动力，通过液体动量矩的变化来改变转矩的传动元件，具有无级连续改变速度与转矩的能力，它对外部负载有良好的自动调节和适应性能。我国最早是在一汽生产的 CA770 红旗轿车上装备了自动变速器，1998 年上海通用汽车公司生产的用于别克轿车上的 4T65E 电子控制自动变速器正式下线，1999 年开始批量生产并投放市场，率先在国内将 AT 作为标准配置装于轿车。效率较低、难制造、成本高是 AT 的缺点，为此带有变矩器的 AT 车几乎都是电子控制，且带有闭锁机构，并扩大闭锁范围和缩短锁止接合时间；闭锁离合器分离时，能量损失大，必须利用适当的滑差控制以改善传动效率。完全闭锁对提高燃料经济性直接有效，但妨碍吸收振动和冲击，所以从这个角度看也需与滑差控制方式并用。

AMT 既具有液力自动变速器自动变速的优点，又保留了原手动变速器齿轮传动效率高、成本低、结构简单、易制造的长处。它融合了二者的优点，是非常适合我国国情的机电一体化高新技术产品。它是在现生产的机械变速器上进行改造的，保留了绝大部分原总成部件，只改变其中手动操作系统的换挡杆部分，生产继承性好，改造的投入费用少，非常容易被生产厂家接受。它的缺点是非动力换挡，这可以通过电控软件方面来得到一定弥补。在客车上 AT 比较适合于高级旅游客车。而一般城市公共汽车在装用进口的 Allison 自动变速器时，其价格每台在 16 万元左右，已大大超过与其配套的康明斯、玉柴等发动机的价格，这也是国外如日野的蓝带客车、伊顿等重型载货汽车多用 AMT 的原因。对于轿车，近年来瑞典的 SAAB、大众的路波轿车已向人们证明，要想今后达到 3 L/100 km 的油耗目标，只有用 AMT 或手动变速，AT 很可能无法实现。在几种自动变速器中，AMT 的性价比最高，在中低档轿车、城市客车、军用车辆、载货车等方面应用前景较广阔。

驾驶灵活、低油耗和低噪声要求变速器挡位越多越好，这种思想的进一步延伸，就是无级变速。无级变速传动 CVT 指无级控制速比变化的变速器。它能提高汽车的动力性、燃料经济性、驾驶舒适性、行驶平顺性。电控的 CVT 可实现动力传动系统的综合控制，充分发挥发动机特性。世界最早的无级自动变速器，因为受传动橡胶带强度所限制，难以推广实用，直到 1984 年发明了金属 V 形带才获新生。CVT 速比光滑变化，无级传递扭矩，乘坐舒适，加速性好，燃料经济性高。但它的起动性能差，故需另加起动装置，现在较多的 CVT 选液力变矩器为起动装置，又称双无级自动变速器。目前它在自动变速器中仅占 1%，其中 90% 在日本，10% 在欧洲。日本本田、日产意大利的菲亚特等在车上部分选用。CVT 虽已开发多年，因设备更换量大、制造困难，价格也较高，故市场销售一直在 100 万台/年波动，上升趋势不明显。但因其理论上性能优越，仍视为自动变速器的主要发展方向之一。我国尚处于起步阶段，国外在 1.5 L 以下小排量的轿车上应用前景较好。

二、自动变速器的电子控制单元

电子控制单元依据所接收到的各输入传感器及开关电信号，视汽车行驶工况和发动机运转工况的不同，精确地控制自动变速器的换挡正时、闭锁时刻控制以及执行机构的动作液压和换挡时的发动机扭矩等，如图 14-4 所示。电子控制单元的另一功能是对作为自动变速器电子控制系统输入装置的车速传感器和输出装置的电磁阀工作是否正常进行自诊断。若车速传感器和电磁阀发生故障，可通过超速挡分离指示灯或故障显示屏以故障代码的形式输出自诊断信息。电子控制单元还具有在电子控制系统出现某些故障时执行失效保护功能的作用，使汽车得以继续行驶。

利用换挡模式选择开关，便可在两种既定的换挡模式中选取合适的一种，然后，电子控制单元便根据其内存中相应的换挡程序，在选挡手柄处于不同工况位置时，视车速和节气门开度的具体情况，适时发出指令，开启或闭合系统输出装置中的换挡电磁阀，进而控制各换挡阀和执行机构中离合器与制动器的动作，使自动变速器准确

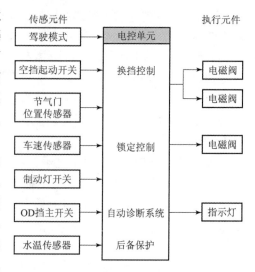

图14-4 自动变速器的电子控制系

而可靠地完成升挡或降挡变换。在汽车自动变速器电子控制系统的电子控制单元中，还存有相应于每种换挡模式下控制锁止离合器接合与分离的计算机程序，按此程序的规定，电子控制单元根据所接收到的车速、节气门开度等传感器信号，向锁止电磁阀发出指令，控制液力变矩器的闭锁时刻。同时，电子控制单元还可以通过控制流经锁止电磁阀的激励电流来调控作用于锁止离合器的油压，使该离合器的接合与分离平稳，改善乘坐舒适性。在某些具有4个电磁阀的电子控制自动变速器上，电子控制单元可以向主油压电磁阀发出控制信号，暂时降低蓄能减振器的背压，从而使执行机构的离合器和制动器在换挡时的接合更趋平顺。此项电子控制单元功能是指在由N工况变为D工况时，由于电子控制单元内存程序的控制作用，自动变速器并非由空挡直接变为一挡，而是先升至二挡，然后再降到一挡，从而减轻车辆的换挡冲击现象。当车辆以超速挡但不太高的车速行驶时，若进一步减速，则电子控制自动变速器并非由超速挡直接降至三挡，而是跳过三挡，先降至二挡很短一段时间，然后再升至三挡。电子控制单元的这种减速控制功能可以减轻减速时由超速挡降至三挡而带来的振动。当电子控制单元根据各输入传感器提供的信号，判定需进行升挡或降挡变换时，将首先发出一个控制信号，通知发动机暂时延迟点火正时，以控制发动机所发出的扭矩，使换挡平稳过渡。当控制系统的电子控制单元发现车速传感器、电磁阀等出现故障时，则超速挡分离指示灯有规律地不停闪烁，以显示故障代码的形式，通知驾驶员系统中存在故障以及故障所在的部位。有些车辆是以仪表板上故障显示屏上的显示来报告故障代码的。当电子控制单元监测出系统中有故障时，会将其存储到内存中，而且在发动机熄火后也不会消失。因此，排除故障后，要执行专门的故障代码消除程序，才能将其从内存中抹掉。当电子控制系统发生故障，如电磁阀失效时，电子控制单元仍可保证汽车以一些特殊的挡位行驶，使其得以驶抵修理厂家，执行故障排除或修理任务。另外，如前所述，正常情况下电子控制单元接收并赖以发出控制指令的是车速传感器所提供的车速信号，一旦该车速传感器失效，则自动转为采用另一个车速传感器输入的信号，从而维持系统的工作。

第四节 汽车制动系统防抱死电子控制系统

一、汽车制动系统的概述和防抱死装置

常规的汽车制动器,无论是盘式的还是鼓式的,都是用气压或油压作为制动动力。汽车的制动过程,实际上是以制动力驱动制动蹄片,与安装于轮毂内同车轮一起旋转的盘式制动装置摩擦,对旋转着的车轮施加摩擦力的过程。此外,还有在制动力作用下,轮速减缓后产生的轮胎与路面的滑移摩擦过程。汽车通过这些摩擦过程,将自身动能转换成热能消耗掉,才能平稳地停下来。当制动力小于车轮附着力时,摩擦力和滑移摩擦随制动力的增长而增长;当制动力等于车轮附着力时,摩擦力和滑移摩擦力最大;当制动力超过车轮附着力时,车轮会抱死,摩擦力作用消失,仅靠轮胎与路面的滑移摩擦,制动效能骤降,易出现危险情况。把制动力控制在车轮附着力范围内,又能保持最大的制动力,就可以充分利用车轮附着力,大大提高制动效能。有经验的驾驶员在制动时,特别是在恶劣的路况和较高车速条件下制动时,都采用"点制动"的方法,达到安全停车的目的,而不是采用一脚把制动踏板踩到底的全制动方式就是这个道理。

汽车防抱死制动系统(Anti-lock Braking System,ABS)可以在汽车制动过程中自动控制和调节制动力的大小。当车轮将要抱死时降低制动力,而当车轮不会抱死时,又增加制动力,如此反复动作,防止车轮抱死,进而消除制动过程中的侧滑、跑偏、丧失转向能力等非稳定状态,以获得良好的制动性能、操纵性能和稳定性能。

二、ABS 装置的发展史和分类

ABS 的历史可以追溯到 20 世纪 20 年代,1928 年即有人提出了 ABS 理论,20 世纪 30 年代,机械式 ABS 开始应用于火车和飞机上。电子控制式 ABS 的历史开始于 1936 年,当时德国博世公司成功地研制出带有电磁感应式车轮转速传感器的 ABS,该技术在汽车上的应用主要从 20 世纪 50 年代开始,当时只是少数生产厂家,如美国的福特、克莱斯勒等公司开始在个别车型上试装;到 20 世纪 60 年代末期,由于得到日益发展的电子技术的支持,ABS 技术在安全性和可靠性方面取得重大发展,这个时期 ABS 技术才算基本成熟。1978 年博世公司成功地研制出数字式电子控制的 BOSCH-ABS2。这种技术利用数字式电子技术和集成电路技术,与原来的模拟式电子控制 ABS 相比,数字式电子控制的 ABS 在反应速度、控制精度以及可靠性等方面都有显著提高。这种装置被装在奔驰高级豪华轿车上以后,证明其控制效果空前理想。在我国,1998 年上海大众汽车公司率先在其生产的桑塔纳 2000 型汽车上装备 ABS。我国的两个新的汽车合资项目上海别克和广州本田也相继于 1998 年和 1999 年正式生产的别克世纪和本田 98 款雅阁新车型将 ABS 作为标准配备,随后一汽大众和神龙也在其生产的捷达和富康汽车上装备 ABS。

按照传感器数量和控制通道数可将 ABS 系统分为如下几种型式:

(1) 四传感器四通道式根据两个传感器信号分别控制汽车两前轮,后轮可采用两种方式进行控制,一种是分别控制方式,另一种是将后轮的两个传感器的信号加以综合处理后同时进行控制的同步控制方式。

（2）三传感器三通道式采用两个传感器分别控制汽车两前轮，用一个传感器（装于差速器上）、同一条液压管路控制两后轮。

（3）四传感器三通道式采用两个传感器分别控制汽车两前轮，把后轮的两个传感器信号加以综合处理后，用同一条液压管路控制两后轮。

（4）四传感器二通道式采用两个传感器分别控制汽车两前轮，根据后轮的两个传感器信号计算出基准速度，利用对角前轮的制动液压力控制后轮。

（5）二传感器二通道式，摩托车采用这种方式，因为摩托车前后轮具有独立的液压系统。这种方式没有电子控制器，属于机械式 ABS。

（6）一传感器一通道式采用一个传感器、同一条液压管路只控制后轮。

三、ABS 装置的工作原理和电子控制单元

电子控制防抱死制动系统一般由车轮转速传感器、电子控制器、压力调节器、ABS 报警灯和一些继电器等组成，如图 14-5 所示。车轮转速传感器一般为电磁感应式，通常安置在被控车轮上。压力调节器既可以设置在制动总泵至制动分泵的制动管路中形成分离结构，也可与制动总泵合为一体形成整体结构，对制动压力进行调节可以采用流通方式或变容方式。压力调节器中的电磁阀有三位三通和二位二通两种结构。ABS 的 ECU 系统通过指令来控制液压控制装置从而达到制动器的制动力的合理调节而使车轮防抱死。制动液压控制装置一般包括真空助力器、制动总泵、储油箱、制动分泵与液压管路以及电动泵、储压器、主控制阀、电磁控制阀等元件。常规制动过程在没有 ABS 参加工作时，电磁阀没有通电，主缸与轮缸是相通的，其轮缸压力由司机直接控制。减压工作过程 ABS 参加工作，当车轮转速传感器发出电信号时，ECU 发出指令，电磁阀根据电脑信号通入较大电流时，柱塞在其作用下上移主缸与轮缸油路切断轮缸与油箱相通，使其油压下降防止车轮抱死，从而使其制动力下降。恒压工作过程 ABS 也参加工作，当电磁阀通入较小电流时 ABS 处于稳定工作状态，柱塞移动到所有油通道被切断状态，轮缸处于保持制动压力状态。增压工作过程，ABS 参加工作，随其车轮运转状态的改变传感器又发出新信号，ECU 发出指令，电磁阀断电使其在弹簧力作用下回位，主缸油压进入轮缸使其增压即改变制动器制动力，保证车轮在合理滑移状态。

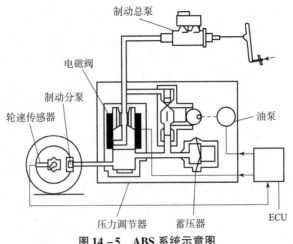

图 14-5 ABS 系统示意图

电子控制装置具有运算功能，接收轮速传感器的交流信号，计算出车轮速度、滑移率和车轮的加减速度。把这些信号加以分析，对制动压力发出控制指令。ECU 由以下几个基本电路构成：轮速传感器的输入放大电路；运算电路；电磁阀控制电路；稳压电源；电源监控电路、故障反馈电路和继电器驱动电路。

（1）轮速传感器的输入放大电路：安装在各车轮的轮速传感器根据轮速输出交流信号，输入放大电路将交流信号放大成矩形波并整形后送往运算电路。不同的 ABS 系统中轮速传感器的数量是不一样的。每个车轮都装轮速传感器时，需要 4 个。当只在左右前轮和后轴差速器安装轮速传感器时，只需要 3 个。但是，要把后轮的一个信号当作左右轮的两个信号送往运算电路。

（2）运算电路包括控制运算电路和安全运算电路，主要进行车轮线速度、初始速度、滑移率、加减速度的运算，以及电磁阀的开启控制运算和监控运算。安装在车轮上的传感器齿圈随车轮旋转，轮速传感器便输出信号，车轮线速度运算电路接收信号并计算出车轮的瞬时线速度、初始速度、滑移率及加减速度运算。电磁阀开启控制运算电路是根据滑移率和加减速度控制信号，对电磁阀控制电路输出减压、保压或增压的信号。

（3）电磁阀控制电路接收来自运算电路的减压、保压或增压信号，控制电磁阀的电流。

（4）稳压电源、电源监控电路、故障反馈电路和继电器驱动电路。

第五节　汽车电子安全气囊

当汽车发生碰撞事故时，汽车和障碍物之间的碰撞称为一次碰撞，一次碰撞的结果导致汽车速度急剧下降，一般降到速度为零的时间在 150 ms 左右。由于惯性的作用，当汽车急剧降速时，乘员要保持原来的速度向前运动，于是就发生了乘员和方向盘、仪表板、挡风玻璃等之间的碰撞，从而造成了乘员的伤亡，乘员和汽车内部结构之间的碰撞称为二次碰撞。汽车安全气囊的基本思想是：在发生一次碰撞后、二次碰撞前，迅速在乘员和汽车内部结构之间打开一个充满气体的袋子，使乘员扑在气袋上，避免或减缓二次碰撞，从而达到保护乘员的目的。由于乘员和气袋相碰时，由于振荡会造成乘员伤害，所以一般在气囊的背面开两个直径 25 mm 左右的圆孔，这样，当乘员和气囊相碰时，由于圆孔的放气而减轻了振荡，同时由于放气过程是一个释放能量的过程，因此可以很快地吸收乘员的动能，有助于对乘员的保护。

安全气囊防护系统一般由传感器、控制器（ECU）、气体发生器、气囊等组成，通常气体发生器和气囊等做在一起构成气囊模块，如图 14-6 所示。碰撞传感器是安全气囊中用来检测碰撞强度的传感器。其安装位置依厂家设计而定，一般安装在汽车前方左右两侧，以分别检测前方左右两侧纵向 30°范围内的撞击。碰撞传感器种类很多，有偏心锤式、应变片式、永磁式等。中央传感器装在中央控制器内，用来感测发生高速碰撞的信息，并将其输送到 CPU，引爆气囊电雷管，使气囊张开。同时前方传感器也引爆了预紧器的电雷管，即安全带预紧器和气囊同时起作用。有的前方传感器有两对动、静触头，在低速碰撞时第 1 对触头闭合引爆安全预紧器，在高速碰撞时第 2 对触头接通，安全预紧器及气囊同时动作。中央传感器是作为提高可靠性而设置的传感器冗余。安全传感器用来防止系统在非碰撞状况引起气囊的误动作。它们装在中央控制器内，是一个水银常开开关，当发生碰撞时，足够大的减速度力将水银抛上，接通电雷管电路。气囊电源由从点火开关接出的汽车蓄电池（或交流发电机）主电源、稳压器、电源监控器、备用电源等组成，平时由主电源供电，并对备用电源充电。由于主电源波动较大，一般设有稳压器，以便获得稳定的电压。在主电源损坏时，电源监控器就马上切断主电源，启动备用电源。同时，电源监控器的储能电容器也是备用电源的一部分。

安全气囊的控制研究主要包括两个方面，一是研究点火控制，另一个是研究安全气囊的体积、形状、放气特性等。研究第一个问题的目的是使安全气囊能够准确地点火，防止误点火（不该点火而点火）、漏点火（应该点火而没有点火）和迟点火（点火时间太晚）；研究第二个问题的目的是尽可能有效地保护乘员。电子式安全气囊的全部动作完全是由 CPU 的程序控制，按照人们事先设计的工作内容与步骤，按部就班地逐条执行的。汽车的点火开关闭合后，气囊就开始工作。首先把 CPU 等电子电路复位，紧接着是自检工作，专门由自检子程序对各传感器、

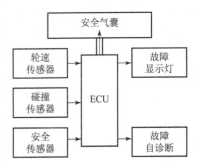

图 14-6　汽车的电子安全气囊

引爆器、RAM、ROM、电源等部件逐个进行检查。如果有故障，先执行总的故障显示灯显示子程序，使故障灯发出闪烁亮灯信号，驾驶员迅速把故障代码读取开关合上（或用线接好），读取故障代码，查出气囊故障的部位。如果自检气囊无故障，启动传感器采集子程序，对所有的传感器进行巡回检测。如没有碰撞，程序又返回到自检子程序。如果一直没有碰撞则程序就这样循环下去。如果有碰撞，经 CPU 的判断，如碰撞速度小于 30 km/h 时，CPU 发出引爆双安全带预紧器的指令，点燃双安全带预紧器，拉紧安全带，保护乘员，并且发出光电报警指令。如果碰撞速度大于 30 km/h，则 CPU 向所有的引爆器发出引爆指令，使两个安全带拉紧，两个气囊张开，同时发出光电报警指令。如果在较大速度碰撞后，主电源断线，则电源监控器自动启动备用电源，支持整个系统工作，并使报警工作至备用电源耗尽。

第六节　车载定位和汽车的信息化

一、车载全球定位系统（GPS）

车载全球定位系统又称 GPS（Global Position System），是近年来开发的最具开创意义的高新技术之一，其系统原理如图 14-7 所示。GPS 车载导航技术在国外的应用已经比较普遍，但在国内则刚刚起步，配备导航系统的汽车寥寥无几，车载导航产品在我国有着巨大的市场发展空间和潜力。GPS 车载导航系统是 GPS 应用的一个领域，是伴随着 GPS 系统的发展而出现的。电子产品本身就是一种技术含量较高的产品。为了充分利用导航系统的主机运算能力，目前开发商已经在强化系统与多媒体如音响、影像等设备的集成，并打算加入车辆故障监测与诊断功能，它能够在监测车辆存在安全隐患时发出警示，并为驾驶者直接提供维修地点的指引，利用其自身的导航资源，来为驾驶员提供更多的相关服务。GPS 技术的成熟给车载导航系统的发展注入了活力。GPS 车载导航与人、车、路都有关系。随着生活水平的

提高，人们将越来越会享受生活。未来的车载 GPS 导航系统将集众多功能于一身，满足客户更高的需求。

GPS 能为全球用户提供全天候、连续、实时的高精度位置、速度和时间信息，它由空间卫星、地面监控系统和用户接收机三部分组成。其中，空间卫星由 21 颗卫星和 3 颗备用卫星组成，均匀分布在互成 60°的 6 个椭圆形轨道面上，轨道倾角为 55°，卫星运行高度约 2 万 km，运行周期为 12 h。这样分布可保证在地球上任何地点、任何时刻均能同时观测到至少 4 颗 GPS 卫星。卫星的主要作用是向用户连续不断地发送导航电文（又称 GPS 信号）。地面监控系统主要用来测量和计算每颗卫星的星历，编辑成电文发送给卫星，即卫星所提供的广播星历。GPS 的基本定位方法是测距交汇确定点位法。测距方法有两种：一是测量 GPS 卫星发射的测距码信号（C/A 码或 P 码）到达用户接收机的传播时间；二是测量接收机接收到的具有多普勒频率的载波信号与接收机产生的参考载波信号之间的相位差。导航和动态定位方式主要有单点定位和差分定位。单点定位是独立确定待定点在地心坐标中的绝对位置，该方法的优点是只需一台接收机，但单点定位的结果受卫星轨迹误差和卫星信号传播过程中大气延迟误差的影响比较显著，定位精度较差。差分定位是将一台接收机安置在地面已知点上作为基准点，并与所有待测点的接收机同步观测。基准点根据其已知的精确坐标可以求出定位结果的坐标改正值（位置差分法）或伪距观测量的改正数（伪距差分法），然后通过数据链把这些改正数实时传给相关用户。用户利用这些改正数对自己的定位结果或伪距观测量进行改正，从而提高定位结果的精度。

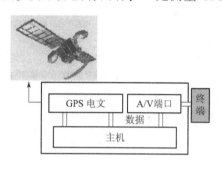

图 14-7　车载 GPS 系统的原理

二、汽车的网络化与多媒体系统

汽车正在向网络化和信息化发展。其中尤以 CAN 和 LIN 总线在车辆上被广泛使用。CAN 总线在前面的章节已经进行了详细的介绍，这里介绍 LIN（Local Interconnect Network），它是一种低成本的串行通信网络，用于实现汽车中的分布式电子系统控制。LIN 的目标是为现有汽车网络（如 CAN 总线）提供辅助功能。因此，LIN 总线是一种辅助的串行通信总线网络。在不需要 CAN 总线的带宽和多功能的场合，比如智能传感器和制动装置之间的通信，使用 LIN 总线可大大节省成本。LIN 技术规范中，除定义了基本协议和物理层外，还定义了开发工具和应用软件接口。LIN 通信是基于 SCI（UART）数据格式，采用单主控制器/多从设备的模式，仅使用一根 12 V 信号总线和一个无固定时间基准的节点同步时钟线。

车内多路传输系统按速率和功能通常分为三级，20 世纪 90 年代中期形成的低速低负荷传输系统属 A 级，主要用于车身电器如座椅、门窗、照明等控制模块；B 级属中速数据通信系统，具有数据通信功能，在各种 ECU 中共享信息；C 级则为高速数据通信系统，不仅共享信息，还具有实时控制功能，其数据传输速率超过 1 Mb/s，适用于安全系统，如安全气囊的实时控制、动力传动系统的实时控制等。1998 年秋，奔驰 S 级轿车首先采用了光纤多路传输系统，它可管理音响、蜂窝电话和导航系统，传送伴音系统的音频信号，光纤网络的数据传输速率高达 5.6 Mb/s，是铜线的 60 倍，它采用了标准光缆和插接件，质量轻，抗干扰能力强，可靠性高。目前多路传输系统的问题是标准化问题，即通信协议、数据格式和电平等标准化，还有就是全球统一的操作系统。汽车电子技术的进步，已使各系统控制走向集中，形成了整车控制系统。这一系统除了中心电脑外，甚至包括多达23个微处理器，以及大量传感器和执行部件，组成一个庞大而复杂的信息交换与控制系统，车用计算机的容量要求已与现代PC不相上下，计算速度则要求更高。由于汽车用计算机控制系统的数量日益增多，采用高速数据传输网络日益显得必要。光导纤维可为此传输网络提供传输介质，以解决电子控制系统防电磁干扰的问题。随着光导纤维的成本不断降低，它的应用也将降低汽车各有关方面的成本。

在当今信息化社会中，汽车确实是一个移动居室。多媒体轿车对仪表作了全新设计。通常中、高级轿车整个仪表板布置是：驾驶座前有一个6 in液晶显示屏；两侧各有一个5 in的显示屏；驾驶座与副驾驶座之间还有一个10.5 in的显示屏。通过将娱乐组合媒体、通信和广播信息媒体融入传统汽车信息系统，汽车乘员的乘车体验将发生显著变化。娱乐组合媒体指CD、MD、DVD等，通信媒体指电话、数字化通信和交通信息等，广播媒体指电视和收音机。驾驶座前三个显示屏直接指示行驶信息：6 in的中央显示屏指示车体信息和路径导向；两侧两个5 in的显示屏分别显示各侧车角上CD摄像机的图像；10.5 in显示屏显示的是导航地图、DVD图像和电视图像。各显示屏与驾驶员朝向之间的视角均控制在20°以内。确定仪表位置后，才进行"多媒体轿车"系统的造型设计。"多媒体轿车"的另一个特色是针对软硬件模块信息在普通母线上进行多信号转移的"维纳斯系统"，能确保轿车在销售后由于功能增加和升级所引起的系统扩张和兼容。近年来，多媒体系统正发生巨大变化。如连接因特网的导航系统逐渐进入实用化；美国微软公司推出了"AutoPC"，即装备电话、E-mail及导航功能的汽车计算机等。如果这些新的多媒体系统装备到"多媒体轿车"上，那么具有重大意义的"信息时代轿车"将向我们驶来。随着人们对乘坐舒适性要求的进一步提高，传统模拟音像系统已无法满足要求，而新型的数字式音响技术如数字调谐器以及大功率高保真功放等先进的视听设备，使人们能够在很小的车室空间内享受与家庭甚至音乐厅近似的高保真音像效果，同时具有比家庭音响设备更高的使用性能、操纵方便性以及可靠性。其影像质量可不受车辆在不平道路上行驶的影响，放音量电平可随汽车行驶时检测到的噪声电平自动调节，从而保证可听音量不变，还具有自动换片、全功能遥控及记忆功能；另外，还具有防盗功能，放音音场可调，使任一乘客都能获得最佳的听音效果。

第七节　智能化的雨刷控制模块

随着现代汽车技术的发展，驾乘人员安全、舒适、方便性要求越来越高，新的控制功能随汽车级别提升不断增加，如中央门锁、灯光控制、玻璃升降、后视镜调节、天窗控制、座椅调节、点火延时控制等，如图14-8所示。传统的继电器控制手段和独立控制模式意味着复杂的线束，整车质量增加，也给装配和维护带来很多问题。而汽车电子技术的发展和CAN/LIN总线技术的应用，适应了汽车智能化和人性化的发展趋势，使汽车的性价比不断提高。

目前，国内轿车使用的雨刷大多数为机械雨刷，并没有电子控制。这样的雨刷有以下缺点：

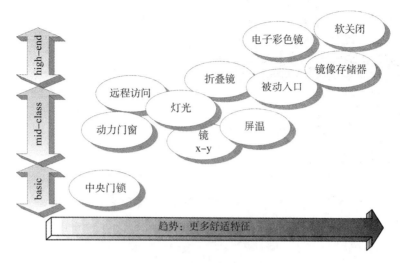

图 14-8 轿车的舒适性发展趋势

（1）雨刷的速度手动调节，但由于雨下落速度与雨量以及车速相关，雨刷的速度通常是不适用的，不是太快就是太慢。

（2）机械雨刷在关闭时刻无法自动归零，驾驶员需要判断雨刷位置进行关闭，否则有些时候雨刷会停留在挡风玻璃上，阻挡视线。

（3）雨刷电动机由于没有电子控制，上电电流冲击大，极易损坏。

人们针对这些问题提出了智能雨刷的概念。这样的雨刷由雨量传感器、电动机伺服、雨刷电动机三部分构成。单片机根据雨量传感器给出的雨量大小信息，控制雨刷电动机的速度，并将信息以 LIN 报文的形式提供给整车网络，一方面解决机械雨刷的缺点，同时也提高了汽车的自动化水平。

下面介绍瑞萨公司基于 78K0/Kx2 MCU 的 LIN Bus 智能雨刷方案，如图 14-9 所示。该方案的应用功能和结构具有广泛的代表性。

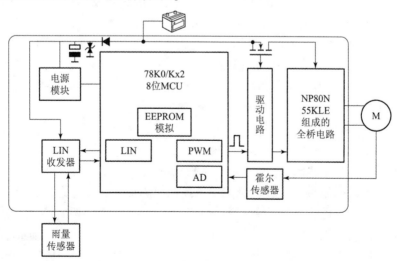

图 14-9 智能雨刷方案

电子模块的主要汽车级元器件来自瑞萨，如表 14-1 所示。

表 14-1 雨刷模块主要电子元件及其功能说明

主要元件名	器件功能说明	应用功能说明
78K0/Kx2	8 位 MCU，带片内 64k Flash，集成 LIN Bus 控制器	对雨量传感器数据进行采集以及运算，并通过 PWM 波控制电机的速度
NP80N55KLE	最大电压 55 V，最大工作电流 80 A	搭建桥驱，用来驱动电动机
雨量传感器	雨量传感器通常分为电容式以及红外式，其中电容式雨量传感器相对更加精确	放置在雨刷槽中，用来分析雨量

为了最大利用资源，结合器件特点和应用需要，系统程序实施了以下有效控制：

(1) 通过霍尔传感器，对电动机堵停，以及电动机速度进行判断，形成闭环控制。

(2) 在整体系统层面，通过雨量传感器收集雨量信息，进行计算，然后控制雨刷电动机达到合理的速度，最终满足驾驶的舒适性。

第八节 车载 T-BOX

自从"互联网+"的提出到"中国制造 2025"，直至 2019 年，在北京国家会议中心举行世界智能网联大会，中国汽车对于智能网联进一步靠近。国家提出近几年智能汽车发展目标，到 2020 年我国智能汽车新车占比达 50%，到 2035 年我国将在全世界范围内率先成为智能强国。国外，以美国、日本以及欧洲为首的发达国家在车联网领域有比较早的发展和研究，从而取得一定的进步。美国交通部在《智能交通系统战略研究计划：2010-2014》中，首先提出"车联网"的设想。与此同时，国内更大车企纷纷成立智能网联部。2014 年 7 月起，上汽与阿里巴巴宣布合作成立公司，共同打造互联网汽车。

车联网是指车与车、车与路、车与人、车与传感设备之间的信息交互，实现车辆与外界的通信，更好地服务于大众。如图 14-10 所示，图中包括车内通信和车与云端的通信，很明显地可以看出 T-BOX。T-BOX 在汽车与云端之间的信息交互起着中间媒介中的作用。汽车内的信息可以通过 T-BOX 传给云端，进行数据存储和处理。云端也可以发指令给 T-BOX 从而控制车辆。例如 APP、远程控制等请求，将指令传至云平台，云平台再经过 4G 传至 T-BOX，从而 T-BOX 进行信息的拆解，最终传至汽车的整车控制器，进而进行相对应的控制。现在 5G 的推行，进而对于 T-BOX 的发展具有推动性的作用，从而对于车联网的整体的发展具有重要意义。

车载 T-BOX 是车联网发展的关键，对于之前的车载智能单元，只是采集信息并将信息通过网络传到云端，没有其他的功能。如今，T-BOX 作为无线网关为整车提供远程通信接口，可以提供行车数据采集、行驶轨迹记录、车辆故障监控、车辆远程控制（开闭锁、空调控制、车窗控制、发送机扭矩限制、发动机启停）、驾驶行为分析、4G 无线热点分享等服务。对于 T-BOX 的实现是基于多种关键的技术：网络通信协议、CAN 通信技术、GPS 协议标准以及安全加密算法。T-BOX 能够实现和云端的交互是基于 TCP/IP 的网络通信协议，与车内控制器的通信是基于 CAN 通信技术，车联网是属于和互联网接通的，因此需要加入安全加密算法，防止黑客进行攻击。

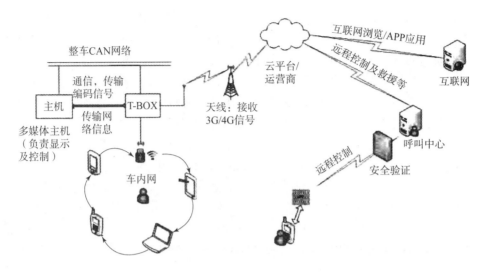

图 14-10 T-BOX 应用场景

车载 T-BOX 可深度读取汽车 CAN 总线数据和私有协议，T-BOX 终端具有双核处理的 OBD 模块，双核处理的 CPU 构架，分别采集汽车总线 Dcan、Kcan、PTcan 相关的总线数据和私有协议反向控制，通过 GPRS 网络将数据传到云服务器，提供车况报告、行车报告、油耗统计、故障提醒、违章查询、位置轨迹、驾驶行为、安全防盗、预约服务、远程找车、利用手机控制汽车门、窗、灯、锁、喇叭、双闪、反光镜折叠、天窗、监听中控警告和安全气囊状态等。

从 2010 年"车联网"在中国提出，中国各个厂商进行研究和开发，恒润科技公司基于 10 余年汽车电子行业的研发、生产经验累积，紧跟前沿科技和发展趋势，提出整车厂车联网的解决方案，助力我国汽车行业的发展。当前整车厂发展车联网系统及服务主要围绕以下核心功能：

(1) 远程诊断服务，用于车辆监控、预防性维护和调度。
(2) 远程升级服务，包括用户确认升级和静默升级。
(3) 车载安全服务，如呼叫中心。
(4) 资讯娱乐服务，如导航、新闻、天气等信息推送。
(5) 智慧的电动车辆，增加电池的实时管理、监控和维护。
(6) 远程控车服务，用于车窗/门/灯控制、发动机启停、空调开闭等远程控制。
(7) 蓝牙钥匙服务，用于近程控车、共享车等业务拓展。

车联网解决方案可实现对车辆的运行数据、车辆位置数据进行管理，提供包含实时监控（地图、图表）、数据回放、轨迹回放、远程诊断等基础功能，适用于乘用车前装车联网、商用车车队管理、道路试验远程管理、新能源。

第九节 新型智能芯片在汽车上的应用

一、车用新型智能芯片的出现

电子控制单元的构成通常有一定的组成形式，即由前向通道、控制处理器和后向通道构成。前向通道指的是各输入信号的传感器,后向通道也就是输出通道,通常还要完成功率驱动的任务;控制处理器则是对输入的信号进行即时的处理,并按照某种实现算法获得所需要的输出量,如喷油量、阀门开度、点火时刻等,除此之外系统中还有一些必不可少的模拟电路,如电源电路、信号调理电路以及过载保护和诊断电路等。

因而通常所说的 ECU 开发调试过程就包括数字电路的设计——主要使系统的主处理器能够正常工作,控制软件的设计——通过某种语言编写控制算法以实现对某些参量的控制,还有一部分就是对模拟电路的调试,如图 14-11 所示,这些电路是否工作良好将直接决定控制参变量的实施。另外,仅仅实现电路的功能也许不是很困难,但是面对汽车上复杂的电磁兼容环境,器件的选择和电路机理的设计就十分重要了,通常需要大量的经验和实践环节,或者说是设计过程中精力和财力都比较耗费的一步。随着时代的发展,半导体供应商似乎也发现了这种开发过程中存在的难题,于是在许多半导体提供商的努力下,新一代的功率器件产生了,即人们常说的智能芯片——SMARTMOS(图 14-12)。

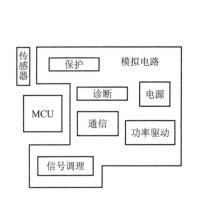

图 14-11 电子控制单元的一般组成　　图 14-12 SMARTMOS 的构成要素

所谓智能芯片,就是把功率器件与传感器、检测和控制电路、保护电路及故障自诊断电路等集成为一体并具有功率输出能力的新型器件。由于这类器件可代替人工来完成复杂的功率控制,因此它被赋予智能的特征。例如,在智能芯片中,常见的保护功能有欠电压保护、过电压保护、过电流及短路保护、过热保护。此外,某些智能芯片还具有输出电压过冲保护、瞬态电流限制、软启动和最大输入功率限制等保护电路,从而大大提高了系统的稳定性与可靠性。智能芯片具有体积小、质量轻、性能好、抗干扰能力强、使用寿命长等显著优点,可广泛用于单片机测控系统、变频调速器、电力电子设备、家用电器等领域。

在世界范围内,这种器件的提供商主要有瑞萨电子、摩托罗拉、西门子和英飞凌等公司,虽然各公司的产品侧重点和封装形式各不相同,但其所实现的功能都大同小异。瑞萨为嵌入式控制系统的设计人员提供了高集成度的产品,用于电源管理、继电器替代和运动控制等应用。与只提供单一功能的传统模拟产品供应商不同,瑞萨将多个必要功能集成到单片 IC 中,精简优化了系统设计。这些产品提供高成本效益,缩短了产品面市时间,使客户受益。瑞萨设计和开发了高度集成的混合信号模拟集成电路,不仅将运算放大器和调节器,还将关键系统功能都集成到解决方案中提供给客户。瑞萨模拟产品广泛应用于多种用途,包括无线通信、数字和硬拷贝图像、汽车和工业。瑞萨集成电路产品性能强劲,提供众多具有良好性能的电源、控制和通信功能。专用 SMARTMOS 混合信号工艺具有高密度逻辑,可以同时实现模拟和驱动功能,其易用性、良好的 IC 设计和负载保护功能、更少的器件数量和高可靠性满足了设计人员的要求。瑞萨标准产品包括功率开关集成电路、电源管理集成电路、网络收发器、汽车安全产品以及特殊功能器件,可提供单芯片和集成封装在一起的芯片。每个器件均将 SMARTMOS 工艺作为基础构造部分,并根据客户的需求添加其他功能。其中很多器件的设计可以与瑞萨的微处理器、微控制器和 DSP(数字信号处理器)结合使用。

二、采用智能芯片的 HID 大灯控制技术

HID(Highintensity Discharge,高压气体放电灯就是通常所说的气体灯,如氙灯。其发光原理为在石英管内,以多种惰性气体充填,其中大部分为氙气与碘化物等惰性气体,然后再通过升压器将车上 12 V 的直流电压瞬间增压到 2 万 V,经过高压振幅激发石英管内的氙气电子游离,在两极之间产生光源,这就是所谓的气体放电。HID 灯比起传统的卤素灯泡而言,最大的优势为亮度更高,通常亮度的计算单位流明度,一般的卤素灯泡最多产生 1 000 流明度,而 HID 灯可以输出高达 3 200 流明度的亮度。并且由于是气体灯,使用寿命更强。同时由于使用单片机的 PWM 控制,使得电力消耗更少,一般为卤素灯泡的一半左右。

下面以瑞萨的产品为例,介绍 HID 的控制方案,如图 14 - 13 所示。

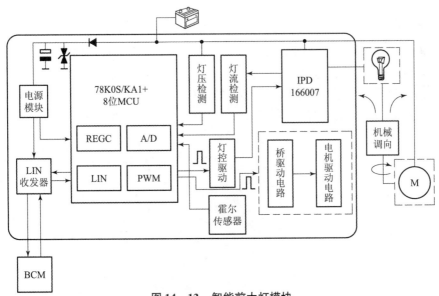

图 14 - 13 智能前大灯模块

电子模块的主要汽车级元器件来自瑞萨,如表 14 - 2 所示。

为了最大限制地利用资源,结合器件特点和应用需要,系统程序实施了以下有效控制:

(1) 对升压器进行 PWM 控制,最终控制大灯亮度。

(2) 通过 IPD166007 对大灯的联路情况进行监控,当发生短路情况 IPD 会自动断开电路防止大灯烧毁,并通过信号电平通知单片机,以便做出相应的应急措施(如通知驾驶员等)。

(3) 通过 PWM 控制电机控制大灯的角度，实现灯光随动功能。

表 14-2 雨刷模块主要电子元件及其功能说明

主要元件名	器件功能说明	应用功能说明
78K0S/KA1+	8 位 MCU，内置 8M 振荡器，看门狗，PWM 输出。具有 EEPROM 模拟功能	对 BCM（车身控制器）发来的指令进行处理，并对大灯进行控制
NP80N55KHE	最大电压 55 V，最大工作电流 80 A	搭建桥驱，用来驱动升压器
IPD166007	智能功率器件：过温保护，过流保护，低压检测，电流反馈	检测大灯联路情况

小 结

本章主要介绍了基于微控制器的汽车电子技术应用的现状，主要对汽车发动机的电子控制（汽油机和柴油机）、电子控制自动变速系统、汽车制动防抱死系统、汽车的电子控制安全气囊、车载 GPS 定位导航系统、T-BOX、汽车网络及多媒体娱乐系统以及新型智能芯片技术等几大部分进行介绍。

思 考 题

1. 浅析电子技术在汽车上的发展。
2. 发动机电子控制技术是如何实现的？
3. 什么是新型智能芯片？采用智能芯片的优点是什么？
4. T-BOX 如何实现车内与车外通信？

第 15 章
车用总线开发工具

车载总线的开发离不开相应的开发工具支持。本章重点介绍几种常见车载总线开发工具，主要包括恒润的 VBA 总线分析工具、OBT（ODX Based Tester）诊断工具产品、VECTOR 公司的 CANoe、广州致远的 CANFD 以及 Kvaser 系列产品等。

第一节　VBA 总线工具

一、产品概述

VBA（Vehicle Bus Analyzer）是由恒润自主研发的，可用于单个 ECU 或整车网络开发、测试和分析的综合性总线分析工具。

VBA 支持同时配置多路 CAN、LIN 网络及多媒体数据源（如摄像头、GPS 等），可同时对多路数据进行监控、记录与仿真，功能强大且流程简单。

VBA 产品团队会不断地吸取用户反馈，不断地进行产品的更新、换代，以适应汽车领域日新月异的需求变化。

二、产品特点

(1) 兼容性好，支持对 DBC、LDF、ODX、ASC、BLF 等常见格式文件的解析。
(2) 操作简单，文档、视频丰富。
(3) 动态切换中英文，满足不同用户的使用习惯。
(4) 多窗口可分屏显示。
(5) 友好、明确的误操作提示窗口。
(6) 丰富的快捷键支持。

VBA 主界面和子界面分别如图 15-1、图 15-2 所示。

三、功能概览

VBA 功能与描述如表 15-1 所示。

1. 工程管理

(1) 支持多个 CAN、LIN 网络的创建。
(2) 支持导入 DBC、LDF 数据库。

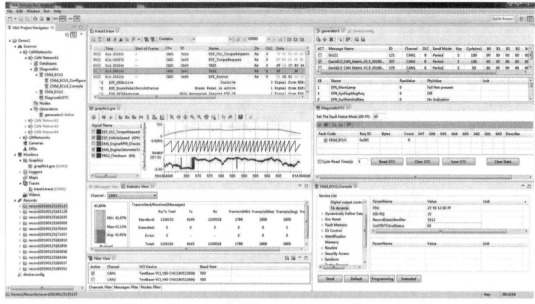

图 15-1　VBA 主界面

图 15-2　VBA 子界面

表 15-1　功能与描述

功能	描述
工程管理	支持多个 CAN、LIN 网络的创建； 支持导入 DBC、LDF 数据库； 支持各个节点的动态启用、禁用
数据监控	Trace，以表格的形式实时展示总线报文数据； Graphic，以折线图的形式实时展示信号的变化趋势； 负载分析，实时统计各网段的数据发送/接收及总线负载情况； 过滤模块，支持对以上模块分别配置不同的过滤条件

续表

功能	描述
报文仿真	CAN Generator，配置要发送的 CAN 报文； LIN Generator，配置要发送的主机报文与从机报文； LIN Schedule，仿真 LIN 调度表功能
记录回放	Logger，记录总线报文； 摄像头，实时监控和记录摄像头数据； GPS，实时监控和记录 GPS 数据； 同步回放，支持对多种数据源监控的数据进行同步回放
故障诊断	支持 ISO 15765 协议； 支持导入 ODX/PDX 诊断数据库； 支持诊断参数的配置（P2、P2*、Stmin、Block Size 等）； 支持诊断服务的发送； 支持整车 DTC 的读取

（3）支持各个节点的动态启用、禁用。

VBA 支持创建多个工程，每个工程分为四部分：

（1）Sources。Sources 模块下可以创建多个 CAN、LIN 网络或摄像头、GPS 节点，支持动态的启用、禁用。

（2）Monitors。Monitors 模块下可创建多个不同类型的监控视图，对总线或多媒体数据进行监控。多个监控视图支持分屏显示。

（3）Records。Records 模块用于存储运行过程中记录的数据，可用于数据回放。

（4）Device。Device 模块用于配置软件节点与硬件（VCI、摄像头、GPS）之间的映射。

2. 数据监控

1）数据监控——Trace

在 Monitors - Traces 下可创建一个或多个 Trace 对总线数据进行实时监控，Trace 模块有以下特点：

（1）支持相对时间和绝对时间两种模式的动态切换。

（2）支持列表与覆盖（同通道同 ID 报文进行覆盖）两种模式的切换。

（3）支持数据过滤功能，可按照任意列对显示数据进行筛选。

（4）支持关键内容高亮显示。

（5）支持按任意列进行正向或逆向排序。

（6）支持自定义显示模板，让视图上只显示自己关心的内容。

2）数据监控——Graphic

在 Monitors - Graphics 下可创建一个或多个 Graphic 对多个数据信号的变化趋势进行监控，Graphic 模块有以下特点：

（1）支持多个信号共轴或分轴显示（Y 轴）。

（2）支持添加参考线用于信号值的对比与分析。

(3) 支持曲线局部放大、缩小功能。

3) 数据监控——负载分析

负载分析模块主要用于监控各个网段数据的发送、接收以及总线负载情况。

4) 数据监控——过滤机制

过滤模块支持为每个 Trace、Graphic、Logger 模块单独配置一个过滤器对总线数据进行过滤，过滤器支持三种模式（可并存）：

(1) 按通道过滤。

(2) 按报文 ID、ID 范围过滤。

(3) 按发送/接收节点进行过滤。

3. 报文仿真

VBA 的报文发送功能通过 Generator 模块实现。CAN 网段下的 Generator 模块支持标准帧、扩展帧 CAN 报文的发送，发送模式包含周期、按键和点击 Send 按钮三种模式。

4. 记录回放

VBA 支持将运行过程中监控到的数据进行同步保存。总线数据可保存成 ASC 或 BLF 格式，摄像头数据保存成 MP4 格式，GPS 数据保存成 GPSD 格式。

VBA 支持对记录数据进行同步回放功能，回放功能有以下特点：

(1) 可任意拖动回放轴，快速定位到关键时间点，支持暂停与继续。

(2) 可动态设置回放速率：×1、×2、×4、×8。

5. 故障诊断

VBA 支持基于 ODX/PDX 完成 ECU 的故障诊断工作。可在 Network – Diagnostics 节点下导入 ODX/PDX 文件，生成诊断节点，每个诊断节点包含两部分：

(1) 配置模块：可配置 27 服务安全认证算法文件，可配置 P2、P2*、Stmin、Block Size 等诊断通信参数。

(2) 服务模块：可发送诊断服务，并对响应数据进行解析。此外，Diagnostics 节点下包含 DiagnosticDTC 模块，可用于整车故障代码的读取与清除。

第二节 诊断工具产品 OBT（ODX Based Tester）

一、产品概述

随着汽车行业的不断发展，车辆中的电子电气系统越来越复杂，这也促使车辆诊断技术有了更大的发展。ODX 标准（ISO 22901）标准化了诊断通信协议相关的数据，使得研发、测试、生产及售后部门和供应商之间的诊断数据交换变得容易且不易出错，可以显著提高效率，降低诊断数据管理成本。使用基于 ODX 解析技术的新型诊断工具可以大幅缩短整车故障诊断系统开发的迭代周期，从而为整车开发赢得宝贵的时间，并显著节省开发成本。恒润科技凭借在诊断类产品和项目中多年来积累的经验，针对国内整车厂的应用需求，推出了基于 ODX 解析技术的诊断工具产品 OBT（ODX Based Tester），可以满足新车型研发对诊断工具不断增长的需求。

二、产品特点

(1) 将诊断功能配置和执行分离,配置后的诊断功能配置包可以释放给多个诊断功能执行软件用于不同的工作场景。

(2) 所有与诊断服务相关数据保存在 ODX 数据库,可以通过配置形成满足自定义需求的诊断服务序列,并保存、管理这些配置。

(3) 便于快速创建、配置、修改诊断服务序列,大幅提高调试、测试新车型的故障诊断功能的效率。

三、产品的组成及功能

产品的组成如图 15-3 所示。

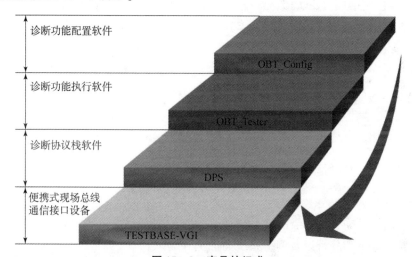

图 15-3 产品的组成

1. OBT_Config 诊断功能配置软件

OBT_Config 诊断仪配置软件是一套 B/S 架构的软件,可满足多人同时在线管理不同车型平台的诊断数据以及相应的诊断仪功能,可生成针对某一车型的诊断仪配置。软件支持 PDX/ODX 数据的导入和诊断序列的搭建以及搭建和诊断功能的配置。

(1) 导入/解析 PDX 文件,可导入/解析符合 ODX 标准的 PDX 文件包并保存到 ODX 数据库。

(2) 配置通用的诊断服务功能,通过此功能可配置故障代码读清、冻结帧数据读取等。

(3) 配置自定义的诊断服务序列,通过图形化界面配置诊断服务序列和参数。

(4) 配置程序刷写功能,可配置刷写流程、安全算法和 CRC 算法。

(5) 诊断功能配置导出管理,从已经配置的诊断服务功能中挑选需要导出的配置项生成诊断配置包。

(6) 用户管理,支持用户的创建、编辑和权限管理。

2. OBT_Tester 诊断功能执行软件

诊断仪执行软件是一套通用的诊断仪框架软件,通过导入不同车型的诊断仪配置,使自身具备相应车型的诊断仪功能,主要用于开发阶段 ECU 及整车的诊断功能验证和测试。

(1) 管理/执行 OBT_Config 配置的诊断功能,包括读写 DID、读清故障代码、程序刷写等。

(2) 显示诊断服务数据,按照 PDX 中的定义解析并显示诊断服务响应中的数据和 PDU(协议数据单元)。

(3) 导入/变更刷写文件,可灵活导入/变更驱动和应用程序。

(4) 跟踪记录功能,诊断功能序列执行过程带 CAN 报文跟踪功能,并可以保存到文件。

(5) 支持通过以太网执行诊断服务(DoIP)。

3. DPS 诊断协议栈

(1) 应用层(ISO 14229 – 1,ISO 15765 – 3,ISO 14230 – 3)。

(2) 传输层/网络层(ISO 15765 – 2,ISO 13400 – 2)。

(3) K 线数据链路层(ISO 14230 – 2)。

4. TESTBASE – VC I

(1) 通信方式支持 USB/WIFI。

(2) 4 路 CAN、1 路 LIN、1 路 K。

第三节 CANoe

一、CANoe 简介

VECTOR 提供了一个系统级的开发环境,包括网络开发全过程的仿真、网络在线仿真、网络总线的数据记录和分析以及网络系统的标定和测试。

全过程包括:

(1) VECTOR 数据库进行数据分析和定义(节点数、报文数、信号内容和长度等)。

(2) 通过 CAPL 语言在 CANOE 环境中进行功能建模和仿真,即利用软件进行系统的虚拟仿真来检验各个节点功能的完善性以及网络的合理性。

(3) 利用 VECTOR 硬件接口卡工具,将自己开发的节点连入虚拟的网络中进行半实物仿真。

(4) 利用 VECTOR 的其他测试和分析工具对整个真实的网络进行测试、分析和标定。VECTOR 产品支持的总线系统包括 CAN、LIN、MOST、FlexRay、TTCAN 等。

由于其开放式架构,能够解决复杂的任务,并适用于特殊的应用。CANoe 为整个分布式网络的仿真和分析提供了基于图像和基于文本的建模和评估窗口。针对监控和控制任务,以及生产装配过程,还能创建直观的用户控制平台。CANoe 提供针对生产周期中所有阶段的专业功能,包括模型创建、仿真、功能测试、诊断和分析。CANoe 软件主界面如图 15 – 4 所示。

二、CANoe 各个窗口介绍

CANoe 共有 8 个窗口,每个窗口都有不同的作用:仿真设置窗口(simulation setup)主要是系统总体参数的设置;测量设置窗口(measurement setup)主要是有关测量参数的设

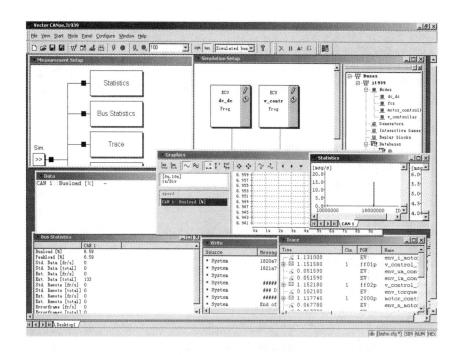

图 15-4 CANoe 软件主界面

置;跟踪窗口(trace)在测量过程中,显示每条报文中不同信号的数值;数据窗口(data)显示预先设置好的数据,可以以数字形式或条形图形式显示;图形窗口(graphic)显示 CAN 总线报文中的变量随时间的变化(以时间为横轴实时显示);统计窗口(statistic)显示以标识符为横轴的报文速率;总线统计窗口(bus statistic)显示报文速率、错误率、总线负载和 CAN 控制器状态;写窗口(write)显示一些系统信息和交互的信息等。各个窗口界面如图 15-5~图 15-12 所示。

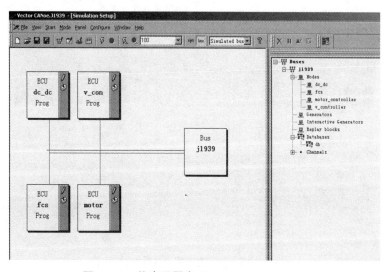

图 15-5 仿真设置窗口(simulation setup)

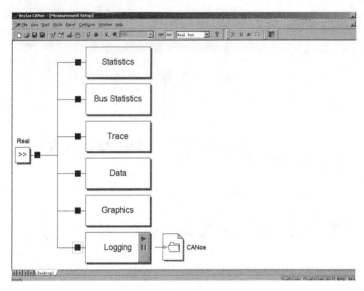

图 15-6 测量设置窗口（measurement setup）

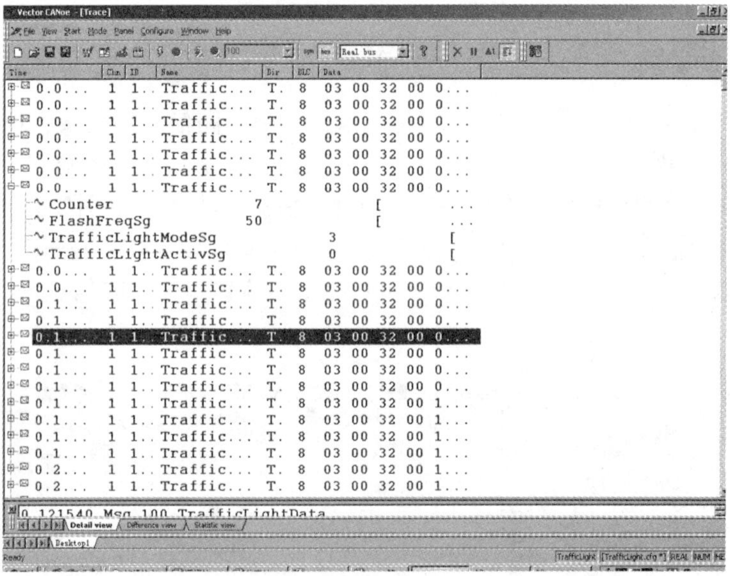

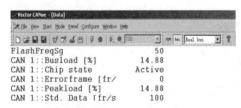

图 15-7 跟踪窗口（trace）

图 15-8 数据窗口（data）

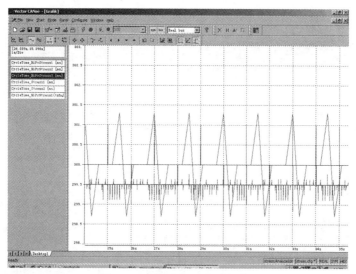

图 15-9　图形窗口（graphic）

图 15-10　统计窗口（statistic）

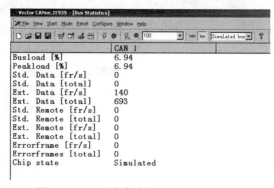

图 15-11　总线统计窗口（bus statistic）

```
Vector CANoe.J1939 - [Write]
File View Start Mode Panel Configure Window Help

Source    Message
*System   Start of measurement 02:29:32 pm
*System   CAN 1   simulated bus with 250000 BPS.
*System     and animation factor = 10 .
*System   In current mode windows timer is used.
*System   -----
*System   Statistics report AR0001, 02:29:32 pm
*System   Statistics for transmit spacing of messages in [ms]
*System
*System                    N     Aver      StdDev    MIN    MAX
*System
*System   cff01a7   TX    114    50        0.0056695 49.99  50.01  CAN 1
*System   cff02a7   TX    114    50        0.0042108 49.98  50.01  CAN 1
*System   1810a7a6  TX    114    50        0.0089103 49.98  50.02  CAN 1
*System   1811a7a6  TX    114    50        0.0071874 49.98  50.02  CAN 1
*System   1818a7a4  TX    113    50        0.0078249 49.98  50.02  CAN 1
*System   1820a7a3  TX    114    49.999    0.0084814 49.96  50.01  CAN 1
*System   1821a7a3  TX    114    49.999    0.00961   49.96  50.02  CAN 1
*System
*System   ###########################################
*System   ### DEMO Version: Measurement stopped !!!           #
*System   ###########################################
*System   End of measurement 02:30:43 pm
```

图 15 – 12　写窗口（write）

该系统的软件测试环境提供了友好的用户界面和图形化的显示方式、提供了图形化显示功能模块和评估模块。在测试过程中，显示每条报文中不同信号的数值以及总线上所有活动的列表，包括报文、错误帧和超载帧；总线统计表显示报文速率、错误率、总线负载和 CAN 控制器状态。另外，针对汽车应用提供了相应的仪表库，模拟真实的驾驶室内仪表显示。面板编辑窗口如图 15 – 13 所示。

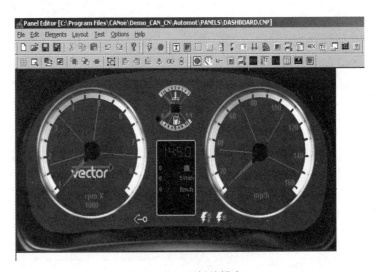

图 15 – 13　面板编辑窗口

CANoe 具有可编程能力。用户可编程就意味着用户可以按自己的要求对 CANoe 的功能进行扩展。在数据流程图的任意节点里都可以插入模块模型，并且可以编写用户自己的程序来实现功能。CAPL 就是用来实现可编程能力的编程语言，它是面向应用的类 C 语言，并且包含了交互式的开发环境，在这个环境下，用户很容易创建、修改、编译 CAPL 的程序，如图 15 – 14 所示。

图 15–14　CAPL 语言编辑窗口

CANoe 可支持多种协议：LIN、MOST、FlexRay、TTCan、CANopen、J1939、NMEA2000、ISO 11783 和 osCAN 库等。本书就是利用 CANoe 的 demo 版来仿真 SAE J1939 协议。CANoe demo 版在应用时受到仿真节点不能超过 4 个的限制，其他功能和正式版完全一致，这对初学者和简单开发者已经够用了。有关 CANoe 仿真的具体步骤下面有专门的章节介绍。

三、CANoe 仿真

1. CANoe 的开发、测试流程

在汽车 CAN 总线系统开发过程中，系统测试是十分重要的一环。CANoe 便是广泛应用的一种测试环境，利用 CANoe 的开发、测试流程如下：

（1）通信模型生成。新工程的第一个任务就是在数据库中定义通信矩阵，然后在CANoe 中生成模型。

（2）通信确认。支持的通信确认包括系统的功能分配、功能测试和整个系统的集成。剩余总线仿真向总线系统产品供应商提供了理想的测试环境，使它们既可以进行整个系统的测试，又可以高效地进行电控单元、模块和集成测试。此外，用户还可以在 osCAN 库（osCAN Library）的帮助下直接运行 CAN 控制器代码。

（3）测试。CANoe 通过特殊功能"测试特性设置"支持 ECU 和网络测试。有了这些功能，就可以创建各种测试。例如，验证单个开发步骤的测试，检查原型，执行蜕变测试和兼容性测试。此外，包含在测试服务库中的检查和仿真功能可以简化测试环境的设置和执行。

（4）诊断。CANoe 可以分析 KWP2000 诊断通信。诊断控制台（诊断特性设置的一部分）通过基于 CANdelaStudio 的诊断描述文件提供了对所有诊断服务的交互访问。诊断请求可以被选择、参数化，并显示出来。故障存储器控制台提供了对某个 ECU 故障存储器简便、快捷的访问。因此，所有参数都以符号进行显示。

（5）分布式开发/集成。对于涉及多个供应商的工程，可以进行网络节点的独立并行开发。

整个流程可分三个阶段。

第一阶段是进行功能建模和仿真，如图 15-15 所示。这一过程主要是针对有具体数据定义的报文的事件处理，也就是网络节点的行为定义，可借助 CAPL 很好地来实现。这是在 CANoe 环境中的一种类似于 C 的语言，利用它可以对一个报文的接收、环境变量的改变或错误的出现等事件进行处理。同时，因为 CANoe 的开放性，能使用现有的成熟的算法、函数和模型来扩充自己函数的功能，复杂模型的建立甚至还可以通过其他的建模工具（如 Matlab）。接下来就是利用软件进行系统的虚拟的仿真来检验功能的设计，在 CANoe 中将所设计的完整的软件模拟节点系统进行离线的仿真，来检验各个节点功能的完善性以及网络的合理性。

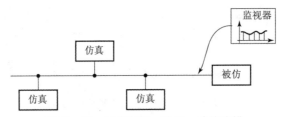

图 15-15 仿真的第一阶段：功能建模

第二阶段是系统部分的实现，如图 15-16 所示。在第一阶段结束后，能得到整个完整的系统功能模型。接下来开发自己的真实的控制器节点，利用总线接口和 CANoe 剩下的节点相连接，来测试自己节点的功能，如通信、纠错。这样，如果系统的节点是并行开发的，就可以不受其他节点开发步骤的影响。在这一阶段中，一些环境变量的获取可以通过不同的方法来实现，从而模拟出一个真实的总线环境。

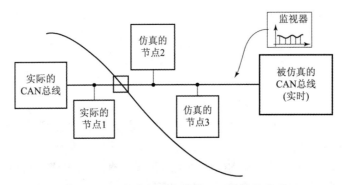

图 15-16 仿真的第二阶段：系统部分实现

第三阶段是整个系统的集成，如图 15-17 所示。开发的最终阶段逐步把所有节点都用真实的来代替实现，CANoe 只是观察分析的工具了。在这个过程中，整个系统，包括各个功能节点都能详细地检查到。由于利用功能模块取代真实的网络节点能减少错误的发生，因为通过这两种状态的切换能检查其功能。

2. CANoe 的仿真步骤

本书进行的工作，就是第一阶段的工作，因此就这部分的步骤作详细的介绍。在 CANoe 中进行仿真时，主要是对虚拟的仿真网络的各项参数进行配置，使之与实际的总线相符。另外，为了使统计数据符合用户的要求，平衡仿真和数据统计之间的关系，合理地利用有限的

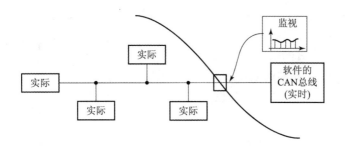

图 15-17 仿真的第三阶段：系统实现

计算资源，还必须对数据统计的参数和形式作有效合理的配置。下面分别详细介绍之。

1）建立数据库

CAN 总线的各部分都可以在数据库中定义，因此完全可以说数据库的建立是整个仿真的基础。在这里可以定义 ECU、网络节点、报文、信号和环境变量以及它们之间的关系，如图 15-18 所示。数据库是利用 CANoe 提供的工具软件 CANdb ++/CANdb ++ admin 来创建和编辑的。它们之间的区别就是后者的功能要比前者多，但两者都能建立 CANdb 的网络文件（后缀为 .dbc），在作者使用的 demo 版中的是 CANdb ++，其功能受一定的限制，但不影响本课题的网络仿真。

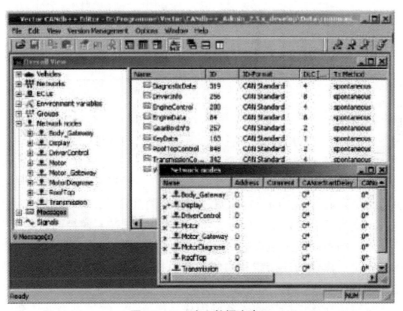

图 15-18 建立数据库窗口

在数据库中，数据类型有以下几种：Vehicles（整车）、Networks（网络）、Control Units（ECUs）（控制单元）、Environment Variables（环境变量）、Node Groups（节点组）、Network Nodes（网络节点）、Messages（报文）、Signals（信号），其中第一个 Vehicles 只有 CANdb ++ admin 支持，而 CANdb ++ 不支持此数据类型，因此这里不再介绍，感兴趣的可以另外参考其他资料。

网络：是由 ECU 组成。ECU 通过其节点相互连接，并能通过同一总线相互交换信息。

ECU：是网络中的各个处理单元，它们通过其接口——网络节点来交换信息。

环境变量：是网络节点的输入/输出变量，如开关的状态量、传感器的电压量等。

节点组：是多个节点的组合。

网络节点：是 ECU 和网络的接口。

报文：是信息传递的单位，是根据通信协议定义的一个数据包。

信号：信号相当于一个有特殊意义的变量，是信息传递的基本单位。

各个变量之间的相互关系如表 15-2 所示。由此可以清楚地看出各个变量之间的关系，因此，在数据库中不仅要定义各个变量，更要定义各个变量之间的关系。

表 15-2 CANdb++ 中各个变量之间的相互关系

	网络	ECU	节点组	网络节点	报文	信号组
网络			*	*		
ECU				*		
环境变量		*				
节点组	*			*	*	
网络节点	*	*	*		*	
报文			*	*		*
报文中的信号				*		*
信号组					*	
信号					*	

注：* 表示二者有关联。

2）仿真设置

在仿真设置窗口里，我们需要对整个仿真系统的结构和参数进行设置。在该窗口中，CAN 接口卡和每一个节点都是以图形的形式表示的。模拟的总线是用红色的水平线来表示的，而黑色的水平线则表示实际的总线。模拟的网络节点是通过红色的连接线和模拟总线连接起来的，并且用"sim"（simulated）标明。在整个测试阶段，其功能完全由特定的 CAPL 程序来实现。包含这种节点的总线运行情况和具有同种功能的真实控制器的总线运行情况并没有什么区别，唯一的不同只是模拟的网络节点是通过红色的连接线和模拟总线连接起来的，而实际的节点是用黑色的连接线和实际的总线相连而已，并且这对测试结果没有任何影响。

我们可以根据需要在该网络中插入各种模块，如节点、信号发生器、交互式信号发生器、回放模块以及测试模块等。另外，还可以根据需要在总线中插入输入或输出的滤波器。当然，这些功能模块的功能需要在相应的对话框中设置，或者通过 CAPL 语言编程来实现。

3）CAPL 编程

CAPL 语言是一种和 C 语言类似的编程语言，用它可以对每一个虚拟节点进行编程。CAPL 语言编写的程序都是事件触发的程序，它的触发事件可以是总线上的消息、环境变量、键盘的输入或者定时器的溢出等。而对于一个事件的响应可能是向总线发送消息或者改变环境变量的值。事件是 CAPL 语言程序的基本单位，程序每次执行一个时间，中间不允许被打断。CAPL 语言的很多语法规则都和 C 语言相似，并且它内部提供的系统函数只需看一下函数名其功能便一目了然，很方便。CANoe 自带了一个 CAPL 语言编写和编译的环境——CAPL browser，用它来编写和编译都十分方便。

环境变量（environment variables）是 CAPL 语言中一个十分常见并且非常重要的概念，是整个系统都可见的一种变量。利用它可以实现总线或节点与一些传感器或调节器之间的数据交换，是用户显示接口的公用变量，多用于其他应用程序接口、总线和外部的接口等。

4）编辑面板

CANoe 提供了非常友好的图形输入/输出界面，用户可以通过环境变量来和系统交换信息。面板编辑在 panel editor 中进行。panel editor 采用直接拖拉的形式，并为用户提供了多种常用的组件，包括文本框、组件框架、开关、按钮、选择按钮、进度条、数值显示、仪表盘等，使用户轻松编辑自己的面板。如果编辑器提供的组件不能满足用户的需求，panel editor 还提供了位图框的功能。该功能使得用户可以在编辑面板时使用各种画图软件形成的位图。结合 CAPL 语言，位图同样可以完成许多输入和显示功能。

例如，图 15-19 所示为一混合动力电动汽车网络仿真测试设计的控制和显示面板。

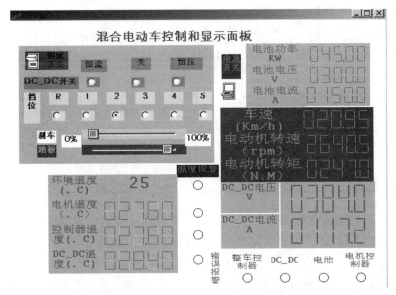

图 15-19 控制和显示面板设计举例

利用该面板可以进行有关驾驶命令和状态的输入，如开关位置、DC_DC 工作状态、挡位、刹车和加速踏板的位置信号以及环境温度等。同时可以显示车辆的有关状态信息，如车速、燃料电池的工作情况、电动机的工作情况、DC_DC 的工作情况等。除此之外还有一些报警信息。

面板编辑完以后，还需要通过主菜单下的面板→面板设置命令（Panel→Configure panels）把面板和 CANoe 的配置联系起来。

5）统计参数设置

在各个部分都完成以后，进行仿真前还必须对统计的各项参数进行设置。测量设置窗插入某种模块可以实现相应的功能，例如可以插入 CAPL 节点（CAPL node）、过滤器（filter block）、信道滤波器（channel filter block）、信号发生器（generator block）、交互式信号发生器（interactive generator bloc）、回放模块（replay block）和断点（break）等。在这里插入的模块不同于仿真设置窗口中的模块。前者只是为完成某种测量和统计的功能而加入的，它并不影响总线的运行情况，只是对统计数据造成影响；后者则是总线的一部分，影响总线的运行情况。例如，如果在测量设置窗中加入一个过滤器，则过滤掉的信号不参加有关的统计，只是为了减少统计时的计算量，而在总线中该信号仍然存在；相反，如果在仿真设置窗中加入一个过滤器，则过滤掉的信号在总线中已经不存在了。

如果总线卡收发信息的负载较重，则将不能及时显示有关统计信息，造成仿真性能的下降。其实，在很多情况下，通过对测试窗的一些选项的合理设置可以尽可能地避免这种情况的发生。例如，为了释放更多的计算资源，尽可能不激活不需要的测试窗口，这样就避免不需要数据进入测试窗口。其实只需在相应的窗口前插入一个断点即可。按时间顺序输出方式的轨迹窗口，会占用大量的计算资源，因此可以在窗口设置对话框里选择"固定内容，周期更新"的输出方式，并设置较大的更新周期。这样，窗口的内容不会每接收一个新的报文都更新一次，而仅仅是周期性的更新。另外，在数据流程图中，用滤波器滤去不需要的报文，同时尽可能地关闭不需要的节点，可以大大减少数据流的数量，提高仿真性能。

6) CANlog 和 log 文件

CANlog 是 CAN 系统的一个可编程的数据记录程序，可以接收并存储两个不同 CAN 总线的报文。这些存储的数据可以被读出并用于 CANoe 分析。log 文件有两种存储类型，如表 15-3 所示。

表 15-3 CANoe 接收存储数据文件

扩展名	文件类型
.CLF	二进制日志文件（占用存储空间少）
.ASC	ASCII 日志文件（可以用文本文件打开、编辑）

我们可以在仿真前配置好 CANlog，做好有关数据的记录。当仿真结束后，可以利用 log 文件作为信号源进行重放，甚至单步执行，以更好地发现仿真过程中的问题。需要注意的是，在利用 log 文件作为信号源进行仿真时，运行模式需改为离线仿真，推荐大家使用 off-line（copy）方式。这样，离线仿真的参数和在线时是一样的，不需要重新设置。

7) 网络的调试和运行

以上步骤完成之后，就可以对整个网络进行调试和运行了。利用 CANoe 可以测量和观察以下内容：报文频率的显示、总线上数据通信情况、总线上数据的动态跟踪等。

第四节 广州致远 CANFD

一、产品概述（USBCANFD 系列 CANFD 接口卡）

如图 15-20 所示，USBCANFD-200U（100U）是广州致远电子开发的一款高性能 CANFD 接口卡，其兼容 USB2.0 总线规范，集成 2 路 CANFD 接口（100U 集成 1 路 CANFD 接口），CAN 通道集成独立的电气隔离保护电路。接口卡使 PC 通过 USB 端口连接至 CAN

（FD）网络，构成 CAN（FD）- bus 控制节点。

USBCANFD - 200U（100U）高性能 CANFD 接口卡是 CAN（FD）- bus 产品开发、CAN（FD）- bus 数据分析的强大工具；USBCANFD - 200U（100U）接口卡上自带电气隔离模块，使接口卡避免由于地环流的损坏，增强系统在恶劣环境中使用的可靠性。USBCANFD - 200U（100U）高性能 CAN 接口卡支持 Win7/Win10 等操作系统。

图 15 - 20 USBCAN

二、产品特点

（1）USB 接口符合 USB2.0 高速规范。
（2）支持 CAN2.0A、B 协议，符合 ISO 11898 - 1 规范。
（3）集成 2 路 CANFD 接口（USBCANFD - 100U 集成 1 路）。
（4）兼容高速 CAN 和 CANFD。
（5）CANFD 支持 ISO 标准、Non - ISO 标准。
（6）CAN 通信波特率在 40 Kb/s ~1 Mb/s 之间任意可编程。
（7）CANFD 通信波特率在 1 Mb/s ~5 Mb/s 之间任意可编程。
（8）单通道发送最高数据流量：3 000 帧/s（远程帧、单帧发送）。
（9）单通道接收最高数据流量：10 000 帧/s（远程帧）。
（10）每通道支持最高 64 条 ID 滤波。
（11）每通道支持最高 100 条定时发送报文。
（12）内置 120 Ω 终端电阻，可由软件控制接入与断开。
（13）支持 USB 总线电源供电和外部电源供电。
（14）支持 ZCANPRO 测试软件（支持 Win7、Win10 操作系统）。
（15）提供上位机二次开发接口函数。

三、产品硬件接口说明

1. 电源接线

USBCANFD 接口卡设计了两种供电方式，一是通过 USB 供电，二是通过直流电源供电，使用其中一种供电方式即可工作，同时接入 DC 电源和 USB 线也是可以的。外部电源供电模式适合于 PC 使用了 USB 总线集线器，或者连接有多个 USB 终端设备，从而导致 USB 端口不能够向 USBCANFD 接口卡提供足够电流的场合。

USB 连接线采用的是 B 型（方口），连接线两端带有锁紧螺丝，出厂时配备一条 USB 线缆。DC 插座适配外径 5.5 mm 的圆形插头，插头内外无正负要求。DC 电源及连接线需客户自行配备，DC 电源满足 +9 ~ +48 V 即可。DC 电源接口和 USB 接口如图 15 - 21 所示。

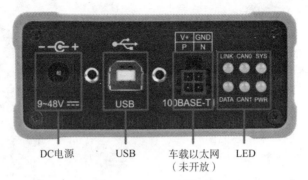

图 15-21 USBCANFD

2. CAN 通信接口

USB CANFD 接口卡 CAN 通信接口使用 DB9 连接器，接口针脚的信号定义满足 CiA 标准要求。DB9 引脚信号定义详见表 15-4，接口如图 15-22 所示。

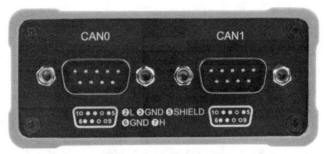

图 15-22 DB9 连接器

表 15-4 DB9 引脚定义

引脚	信号	说明	图示
1	—	保留	
2	CAN_L	CAN 总线显性低	
3	CAN_GND	CAN 参考地	
4	—	保留	
5	CAN_SHLD	CAN 屏蔽地	
6	CAN_GND	CAN 参考地	
7	CAN_H	CAN 显性高	
8	—	保留	
9	—	保留	

第五节 Kvaser Leaf Light

一、产品概述

Leaf Light v2 为电脑与 CAN 总线网络之间的桥接，提供最便捷与成本相宜的解决方案。

Leaf Light v2 提供高速 USB 接口，兼容 USB2.0 规格，并提供 D-SUB9 接头与总线网络连接，以 100 μs 的时间戳精度处理 CAN 的标准帧和扩展帧在总线上的传输和接收。配合全新的时尚设计，完全符合人体工程学的外观。Leaf Light v2 轻便灵活，适合日常应用，不受使用空间限制。新增的电绝缘隔离（Galvanic isolation）已成为不可或缺的标配。

二、产品特点

作为 USB 与 CAN 总线通信界面的主力军，新 Leaf Light V2 为电脑与 CAN 总线网络之间的桥接提供卓越的性能与相宜的成本，提供时间戳精准度达到 100 μs 并且无损的 CAN 报文传送与接收，并支持标准帧与扩展帧。Leaf Light 连接器如图 15-23 所示。

图 15-23 Leaf Light 连接器

（1）USB CAN 接口。
（2）快速方便的即插即用安装。
（3）支持 11 位（CAN 2.0A）和 29 位（CAN 2.0B active）标识符。
（4）100% 与为其他使用 Kvaser CANlib 平台 Kvaser CAN 硬件编写的应用程序兼容。
（5）高速 CAN 连接（符合 ISO 11898-2 标准），最高可达 1 Mb/s。
（6）与 J1939、CANopen、NMEA 2000©和 DeviceNet 完全兼容。
（7）可在多个设备上同时操作。

三、技术参数

Leaf Light 技术参数如表 15-5 所示。

表 15-5 Leaf Light 技术参数

CAN 通道	1
CAN 收发器	TJA1051T（符合 ISO 11898-2）
CAN 控制器	内置于处理器中
CAN 波特率	40 kb/s ~ 1 Mb/s
时间戳分辨率	100 μs
最大 CAN 报文收发速率（帧/s）	8 000 msg/s
错误帧检测功能	有
错误帧产生功能	无
安静模式	无
PC 接口	USB 高速接口
功耗	典型 90 mA
硬件配置	软件决定（即插即用）

续表

软件要求	Windows Vista 或更高版本（对于其他操作系统，请与 Kvaser 相关部门联系）
规格	35 mm × 165 mm × 17 mm
质量	110 g
使用温度	−20 ~ 70 ℃
储存温度	−40 ~ 85 ℃
使用湿度	0 ~ 85%

第六节　Kvaser Memorator 2xHS v2

一、产品概述

Kvaser Memorator 2xHS v2 是一款紧凑型双通道 CAN 总线分析仪和独立数据记录仪，可让用户同时监控和收集两个高速 CAN 通道的数据。独立模式将数据记录到 SD 卡；接口模式通过 USB 在 CAN 网络和 PC 之间提供实时连接。

作为一款数据记录仪产品，Memorator 因其紧凑型设计而成为完美的飞行记录仪。通过其用户友好的配置程序在该设备上设置触发器和过滤器，并存储在标准 SD 卡（随附）中。

二、产品特点

（1）它一款分析仪，可同时监控两个 CAN 通道。

（2）安装快速简便，即插即用。

（3）支持 11 位（CAN2.0A）和 29 位（CAN2.0B 积极型）标识符。

（4）CAN 报文采用 100 μs 精度时间戳。

（5）支持分析工具静音模式——无干扰监听总线。

（6）100% 兼容面向其他 Kvaser CAN 硬件使用 Kvaser CANlib 编写的应用程序。

（7）1 个 SD 卡槽，支持 SD 闪存盘，最高支持 64 GB。

（8）双通道高速 CAN 连接（符合 ISO 11898-2 标准），速度高达 1 Mb/s。

（9）标准 USB2.0 接口连接电脑。

（10）CAN 总线或 USB 端供电。

（11）内置实时（日历）时钟以及备用电池。

（12）外壳上 LED 灯显示记录仪状态。

（13）塑料外壳，尺寸约为 55 mm × 150 mm × 23 mm（约 2 in × 6 in × 1 in）。

（14）可兼容 J1939、CANopen 总线、NMEA 2000 和 DeviceNet。

（15）电隔离。

第七节　Kvaser Hybrid 2xCAN/LIN

一、产品概述

Kvaser Hybrid 2xCAN/LIN 是一款高灵活性双通道分析仪，每个通道都可独立配到 CAN 或 LIN。该产品配有标准 USB 接口和两个高速 CAN 或 LIN 通道，两个独立 9 针 D-SUB CAN 接口。高性能且设计紧凑，是汽车通信领域工程师所需的最佳通用型分析仪。

该产品可用作双通道 CAN 分析仪，或者在运行时简单配置设备将两条高速 LIN 总线连接到 PC 或移动计算机，抑或一个 LIN 通道和一个 CAN 通道。Kvaser Hybrid 支持 CAN FD，并且配有 Kvaser TRX，其是对设备进行编程时可降低门槛的一个轻量级的开发环境。

二、产品特点

（1）Hybrid USB CAN/LIN 分析仪。
（2）支持 CAN FD，速率最高达 5 Mb/s（特定物理层配置可实现）。
（3）安装快速简便，即插即用。
（4）支持高速 CAN（ISO 11898-2），最高可达 1 Mb/s。
（5）支持 CAN 2.0A 和 2.0B 积极型。
（6）USB 总线供电。
（7）完全兼容 J1939、CANopen、NMEA2000 和 DeviceNet。
（8）100% 兼容由 Kvaser CANlib 编写的面向其他 Kvaser CAN 硬件产品的应用程序。

小　结

在本章主要介绍了车辆总线开发工具，主要包括恒润的 VBA 总线分析工具、OBT（ODX Based Tester）诊断工具产品、VECTOR 公司的 CANoe、广州致远的 CANFD 以及 Kvaser 系列产品等。

思考题

1. 本章介绍了哪几种车辆总线开发工具，思考若需要自行开发总线时，它们分别有什么作用？

第 16 章 相关内容实验

针对在汽车电子的常见应用，本章设计了多个练习用于学生实验，其中选作练习相对较复杂，请根据课程自行安排。实验系统选用的芯片为瑞萨科技（原 NEC 电子，为与开发工具中公司名称保持一致，以下皆称为 NEC）78K0/FF2 系列单片机，型号为 uPD78F0893，是一款专门针对汽车电子行业设计的芯片。

注：由于篇幅所限，本章中不对开发工具以及仿真板做详细介绍，更多信息请参考开发工具说明文档及仿真板说明文档。

第一节 实验系统的组成

一、整体结构

如图 16-1 所示，实验系统在硬件上由调试器（NEC 片上调试器，即 NEC Onchip Debugger）和仿真板（Auto - Emulator - V1）两部分组成，PC 上运行编译器"PM +"，编制的程序通过调试器下载到仿真板，仿真板上有通信、显示、电机等多种外围设备，可供实验使用。PC 与调试器直接通过 USB 连接，调试器与仿真板之间通过排线连接。

图 16-1 实验系统

二、编译器 PM +

运行在 PC 上的 PM + 是 NEC 电子公司发布的专门用于 NEC 单片机的编程工具，在此工具下可以完成对单片机的 C 语言、汇编语言编程，并可以调用调试工具实现对单片机的在片调试功能（即 on - chip debug）。图 16-2 所示为 PM + 的界面。

PM + 运行的 PC 机需求：

（1）CPU：Pentium Ⅱ 400 MHz 以上。

（2）内存：128 MB 以上。

（3）操作系统：Windows 2000，Windows XP Professional，Windows XP Home。

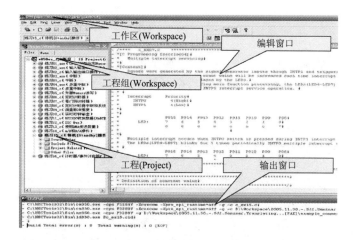

图 16-2　PM+软件界面

可以通过 PM+启动源代码编辑器、编译器（builder）以及调试器，用户程序开发所需的几乎全部工作都可通过 PM+来完成。PM+在系统开发过程中的作用如图 16-3 所示。

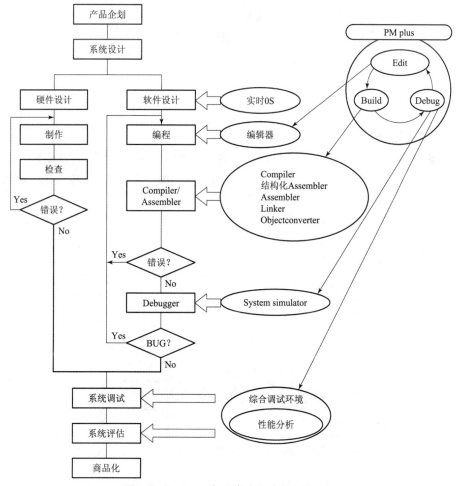

图 16-3　PM+在系统开发过程中的作用

三、调试器

在本系统中采用的调试工具为"NEC 片上调试器",如图 16-4 所示。此调试器可以应用在 NEC 的全系列单片机开发中,不但具有调试功能,还具有烧写功能。

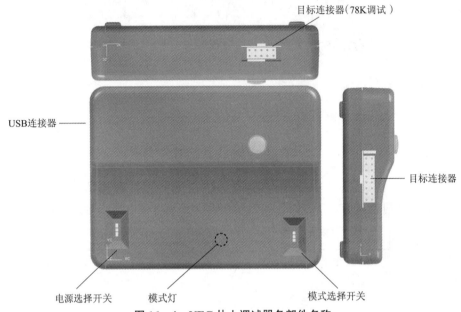

图 16-4 NEC 片上调试器各部件名称

四、仿真板

仿真板以 NEC 电子公司的 uPD78F0893 单片机为核心,此单片机是 NEC 公司推出的专用于汽车电子行业的单片机,具有 128K ROM 和 7K RAM,一通道 CAN、多通道串行通信(支持 LIN),资源丰富,可以应用在多种汽车电子产品中。

图 16-5 所示为仿真板的功能示意图。

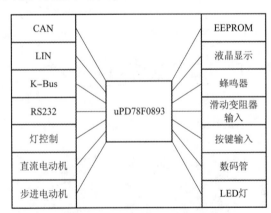

图 16-5 仿真板的功能示意图

第二节 实验板详细介绍

一、端口分配(表16-1)

表16-1 端口分配

Pin	端口	I/O	接口名称	功能
01	P120/INTP0/EXLVI		KEYBOARD1	按键输入 S1
02	P47		SDA	IIC 数据
03	P46		SCL	IIC clock
04	P45			
05	P44			
06	P43			
07	P42			
08	P41			
09	P40			
10	/RESET		Reset	复位
11	P124/XT2/EXCLKS			
12	P123/XT1			
13	FLMD0		FLMD0	调试
14	P122/X2/EXCLK		X2	晶振/调试
15	P121/X1		X1	晶振/调试
16	REGC		REGC	稳压
17	Vss		Vss	
18	EVss		Vss	
19	Vdd		Vdd	
20	EVdd		Vdd	
21	P60			
22	P61			
23	P62			
24	P63			
25	P33/TI51/TO51/INTP4		KEYBOARD2	按键输入 S3
26	P64			
27	P65			
28	P66			

续表

Pin	端口	I/O	接口名称	功能
29	P67			
30	P130			
31	P76//SCK11		CSI1	CSI Clock
32	P75/SI11		CSI2	CSI Input
33	P74/SO11		CSI3	CSI Output
34	P73/BUZ/INTP7		BUZ	蜂鸣器
35	P72/PCL/INTP6		KEYBOARD4	按键输入S8
36	P71/CRxD		CANRXD	CAN3数据接收
37	P70/CTxD		CANTXD	CAN3数据发送
38	P06/TI011/TO01		DCMOTOR1	DC电动机正转上桥臂
39	P05//SSI11/TI001		DCMOTOR4	DC电动机正转下桥臂
40	P32/TI012/TO02/INTP3		DCMOTOR3	DC电动机反转上桥臂
41	P31/TI002/INTP2		DCMOTOR2	DC电动机反转下桥臂
42	P50		STEPMOTOR1	仪表步进电动机控制
43	P51		STEPMOTOR2	仪表步进电动机控制
44	P52		STEPMOTOR3	仪表步进电动机控制
45	P53		STEPMOTOR4	仪表步进电动机控制
46	P30/INTP1		DCMOTOR5	DC电动机过流保护输入
47	P17/TI50/TO50			
48	P16/TOH1/INTP5		KEYBOARD3	按键输入S6
49	P15/TOH0			
50	P14/RxD60		LINRxD	LIN接收
51	P13/TxD60		LINTxD	LIN发送
52	P12/SO10		LAMP	大灯控制
53	P11/SI10/RxD61		RKRxD	RS232/K线接收
54	P10//SCK10/TxD61		RKTxD	RS232/K线发送
55	P54			
56	P55			
57	P56			
58	P57			
59	AVref		AVref	AD参考电压
60	AVss		AVss	AD模拟地
61	P97/ANI15		7Seg	数码管显示

续表

Pin	端口	I/O	接口名称	功能
62	P96/ANI14		7Seg	数码管显示
63	P95/ANI13		7Seg	数码管显示
64	P94/ANI12		7Seg	数码管显示
65	P93/ANI11		7Seg	数码管显示
66	P92/ANI10		7Seg	数码管显示
67	P91/ANI9		7Seg	数码管显示
68	P90/ANI8		7Seg	数码管显示
69	P87/ANI7		CANI/O	CAN 使能控制
70	P86/ANI6		CSII/O	CSI 使能控制
71	P85/ANI5		LED	LED 灯 D8
72	P84/ANI4		LED	LED 灯 D11
73	P83/ANI3		LED	LED 灯 D10
74	P82/ANI2		LED	LED 灯 D9
75	P81/ANI1		TUNER	R55 滑动变阻器输入
76	P80/ANI0		TUNER	R56 滑动变阻器输入
77	P01/TI010/TO00			
78	P00/TI000			
79	P132/TI013/TO03			
80	P131/TI003			

二、按键输入

按键输入部分的电路如图 16-6 所示，将 PAD 连接后可使用此部分电路。开关接地，连接到芯片的中断引脚，需要使用芯片内部的上拉电阻。

三、滑动变阻器输入

滑动变阻器输入电路如图 16-7 所示，将 PAD 连接后可使用此部分电路。滑动变阻器最后连接到单片机的 AD 转换端口。

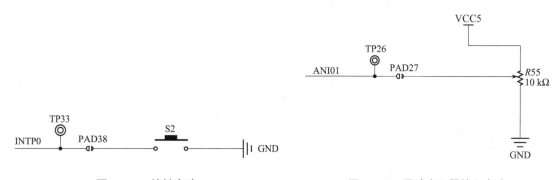

图 16-6　按键电路　　　　图 16-7　滑动变阻器输入电路

四、蜂鸣器输出

蜂鸣器输出电路如图16-8所示,将PAD连接后可使用此部分电路。蜂鸣器的输入端连接到MCU的蜂鸣信号输出引脚,可以通过内部的时钟分频得到蜂鸣器的控制信号,并通过三极管来提高驱动能力。

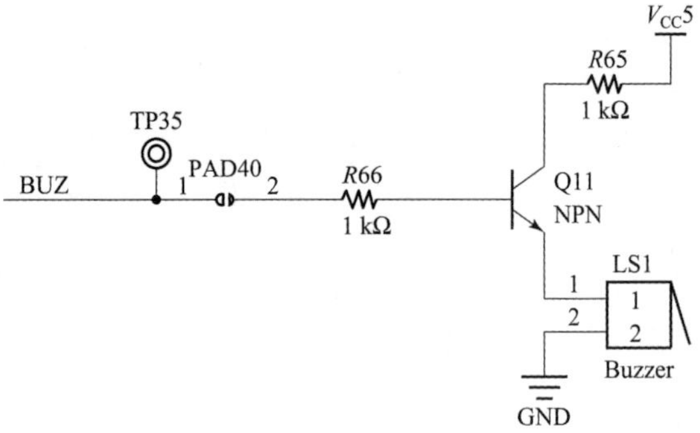

五、数码管输出

数码管输出电路如图16-9所示,将PAD连接后可使用此部分电路。本处采用的是共阳极数码管,当单片机引脚输出低时,相应字段点亮。

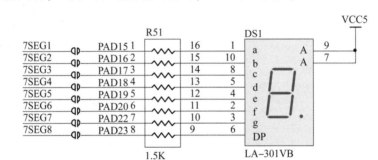

图16-8 蜂鸣器输出电路

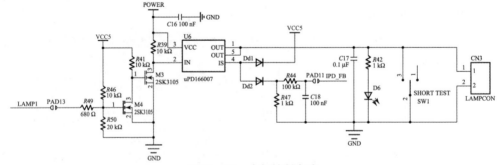

图16-9 数码管输出电路

六、大灯控制

大灯控制电路如图16-10所示,将PAD连锡后可使用此部分电路。此处的灯驱动采用智能电源管理芯片uPD166007,具有短路保护功能,在电路中设计了短路开关,用于测试短路保护性能。

图16-10 大灯控制电路

七、EEPROM读写

EEPROM读写电路如图16-11所示,将PAD连接后可使用此部分电路。通过I^2C总线实现对EEPROM芯片的读写操作。

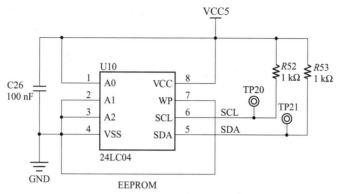

图 16-11　EEPROM 读写电路

八、LED 显示

LED 显示电路如图 16-12 所示，将 PAD 连锡后可使用此部分电路。单片机相应引脚输出低时，LED 点亮。

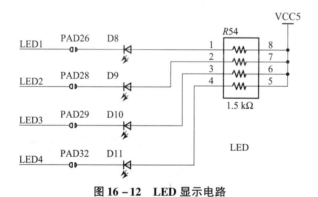

图 16-12　LED 显示电路

九、液晶显示

液晶显示电路如图 16-13 所示，将 PAD 连接后可使用此部分电路。液晶显示电路采用 CSI 与单片机通信，型号为 LG122325，122×32 点显示。

十、CAN 通信

CAN 通信电路如图 16-14 所示，将 PAD 连接后可使用此部分电路。本系统采用的单片机内部有 CAN 模块，配置好后可以直接使用 CAN 通信。

十一、LIN 通信

LIN 通信电路如图 16-15 所示，将 PAD 连接后可使用此部分电路。本系统选用的单

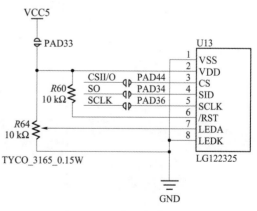

图 16-13　液晶显示电路

片机串行通信模块支持 LIN 协议，配置后即可使用。

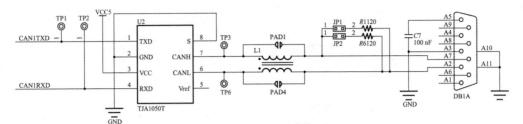

图 16-14　CAN 通信电路

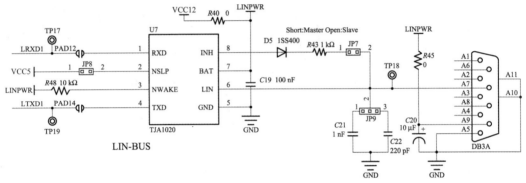

图 16-15　LIN 通信电路

十二、RS-232 通信

RS-232 通信电路如图 16-16 所示，将 PAD 连接后可使用此部分电路。

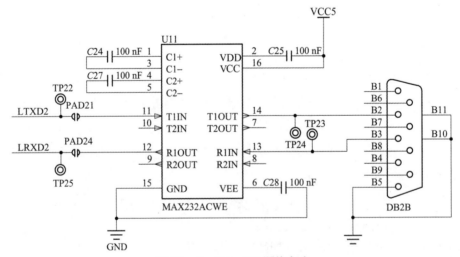

图 16-16　RS-232 通信电路

十三、K 总线通信

K 总线通信电路如图 16-17 所示，将 PAD 连接后可使用此部分电路。

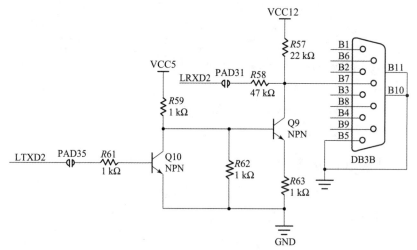

图 16-17 K 总线通信电路

十四、直流电动机驱动

直流电动机控制电路如图 16-18 所示,将 PAD 连接后可使用此部分电路。过流保护部分采用放大器放大后与基准电压做比较,产生中断信号供单片机检测。

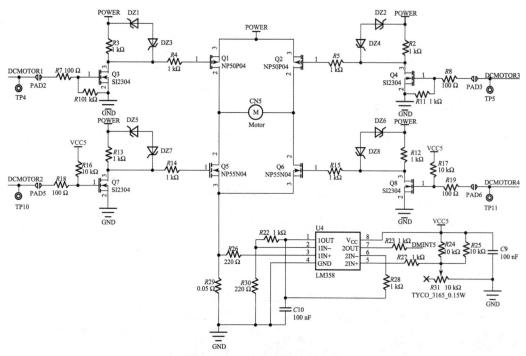

图 16-18 直流电机控制电路

此处通过 MOSFET 搭建了一个 H 桥电路,DCMOTOR1 为正转上桥臂控制,DCMOTOR4 为正转下桥臂控制,DCMOTOR3 为反转上桥臂控制,DCMOTOR2 为反转下桥臂控制,所有信号都是高有效。以正转为例,当 DCMOTOR1 上信号为 PWM,DCMOTOR4 保持高电平,其他两个引脚保持低电平时,电动机正转,通过改变 PWM 占空比来改变电动机转速。

DCMOTOR1、DCMOTOR3 连接到 MCU 的两个定时器的输出引脚，定时器可以在这两个引脚上产生 PWM 信号；DCMOTOR2、DCMOTOR4 连接到 MCU 的通用 I/O 引脚。

驱动电路使用 0.05 Ω 采样电阻，经过 LM358 的运放单元 1 放大后输入运放单元 2。运放单元 2 是作为比较器来使用的，采样电阻上的电压经过放大后，与 R31 滑动变阻器产生的基准保护电压比较，若大于基准保护电压，则认为是电动机过流，DCMOTOR5 从高电平变为低电平，单片机检测到此信号后需要禁止驱动信号输出。

注：使用此电路驱动的电动机额定电压 12 V，功率最大不超过 5 W。

十五、步进电动机驱动

步进电动机驱动电路如图 16 - 19 所示，将 PAD 连接后可使用此部分电路。此处使用的步进电动机为 VID29 - 05，单片机输出信号通过 74AC04 提高驱动能力。

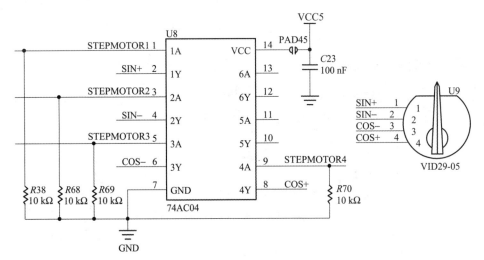

图 16 - 19　步进电机驱动电路

第三节　练习问题

练习一　熟悉编程环境

问题：在 PM + 中，使用 C 语言编程，定义一个变量，为变量赋值，将程序编译并下载进单片机运行，在单片机调试工具中按照变量地址来查看变量的值。

目的：熟悉单片机编程环境及调试环境。

练习二　输出控制

问题：将单片机引脚设置为输出，循环点亮 LED。循环是通过软件延时（即循环计数）实现的。

目的：通过此实验熟悉微控制器的端口操作。

练习三　时钟设置

问题：将单片机从内部 8 MHz 晶振切换为外部 16 MHz 晶振。LED 灯循环点亮，通过循环频率的变化来显示 CPU 运行的频率。

目的：单片机运行频率设置是项目开发中最基本的设置之一，通过此实验熟悉微控制器的时钟设置过程。

练习四　中断输入控制

问题：单片机运行在外部 16 MHz 晶振上，按下按钮，LED 灯循环点亮；再次按下按钮，LED 灯全部熄灭；再次按下按钮，LED 继续循环点亮。

目的：通过此实验熟悉微控制器的端口操作。按钮是连接在单片机的外部中断引脚的，通过此实验可以熟悉中断的相关操作。

练习五　间隔定时器

问题：单片机运行在外部 16 MHz 晶振上。通过 watch timer，实现 0.5 s 定时，每 0.5 s，数码管显示增加 1，最终实现 0～9 的循环显示。

目的：通过此实验熟悉微控制器的定时器操作。

练习六　蜂鸣器

问题：单片机运行在外部 16 MHz 晶振上。通过 buz 输出，令蜂鸣器发声，并改变多种频率，对比发声的不同。

目的：熟悉微控制器的蜂鸣器输出。

练习七　液晶显示

问题：单片机运行在外部 16 MHz 晶振上。在液晶上显示"HELLO WORLD"以及"0123456789"。

目的：熟悉 CSI 通信及液晶字库。

练习八　A/D 转换

问题：单片机运行在外部 16 MHz 晶振上。使用 AD 转换器，将滑动变阻器的电压（模拟值）转化为数字值，在液晶上显示，显示范围为 0～100。当旋钮旋至最左侧时，液晶显示 000，旋钮顺时针旋转到最右侧时显示 100。

目的：熟悉 A/D 转换过程。

练习九　步进电动机控制

问题：单片机运行在外部 16 MHz 晶振上。使用 A/D 转换器，根据滑动变阻器的电压输入来控制步进电动机的转角。当旋钮旋至最左侧时，步进电动机指针回到最左侧零点，旋钮顺时针旋转到最右侧时步进电动机指针也转动指向最右侧。

目的：熟悉步进电动机控制原理。

练习十　直流电动机控制

问题：单片机运行在外部 16 MHz 晶振上。使用 A/D 转换器，根据滑动变阻器的电压输入控制直流电动机转速，必须使用 DCMOTOR5 的保护输入，在检测到过流信号后马上切断电动机驱动。在电动机运行前，需根据所选电动机改变 $R31$ 的值，以得到合适的电流保护值。

目的：熟悉直流电动机控制原理，特别是要了解直流电动机的保护策略。

练习十一　CAN 通信控制步进电动机

问题：此实验需要使用两块仿真板 Auto – Emulator – V1，单片机运行在外部 16 MHz 晶振上。在仿真板 A 上，使用 A/D 转换器，将滑动变阻器的电压输入模拟信号转化为数字信号，并通过 CAN 通信，将滑动变阻器的电压信号发送至仿真板 B。仿真板 B 根据接收到的信息控制步进电动机转角。当旋钮旋至最左侧时，步进电动机指针回到最左侧零点，旋钮顺时针旋转到最右侧时步进电动机指针也转动指向最右侧。通信格式可以由学生自由设计。

目的：熟悉直流电动机控制原理，特别是要了解直流电动机的保护策略。

提示：CAN 通信的驱动程序，可以通过光盘附带工具自动生成。

练习十二　LIN 通信控制步进电动机

问题：此实验需要使用两块仿真板 Auto – Emulator – V1，单片机运行在外部 16 MHz 晶振上。在仿真板 A 上，使用 A/D 转换器，将滑动变阻器的电压输入模拟信号转化为数字信号，并通过 LIN 通信，将滑动变阻器的电压信号发送至仿真板 B。仿真板 B 根据接收到的信息控制步进电动机转角。当旋钮旋至最左侧时，步进电动机指针回到最左侧零点，旋钮顺时针旋转到最右侧时步进电动机指针也转动指向最右侧。通信格式可以由学生自由设计。

目的：熟悉直流电动机控制原理，特别是要了解直流电动机的保护策略。

提示：LIN 通信的驱动程序，可以通过光盘附带工具自动生成。

小　　结

本章介绍了实验系统的组成和各个部分的电路，可以在本实验系统上进行多项实验，通过多个实验练习进一步巩固前面章节的主要内容。

思考题

1. 以 uPD78F0893 为微控制器，画出 CAN 总线硬件接口电路图。
2. 总结前面各个练习的实验步骤，编写实验报告。

附 录

A.1 报文序列的举例

一、周期性的报文传输

总线上通常的报文传输如下所示:

< MF1 > < IF – Space > < MF2 > < IF – Space > ... < IF – Space > < MFn > < IF – Space >
< MF1 > < IF – Space > < MF2 > < IF – Space > ... < IF – Space > < MFn > < IF – Space >
< MF1 > < IF – Space > < MF2 > < IF – Space > ... < IF – Space > < MFn > < IF – Space >
....

[MF = 报文帧 Message Frame; IF – Space = 帧间空间 (InterFrame Space)]

它可以预知最差情况的定时。

二、总线唤醒过程

在睡眠模式中,没有总线活动。任何从机节点都可以发送一个唤醒信号中止睡眠模式。在普通的情况下,主机节点会用一个同步间隔启动报文的发送:

[SLEEP MODE][NODE – INTERNAL WAKE – UP] < WAKE – UP SIGNAL >
< MF1 > < IF – Space > < MF2 > < IF – Space > ... < IF – Space > < MFn > < IF – Space >
< MF1 > < IF – Space > < MF2 > < IF – Space > ... < IF – Space > < MFn > < IF – Space >
....

如果主机节点没有响应,从机将最多再发送 2 次唤醒信号。然后,唤醒尝试将在某段时间内挂起,直到它恢复:

[SLEEP MODE][NODE – INTERNAL WAKE – UP]
< WAKE – UP SIGNAL > < TIME – OUT AFTER BREAK >
< WAKE – UP SIGNAL > < TIME – OUT AFTER BREAK >
< WAKE – UP SIGNAL > < TIME – OUT AFTER THREE BREAKS >
[REPEAT BUS WAKE – UP PROCEDURE IF STILL PENDING]

A.2 ID 场有效值表

表 A-1 ID 场有效值

ID [0...5] DEC	HEX	P0 = ID0⊕ID1⊗ID2⊕ID4	P1 = $\overline{ID1 \oplus ID3 \otimes ID4 \oplus ID5}$	ID 场 7654 3210	ID 场 DEC	ID 场 Hex	数据字节数量
0	0x00	0	1	1000 0000	128	0x80	2
1	0x01	1	1	1100 0001	193	0xC1	2
2	0x02	1	0	0100 0010	66	0x42	2
3	0x03	0	0	0000 0011	3	0x03	2
4	0x04	1	1	1100 0100	196	0xC4	2
5	0x05	0	1	1000 0101	133	0x85	2
6	0x06	0	0	0000 0110	6	0x06	2
7	0x07	1	0	0100 0111	71	0x47	2
8	0x08	0	0	0000 1000	8	0x08	2
9	0x09	1	0	0100 1001	73	0x49	2
10	0x0A	1	1	1100 1010	202	0xCA	2
11	0x0B	0	1	1000 1011	139	0x8B	2
12	0x0C	1	0	0100 1100	76	0x4C	2
13	0x0D	0	0	0000 1101	13	0x0D	2
14	0x0E	0	1	1000 1110	142	0x8E	2
15	0x0F	1	1	1100 1111	207	0xCF	2
16	0x10	1	0	0101 0000	80	0x50	2
17	0x11	0	0	0001 0001	17	0x11	2
18	0x12	0	1	1001 0010	146	0x92	2
19	0x13	1	1	1101 0011	211	0xD3	2
20	0x14	0	0	0001 0100	20	0x14	2
21	0x15	1	0	0101 0101	85	0x55	2
22	0x16	1	1	1101 0110	214	0xD6	2
23	0x17	0	1	1001 0111	151	0x97	2
24	0x18	1	1	1101 1000	261	0xD8	2
25	0x19	0	1	1001 1001	153	0x99	2
26	0x1A	0	0	0001 1010	26	0x1A	2
27	0x1B	1	0	0101 1011	91	0x5B	2
28	0x1C	0	1	1001 1100	156	0x9C	2

续表

ID [0…5]		P0 = ID0⊕ID1⊗ID2⊕ID4	P1 = $\overline{ID1⊕ID3⊗ID4⊕ID5}$	ID 场 7654 3210	ID 场		数据字节数量
DEC	HEX				DEC	Hex	
29	0x1D	1	1	1101 1101	221	0xDD	2
30	0x1E	1	0	0101 1110	94	0x5E	2
31	0x1F	0	0	0001 1111	31	0x1F	2
32	0x20	0	0	0010 0000	32	0x20	4
33	0x21	1	0	0110 0001	97	0x61	4
34	0x22	1	1	1110 0010	226	0xE2	4
35	0x23	0	1	1010 0011	163	0xA3	4
36	0x24	1	0	0110 0100	100	0x64	4
37	0x25	0	0	0010 0101	37	0x25	4
38	0x26	0	1	1010 0110	166	0xA6	4
39	0x27	1	1	1110 0111	231	0xE7	4
40	0x28	0	1	1010 1000	168	0xA8	4
41	0x29	1	1	1110 1001	233	0xE9	4
42	0x2A	1	0	0110 1010	106	0x6A	4
43	0x2B	0	0	0010 1011	43	0x2B	4
44	0x2C	1	1	1110 1100	236	0xEC	4
45	0x2D	0	1	1010 1101	173	0xAD	4
46	0x2E	0	0	0010 1110	46	0x2E	4
47	0x2F	1	0	0110 1111	111	0x6F	4
48	0x30	1	1	1111 0000	240	0xF0	8
49	0x31	0	1	1011 0001	177	0xB1	8
50	0x32	0	0	0011 0010	50	0x32	8
51	0x33	1	0	0111 0011	115	0x73	8
52	0x34	0	1	1011 0100	180	0xB4	8
53	0x35	1	1	1111 0101	245	0xF5	8
54	0x36	1	0	0111 0110	118	0x76	8
55	0x37	0	0	0011 0111	55	0x37	8
56	0x38	1	0	0111 1000	120	0x78	8
57	0x39	0	0	0011 1001	57	0x39	8
58	0x3A	0	1	1011 1010	186	0xBA	8
59	0x3B	1	1	1111 1011	251	0xFB	8
60a	0x3C	0	0	0011 1100	60	0x3C	8

续表

ID [0...5] DEC	HEX	P0 = ID0⊕ID1⊗ID2⊕ID4	P1 = $\overline{ID1⊕ID3⊗ID4⊕ID5}$	ID 场 7654 3210	ID 场 DEC	ID 场 Hex	数据字节数量
61b	0x3D	1	0	0111 1101	125	0x7D	8
62c	0x3E	1	1	1111 1110	254	0xFE	8
63d	0x3F	0	1	1011 1111	191	0xBF	8

注：a. 标识符 60 0x3C 保留用于主机请求命令帧（见第 12 章第二节）；
    b. 标识符 61 0x3D 保留用于从机响应命令帧；
    c. 标识符 62 0x3E 保留用于用户定义的扩展帧（见第 12 章第二节）；
    d. 标识符 63 0x3F 保留用于以后的 LIN 扩展格式。

A.3 校验和计算举例

假设：
报文帧有 4 个字节
Data0 = 0x4A
Data1 = 0x55
Data2 = 0x93
Data3 = 0xE5

表 A-2

	hex	CY	D7	D6	D5	D4	D3	D2	D1	D0
0x4A	0x4A		0	1	0	0	1	0	1	0
+0x55 = （加进位）	0x9F 0x9F	0	1 1	0 0	0 0	1 1	1 1	1 1	1 1	1 1
+0x93 = （加进位）	0x132 0x33	1	0 0	0 0	1 1	1 1	0 0	0 0	1 1	0 1
+0xE5 = （加进位）	0x118 0x19	1	0 0	0 0	0 0	1 1	1 1	0 0	0 0	1 1
取反	0xE6		1	1	1	0	0	1	1	0
0x19 + 0xE6 =	0xFF		1	1	1	1	1	1	1	1

得出的校验和是 0x19。校验字节是 0xE6，是校验和取反。
接收的节点可以使用相同的加法机制检查数据和校验字节的一致性。校验和 + 校验字节必须等于 0xFF。

A.4 报文错误的原因

下面的错误机制可以导致报文的损坏：

1. 接地电压的本地扰动

接收方的本地接地电压比发送方低，因此，接收节点将显性的总线电平（逻辑电平是"0"）认为是隐性（逻辑电平是"1"）或无效。输入信号的电平比显性信号电平的有效范围高。产生地电压的偏移的原因可以是：在对地连接的寄生电阻上流过很高的负载电流。

通过发送节点监视总线电平将无法检测这个扰动。

2. 电源电压的本地扰动

接收器的本地电源电压比发送器的高，所以，接收节点将隐性的总线电平（逻辑电平是"1"）认为是显性（逻辑电平是"0"）或无效。输入信号的电平比隐性电平的有效范围低。本地电压上升的原因是：内部电子电压的二极管—电容电压缓冲。如果网络中有电压降，电容会暂时保持接收方内部电源电压，因而比发送方内部电源电压高。

通过发送节点监视总线电平将无法检测这个扰动。

3. 总线信号的总体电子扰动

总线上的电压可以被电磁干涉等因素扰动，此时的逻辑总线值是不正确的。

通过发送节点监视总线电平将可以检测这个扰动。

4. 不同步时基

如果从机节点的时基和主机节点的有显著的偏离，则在定义的位定时窗口中不会采样输入的数据位或发送输出的数据位（见第12章第八节）。

通过发送节点监视总线电平将无法检测这个扰动。发送的从机将正确接收到自己的报文，但主机或其他从机将接收到用"错误的频率"发送的不正确报文。

A.5 故障界定的建议

特殊的故障界定并不是 LIN 协议规范的一部分。在执行故障界定时，建议使用下面的过程：

一、主机控制单元

1. 主机任务发送

在回读自己的发送时可以检测到同步字节或标识符字节的位错误。

主机控制单元通过增加主机发送错误计数器（Master Transmit Error Counter）来保存任何发送错误的轨迹。当发送同步或标识符场被本地损坏时，计数器每次都加8。当两个场回读都正确时，计数器每次都减1（不低于0）。

如果计数器的值超过 C_MASTER_TRANSMIT_ERROR – THRESHOLD（假设总线上有重大的扰动），应用层将执行错误处理过程。

2. 在主机控制单元中的从机任务发送

在回读自己的发送时可以检测到数据场或校验和场的位错误。

3. 在主机控制单元中的从机任务接收

当从总线上读或等待一个数据时,可以检测到从机不响应错误或校验和错误。

主机控制单元通过增加网络中每个可能的从机节点所提供的主机接收错误计数器[从机节点数量](Master Receive Error Counter)来保存任何传输错误的轨迹。当没有接收到有效的数据场或校验和场,计数器每次都加 8。当两个场都正确接收时,计数器每次都减 1(不低于 0)。

如果计数器的值超过 C_MASTER_RECEIVE_ERROR – THRESHOLD(假设连接的从机节点不正常工作),应用层将执行错误处理过程,如表 A – 3 所示。

表 A – 3 故障界定的错误变量

错误变量	建议的默认值
C_MASTER_TRANSMIT_ERROR – THRESHOLD	64
C_MASTER_RECEIVE_ERROR – THRESHOLD	64

二、从机控制单元

1. 从机任务发送

当回读自己的传输时可以检测到数据场和校验和场的位错误。

2. 从机任务接收

从总线上读值可检测校验和错误。如果检出校验和错误,从机将错误计数器加 8,并假设如果这是仅由特殊节点(可被主机检测到)产生的一个报文,则其他的发送节点损坏。如果所有的报文看起来都像是损坏的,则假设它自己的接收器电路有错误。如果正确接收到报文,错误计数器每次都减 1。

如果这个信息和这个控制单元的应用无关,报文的响应部分(数据和校验和场)可以不需要处理,如可以省略校验和计算。

如果从机在第 12 章第二节指定的时间内没有看到任何总线活动(NO – Bus – Activity),它将假设主机是不活动的。基于错误的处理,将启动一个唤醒过程或从机进入 "limp – home" 模式。

假设内部时钟远离(定义的)范围,如第 12 章第二节所述,从机看不到任何有效的同步报文,只能看到总线的通信。从机要重新初始化,否则不能进入 limp – home 模式。由于从机不响应任何报文,错误的处理将由主机完成。

假设主机不向从机要求任何服务,从机将暂时空闲,可以接收有效的同步报文。此时,从机可以进入 limp – home 模式。

A.6 物理接口的电源电压定义

VBAT 表示控制单元连接器的电源电压。这个单元中电气部件的内部电源电压 V_{sup} 和 V_{bat} 不同（图 A-1）。它可以保护滤波器元件和总线上的动态电压变化，这在 LIN 中使用半导体元件时要考虑到。

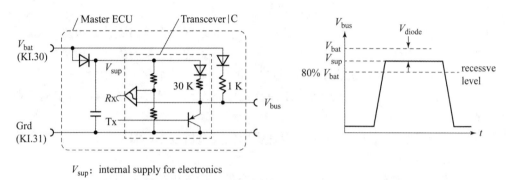

图 A-1　外部电源电压 V_{bat} 和内部电源电压 V_{sup} 的差异示意图

参 考 文 献

[1] 庄继德. 汽车电子控制系统工程［M］. 北京：北京理工大学出版社，1998.
[2] 潘旭峰，等. 现代汽车电子技术［M］. 北京：北京理工大学出版社，1998.
[3] 苏伟斌. 8051 系列单片机应用手册［M］. 北京：科学出版社，1997.
[4] 张毅刚，彭喜源，谭晓昀. MCS－51 单片机应用设计［M］. 哈尔滨：哈尔滨工业大学出版社，1997.
[5] 马家辰，孙玉德，张颖. MCS－51 单片机原理及接口技术［M］. 哈尔滨：哈尔滨工业大学出版社，1998.
[6] 李广弟. 单片机基础［M］. 北京：北京航空航天大学出版社，1994.
[7] ［日］纐纈晋. 柴油机喷油装置地现状和发展动向［J］. 国外内燃机，2002（6）.
[8] 刘波澜. 基于 RTOS 思想的单体泵柴油机电控系统研究与开发［D］. 北京：北京理工大学，2003.
[9] 杨启梁. 汽车制动系统的电子控制［J］. 汽车电器，2004（10）.
[10] 葛安林. 自动变速器（一）——自动变速器综述［J］. 汽车技术，2001（5）.
[11] 王建群. 汽车安全气囊系统的控制原理［J］. 电子科技导报，1996（8）.
[12] Robert N Brady. Automotive electronics and computer systems［M］. New Jersey：Prentice Hall，2001.
[13] Andrew S Tanenbaum. 计算机网络［M］. 熊桂喜，王小虎，译. 北京：清华大学出版社，1998.
[14] Tony Gioutsos. A predictive based algorithm for actuation of an airbag［J］. SAE 920479.
[15] Shuji mizutani. Car electronics［R］. Nippondenso Co. Ltd.，1992.
[16] Natsushima－cyo. Improvement of drive torque response by applying an integrated control algorithm for a diesel engine and CVT［J］. JSAE Review，2001（22）.
[17] 谢希德. 计算机网络［M］. 大连：大连理工大学出版社，1996.
[18] 邬宽明. CAN 总线原理和应用系统设计［M］. 北京：北京航空航天大学出版社，1996.
[19] 饶运涛，邹继军，郑勇芸. 现场总线 CAN 原理与应用技术［M］. 北京：北京航空航天大学出版社，2003.
[20] Motorola Semiconductors. SmartMOS Technology ppt. 2002.
[21] 南金瑞. 电动汽车多能源动力总成控制系统与控制策略的研究［D］. 北京：北京理工大学，2003.
[22] 刘光武. 现场总线适配器的软硬件设计［J］. 电子技术应用，1999，8.
[23] Wayne J Johnson. A proposal for vehicle network protocol standard［J］. SAE Transactions，

860392.

[24] CAN Application Layer for Industrial Applications. CiA DS 201 -207, Version 1. 1, 1996.

[25] OSEK/VDX Operating System, Version 2.0, 1997.

[26] OSEK Communication Specification 1.2.

[27] OSEK Network Management, Version 2.0, Draft 1.1, 1997.

[28] SAE: Recommended Practice for a Serial Control and Communication Vehicle Network, J1939Committee Draft, 1996.

[29] CANopen. Communication Profile for Industrial Systems based on CAL.

[30] DeviceNet Specifications, Release 2.0 1997, Vol. I: Communication Model and Protocol, Vol. II: Device Profiles and Object Library.

[31] Micro Switch Specification: Application Layer Protocol Specification Version 2.0, 1996, SD-SComponent Modelling Specification, 1995.

[32] Wayne J Johnson. A proposal for vehicle network protocol standard [J]. SAE Transactions, 860392.

[33] Data Sheet SJA1000, Philips Semiconductors.

[34] Eisele H, Jöhnk E. PCA82C250/251 CAN Transceiver. Application Note AN96116, Philips Semiconductors, 1996.

[35] Data Sheet PCA82C250, Philips Semiconductors, September 1994.

[36] Data Sheet PCA82C251, Philips Semiconductors, October 1996.

[37] Data Sheet TJA1053, Philips Semiconductors.

[38] Jöhnk E, Dietmayer K. Determination of Bit Timing Parameters for the CAN Controller SJA1000, Application Note AN97046, Philips Semiconductors, 1997.

[39] Data Sheet PCx82C200, Philips Semiconductors, November 1992.

[40] CAN Specification Version 2.0, Parts A and B, Philips Semiconductors, 1992.

[41] Hank P. PeliCAN: A New CAN Controller Supporting Diagnosis and System Optimization, 4th International CAN Conference, Berlin, Germany, October 1997.

[42] Data Sheet PCA82C250, CAN controller interface, Philips Semiconductors, 2000 Jan 13.

[43] Data Sheet PCA82C251, CAN controller interface, Philips Semiconductors, 2000 Jan 13.

[44] Data Sheet TJA1050, High speed CAN transceiver, Philips Semiconductors, 2000 May 18.

[45] PHILIPS Semiconductors. Upgrading Note PCA82C250/251 - >TJA1040, TJA1050, 2001.11.

[46] 周凤余. CAN 总线系统智能节点设计与实现 [J]. 微计算机信息, 1999, 6.

[47] 周航慈. 单片机应用程序设计技术 [M]. 北京: 北京航空航天大学出版社, 1992.

[48] Preliminary Data Sheet TJA1040, High speed CAN transceiver, Philips Semiconductors, 2001 Nov 12.

[49] Specks J W, Rajnák A, LIN - Protocol, Development Tools, and Software Interfaces for Local Interconnect Networks in Vehicles [C] //9th Congress on Electronic Systems for Vehicles, Baden - Baden, Germany, Oct. 5/6, 2000.

[50] Road vehicles - Diagnostic systems - Requirement for interchange of digital information. International Standard ISO 9141, 1st Edition, 1989.

[51] Robert Bosch GmbH. CAN Specification, Version 2.0, Part B, Stuttgart, 1991.

[52] Data Sheet TJA1020. LIN Transceiver, Philips Semiconductors, Dec. 2001.

[53] LIN Specification Package. LIN Protocol Specification—Revision 1.2, LIN Consortium, Nov, 2000.

[54] International Standard ISO 9141. Road Vehicles - Diagnostic Systems - Requirement for Interchange of Digital Information, International Standardization Organization, 1989.

[55] 吴宝新，郭永红，曹毅，等. 汽车FlexRay总线系统开发实战［M］. 北京：电子工业出版社，2012.

[56] 张凤登，付敬奇. 实时传输网络FlexRay原理与范例［M］. 北京：电子工业出版社，2017.

[57] 秦贵和，张洪坤. 车载网络及信息技术［M］. 北京：机械工业出版社，2017.

[58] ISO 17458-2：2013. Road vehicles — FlexRay communications system — Part 2：Data link layer specification［S］.

[59] ISO 17458-4：2013. Road vehicles — FlexRay communications system — Part 4：Electrical physical layer specification［S］.

[60] 吴厚航. Altera FPGA伴你玩转USB3.0与LVDS［M］. 北京：清华大学出版社，2018.

[61] TIA/EIA-644-A，Electrical Characteristics of Low Voltage Differential Signaling（LVDS）Interface Circuits［S］.

[62] TIA/EIA-899，Electrical Characteristics of Multipoint-Low-Voltage Differential Signaling.

[63]（M-LVDS）. An Overview of LVDS Technology，AN-971，Texas Instruments，July 1998.

[64] 汽车工程手册2000年版——德国Bosch公司.

[65] http：//www.infineon.com；http：//www.c166.org.

[66] 78K0/Fx2产品手册 U19180EJ1V0UD00.

[67] http：//www.renesas.com.

图 5-57 总线硬同步

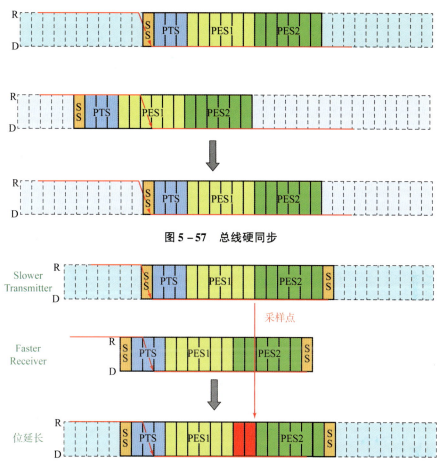

图 5-59 相位误差为正,跳变沿位于同步段之后→相位缓冲段 1 增长

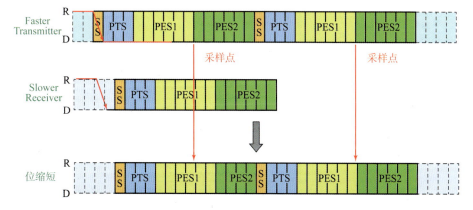

图 5-60 相位误差为负,跳变沿位于同步段之前→相位缓冲段 2 缩短

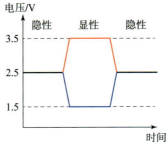

图 6-3 总线电平

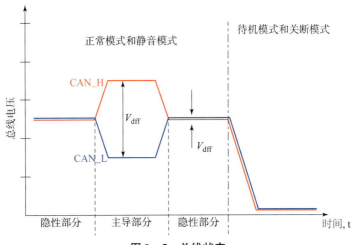

图 9-5 总线状态

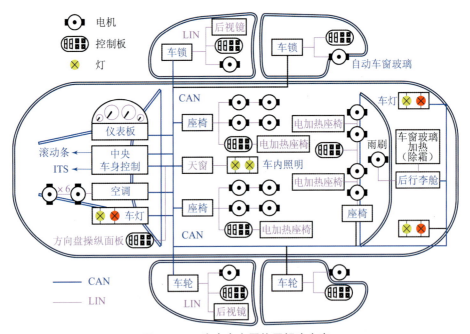

图 12-41 汽车车身网络层解决方案